Gymnasium Baden-Württemberg

Deutschzeit

4

Lese- und Sprachbuch

Herausgegeben von
Anja Fandel und Ulla Oppenländer

Erarbeitet von
Catharina Banneck, Marei Becker, Marian Berbesch,
Dennis Breitenwischer, Benedikt Engels, Ute Glathe,
Wendel Hennen, Manuela Kistner, Maike Michelis,
Annette Preuninger, Toka-Lena Rusnok
und Jan Wohlgemuth

Unter Beratung von
Yvonne Brünjes, Renate Gross, Karoline Heublein

Cornelsen

Deutschzeit

Lese- und Sprachbuch: 4

Redaktion: Janina Bachur, Mareike Zastrow

Illustrationen: Petra Ballhorn, Berlin: S. 234–283
Janine Czichy, Hamburg: S. 4, S. 7, S. 14–83, S. 128–157, S. 206–233
Markus Lefrançois, Kassel: S. 6, S. 8, S. 11, S. 84–127, S. 158–205, S. 284–315
Umschlaggestaltung: Klein & Halm Grafikdesign, Berlin, unter Verwendung von Fotos von Robert Nadolny, nadolny.design, Berlin (Seerose) und eines Fotos von Fotolia/Magali (Seerosenblätter)
Umschlag- und Layoutkonzept: WERNERWERKE GbR, Berlin
Layout und technische Umsetzung: Klein & Halm Grafikdesign, Berlin

www.cornelsen.de

1. Auflage, 1. Druck 2018

Alle Drucke dieser Auflage sind inhaltlich unverändert und können im Unterricht nebeneinander verwendet werden.

Druck: Mohn Media Mohndruck, Gütersloh

ISBN 978-3-06-063180-3 (Schülerbuch)
ISBN 978-3-06-063210-7 (E-Book)

PEFC
PEFC/04-31-1033

PEFC zertifiziert
Dieses Produkt stammt aus nachhaltig bewirtschafteten Wäldern und kontrollierten Quellen.
www.pefc.de

Deutschzeit auf einen Blick:

Das Buch ist in vier Kompetenzbereiche aufgeteilt:

- Sprechen – Zuhören – Schreiben
- Lesen – Umgang mit Texten und Medien
- Nachdenken über Sprache
- Rechtschreibung und Zeichensetzung

Jedes Kapitel hat zwei Teile:

1. Kernkapitel
Hier erarbeitest du das jeweilige Thema Schritt für Schritt, z. B. „Materialgestützt argumentieren“ oder „Sachtexte erschließen“.

2. Leseteil
Dieser Teil des Kapitels bietet dir eine Auswahl spannender und interessanter Texte zum **Schmökern, Schauen, Weiterdenken**.

Merkwissen findest du hier:

Merkwissen im Überblick – am **Ende jedes** thematischen **Kapitels**

Merke – in den Kapiteln **Nachdenken über Sprache** und **Rechtschreibung und Zeichensetzung**

Auf den gelben Seiten am Ende des Buches kannst du das **Orientierungswissen** noch einmal nachschlagen.

Ausdruckstraining – Diese Seiten helfen dir, gezielt deinen Ausdruck zu verbessern.

Gewusst wie – Hier lernst du Arbeitstechniken und Methoden, die du immer wieder benötigst, z. B. „Im Internet recherchieren“ oder „Präsentieren“.

Fordern und Fördern:

② – Wahl- oder Zusatzaufgabe

Tipps & Hilfen – Hier gibt es zusätzliche Hilfestellungen hinten im Buch.

Inhaltsverzeichnis

Sprechen – Zuhören – Schreiben

1 Träumen erwünscht
Über die Zukunft nachdenken 14

Herbert Grönemeyer: Zieh deinen Weg 14
Traum und Wirklichkeit 16
Madlen Ottenschläger: Zehn Jahre Abitur – Wie ging es weiter? 16
Wie kam es eigentlich dazu? – Ein Interview führen 20
Traumberufe – Ein Radio-Feature erstellen 22
Alexandra Schulz: Traumberuf Tiertrainer 22
▸ Gewusst wie: Sich für ein Praktikum bewerben 24

Kompetenzschwerpunkte

Mittel des Erzählens einsetzen; zwischen Gesprächsformen unterscheiden (Interview, Vorstellungsgespräch); ein Radio-Feature erstellen; Texte in standardisierten Formaten verfassen (Lebenslauf, Bewerbungsschreiben)

2 Kinder zum Casting?
Materialgestützt argumentieren 28

Maya Götz, C. Bulla, C. Mendel: Zitate von Castingshow-Teilnehmerinnen 28
Eine Stoffsammlung anlegen 30
Interview mit Maya Götz: „Geschichten treffen eigene Sehnsüchte“ 30
Sarah Hubrich: Warum „DSDS Kids“ ebenso überflüssig wie falsch ist 33
Andrea Halter: Schminken, singen, zittern 34
Henryk M. Broder: Früher im Fußballverein – heute bei Bohlen 36
Informationen aus Diagrammen nutzen 38
M. Götz, C. Bulla, C. Mendel: Sprungbrett oder Krise? – Das Erlebnis Castingshow-Teilnahme 38
Von der Stoffsammlung zur Argumentation 40
▸ Ausdruckstraining: Einwände entkräften 41
Einen argumentativen Artikel schreiben 42
▸ Gewusst wie: Debattieren 46
▸ Gewusst wie: Protokollieren 50

Kompetenzschwerpunkte

sich argumentativ mit einem neuen Sachverhalt auseinandersetzen; materialgestützt argumentieren; Informationen beschaffen, sachbezogen auswählen, ordnen und adressatengerecht weitergeben (Stoffsammlung); begründet zu einem Thema Stellung nehmen (Einwände entkräften); Aussagen zu diskontinuierlichen Texten formulieren; zwischen Gesprächsformen unterscheiden (Debatte); Texte in standardisierten Formen verfassen (Protokoll)

Zum Schmökern, Schauen, Weiterdenken 52
Harm Bengen: Kinder im Internet 52
Janina Harder: Viele Jugendliche sind süchtig nach virtueller Welt 52
Nataly Bleuel: Pling, Pling, Doppel-Pling 55
Sollten Handys an Schulen verboten werden? 57
Merkwissen im Überblick: Materialgestützt argumentieren 59

3 Neu sein
Zeitungstexte untersuchen und schreiben 60

Rasha Abbas: Klischees 60
Eine Reportage untersuchen 62
Christopher Gerards: Anpfiff in der neuen Heimat 62
Paulina Unfried: Glaubst du etwa an die Evolution? – Ein Austauschjahr in der US-Provinz 65
Eine Reportage schriftlich analysieren 68
▸ Ausdruckstraining: Eine Textanalyse überarbeiten 71
Eine Reportage schreiben 72
▸ Gewusst wie: Zeitungen untersuchen 74
Mallorca führt umstrittene Touristensteuer ein 76
Andreas Brey: Es reicht! 76
Mallorca leidet unter zu vielen Touristen 77

Kompetenzschwerpunkte
verschiedene journalistische Textsorten unterscheiden (Bericht, Nachricht, Kommentar, Reportage); informieren und in einem funktionalen Zusammenhang berichten (Reportage); Schreibprozesse selbstständig gestalten (Reportage); Texte überarbeiten; Zeitungstexte untersuchen, beschreiben und vergleichen

Zum Schmökern, Schauen, Weiterdenken 78
Martina Rampas: Kinder total global 78
Karsten Krogmann: Spätaussiedler im Kreis Cloppenburg 80
Merkwissen im Überblick: Zeitungstexte untersuchen 83

4 Kleine Lügen

Kurzgeschichten lesen und interpretieren 84

Luigi Malerba: Das nachdenkliche Mafia-Huhn 84
Florian Meimberg: Auf die Länge kommt es an: Tiny Tales. Zwei sehr kurze Geschichten 85
Kurzgeschichten lesen und verstehen 86
Wolfgang Borchert: Nachts schlafen die Ratten doch 86
Gabriele Wohmann: Ein netter Kerl 89
Eine Kurzgeschichte untersuchen 92
Tanja Zimmermann: Sommerschnee 92
Eine Kurzgeschichte interpretieren 94
▶ Ausdruckstraining: Das Textverständnis belegen 95

Zum Schmökern, Schauen, Weiterdenken 96
Marc-Uwe Kling: Perspektivische Verzerrungen 96
Sibylle Berg: Nacht 98
Rafik Schami: Mehmet 100
Florian Meimberg: Auf die Länge kommt es an: Tiny Tales. Sehr kurze Geschichten 102
Merkwissen im Überblick: Eine Kurzgeschichte interpretieren 103

Kompetenzschwerpunkte

spezifische Merkmale verschiedener Texte unterscheiden (Kurzgeschichte); die Erzählweise und die Rolle des Erzählers untersuchen; Fachbegriffe der Textbeschreibung, -erschließung und -interpretation kennen und verwenden; ein eigenes Textverständnis entwickeln; textimmanente Analyse- und Interpretationsverfahren anwenden

5 Von unerhörten Begebenheiten

Novellen untersuchen und gestaltend interpretieren 104

Den Anfang einer Novelle lesen 106
Gottfried Keller: Kleider machen Leute 106
Das Verhalten der Figuren untersuchen 108
▶ Ausdruckstraining: Die Sprache der Hauptfigur treffen 111
Die Rolle des Erzählers untersuchen 112
Gottfried Keller: Kleider machen Leute 112
Die Handlung weiterverfolgen 114
Gottfried Keller: Kleider machen Leute 114
Merkmale einer Novelle untersuchen 118
▶ Gewusst wie: Einen Text mithilfe eines Standbilds interpretieren 119

Kompetenzschwerpunkte

spezifische Merkmale verschiedener Texte unterscheiden (Novelle); Fachbegriffe der Textbeschreibung, -erschließung und -interpretation kennen und verwenden; ein eigenes Textverständnis entwickeln; handlungs- und produktionsorientiert mit Texten umgehen (innerer Monolog, Standbild);

Zum Schmökern, Schauen, Weiterdenken ... 120
Giovanni Boccaccio: Die Falkennovelle ... 120
Merkwissen im Überblick: Eine Novelle untersuchen ... 127
Merkwissen im Überblick: Gestaltend interpretieren ... 127

literarische Texte strukturiert zusammenfassen (Inhaltsangabe); literarische Texte im szenischen Spiel erschließen

6 Auf der Suche

Jugendromane lesen und Figuren charakterisieren ... 128

Interview von Kathrin Passig mit Wolfgang Herrndorf: Wann hat es „Tschick" gemacht? ... 128
Die Hauptfiguren kennen lernen ... 130
Wolfgang Herrndorf: Tschick (Kapitel 5-6, Kapitel 9) ... 130
Wolfgang Herrndorf: Tschick (Kapitel 9) ... 132
Die Beziehung der Hauptfiguren untersuchen ... 134
Wolfgang Herrndorf: Tschick (Kapitel 15-16) ... 134
Wolfgang Herrndorf: Tschick (Kapitel 19-20) ... 136
Wolfgang Herrndorf: Tschick (Kapitel 23) ... 137
Wolfgang Herrndorf: Tschick (Kapitel 46) ... 140
Eine Charakterisierung schreiben ... 141
▶ Ausdruckstraining: Textbelege einbinden ... 142
Eine Charakterisierung überarbeiten ... 143
▶ Gewusst wie: Eine Romanverfilmung untersuchen ... 144
Wolfgang Herrndorf: Tschick – Der Roman ... 144
Lars Hubrich: Tschick – Das Drehbuch ... 146
Wolfgang Herrndorf und Lars Hubrich: Tschick – Der Film ... 148

Zum Schmökern, Schauen, Weiterdenken 150
Philipp Sandmann: Die Augen auf und bloß nichts verpassen! ... 150
Tamara Bach: Was vom Sommer übrig ist ... 151
Merkwissen im Überblick: Einen Roman untersuchen ... 157
Merkwissen im Überblick: Eine literarische Figur charakterisieren ... 157

Kompetenzschwerpunkte

spezifische Merkmale verschiedener Texte unterscheiden (Jugendroman); Fachbegriffe der Textbeschreibung, -erschließung und -interpretation kennen und verwenden; ein eigenes Textverständnis entwickeln; textimmanente Analyse- und Interpretationsverfahren anwenden; literarische Figuren charakterisieren und ihre Beziehung untersuchen (Aussagen mit dem Text belegen); Texte überarbeiten; Mittel des filmischen Erzählens kennen lernen

7 Von Liebe und Macht
Berühmte Dramen untersuchen 158

Wilhelm Tell und der Schweizer Befreiungskampf 158
Die Einführung (Exposition) untersuchen 160
Friedrich Schiller: Wilhelm Tell (I,1) 160
Das erregende Moment und die Zuspitzung des Konflikts erkennen 163
Friedrich Schiller: Wilhelm Tell (I,3) 163
Friedrich Schiller: Wilhelm Tell (III,1) 165
Den Wendepunkt des Dramas untersuchen 168
Friedrich Schiller: Wilhelm Tell (III,3) 168
Eine Dramenszene interpretieren 172
Friedrich Schiller: Wilhelm Tell (IV, 3) 172
Den Ausgang des Dramas untersuchen 175
Friedrich Schiller: Wilhelm Tell (V,2 und V,3) 175

Zum Schmökern, Schauen, Weiterdenken 176
William Shakespeare: Romeo und Julia – Prolog 176
Romeo und Julia – Die Figuren 177
William Shakespeare: Romeo und Julia – die „Balkonszene“ (II, 2) 178
Merkwissen im Überblick: Ein Drama untersuchen 183

Kompetenzschwerpunkte

spezifische Merkmale verschiedener Texte unterscheiden (Drama); historische Zusammenhänge berücksichtigen; Fachbegriffe der Textbeschreibung, -erschließung und -interpretation kennen und verwenden; textimmanente Analyse- und Interpretationsverfahren anwenden; handlungs- und produktionsorientiert mit Texten umgehen; die Konstellation der Figuren, deren Charakter und Verhaltensweisen untersuchen; dramatische Texte szenisch gestalten und interpretieren

8 Von Ort zu Ort
Gedichte untersuchen und interpretieren 184

Johann Wolfgang Goethe: Glückliche Fahrt 184
Bertolt Brecht: Der Radwechsel 185
Die Merkmale von Gedichten untersuchen 186
Erich Kästner: Im Auto über Land 186
Bilder in Gedichten erschließen 188
Joachim Ringelnatz: Segelschiffe 188
Erich Kästner: Das Eisenbahngleichnis 190
Die Rolle des lyrischen Ich erschließen 192
Wilhelm Müller: Gute Nacht 192
Erich Fried: Rückfahrt nach Bremen 193
Ein Gedicht schriftlich interpretieren 194
Joseph von Eichendorff: Frische Fahrt 194

Kompetenzschwerpunkte

spezifische Merkmale verschiedener Texte unterscheiden (Lyrik); die Wirkungsweisen von Texten untersuchen; lyrische Formen (motivgleiche Gedichte) untersuchen und deren Merkmale und Funktion erarbeiten; zwischen Autor und lyrischem Ich unterscheiden; Fachbegriffe der Textbeschreibung, -erschließung

▸ Ausdruckstraining: Untersuchungsergebnisse und Deutung verknüpfen 197

Zum Schmökern, Schauen, Weiterdenken 198
Mascha Kaléko: Ein Post Scriptum 198
Bertolt Brecht: Fahrend in einem bequemen Wagen 199
Wise Guys: Deutsche Bahn 200
Julia Engelmann: Dieses Alter 202
Merkwissen im Überblick: Gedichte untersuchen 204
Merkwissen im Überblick: Eine Gedichtinterpretation schreiben 205

und -interpretation kennen und verwenden; Zusammenhänge zwischen Inhalt, Sprache und Form eines Textes herstellen; metaphorischen Sprachgebrauch verstehen

9 Intelligente Technik

Sachtexte erschließen und materialgestützt informieren 206

Schüler bringen selbst programmierte Roboter zum Tanzen 206
Texte und Diagramme mithilfe bekannter Strategien erschließen 208
Wearables: Schönes Spielzeug oder Technologie der Zukunft? 208
Diagramm: Vorteile von Wearables 209
Diagramm: Nachteile von Wearables 209
Diagramm: Entwicklung des Marktes für Wearables in Europa 210
Diagramme: Fitnessarmbänder, Schrittzähler-Apps und Co. 211
Interview: Wenn der Pullover Daten sammelt 212
Hilmar Schmundt: Intimität auf der Strecke 214
Informationen und Meinungen unterscheiden 216
Hannes Schrader: Ich habe eine Woche lang mein Leben optimiert. Glücklicher gemacht hat es mich nicht 216
Materialgestützt informieren: Einen Informationstext für einen Flyer verfassen 218
▸ Ausdruckstraining: Einen Informationstext überarbeiten 220
▸ Gewusst wie: Im Internet recherchieren 222
▸ Gewusst wie: Präsentieren 224

Kompetenzschwerpunkte

über Strategien des Textverstehens linearer und nichtlinearer Texte verfügen; materialgestützt informieren; Informationen recherchieren, ordnen und adressatengerecht weitergeben (Internetrecherche, mediengestützte Präsentation); Sachtexte strukturiert zusammenfassen und Inhalte veranschaulichen; Texte in einem funktionalen Zusammenhang auswerten; Informationen und Meinungen unterscheiden; Intention, Funktion und Wirkung von Texten untersuchen und bewerten

Zum Schmökern, Schauen, Weiterdenken ... 228
Felix Lill: Der bessere Lehrer ... 228
Auf dem Weg zur menschlichen Maschine ... 230
Gadgets – So sieht die Zukunft aus ... 232
Merkwissen im Überblick: Sachtexte erschließen ... 233
Merkwissen im Überblick: Materialgestützt informieren ... 233

Nachdenken über Sprache

10 Retro oder future?
Sprache untersuchen ... 234

Wortarten und Formen des Verbs wiederholen ... 236
Was kannst du schon? ... 236
Wortarten unterscheiden ... 238
Aktiv und Passiv wiederholen ... 240
Den Konjunktiv II als Ausdruck von Vorstellungen und Wünschen wiederholen ... 242
Den Konjunktiv I in der indirekten Rede wiederholen ... 244
► Ausdruckstraining: Die direkte Rede wiedergeben ... 249
Mit Modalverben die Aussage verändern ... 252
Sätze und ihre Gliederung ... 256
Was kannst du schon? ... 256
Satzglieder bestimmen ... 258
Satzreihen und Satzgefüge unterscheiden ... 260
Nebensätze unterscheiden ... 262
Adverbialsätze unterscheiden ... 262
Subjekt- und Objektsätze unterscheiden ... 264
Partizipgruppen erkennen und umformen ... 266
Infinitivgruppen erkennen und verwenden ... 268
► Ausdruckstraining: Texte überarbeiten ... 270

Sprache im Wandel ... 272
Sprache und Literatur im Mittelalter ... 272
Den Bedeutungswandel von Wörtern untersuchen ... 274
Die Zukunft der Sprache ... 276

Wörter und ihre Bedeutung untersuchen ... 278
Denotation und Konnotation ... 278
Von Wörtern und „Unwörtern" ... 280
Mit Euphemismen Dinge schönreden ... 281

Kompetenzschwerpunkte

Wortarten kennen und funktional gebrauchen; Formen der Verbflexion kennen und deren Funktionen unterscheiden; die direkte und indirekte Rede unterscheiden und korrekt bilden; stilistische Varianten unterscheiden und ausprobieren; die Ausdrucksmöglichkeiten der Modalität (Modus, Modalverben, Modalwörter) kennen und nutzen; grammatikalische Kenntnisse hinsichtlich der Syntax funktional anwenden: Satzglieder (Feldermodell) und Satzarten (Subjektsatz, Objektsatz, Adverbialsatz) kennen; Partizip- und Infinitivpruppen kennen und verwenden; Wirkungen von Satzbau-Varianten unterscheiden und ausprobieren; Zusammenhänge zwischen Sprachen erkennen; Methoden der Textüberarbeitung anwenden (Textkohärenz); exemplarisch Einblick in die Sprachgeschichte nehmen; Wörter und ihre Bedeutung erschließen (Denotation und Konnotation); Ausdrucksweisen und Wirkungsabsichten von sprachlichen Äußerun-

Äußerungen und ihre Funktion bestimmen 282
Sprechabsichten erkennen 282
Textfunktionen untersuchen 282

gen vergleichen und unterscheiden; Textfunktionen erkennen

Rechtschreibung und Zeichensetzung

11 Auf zu „neuen Ufern"!
Rechtschreibregeln und -strategien anwenden 284

Die Groß- und Kleinschreibung trainieren 286
Was kannst du schon? 286
Die Großschreibung von Nominalisierungen 287
Zeitangaben richtig schreiben 288
Zahlwörter (Numeralien) richtig schreiben 289
Eigennamen und Herkunftsbezeichnungen richtig schreiben 290
Strategien für die richtige Getrennt- und Zusammenschreibung nutzen 292
Was kannst du schon? 292
Verbindungen mit einem Verb richtig schreiben: Die Umstellprobe nutzen 293
Verbindungen mit einem Verb richtig schreiben: Die Bedeutungs- und die Betonungprobe nutzen 294
Geeignete Proben und Regeln anwenden 296
Zusammengesetzte Adjektive und Partizipien richtig schreiben 299
Fremdwörter richtig schreiben 300
Was kannst du schon? 300
Die Schreibung von Fremdwörtern üben 301
Die Regeln der Kommasetzung wiederholen 304
Was kannst du schon? 304
Das Komma bei Aufzählungen und Satzunterbrechungen 305
Das Komma in Satzreihen und Satzgefügen 306
Das Komma bei Infinitiv- und Partizipgruppen 308
Die Unterscheidung von *das* und *dass* trainieren 310
Die Zeichensetzung bei wörtlicher Rede üben 311
Besondere Satzzeichen verwenden 312
▸ Gewusst wie: Fehler finden und berichtigen 314

Kompetenzschwerpunkte
die lautbezogenen Regelungen beherrschen; vertiefte Kenntnisse der Orthografie (Groß- und Kleinschreibung, Getrennt- und Zusammenschreibung) und der Zeichensetzung (Satzreihen, Satzgefüge, Appositionen und nachgestellte Erläuterungen, „dass" als Konjunktion, Komma bei Infinitiv- und Partizipgruppen) sicher anwenden (Strategien nutzen); Kennzeichen für die Substantivierung von Verben und Adjektiven erkennen; Zeitangaben, Zahlwörter, Eigennamen und Herkunftsbezeichnungen sowie Fremdwörter richtig schreiben; Schreibungen kontrollieren und eigene Texte überarbeiten (Nachschlagen im Wörterbuch, Fehleranalyse); besondere Satzzeichen (Semikolon, Doppelpunkt, Gedankenstrich) funktional einsetzen; am häufigsten vorkommende Fehler kategorisieren und nach individuellen Fehlerschwerpunkten berichtigen; Fehlervermeidungsstrategien entwickeln

Tipps und Hilfen

2 Kinder zum Casting? 316
3 Neu sein 318
4 Kleine Lügen 320
5 Von unerhörten Begebenheiten 322
6 Auf der Suche 324
7 Von Liebe und Macht 326
8 Von Ort zu Ort 328
9 Intelligente Technik 330
10 Lösungen: Sprache untersuchen 332
11 Lösungen: Rechtschreibregeln und -strategien anwenden 333

Orientierungswissen

Sprechen und Zuhören 334
Schreiben 334
Mit Texten und Medien umgehen 342
Literarische Texte und Medien untersuchen 342
Sachtexte untersuchen und Diagramme auswerten 346
Nachdenken über Sprache 348
Wortarten und Formen des Verbs 348
Sätze, Satzglieder und Satzgliedteile 352
Rechtschreibregeln und -strategien 357
Arbeitstechniken und Methoden 360

Text- und Bildquellenverzeichnis 362
Sachregister 366

Wichtige Operatoren

Operatoren	Erklärung
analysieren	Merkmale eines Textes anhand von bestimmten Aspekten oder Fragestellungen erschließen
begründen	eine Meinung oder Ansicht durch Argumente stützen
belegen	Aussagen durch geeignete Textstellen (Textbelege) stützen
beschreiben	Personen, Tiere, Gegenstände, Bilder oder Textmerkmale genau, sachlich und strukturiert darstellen
charakterisieren	Sachverhalte, Vorgänge, Personen oder literarische Figuren treffend beschreiben und in ihren Besonderheiten darstellen
darstellen	Zusammenhänge, Probleme oder Inhalte unter einer bestimmten Fragestellung ohne Bewertung wiedergeben
diskutieren	sich argumentativ mit einem Thema, einer Frage oder einem Problem auseinandersetzen
erklären	einen Sachverhalt für andere verständlich darstellen
erläutern	einen Sachverhalt anschaulich und verständlich darstellen und begründen
erschließen	aus Materialien gezielt Informationen oder Sachverhalte herausarbeiten oder herleiten
gliedern	Inhalte nach bestimmten Gesichtspunkten ordnen
interpretieren	auf der Grundlage einer Textanalyse eine schlüssige Gesamtdeutung eines Textes vornehmen, diese mit Textbelegen begründen und (schriftlich) darstellen
nennen	Merkmale oder Fakten ohne nähere Erläuterung aufzählen
prüfen	Aussagen oder Behauptungen im Hinblick auf Schlüssigkeit, Gültigkeit und Berechtigung betrachten und bewerten
vergleichen	Gemeinsamkeiten und Unterschiede herausarbeiten und einander gegenüberstellen
Stellung nehmen	zu einzelnen Meinungen, Textaussagen oder Problemen eine persönliche wertende Ansicht formulieren und begründen
zusammenfassen	Inhalte oder Texte verkürzt, strukturiert und in eigenen Worten wiedergeben

1 Träumen erwünscht

Über die Zukunft nachdenken

Zieh deinen Weg *Herbert Grönemeyer (2007)*

Zieh deinen Weg
Folg deinen eigenen Regeln
Zieh deinen Weg
Keine Angst vor Richtig und Falsch
Wer die Wahrheit kennt
Ist niemals überlegen
Vertritt deinen Punkt
Aber zeug immer von Respekt […]

Zieh deinen Weg
Als freier Radikaler
Zieh deinen Weg
Sei unvorsichtig, verrückt
Zier dich nicht
Irrtum ist keine Falle
Verschenk dein Herz
und nimm es auch wieder zurück […]

Zier dich nicht
Versuch zu sein und nicht zu scheinen
Genieße dich
Binde dich nie an nur eine Idee,
verschreib dich nicht nur einer Idee
Zier dich nicht
Bleib mit dir im Reinen
Zeig Verständnis
Aber verstehe nicht zu gut

Lüge nicht
Geh dem Kummer nicht entgegen
Prüfe dich
Ob du weißt, wovon du sprichst
Zweifel nicht
Jeder Berg lässt sich bewegen
Gib nie auf
Sei bereit fürs große Glück

1. Dieses Lied hat der Sänger Herbert Grönemeyer für seine Kinder geschrieben, als sie aus dem Haus gegangen sind. Was möchte er seinen Kindern in diesem Lied sagen?
2. Welche Wünsche würdest du dir selbst auf deinen weiteren Weg mitgeben? Schreibe einen Brief an dich selbst oder verfasse ein Parallelgedicht zu dem Lied von Herbert Grönemeyer.

In diesem Kapitel …

- setzt du dich mit unterschiedlichen Lebensentwürfen auseinander.
- lernst du, Interviewfragen zu entwickeln, und interviewst Menschen zu ihrem Leben und ihrem beruflichen Werdegang.
- schreibst du biografische Texte.
- lernst du, dich für ein Praktikum zu bewerben und vorzustellen.

Traum und Wirklichkeit

Zehn Jahre Abitur – Wie ging es weiter? *Madlen Ottenschläger*

Vor zehn Jahren haben Abiturienten der Hamburger Ida-Ehre-Schule ihre Lebensträume und Berufswünsche erzählt. Zehn Jahre später ist es Zeit, einmal nachzufragen, was daraus wurde.

Kathrin

Meine Entscheidung für Jura war eine pragmatische[1]. Nach dem Abitur jobbte ich, mit dem verdienten Geld ging es nach Südafrika, Namibia und Mosambik. Mein Ziel: den Kopf vom Lernen freibekommen und in andere Kulturen eintauchen. Klappte gut! Als ich mich dann aber online für ein Studium bewerben wollte, merkte ich: Ich komme zwei Wochen zu spät in Hamburg an, um im Sommersemester zu starten; bei den neuen Bachelorstudiengängen[2] herrschte Anwesenheitspflicht. Und Bachelor, passte das überhaupt? [...] Ich wollte mich im Studium nicht wie auf der Schulbank fühlen, mit festem Stundenplan. Also Jura, das endete mit Staatsexamen. Anders als geplant, begann ich mein Studium in Hamburg. [...] Ich gab mir ein halbes Jahr. Und bin bei Jura geblieben. Bereut habe ich es nie, Jura war und ist genau mein Fach. Es ließ mir viel Raum: Ich jobbte bei einem Radiosender, denn auch mit einem Jurastudium kann man schließlich später als Journalistin arbeiten. Ich merkte, dass es noch mehr gibt, das ich kann, das mir Spaß macht. Ich absolvierte Praktika im Bundestag, beim Jugoslawien-Tribunal[3] in Den Haag, bei den Grünen in der Hamburgischen Bür-

1 pragmatisch: vernünftig, praktisch orientiert
2 der Bachelorstudiengang: Studiengang, der mit dem Bachelor-Abschluss endet
3 das Jugoslawien-Tribunal: Strafgerichtshof in Den Haag, in dem die Kriegsverbrechen im sog. „Jugoslawien-Krieg" vor Gericht gebracht wurden

gerschaft, in einer Kanzlei. Als Juristin stehen einem viele Türen offen. Anfangs sah ich mich eher in einer Institution wie den Vereinten Nationen. Gegen Studienende begeisterte mich mehr das reine Recht. Jetzt will ich als Anwältin arbeiten, am liebsten auf dem Energiesektor.

Vor vier Jahren schloss ich mein Studium mit dem ersten Staatsexamen ab, danach habe ich ein halbes Jahr für eine Anwaltskanzlei in Berlin gearbeitet. Mit dem Geld finanzierte ich meinen Master of Laws in Washington, D. C. Momentan bin ich im Referendariat, meine jetzige und gleichzeitig letzte Station ist die Deutsche Botschaft in Sarajewo.

Ich bin heute an einer ganz anderen Stelle, als ich es mir vor zehn Jahren erträumt habe. Man könnte deshalb sagen: Meine Träume haben sich nicht erfüllt. Ich sehe es anders. Wir selbst verändern uns. Jeder hat wohl mehr als eine Begabung. Dafür muss man aber einfach mal machen und Dinge ausprobieren.

Sebastian

Die Idee vom Recht auf Faulheit ist für mich ein schöner Gedanke, immer noch. Ich hatte diesen Gedanken während des Abi-Wahnsinns, weil ich dem Druck und der Aggression etwas entgegensetzen wollte. Die meisten meiner Mitschüler blickten damals nicht mehr nach rechts und links. Die waren im Tunnel. Es gab nur noch sie selbst: ihre Noten, ihre Karriere. Mir ging es aber auch um anderes. Wie geht es den Menschen neben mir? Wie geht es mir selbst? Was passiert politisch in unserem Land und auf der Welt? Wo kann, wo muss ich mich engagieren? […]

Nach meinem Zivildienst studierte ich Soziale Arbeit in Hamburg. Mir ging und geht es darum, einen Beruf zu haben, den ich nicht auf dem Rücken anderer ausübe. […] Innerhalb von drei Jahren machte ich meinen Bachelor und schloss ein Masterstudium an. Das brach ich aber ab – kurz vor dem Abschluss. Ich sah schlicht keinen Sinn mehr darin, es hatte keinen praktischen Bezug zu dem, was ich beruflich machen wollte und auch schon machte: Ich jobbte während meines Studiums parallel im sozialen Bereich. Also weg von der Hochschule. Mein erster Job war bei der Drogenhilfe. Inzwischen bin ich bei der Stadt Hamburg angestellt, als Amtsvormund. Ich bin der gesetzliche Vertreter für Kinder und Jugendliche, die ohne ihre Eltern leben.

Mein Leben heute könnte man fast schon als bürgerlich bezeichnen. Ich habe einen festen Job, bin seit diesem Jahr verheiratet und Vater einer Tochter. Ich weiß, was Verantwortung heißt. Der totale Spießer auf dem Papier! Aber wie wir dieses Leben nun genau leben und gestalten, entscheiden ja wir. An ein Recht auf Faulheit glaube ich immer noch. […]

Heiko

Meine Träume haben sich eins zu eins erfüllt: Ich habe Medizin studiert, in Hamburg. Momentan arbeite ich als Assistenzarzt am Universitätsklinikum Eppendorf in Hamburg und mache dort meinen Facharzt für Psychiatrie und Psychotherapie. Nach dem Abitur ging es aber erst einmal nach Sri Lanka, mein Vater stammt von dort, ich wollte meine Wurzeln kennen lernen. Ihn selbst habe ich nicht getroffen, über meine Wurzeln habe ich trotzdem einiges erfahren.

Bei der ZVS[4], die die Studienplätze für Medizin vergibt, habe ich nach meiner Rückkehr nur Hamburg als Studienwunschort angegeben. Ein Wahnsinn eigentlich – so extrem gut war mein Abitur auch wieder nicht. Aber ich bin sehr verwurzelt mit der Stadt [...]. Ich hätte eher etwas anderes studiert, als aus Hamburg wegzuziehen. Dass es tatsächlich geklappt hat, war ein großes Glück.

Ich wollte nicht schon immer Arzt werden, ich komme nicht aus einer Medizinerfamilie. Die Idee kam mir etwa ein Jahr vor dem Abitur. Ich wollte einen Beruf, den ich auch noch nach 20 Jahren als sinnvoll erachte. Medizin schien mir da eine gute Wahl. Anfangs war das Studium hart. Dass man sehr viel auswendig lernen muss, wusste ich. Aber solche Mengen! Motiviert hat mich, dass ich mehr und mehr die Zusammenhänge verstand: Aha, so funktioniert also unser Körper! Das ist es auch, was mich für die Psychiatrie begeisterte: nach und nach zu begreifen, welche Rolle die Psyche spielt, dass wir Menschen eben weit mehr sind als ein Körper. [...] Während meines Studiums war ich in Trinidad und Tobago, Teile meines praktischen Jahres habe ich in Sydney und Hongkong gemacht. Es war gut, Gesundheitssysteme auch außerhalb Deutschlands kennen zu lernen.

Meine Entscheidung für Medizin habe ich nie bereut. Ich kann helfen, erlebe viel Dankbarkeit. [...] In eineinhalb Jahren werde ich wohl meine Facharztprüfung machen. Und dann? Mal sehen. Fest steht: Ich bleibe in Hamburg.

Rosa

Ich bin in einer Phase der Orientierung, meine momentane Situation ähnelt sehr der Zeit nach dem Abitur. Wieder geht es um entscheidende Fragen: Was kommt jetzt? Was möchte ich? Ich bin noch am Experimentieren.

Nach dem Abitur reiste ich durch Italien. Allein. Das war nicht immer nur positiv, doch ich habe gelernt, dass es eigentlich überall nette Menschen gibt – und dass es auf die Menschen ankommt, mit denen man sich umgibt. Und nicht darauf, wo man ist. Zurück in Hamburg, machte ich ein

4 ZVS: Abkürzung für „Zentrale Vergabestelle für Studienplätze"

Praktikum bei Greenpeace. Nach Berlin wollte ich nach meiner Rückkehr doch nicht mehr, ich genoss die vertraute Umgebung und meine Freunde. Die sind bis heute mein Anker, ein enger Kern, den ich seit vielen Jahren habe. Bei Greenpeace sammelte ich Unterschriften gegen den Walfang und half, das Greenpeace-Schiff *Beluga* zu warten. Das war schön, spannend, abwechslungsreich – mir aber nicht genug. Also doch Philosophie!

Was ist der Sinn? Fragen wie diese stelle ich mir, seit ich ein Kind bin. Ich bin einfach eine Philosophin. [...] Meine Begegnungen nach dem Abitur lehrten mich: Aus allem entsteht etwas. Also entschied ich mich für das Studium, von dem ich glaubte, dass es mir Spaß machen würde, für das ich brannte und motiviert war. Ist das das Fundament, kann man immer etwas daraus machen, davon bin ich überzeugt.

Es gab auch Phasen, in denen ich fast hingeschmissen hätte. Das Bachelor-Master-System ist sehr verschult, anfangs fehlten mir Zeit und Muße zum Denken. Im Masterstudium wurde es besser. Mit dem Master fing ich nach einem Semester Auszeit an. Ich hatte gejobbt, war wieder gereist.

Gerade schließe ich mein Studium ab. Ich weiß, dass ich nicht an der Universität bleiben möchte, es juckt mich in den Fingern, endlich etwas Praktisches zu machen. Journalismus ist spannend, ich habe Praktika beim Radio und bei einem Onlinemagazin gemacht, und ich schreibe für eine Zeitung über die Musikszene in Hamburg. Vielleicht wird Schreiben also mein Beruf.

Vielleicht kommt aber doch noch etwas ganz anderes.

1 a) Lies alle vier Lebensläufe und wähle einen aus, der dich besonders interessiert.
b) Notiere die Etappen in der Entwicklung der jeweiligen Person.

2 Vergleicht die bisherige Entwicklung von Kathrin, Sebastian Heiko und Rosa. Wo seht ihr Ähnlichkeiten und wo Unterschiede? Nennt Beispiele.

3 Im Ende ihres Textes meint Kathrin: „Man könnte deshalb sagen: Meine Träume haben sich nicht erfüllt." (Z. 27 f.).
Diskutiert, ob sich Träume immer erfüllen müssen.

Wie kam es eigentlich dazu? – Ein Interview führen

1 Um etwas über das Leben eines Menschen zu erfahren, kann man z. B. ein Interview mit ihm führen.
Überlege, über wessen Leben aus deinem Verwandten- oder Bekanntenkreis du Genaueres erfahren möchtest. Besonders interessant sind Menschen,
- die bereits älter sind und schon viel erlebt haben,
- die eine große Veränderung in ihrem Leben vollzogen haben,
- die einen besonders interessanten oder spannenden Beruf ausüben.

2 Bereite dich auf das Interview vor. Übernimm dazu folgende Mindmap in dein Heft und ergänze Stichpunkte zu Themen, um die es in deinem Interview gehen soll.

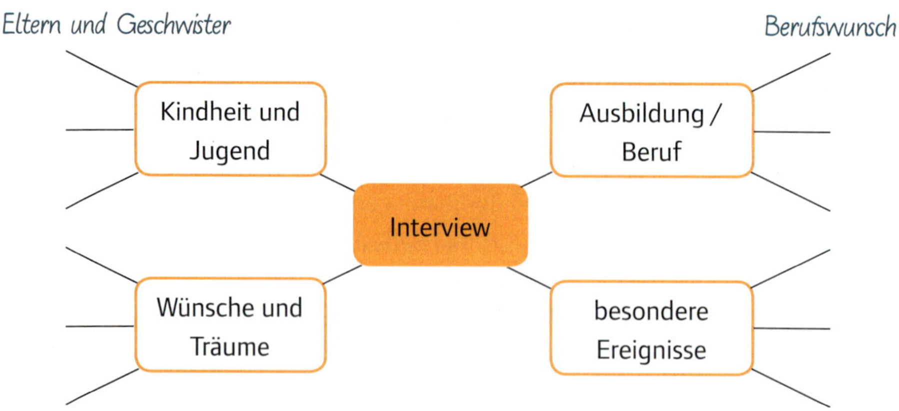

3. Untersuche die folgenden Fragen: Welche davon sind deiner Ansicht nach für ein Interview gut geeignet und welche weniger gut? Begründe deine Einschätzung.

   - *Wann sind Sie geboren?*
   - *Wie viele Geschwister haben Sie?*
   - *An welches besondere Ereignis aus Ihrer Kindheit erinnern Sie sich?*
   - *Haben Sie sich Ihr Leben im Alter von 14 Jahren so vorgestellt?*
   - *Finden Sie Ihr Leben gut?*
   - *Haben Sie Ihre Berufswahl schon einmal bereut?*
   - *Welche Hobbys haben Sie, seit wann und wie sind Sie auf sie gekommen?*
   - *Welche Stolpersteine gab es in Ihrem Leben?*
   - *Haben Sie Freunde?*
   - *Welche Ihrer Träume sind in Erfüllung gegangen und welche nicht?*

4. a) Entscheide dich, welche der in Aufgabe 2 gesammelten Aspekte den Schwerpunkt deines Interviews bilden sollen.
   b) Entwickle geeignete Interviewfragen und notiere sie auf einzelnen Karteikarten.
   c) Bringe die Karteikarten in die Reihenfolge, in der du sie im Interview verwenden willst.
5. Führe das Interview durch. Orientiere dich an den Schritten im Info-Kasten.
6. Entscheide dich zwischen den Aufgaben a) und b).
   a) Verfasse eine schriftliche Kurzbiografie der Person, die du interviewt hast.
   b) Berichte von deinen Interview-Erfahrungen in der Klasse und präsentiere besonders interessante Ausschnitte aus dem Interview als Hör- oder Filmaufnahme.
7. Führe ein Interview mit dir selbst zum Thema „Ich in 10 Jahren".

Info: Ein Interview führen

Die Vorbereitung:
- Überlege dir: **Wen** möchte ich befragen? **Worüber** möchte ich etwas erfahren?
- Bereite Fragen vor, die du deinem Gegenüber stellen möchtest. Achte darauf, dass du vor allem **offene Fragen** stellst, auf die dein/-e Interviewpartner/-in nicht nur mit *Ja* oder *Nein* antworten kann, sondern ausführlicher antworten muss.
- Vereinbare mit deiner Interviewpartnerin / deinem Interviewpartner, wie das Interview festgehalten werden soll, z. B. als Tonaufnahme, Filmaufnahme oder schriftlich.

Die Durchführung:
- Achte auf eine angenehme Atmosphäre während des Interviews.
- Stelle dich vor Beginn des Interviews vor und erläutere dein Anliegen.
- Rede deutlich und vermeide es, mehrere Fragen auf einmal zu stellen.
- Bedanke dich zum Abschluss und verabschiede dich.

Traumberufe – Ein Radio-Feature erstellen

Traumberuf Tiertrainer *nach Alexandra Schulz*

Marco Heyse hält eine lange Stange mit einem Mikrofon-Puschel über den Kopf seines Ponys. Das Pony guckt. Schnappt nach dem Puschel. Guckt noch mal. Dabei soll es eigentlich ruhig stehen bleiben. „Deswegen üben wir das", sagt Marco. „Wenn wir am Filmset sind, darf das Pony sich nicht vom Mikro ablenken lassen."

Marco ist Filmtiertrainer. Er sorgt dafür, dass die Gänse bei „Nils Holgersson" in die richtige Richtung laufen und der Fuchs bei „Pettersson und Findus" um die richtige Ecke schleicht […].

Geübt wird bei Marco zu Hause. Er hat ein großes Grundstück in Niedersachsen, etwa eine halbe Stunde von Hamburg entfernt. Hier lebt er mit seiner Frau und drei Kindern – und mit Waschbären, Füchsen, Hunden, Hühnern, einem Wanderfalken, Mini-Schweinen, Pferden, einem Raben, Rehen, Ziegen und dem Wildschwein Yvonne.

Berufsinfo

Was ist das Schönste an Ihrem Beruf?

Marco Heyse: Wenn etwas Schwieriges klappt, für das ich mit einem Tier lange trainiert habe.

Das Schlimmste an dem Beruf?

Marco Heyse: Manche Auftraggeber wünschen sich zum Beispiel, dass ein Hund durch die Luft gewirbelt wird, damit es aussieht, als würde er fliegen. Da muss man eine Grenze ziehen und sagen: Nein, das geht aus Tierschutzgründen nicht. […]

Wie wird man Tiertrainer?

Marco Heyse: Es gibt keine anerkannte Berufsausbildung. Man kann aber Tierpfleger lernen und darauf aufbauen. Das geht auch bei manchen Filmtierschulen. Dort kann man sich spezialisieren.

Was verdient man?

Marco Heyse: Ein Hund bringt pro Drehtag etwa 500 Euro. Aber dafür muss man viele Tage vorher arbeiten und dem Hund beibringen, was er im Film machen soll. Die Zeit wird nicht bezahlt. Reich wird man nicht.

Was muss man können?

Marco Heyse: Sich in Tiere hineinversetzen. Man braucht viel Fantasie, um sich Trainingsmethoden zu überlegen.

Für wen ist das nichts?

Marco Heyse: Für Leute, die lieber drinnen als draußen sind. Für Leute, die Angst vor dreckigen Händen und Matsch haben, und für Tierhaar-Allergiker.

1. Tiertrainer oder Biologin? Pilotin oder Anwalt? Astronautin oder Schauspieler? Welchen Traumberuf hast du? Begründe deinen Wunsch.
2. Um andere über deinen Traumberuf zu informieren, eignet sich z. B. ein Radio-Feature. Höre dir ein Radio-Feature im Internet an und überprüfe die Angaben aus dem Info-Kasten unten.
3. Übt die Herstellung eines Radio-Features, indem ihr auf der Grundlage der Materialien oben ein kurzes Feature über den „Traumberuf Tiertrainer“ vorbereitet. Geht so vor:
   - Überlegt, welche Hintergrundgeräusche geeignet sind, um die Situation vor Ort zu veranschaulichen.
   - Entscheidet, welche Informationen von der Reporterin / dem Reporter als Hintergrundinformationen gegeben werden sollten.
   - Legt fest, in welchen Situationen der Tiertrainer selbst zu Wort kommen soll.
   - Erstellt einen Regieplan nach folgendem Muster.

Regieplan: Traumberuf Tiertrainier – Ein Tag mit dem Tiertrainer Marco Heyse		
Sequenz	**Inhalt**	**Sprecher/-in**
1	*Tiergeräusche (Hundegebell, Pferdewiehern, Hühnergackern)*	
2	*Hintergrundinformationen, wo wir uns gerade befinden, Beschreibung der aktuellen Situation (Übung mit Pony und Mikrofon)*	*Reporter/-in*
3	*Tiertrainer erklärt, was er gerade macht*	*O-Ton: Marco Heyse*

4. Besetzt die einzelnen „Rollen“ (Reporter/-in, Tiertrainer) und nehmt das Feature auf. **Tipp:** Im Internet findet ihr Datenbanken mit Hintergrundgeräuschen, die ihr verwenden könnt.
5. Schneidet das Feature mithilfe eines Schnittprogramms und anhand eures Regieplans.
6. Bereitet ein Radio-Feature über einen von euch ausgewählten „Traumberuf“ vor. Recherchiert Hintergrundinformationen und sucht passende Interviewpartner/-innen.

Info: Ein Radio-Feature erstellen

Ein **Radio-Feature** ist eine informative und gleichzeitig unterhaltsame Radiosendung. Es enthält in der Regel **sachliche Hintergrundinformationen** (Berichte, Beschreibungen), **Originaltöne** aus Interviews und **Elemente eines Hörspiels**, wie z. B. Geräusche oder Musik.

Sich für ein Praktikum bewerben

Ein Bewerbungsschreiben verfassen

kommunikativ

kreativ

praktisch veranlagt

gründlich

fleißig

zuverlässig

schnell

1 Um dich für ein Praktikum zu bewerben, musst du zunächst deinen eigenen Interessen und Fähigkeiten auf die Spur kommen. Erstelle ein Alphabet deiner Stärken und notiere zu jeder Stärke, wo du sie schon einmal unter Beweis gestellt hast.

A *aufgeschlossen: gehe immer auf neue Mitschüler/-innen zu*
B *beharrlich: bleibe auch bei schwierigen Aufgaben so lange dran, bis sie gelöst sind*
C ...

2 Wähle einen Beruf, in dem du gern ein Schülerpraktikum absolvieren möchtest, und begründe, warum dieser Beruf zu deinen Interessen und zu deinen Stärken passt, z. B.:

Ich interessiere mich für den Beruf des Tischlers, weil ich mich gerne praktisch betätige. Aus diesem Grund habe ich auch bereits drei Jahre lang an der AG „Technik und Werken" an unserer Schule teilgenommen, was mir sehr viel Spaß gemacht hat.

3 Der erste Kontakt mit einem Unternehmen erfolgt häufig per E-Mail.
Besprecht, ob die folgende E-Mail als Praktikumsanfrage gelungen ist oder nicht.
Macht bei Bedarf Überarbeitungsvorschläge.

Von: Marni.Schneider@mail.de
An: Sagart_Anwalt@mail.de
Betreff: Bewerbung für ein Schülerpraktikum

Liebe Anwaltskanzlei Sagart,
im September dieses Jahres stehen bei uns in der Schule wieder die Schülerpraktika an.
Ich hätte Lust, ein Praktikum in Ihrer Kanzlei zu machen, da ich gehört habe, dass man als Anwältin später ziemlich viel Geld verdienen kann.
Ich würde also gerne mal in den Beruf hineinschnuppern.
Über eine kurze Rückmeldung, ob diese Möglichkeit besteht, würde ich mich sehr freuen.
Eine schriftliche Bewerbung und einen Lebenslauf schicke ich Ihnen bei Bedarf gerne zu.
Liebe Grüße
Marni Schneider

❹ Viele Unternehmen erwarten neben einer Anfrage per E-Mail auch ein Bewerbungsschreiben in Briefform oder als Anhang zur E-Mail. Verfasse nach dem Muster im Info-Kasten ein Bewerbungsschreiben für dein Wunsch-Praktikum.

Info: Ein Bewerbungsschreiben verfassen

Das **Bewerbungsschreiben** ist ein **sachlicher Brief** und muss bestimmte formale Voraussetzungen erfüllen. Der Aufbau eines Bewerbungsschreibens sieht folgendermaßen aus:

Adresse der Absenderin / des Absenders

Moritz Bellmann
Birkenweg 13
53123 Bonn
moritz.bellmann@mail.de

Adresse der Empfängerin / des Empfängers

Krankenhaus Waldfriede
Kinderstation / Frau K. Hermann
Hauptstraße 11–14
53321 Bonn

Datum

Bonn, den 5.6.20..

Betreffzeile

Bewerbung um ein Schülerpraktikum vom 15.09.20.. – 06.10.20..

Anrede

Sehr geehrte Frau Hermann,

Verweis auf Stellenanzeige, E-Mail oder Telefonat

wie per E-Mail vom … vereinbart, möchte ich mich für ein Schülerpraktikum auf Ihrer Station bewerben.

Begründung für die Bewerbung mit konkreten Beispielen für Interessen, Fähigkeiten, Erfahrungen

Ich interessiere mich für die Arbeit des Krankenpflegers auf der Kinderstation Ihres Krankenhauses, weil ich sehr gerne mit Kindern umgehe. Schon von klein auf habe ich mich viel mit meinen beiden jüngeren Geschwistern beschäftigt. Dabei und in der AG unserer Schule, die Kindern von Geflüchteten bei den Hausaufgaben hilft, habe ich die Erfahrung gemacht, dass… Außerdem …

Schlussteil mit Bezug zu weiteren Schritten

Über eine Einladung zu einem Gespräch freue ich mich.

Grußformel

Mit freundlichen Grüßen

Unterschrift

Moritz Bellmann

Anlagenverzeichnis

Lebenslauf, Zeugniskopie

Einen Lebenslauf schreiben

1 Manche Unternehmen erwarten neben einem Bewerbungsschreiben auch einen schriftlichen Lebenslauf.
Verfasse nach folgendem Muster einen Lebenslauf für dich, den du deinem Bewerbungsschreiben (→ S. 25, Aufgabe 4) anfügen kannst.

Lebenslauf

Persönliche Daten

Name:	Moritz Bellmann
Anschrift:	Birkenweg 13, 53123 Bonn
Geburtsdatum und -ort:	23.07.20.. in Köln
E-Mail:	…
Telefon:	…

Schulische Ausbildung

seit 08/20..	Marie-Curie-Gymnasium in Bonn
20.. – 20..	Erich-Kästner-Grundschule in Köln

Besondere Kenntnisse, Erfahrungen und Interessen

Sprachen:	Englisch (gut), Spanisch (Grundlagen)
PC-Kenntnisse:	Word, PowerPoint
Praktika:	Kindergarten „Königskinder" (09/20..)
Teilnahme an AGs:	Hausaufgabenhilfe für Geflüchtete
Hobbys:	Basketball, Fotografieren, Schlagzeug

Bonn, den 05.06.20..

Moritz Bellmann

Info: Einen schriftlichen Lebenslauf verfassen

Der **Lebenslauf** wird in tabellarischer Form verfasst und gibt Auskunft über
- deine **persönlichen Daten** (Name, Anschrift mit Telefonnummer und E-Mail, Geburtsdatum und -ort),
- deine **Schulbildung** (aktuelle Station zuerst),
- **besondere Kenntnisse, Erfahrungen** und **Interessen**, die für das Unternehmen von Interesse sein könnten (z. B. Sprachkenntnisse, Computerkenntnisse, Hobbys, weitere Praktika oder soziales Engagement).

Der Lebenslauf endet mit **Ort, Datum** und **Unterschrift**.

Sich vorstellen

❶ a) Beschreibe die Körpersprache der abgebildeten Personen. Welchen Eindruck vermittelt sie jeweils? Begründe.

b) Probiert in Partnerarbeit unterschiedliche Körperhaltungen in folgenden Situationen aus:
- im Sitzen während eines Gesprächs,
- im Stehen während der Begrüßung oder Verabschiedung.

Beschreibt, wie die jeweiligen Körperhaltungen auf das Gegenüber wirken.

❷ Auf folgende Fragen musst du in einem Vorstellungsgespräch vorbereitet sein. Übt das Vorstellungsgespräch im Rollenspiel. Denkt auch an die Begrüßung und Verabschiedung.

Warum hast du dich für dieses Praktikum entschieden? • Weshalb möchtest du das Praktikum ausgerechnet bei uns machen? • Wie hast du dich über unser Unternehmen informiert? • Welche Erfahrungen hast du bereits in diesem oder in ähnlichen Bereichen gemacht? • In welchen Fächern in der Schule bist du besonders gut? • Welche Schulfächer liegen dir weniger? Warum ist das so? • Welche Hobbys hast du? • Wo siehst du deine besonderen Stärken und Schwächen?

Info: Sich persönlich vorstellen

Die Vorbereitung:
- **Informiere dich** vor dem Gespräch **über das Unternehmen**, z. B. auf der Internetseite.
- **Notiere Fragen**, die du deinen Gesprächspartnerinnen / Gesprächspartnern stellen kannst, z. B. zu Produkten der Firma oder zum Ablauf des Praktikums.
- **Übe das Gespräch** als Rollenspiel mit deinen Eltern oder Freundinnen/Freunden.

Das Vorstellungsgespräch:
- Achte auf **Pünktlichkeit**, **höfliches Auftreten** und **passende Kleidung**.
- Achte während des Gesprächs auf deine **Körpersprache**. Halte Blickkontakt zu deinen Gesprächspartnerinnen / Gesprächspartnern.
- Antworte deutlich und in ganzen Sätzen. Stelle interessierte **Nachfragen**.

2 Kinder zum Casting?

Materialgestützt argumentieren

„Währenddessen fand ich alles superinteressant. Wir haben viel erlebt, hatten jeden Tag zu tun und es hat mir unglaublich viel Spaß gemacht. Was sehr negativ war, waren die Bewertungen der Jury, die unter aller Sau waren. Ich war damals erst 16 Jahre alt und konnte damit nicht umgehen, bekam später Depressionen und bekomme bis heute mein Leben nicht in den Griff. Ich habe mich damals allein gefühlt, weil ich das erste Mal von meiner Familie entfernt war und meine Mutter oft nicht zu mir gelassen wurde."
unter 18-jährige Kandidatin von „Deutschland sucht den Superstar"

„Die Fernsehausstrahlung war natürlich sehr ungewohnt und erst einmal fremd, weil es irgendwie doch unrealistisch war, in so einer großen Fernsehshow von Millionen Menschen gerade gesehen zu werden, aber ich war mit dem Zusammenschneiden und allem vollkommen und mehr als zufrieden!"
unter 18-jährige „The Voice of Germany"-Kandidatin

„Ich habe unheimlich viel aus dieser Zeit gelernt, im musikalischen wie auch im menschlichen Sinne. Das Team und die Talente waren einfach eine Gemeinschaft und es war einfach den Talenten gegenüber alles fair!!

Die Zeit dort war sehr gut! Es kam mir nie so vor, dass ich zu etwas gedrängt wurde oder über mich entschieden wurde, und das Mitspracherecht war sehr groß!"
unter 18-jährige „The Voice of Germany"-Kandidatin

1. Tauscht euch darüber aus, welche Castingshows ihr kennt und ob und warum ihr sie gerne seht.
2. Von welchen positiven und welchen negativen Erfahrungen berichten die Teilnehmerinnen von Castingshows in den Zitaten?
3. Diskutiert: Welche Vor- und Nachteile seht ihr in der Teilnahme an einer Castingshow?

In diesem Kapitel ...

- wiederholst du, wie man überzeugend argumentiert.
- entnimmst du Informationen aus Texten und legst eine Materialsammlung für deine Argumentation an.
- formulierst du auf der Basis deiner Materialsammlung überzeugende Argumente.
- nutzt du verschiedene Argument-Typen.
- lernst du, eine materialgestützte Argumentation zu schreiben.

Eine Stoffsammlung anlegen

Stell dir folgende Situation vor:
Du sollst für die Pro-Kontra-Seite einer Jugendzeitschrift zu der Fragestellung „Sollte die Teilnahme an Castingshows für Jugendliche unter 18 Jahren gesetzlich verboten werden?" einen Artikel verfassen.
Die folgenden Materialien helfen dir, gute Argumente für und gegen ein Verbot zu finden.

Material 1 „Geschichten treffen eigene Sehnsüchte"

Musik-Castingshows erfreuen sich seit Jahren einer großen Beliebtheit, gerade bei Kindern und Jugendlichen. SCHAU HIN! sprach mit Dr. Maya Götz, die dazu eine Studie veröffentlicht hat.

Was macht die Faszination von Castingshows und anderen inszenierten TV-Formaten aus? Welche Rolle spielen die Teilnehmer dabei?

Maya Götz: Die jungen Kandidatinnen und Kandidaten sind für die Kinder und Jugendlichen meist ideale Identifikationsfiguren. Mit ihnen fühlen sie mit, hoffen, dass sie sich heute besonders gut präsentieren, milde Kritik bekommen und am Ende weiter dabeibleiben. Die Castingshows treffen oft tiefe Wünsche der Mädchen und Jungen. Sie spiegeln Träume vom Anerkannt-Sein, als einzigartiger Mensch gesehen und bejubelt zu werden. Die Geschichten und Szenen treffen eigene Sehnsüchte: Junge Menschen bewältigen große Aufgaben und berühren Millionen mit ihrer Musik. Eltern, Freunde und Verwandte sind stolz und stehen immer hinter einem. Mit Castingshow-Fantasien verbinden sich aber auch Hoffnungen auf Prominenz und Perspektiven für eine ereignisreiche, statushohe und finanziell gesicherte Zukunft.

Wann können Kinder Ihrer Meinung nach zwischen Fiktion und Realität unterscheiden?

Maya Götz: Wann können Erwachsene das? Gehen wir nicht auch davon aus, dass die Tagesschau die Realität zeigt, obwohl sie nur einen kleinen und gedeuteten Eindruck der Realität wiedergibt. Bei Kindern und Jugendlichen [...] liegt der größte Unterschied zwischen denjenigen, die keine Castingshows sehen, und jenen, die es richtig gerne tun. Geht bei Ersteren nur die Hälfte davon aus, dass die Sendung die Realität zeigt, sind es bei den Vielseher/-innen von Castingshows 80 Prozent.

Sie haben 59 Teilnehmer für eine Studie befragt. Wie empfinden und verarbeiten sie das Erlebnis „Castingshow-Teilnahme"?

Maya Götz: Sehr unterschiedlich. Menschen, die schon vorher professionell als Musiker/-in gearbeitet haben, können die Show sehr wohl dafür nutzen, sich bekannt zu machen. Auch Neuentdeckungen, die eine fundierte Musikausbildung haben, deren soziales Umfeld gefestigt ist und die mit dem plötzlichen Ruhm gut umgehen können, sehen das „Erlebnis Castingshow-Teilnahme" im Nachhinein durchaus positiv. Schwierig wird es für jene, die in der Sendung abgewertet wurden. Sie fühlen sich oft betrogen und machtlos gegenüber dem Mediensystem. Aber auch viele, die als Star dargestellt werden, haben noch Jahre lang mit dieser Erfahrung zu kämpfen. Es ist eine enorme physische[1] und psychische[2] Anstrengung. Die öffentliche Aufmerksamkeit durch die Massenmedien bedeutet eben auch, dass sich die Wahrnehmung des sozialen Umfelds ändert. Jeder meint, Bescheid zu wissen und seine Meinung kundtun zu müssen. Das kann nicht nur anstrengend sein, sondern auch wehtun. Insbesondere, wenn junge Kandidatinnen und Kandidaten lächerlich gemacht werden und dies noch Jahre später jederzeit im Internet auffindbar ist.

Wie beurteilen Sie die Teilnahme von Kindern und Jugendlichen an solchen Shows?

Maya Götz: Es gibt nur sehr wenige Kinder und Jugendliche, die durch eine solche Erfahrung nachhaltig gestärkt herausgehen. Dies gilt auch nur für sehr wenige Familien. Für die meisten wird es eine Erfahrung sein, die schwer zu verarbeiten ist. Der schnelle Ruhm, der ja oft nur kurzzeitig

1 physisch: körperlich
2 psychisch: seelisch

trägt, überfordert die Identitätsbildung[3]. Castingshows sind keine pädagogischen Räume, in denen es um die Förderung von jungen Menschen geht, sondern darum, eine möglichst erfolgreiche Sendung zu gestalten, viele Anrufe zu akquirieren[4] etc. Kinder und Jugendliche sind hierbei systemimmanent[5] nur „menschliches Material“. […]

3 die Identitätsbildung: die Ausbildung der eigenen Persönlichkeit
4 akquirieren: Kunden werben
5 systemimmanent: zum System (der Castingshows) gehörend

1 Welche der folgenden Sätze geben die Aussagen von Frau Götz korrekt wieder? Begründe, indem du die entsprechenden Textstellen nennst.

A Viele Kinder und Jugendliche verbinden mit der Teilnahme an einer Castingshow die Vorstellung von Anerkennung, Reichtum und Berühmtheit.
B 50 % der Fernsehzuschauer/-innen sehen das in den Castingshows Dargestellte als Realität an.
C Die ehemaligen Castingshow-Teilnehmer leiden alle an ihren Erfahrungen.
D Diejenigen, die bereits vor der Show als professionelle Musiker/-innen gearbeitet haben oder eine gute musikalische Ausbildung hatten, können von der Teilnahme an einer Castingshow profitieren.
E Die Fernsehsender missbrauchen die Kandidatinnen und Kandidaten von Castingshows für ihre Zwecke.

F Das schnelle Berühmtwerden schadet der Entwicklung von Kindern und Jugendlichen.

2 Diskutiert, ob ihr die Ausführungen von Maya Götz überzeugend findet.

3 a) Lege als Vorbereitung deines Artikels in deinem Heft eine Pro-Kontra-Tabelle wie im Beispiel an.
b) Notiere in Stichpunkten geeignete Informationen aus dem Text.
Tipps & Hilfen (→ S. 316)

Stoffsammlung: Gründe für und gegen ein gesetzliches Verbot der Teilnahme von Jugendlichen an Castingshows		
Material	**Gründe für ein Verbot**	**Gründe gegen ein Verbot**
Material 1	*– Abwertung der Teilnehmer/-innen (Z. 33) …* *– …*	*– Nutzen für professionelle Musiker/-innen (Z. 27–29)* *– …*
Material 2	*– …*	*– …*

Material 2 Warum „DSDS[1] Kids" ebenso überflüssig wie falsch ist *Sarah Hubrich*

Jetzt also die Kleinsten. […] Dieter Bohlen will diesmal nur nett sein. Und man darf ihm das auch durchaus glauben. […] Aber darum geht es nicht, wenn schon vor dem Start von „DSDS Kids" die Kritiker Sturm laufen. Es geht darum, dass das Kinder-Casting überflüssig ist – und falsch. Kindergarten- und Grundschulkinder sollten spielen und sich nicht vor einem Millionenpublikum zur Abstimmung stellen müssen. Da kann RTL noch so oft betonen, dass alle ganz nett sein werden, dass es keine Verlierer, nur Gewinner geben werde. […]

RTL mag vorgeben, dass es darum gehe, den Kindern ihre Träume zu erfüllen. Tatsächlich versucht der Sender, sich selbst einen Traum zu erfüllen: Kulleraugen für die Quote.

„DSDS Kids" erfüllt nicht die Träume der Kinder – sondern die der Eltern. Und auch darum ist „DSDS-Kids" falsch: Weil es eben meist nicht der Wunsch der Kinder ist, sich im Fernsehen zu produzieren. Sondern die Idee der Eltern. Man kennt das aus dem Sport, wenn die „Eislauf-Muttis" über das Training ihrer Töchter wachen. Man kennt das aus den USA, wo Mütter ihre Töchter im Vorschulalter zu kleinen Lolitas schminken und in hohen Hacken auf Mini-Misswahlen schicken.

Wer solche Eltern hat, verdient Schutz. Schutz vor übermäßigem Ehrgeiz. Aber auch Schutz vor zu viel Lobhudelei. Wer schon in jüngsten Jahren Tag für Tag nur hört, wie pfiffig und knuffig und talentiert er ist, kann kaum ein gesundes Selbstbild entwickeln. Wer zu hoch gehoben wird, kann tief fallen.

Hinzu kommt: All das, was heute auf einer Fernsehbühne passiert, bleibt für immer im Netz. Als Google-Treffer, als Video bei Youtube. Wer als Steppke Anfang der 90er-Jahre den Michael Jackson in der „Mini Playback Show" gegeben hat, kann das inzwischen getrost vergessen haben. Die Kinder, die heute bei „DSDS Kids" antreten, müssen sich womöglich noch in 20 Jahren beim nächsten Arbeitgeber für ihren Auftritt rechtfertigen.

Am Ende möchte man sich schon jetzt nur schämen. Nicht für die Kinder, die bald auf der RTL-Bühne stehen und wahrscheinlich noch reichlich unbeholfen singen oder tanzen werden. Sondern für ihre Eltern und die Show-Macher.

1 DSDS: Castingshow „Deutschland sucht den Superstar"

1 Notiere in deiner Stoffsammlung alle Argumente, die die Autorin gegen die Teilnahme von Kindern an Castingshows anführt.

Material 3 Schminken, singen, zittern *Andrea Halter*

Bei Castingshows dreht sich alles darum, wer weiterkommt und wer ausscheidet. Doch wie ist die Stimmung hinter den Kulissen? Ein Tag bei „The Voice Kids".

Wir dürfen heute einen Tag hinter die Kulissen der Fernsehshow schauen und beobachten, wie die Kinder mit den Jurymitgliedern für ihren großen Auftritt proben – vor den echten Zuschauern in Berlin, wo „The Voice Kids" aufgezeichnet wird, und vor den Zuschauern zu Hause vor dem Fernseher.

[...] Der Regisseur gibt exakte Anweisungen: „Und Playback bitte!", ruft er. Die Musik beginnt noch einmal von vorn, und Emma und die anderen singen ihr Lied. „Du hast das richtig gut gemacht, Emma", ruft Lena danach. „Wenn wir das gleich noch mal proben, guck ruhig noch etwas mehr in die Kamera!" Lena gibt nicht nur Ratschläge und verrät Tricks gegen Lampenfieber, sondern sie lacht auch viel. So will sie den Kindern in ihrem Team die Nervosität nehmen und für eine gute, lockere Stimmung sorgen.

Als vor einigen Jahren zum ersten Mal die Castingshow mit Kindern ausgestrahlt wurde, machten sich Kinderschützer Sorgen um das Wohlergehen der Teilnehmer. Sie erklärten, dass es bei einer Castingshow immer viele Verlierer gibt. Und dass es einen großen Unterschied macht, ob man bei einem Schülerwettbewerb oder vor einem Millionenpublikum eine Enttäuschung wegstecken muss.

Insgesamt 45 Kinder sind bei den so genannten *Blind Auditions* weitergekommen und haben damit eine große Hürde genommen. Bei den *Blind Auditions* sitzt die Jury mit dem Rücken zur Bühne und kann nicht sehen, wer gerade singt. Die Jury, das sind die Sänger Lena, Mark Forster und Sasha. Wenn sie eine Stimme richtig gut finden, dann drücken sie auf einen dicken roten Knopf, ihr Sessel fährt herum, und sie bitten das Kind, ihrem Team beizutreten. Manchmal drehen sich alle um, dann kann sich das Kind aussuchen, mit wem es weiterproben möchte, manchmal dreht sich aber auch keiner um. „Das ist immer eine schwierige Situation", sagt Mark Forster, „aber ich tröste die Kinder dann, gebe ihnen Ratschläge und rate ihnen, es in einem Jahr noch mal zu versuchen und dann vielleicht alle umzuhauen!"

Mark Forster steht am Rand der leeren Zuschauertribüne. [...] Dann macht er sich auf den Weg ins erste Stockwerk des riesigen Studiogebäudes, um nach seinen Kandidaten zu sehen, die gleich zum Proben auf die Bühne müssen. Er geht durch lange Flure, hinter vielen Türen hört man Stimmen. Offensichtlich üben die meisten Kinder ihre Lieder. Auch auf den Gängen wird gesungen. Die Wände sind weiß gestrichen und recht kahl. Mark Forster klatscht sich mit einigen Kindern zur Begrüßung ab. „Am Anfang war ich teilweise nervöser als sie", sagt er und lacht. Durch eine Glastür nickt er einer Mutter zu. Sie sitzt in einem Extrabereich mit gemütlichen Sofas für wartende Eltern. Die sind nämlich immer dabei. Allerdings halten sie ein bisschen Abstand, denn hier geht es ja nicht um sie, sondern um ihre Kinder. Manche sind auch bereits zum zweiten Mal da – wie die Mutter von Felix.

„Ich habe mich letztes Jahr schon mal beworben und bin ausgeschieden", erzählt der Zwölfjährige. [...] „Diesmal hat es geklappt, und ich bin im Team Sasha", sagt er. Er erinnert sich aber auch noch genau an den Misserfolg beim letzten Mal. „Das war schon schlimm", sagt er. „Natürlich wollte ich weiterkommen." [...]

Alles ist genau durchgeplant. Die Stimmung ist zwar locker, trotzdem ist das hier keine Kinderparty, sondern eine Show, mit der die Erwachsenen Geld verdienen wollen. Sie wollen hohe Einschaltquoten erreichen, damit sie die Werbeplätze verkaufen können. Um nicht in den Verdacht zu geraten, dass die Kinder dabei ausgenutzt werden, gibt es strenge Regeln. Bis eben gerade hatte Felix Pause. In seinem Alter dürfen Kinder nur drei Stunden am Tag arbeiten – egal, wie viel Spaß die Arbeit macht. [...]

Morgen wird es dann ernst. [...] 15 Kinder werden es in die nächste Runde schaffen, 30 werden ausscheiden. „Natürlich bin ich traurig, falls ich nicht weiterkomme", sagt Felix. „Aber ich freue mich auch für denjenigen, der schließlich gewinnt!"

1. Spricht sich die Autorin mit diesem Artikel eher für oder eher gegen Castingshows für Kinder aus? Begründe deine Einschätzung .
2. Ergänze deine Stoffsammlung (→ S. 32).

Tipps & Hilfen (→ S. 316)

Material 4 **Früher im Fußballverein – heute bei Bohlen** *Henryk M. Broder*

Die Vorstellung, dass man die Menschen vor sich selber schützen müsse, weil sie nicht in der Lage seien, selber zu entscheiden, was für sie gut oder schlecht sei, gehört zum Programm aller Erziehungsdiktaturen. […]

Über keine Frage freilich wurde in der jüngsten Zeit so heftig diskutiert wie über die, ob man es Jugendlichen und jungen Erwachsenen erlauben sollte, sich öffentlich lächerlich zu machen. Sollte man von ihrem Können überzeugte, aber dennoch vollkommen talentfreie Künstler-Darsteller von 16 Jahren aufwärts daran hindern, an Castingshows wie „Deutschland sucht den Superstar“ teilzunehmen, um ihnen „Demütigungen“ zu ersparen? Oder sollte man sie gewähren lassen, damit sie Erfahrungen sammeln und aus dem voraussehbaren Scheitern lernen können? […]

Ein 16-Jähriger bzw. eine 16-Jährige ist schon zwei Jahre religionsmündig, kann also selber bestimmen, ob und welcher Konfession er beziehungsweise sie angehören möchte, darf mit Erlaubnis der Eltern heiraten und muss nur noch zwei Jahre warten, um wählen zu dürfen. Wenn er bzw. sie Pech hat, findet er bzw. sie keinen Ausbildungsplatz […].

Dass manche in dieser Situation auf die Idee kommen, es im Showbusiness zu versuchen, kann man ihnen nicht übelnehmen. Die Teilnahme an „DSDS“ und ähnlichen Programmen bedeutet heute die gleiche Chance für den sozialen Aufstieg wie früher die Aufnahme in den örtlichen Fußballverein. Neun der zehn Kandidaten, die es aus rund 29.000 Bewerbern in die Finalrunde der letzten „DSDS“-Staffel geschafft haben, stammen aus eingewanderten Familien. […] Die Chance, nach oben zu kommen, ist minimal, aber realer als die Aussicht auf einen Lottogewinn, auf den jede Woche Millionen vergeblich warten.

Was also spricht gegen Castingshows nach „DSDS“-Art? Dass sie mehr Verlierer als Gewinner produzieren? Dass sie der Selbstüberschätzung der meisten Kandidaten Vorschub leisten? Dass sie die Idee der Leistungsgesellschaft auf die Spitze treiben? Das alles sind richtige Einwände, aber sie gelten auch für die Bundesjugendspiele, bei denen es ebenso darauf ankommt, besser zu sein als der Rest der Meute.

Und an dieser Stelle treten Sozialarbeiter und Pädagogen aus der Kulisse und melden Bedenken an: Der Preis sei zu hoch, vor allem für diejenigen, die es nicht schaffen würden, sie würden von der Jury vor aller Welt abgekanzelt und müssten am nächsten Tag den Hohn und den Spott ihrer Freunde erleiden. Das gäbe ein Trauma, mit dem ein 16-Jähriger nicht fertig würde.

Mit anderen Worten: Sie wissen nicht, was sie tun und müssten vor sich selber geschützt werden. Für diese Theorie gibt es zwar keine Belege, aber sie klingt gut, weil sie von Fürsorge zeugt. Zu Ende gedacht, würde sie bedeuten, dass man den Jugendlichen jede Konkurrenz- und Prüfsituation ersparen müsste, um sie nicht über Gebühr zu belasten. [...]

Niemand will mehr verantwortlich sein für das, was er tut oder unterlässt. Die Verantwortung wird outgesourct[1], am besten auf den Staat, der für alles verantwortlich sein soll – die Bildung, die Erziehung, das soziale Wohlbefinden, die Sicherheit und die gute Laune seiner Bürger.

Früher wurde die Gesellschaft von oben entmündigt, jetzt fängt die Entmündigung unten an, die Gemeinschaft der freien Bürger entmündigt sich freiwillig, der Staat soll's richten. Man kann von Glück sprechen, dass der Staat auf die Unterwerfungsbedürfnisse relativ zurückhaltend reagiert und noch nicht die totale Kontrolle der Untertanen übernommen hat.

Aber: Was nicht ist, kann noch werden. Das ganze Leben ist eine Castingshow, ein permanenter Talentwettbewerb, bei dem es immer mehr Verlierer als Gewinner geben wird. Deswegen gibt es auch ein Antidiskriminierungsgesetz. Es muss allerdings in die Praxis umgesetzt werden. Dann wird es nur noch Gewinner geben. Alle Männer werden wie George Clooney und alle Frauen wie Heidi Klum aussehen. Ein Alptraum, schlimmer als „DSDS".

1 outsourcen: auslagern

1. Welchen Standpunkt vertritt der Autor zum Thema „Castingshows" in diesem Artikel? Nenne Textstellen als Beleg.
2. Verfasse einen einleitenden Vorspann für diesen Artikel, in dem du die Kernaussage des Artikels zusammenfasst.
3. Untersuche, wie der Autor des Textes mit Einwänden gegen seinen Standpunkt umgeht. Tipps & Hilfen (→ S. 316)
4. Ergänze deine Stoffsammlung (→ S. 32).

Informationen aus Diagrammen nutzen

Sprungbrett oder Krise? – Das Erlebnis Castingshow-Teilnahme

Material 5 Die Teilnahme an der Castingshow war eine tolle Erfahrung

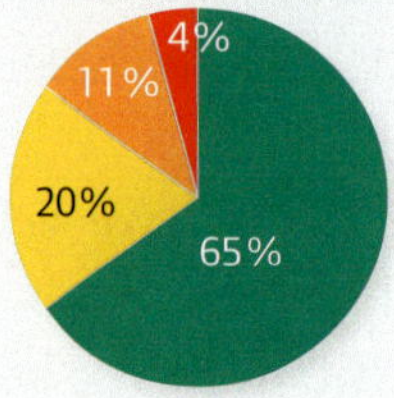

Material 6 Ich bin als Kandidat/-in respektvoll behandelt worden

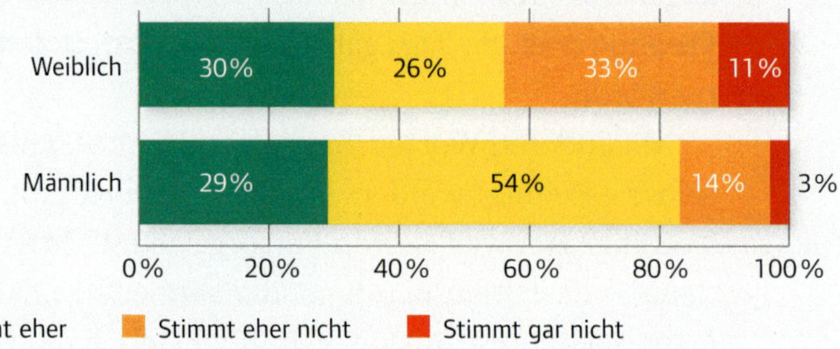

Material 7 Ich würde jederzeit wieder an einer Castingshow teilnehmen

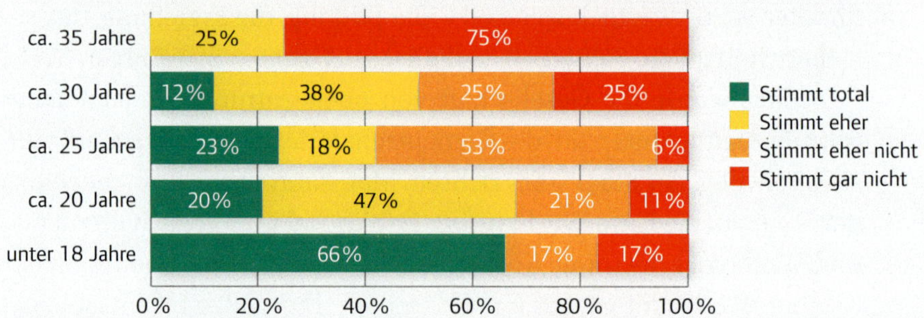

Material 8 Einschätzung der Shows durch die Kandidatinnen und Kandidaten

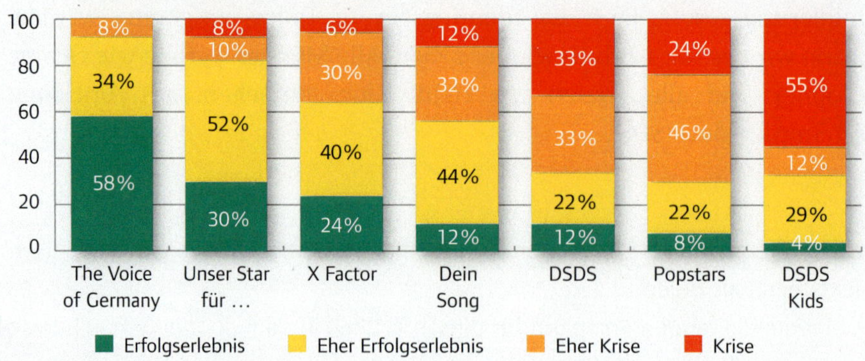

Quelle: Studie von M. Götz, C. Bulla, C. Mendel
Befragt wurden für diese Studie im Auftrag der Landesanstalt für Medien Nordrhein-Westfalen (LfmM)
55 ehemalige Teilnehmer/-innen im Alter von unter 18 Jahren bis 40 Jahren.

1. Welche der folgenden Aussagen kannst du mit Informationen aus einem der Diagramme belegen? Erläutere deine Aussagen anhand des jeweiligen Diagramms.

   A Mehr als die Hälfte der ehemaligen Kandidatinnen und Kandidaten stimmt der Aussage zu, dass die Teilnahme an einer Castingshow eine tolle Erfahrung war.
   B Von den weiblichen Teilnehmerinnen fühlen sich deutlich weniger schlecht behandelt als von den männlichen Teilnehmern.
   C Vor allem die Unter-18-Jährigen würden noch einmal an einer Castingshow teilnehmen.
   D 15 Prozent der Befragten haben ihre Teilnahme als weniger oder gar nicht positiv empfunden.
   E Die Show, die für Teilnehmerinnen unter 18 Jahre gedacht ist, sehen die meisten der Kandidatinnen eher als Chance denn als Krise an.
   F Je älter die Kandidatinnen oder Kandidaten sind, desto niedriger ist ihre Bereitschaft, noch einmal an einer Castingshow teilzunehmen.
   G Die Teilnahme an „The Voice of Germany" wird von drei Viertel der Kandidatinnen/ Kandidaten als Chance angesehen.
   H Als Kandidat/-in gut behandelt fühlten sich sowohl bei den männlichen Teilnehmern als auch bei den weiblichen Teilnehmerinnen ungefähr 30 %.
   I Mehr als drei Viertel der Befragten betrachten ihre Teilnahme als positive Erfahrung.

2. Untersuche die Diagramme in den dir bekannten Schritten (→ S. 210) und ergänze deine Stoffsammlung mit geeigneten Informationen.
3. Vervollständige die folgenden Pro- und Kontra-Argumente mit Informationen aus den Diagrammen. Schreibe jedes Argument auf eine extra Karteikarte.
   Tipps & Hilfen (→ S. 316)

Argumente gegen ein gesetzliches Verbot (kontra)

A Vor allem die Unter-18-Jährigen scheinen die Teilnahme an einer Castingshow als positiv zu betrachten, denn laut einer Studie von M. Götz und anderen …

B Dass die Teilnahme an einer Castingshow kein Problem darstellen muss, zeigt sich auch darin, dass …

Argumente für ein gesetzliches Verbot (pro):

A Dass die Teilnahme an einer Castingshow insbesondere für Kinder ein Problem darstellt, zeigt sich in der Tatsache, dass laut einer Studie von M. Götz und anderen …

B Der Mangel an Respekt gegenüber den Kandidatinnen und Kandidaten ist ein Problem, denn immerhin …

4. Um welchen Argument-Typ (→ S. 59) handelt es sich bei den Argumenten aus Aufgabe 3? Begründe.

Von der Stoffsammlung zur Argumentation

1. Die Stichpunkte in der folgenden Übersicht sind geeignet, Grundlage für deine Argumentation zu sein.
Wähle zwei Gründe für ein gesetzliches Verbot und zwei dagegen aus und formuliere jeweils ein Argument mit Beispiel. Schreibe jedes Argument auf eine extra Karteikarte.

Gründe für ein Verbot	Gründe gegen ein Verbot
A *psychische Schäden*	A *Bevormundung durch ein gesetzliches Verbot*
B *Überforderung der Kandidatinnen/Kandidaten*	B *Wettbewerb und Prüfungssituationen auch im „wahren Leben"*
C *Teilnehmer/-innen sind nur „menschliches Material"*	C *Shows bieten Jugendlichen Möglichkeit, Träume zu realisieren*
D *blinder Gehorsam wichtiger als Erfolg*	D *Kinder werden in Castingshows motiviert*

Beispiel:

Strittige Frage:
Sollte die Teilnahme an Castingshows für Jugendliche unter 18 Jahren gesetzlich verboten werden?

Standpunkt:
Ich bin für ein gesetzliches Verbot.

These (Meinung/Behauptung):
Meiner Ansicht nach sollte die Teilnahme an Castingshows für Unter-18-Jährige gesetzlich verboten werden, ...

Argument (Begründung)
... weil Kinder und Jugendliche laut der Expertin Maya Götz durch die Teilnahme in der Regel überfordert sind, ...

Beispiel/Erläuterung
... z. B. aufgrund der harten und zum Teil sehr abwertenden Kritik einiger Juroren wie Heidi Klum oder Dieter Bohlen.

2. Formuliere für jeden Standpunkt mindestens ein weiteres Argument mit Beispiel auf der Grundlage deiner Stoffsammlung. Schreibe es auf eine Karteikarte.
3. Ordne die Karteikarten beziehungsweise die Argumente nach ihrer Überzeugungskraft, indem du sie nummerierst. Beziehe auch die Argumente von Seite 39 (Aufgabe 3) mit ein.
Tipps & Hilfen (→ S. 317)
4. Untersuche, welche Argument-Typen (→ S. 59) du verwendet hast.

Einwände entkräften

1 Eine Möglichkeit, Argumente für oder gegen einen bestimmten Standpunkt zu formulieren, ist, einen Einwand gegen den eigenen Standpunkt zu nennen und diesen zu entkräften. Untersuche, auf welche Weise die Politikerin Dorothee Bär dies hier tut.

Macht das Internet dumm? *Dorothee Bär*

Das Internet macht nicht dumm. Genauso wenig, wie Fernsehen dumm macht. Oder Kino. Und auf der anderen Seite machen beispielsweise Bücher auch nicht automatisch klug. [...] Aber es gibt [...] unglaublich viele tolle Dinge, die erst durch das Internet möglich geworden sind. [...]

2 Entkräfte folgende Einwände wie im Beispiel unten. Nutze die Formulierungshilfen im Wortspeicher.

A Die Kandidaten von Castingshows werden ausgenutzt.
B Ein gesetzliches Verbot für Kinder und Jugendliche, an Castingshows teilzunehmen, stellt eine Bevormundung von Kindern und Eltern dar.
C Die Castingshows produzieren mehr Verlierer als Gewinner.
D Castingshows sind für Jugendliche eine Chance, groß rauszukommen.
E Ein gesetzliches Verbot schützt Kinder vor überehrgeizigen Eltern.

Beispiel:

A *Natürlich geht es den Fernsehsendern nicht in erster Linie um das Wohl der Kandidatinnen und Kandidaten, sondern vor allem um den eigenen Profit, aber dennoch bieten diese Shows begabten Kindern und Jugendlichen die Chance, ihre Talente einem breiten Publikum vorzuführen und eine professionelle Förderung zu erhalten. Dies zeigt ...*

Info: Formulierungshilfen zum schriftlichen Argumentieren – Einwände entkräften

- *Viele meinen zwar, dass ..., allerdings ...*
- *Viele vertreten den Standpunkt, dass ... Dem kann man entgegenhalten, dass ...*
- *Einige sind der Auffassung, dass ..., doch ...*
- *Die vorherrschende Meinung ist, dass ..., aber ...*
- *... vertritt in seinem Artikel ... die Meinung, dass ..., aber ...*
- *Obwohl ... der Ansicht ist/sind, dass ...*
- *Es ist zwar nachvollziehbar, dass ..., aber viel entscheidender ist, dass ...*

Einen argumentativen Artikel schreiben

Die Einleitung schreiben

1 Untersuche die drei Einleitungen für einen Artikel nach folgenden Gesichtspunkten:
- Um welche Fragestellung geht es hier?
- Welcher Standpunkt zu dieser Fragestellung wird jeweils eingenommen?
- Wie ist die Einleitung aufgebaut?

Tipps & Hilfen (→ S. 317)

A *Ob eine Übersetzung für den Englischunterricht oder eine Gedichtinterpretation als Deutsch-Hausaufgabe: Ein Klick und ein Übersetzungsprogramm hat den Text für uns übersetzt. Ein weiterer Klick, „copy and paste" und fertig ist der Interpretationsaufsatz.*
So oder ähnlich nimmt uns das Internet in vielen Bereichen das eigene Denken ab und trägt damit dazu bei, dass wir allmählich verdummen.

B *Einige Wissenschaftler sind der Ansicht, dass das Internet dumm mache, da die permanente Reizüberflutung durch dauerndes Online-Sein dem Gehirn schade. Doch angenommen, diese These ist korrekt: Ist an dieser „Verdummung" wirklich das Internet schuld oder nicht vielmehr die unkontrollierte Nutzung desselben? Meiner Ansicht nach ist die Aussage, dass das Internet dumm mache, daher eindeutig zu kurz gegriffen.*

C *Macht das Internet dumm? Ich sage nein. Im Gegenteil: Das Internet macht sogar schlau, denn erst das Internet hat uns ermöglicht, dass Informationen für jeden überall, sofort und frei verfügbar sind.*

2 a) Formuliere deinen Standpunkt zu der Fragestellung:

„Sollte die Teilnahme an Castingshows für Jugendliche unter 18 Jahren gesetzlich verboten werden?"

b) Verfasse eine Einleitung für einen Artikel zu deinem Standpunkt für die Pro-Kontra-Seite einer Jugendzeitschrift.
Achte darauf, dass du die Neugier deiner Leser/-innen weckst und zum Thema hinführst.

Tipps & Hilfen (→ S. 317)

Den Hauptteil verfassen

1 Verfasse den Hauptteil eines Artikels, in dem du für deinen Standpunkt eintrittst:
- Nutze deine Arbeitsergebnisse von Seite 39–41 und verknüpfe die Argumente zu einem zusammenhängenden Text.
- Orientiere dich an folgendem Aufbau für den Hauptteil und nutze bei Bedarf auch die Formulierungshilfen im Info-Kasten unten.

Hauptteil:

These (Meinung/Behauptung): *Ich sehe ein solches Verbot als sinnvoll / nicht sinnvoll an …*

Argument 1: *Ein Argument dafür/dagegen ist …*
Beispiel/Beleg: *So …*

Argument 2: *Hinzu kommt, dass …*
Beispiel/Beleg: *Dies zeigt beispielsweise …*

Argument 3: *Noch wichtiger ist jedoch …*
Beispiel/Beleg: *…, was z. B. dadurch deutlich wird, dass …*
…

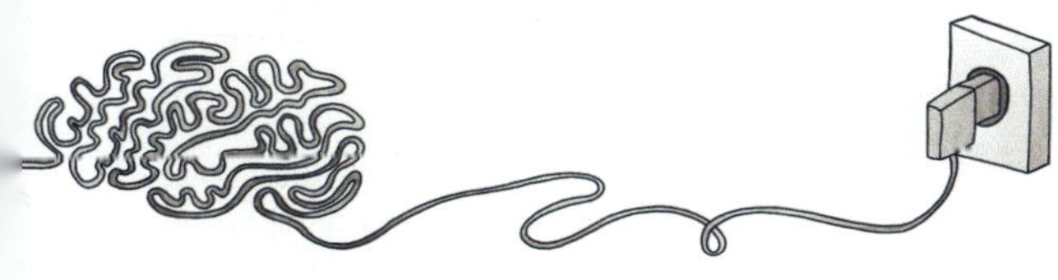

Info: Formulierungshilfen zum schriftlichen Argumentieren

- **Verknüpfung von Argumenten:** *außerdem; hinzu kommt, dass …; ein weiterer Grund dafür/dagegen ist …; zudem sollte bedacht werden, dass …; darüber hinaus …; des Weiteren …; (noch) wichtiger ist …; zum einen – zum anderen; einerseits – andererseits*
- **Hervorhebung besonders wichtiger Argumente:** *besonders wichtig ist/erscheint …; entscheidend ist …; noch wichtiger ist …; zentral ist …; am deutlichsten wird dies …; noch schwerer wiegt …*
- **Beispiel/Erläuterung:** *das zeigt sich zum Beispiel …; Beispiele dafür sind …; beispielsweise …; so …; veranschaulicht/verdeutlicht werden kann das an …*

Den Schluss schreiben

1. Welchen Schluss für einen Artikel zum Thema „Macht das Internet dumm?" hältst du für gelungen? Begründe.

A *Dies zeigt, dass die Möglichkeiten, die einem das Internet eröffnet, die Nachteile stark überwiegen. Die Frage also, ob das Internet dumm mache, kann aus meiner Sicht damit eindeutig mit einem „Nein" beantwortet werden.*

B *Zurück also zur Ausgangsfrage, ob das Internet dumm mache: Wie meine Ausführungen gezeigt haben, kommt es vor allem auf die intelligente Nutzung des Internets an. Ist diese gegeben, kann die Frage mit einem klaren „Nein" beantwortet werden.*

C *Ich hoffe, dass durch meine Argumentation nun klar geworden ist, dass das Internet überhaupt nicht dumm macht, sondern eher im Gegenteil.*

2. Verfasse einen Schluss für deinen Artikel zum Thema „Sollte die Teilnahme an Castingshows für Jugendliche unter 18 Jahren gesetzlich verboten werden?"
3. Formuliere einen Artikel, in dem du für den gegenteiligen Standpunkt argumentierst.

Den Artikel überarbeiten

1. Überprüfe den folgenden Artikel mithilfe der Checkliste auf Seite 45: Was ist gut gelungen? Was sollte verbessert werden? Nenne Beispiele.

Sollten Eltern den Medienkonsum ihrer Kinder zeitlich einschränken?

Ich finde, ja! Das sollten sie unbedingt.

Laut einer Studie der Krankenkasse DAK besteht nämlich bei ca. 5 Prozent der Zwölf- bis 17-Jährigen ein erhöhtes Risiko, internetsüchtig zu werden, was sich daran zeigt, dass sich die meisten Jugendlichen täglich sehr lange im Internet aufhalten (im Schnitt ungefähr 3 Stunden täglich und an Wochenenden oft sechs Stunden und mehr) und schlechte Laune bekommen oder ruhelos werden, wenn sie nicht chatten oder ihre Computerspiele nutzen dürfen.

Nicht zuletzt empfehlen auch Suchtexperten, dass Eltern ihren Kindern bei der Mediennutzung Grenzen setzen, z.B. indem sie jüngeren Kindern höchstens 45 Minuten Bildschirmzeit pro Tag erlauben und älteren bis 14 Jahren 60 Minuten. Länger als 90 Minuten sollten laut Medienexperten auch Jugendliche über 14 Jahren nicht vor dem Bildschirm verbringen.

Und überhaupt: Kinder und Jugendliche, die zu viel Zeit mit Medien verbringen, bekommen einen Haltungsschaden und vernachlässigen ihre Freunde. Viele werden sicherlich sagen, dass die Dauer nichts darüber aussagt, ob Smartphone, Tablet oder Computer sinnvoll oder nicht sinnvoll genutzt werden. Da aber eine ständige Kontrolle der Inhalte für die Kinder noch blöder wäre als eine Zeitbegrenzung, halte ich ein Zeitlimit für sinnvoller. So können Eltern immerhin dafür sorgen, dass neben Computer, Handy usw. noch andere Dinge im Leben der Jugendlichen Platz haben.

❷ Verfasse einen Lehrerkommentar zu dem Artikel, in dem du dem Verfasser Hinweise gibst, was er gut gemacht hat und was verbesserungsbedürftig ist.
Tipps & Hilfen (→ S. 317)

❸ Überarbeite deinen eigenen Artikel zum Thema „Castingshows“ mithilfe der Checkliste.

④ Verfasse einen Artikel, in dem du gegen die zeitliche Einschränkung des Medienkonsums durch die Eltern argumentierst.
Tipp: Du kannst die Texte auf den Seiten 52–54 und 55 f. für deine Stoffsammlung nutzen.

Checkliste ✔	**Einen argumentativen Artikel überprüfen**
Einleitung	✓ Weckt die Einleitung die **Neugier der Leser/-innen** und führt zum Thema hin? ✓ Wird die **strittige Frage** aufgegriffen? ✓ Wird deutlich, welchen **Standpunkt** die Verfasserin / der Verfasser zu dieser Frage vertritt?
Hauptteil	✓ Werden die **Thesen** mit nachvollziehbaren **Argumenten** und **Beispielen/ Erläuterungen** belegt? ✓ Beziehen sich die Argumente auf die **strittige Frage**? ✓ Sind die Argumente sinnvoll, z. B. **nach** ihrer **Überzeugungskraft, angeordnet** und **logisch verknüpft**? ✓ Werden **mögliche Einwände** gegen den Standpunkt **entkräftet**? ✓ Ist die Argumentation **sprachlich abwechslungsreich** formuliert?
Schluss	✓ Knüpft der Schlussteil noch einmal an die **Ausgangsfrage** an? ✓ Wird die **Meinung der Verfasserin / des Verfassers** noch einmal kurz zusammengefasst oder bekräftigt?

Debattieren

Die Regeln einer Debatte kennen lernen

Das bessere Argument gewinnt

Interview von Hanna Lucassen mit Carlotta Schramm

Jedes Jahr nehmen zahlreiche Jugendliche am Wettbewerb „Jugend debattiert" teil. Die ehemalige Bundessiegerin Carlotta Schramm gibt in einem Interview mit der Zeitschrift „Chrismon" Auskunft über ihre Teilnahme und Tipps zum richtigen Debattieren.

Chrismon: Du hast in den vergangenen Monaten über 20 öffentliche Debatten geführt. Worum ging's da zum Beispiel?

Carlotta Schramm: Um den Videobeweis beim Fußball, um Kinderrechte im Grundgesetz, um die Einführung von Schuluniformen oder die Frage, ob die nächtliche Beleuchtung eingeschränkt werden soll. Alles aktuelle Fragen, bei denen es klare Pro-Kontra-Positionen gibt.

Chrismon: Wer gewinnt? Der, der den anderen k. o. geredet hat?

Carlotta Schramm: Der verliert eher. Eine Jury beurteilt die Teilnehmer anhand der Kriterien Sachkenntnis, Ausdrucksvermögen, Gesprächsfähigkeit und Überzeugungskraft. Für jeden dieser Bereiche gibt's maximal fünf Punkte. Am Ende wird zusammengezählt und so der Sieger ermittelt.

Chrismon: Wie läuft eine Debattierrunde ab?

Carlotta Schramm: 24 Minuten dauert eine Debatte. Man ist zu viert: zwei pro, zwei kontra. Am Anfang hat jeder zwei Minuten, um seine Sichtweise darzulegen, dann folgen 12 Minuten „freier Austausch", zum Schluss hat jeder noch ein einminütiges Schlusswort. Die Themen bekommt man immer zehn Tage vorher, die Position, die man dabei vertreten soll, erst wenige Stunden vor der Debatte.

Chrismon: Welche Kommunikationsregeln muss man beachten?

Carlotta Schramm: Ausreden lassen. Sich nicht ins Wort fallen. Sich nicht persönlich angreifen. Sachlich bleiben. Das Gegenüber nicht durch Mimik oder Gestik irritieren oder provozieren. Und die Redezeit einhalten: Die Glocke klingelt einmal 15 Sekunden vor Ende der Redezeit. Und wenn diese überschritten wird, klingelt es zweimal, und wenn man dann immer noch nicht aufhört, dauerhaft. […]

Chrismon: Wie überzeugt man jemanden von seiner Meinung? Gibt's Tricks?

Carlotta Schramm: Man überzeugt durch gute Argumente. Und es geht nur, wenn man eine sachliche Atmosphäre schafft, in der niemand das Gefühl hat, sein Gesicht zu verlieren, wenn er die Meinung der Gegenseite annimmt. […]

1 Erstelle mithilfe der Informationen aus dem Interview eine Info-Karte (Karteikartengröße) zur Debatte. Beantworte dabei folgende Fragen:
- Wie ist der Ablauf der Debatte?
- Welche Regeln gibt es?
- Wer gewinnt?

Eine Debatte vorbereiten

2 a) Bildet Vierergruppen und entscheidet euch für eines der genannten Themen.
b) Notiert Pro- und Kontra-Argumente zu dieser Fragestellung.
c) Entscheidet, wer in eurer Gruppe welchen Standpunkt einnimmt: Zwei von euch argumentieren für die Fragestellung (pro) und zwei dagegen (kontra).

❸ Bereite für deine **Eröffnungsrede** ein mündliches Statement vor:
Nimm Bezug auf die Fragestellung und formuliere
- eine **These**, in der dein Standpunkt deutlich wird,
- ein bis zwei **aussagekräftige Argumente** zur Begründung dieser These,
- ein bis zwei **Beispiele/Erläuterungen** zur Untermauerung deiner Argumente und
- eine kurze **Schlussfolgerung** oder einen **Appell**.

Achte darauf, dass dein Beitrag nicht mehr als zwei Minuten dauert.

Formulierungshilfen für die Eröffnungsrede:
- In unserer heutigen Debatte geht es um ... • Heute geht es um die Frage ... • Jeder von euch weiß ... • Seit einiger Zeit wird darüber diskutiert, ob ... • - Bedenkt man ..., so ... Deshalb soll ... • Aus meiner Sicht ... • Aus diesem Grund ... • - Daher spreche ich mich dafür aus ... • Daraus folgt ...

❹ In der so genannten freien **Aussprache**, dem **Hauptteil** der Debatte, ist es wichtig, dass man nicht nur überzeugend argumentiert, sondern auch auf die Argumente seiner Vorrednerin / seines Vorredners eingeht und diese entkräftet.
Übt dies in Zweiergruppen, in denen die Gruppenmitglieder unterschiedliche Standpunkte einnehmen:
- Formuliert jeweils drei Argumente für euren Standpunkt,
- tragt eure Argumente abwechselnd vor und geht dabei auf das Argument eurer Vorrednerin / eures Vorredners ein,
- nutzt bei Bedarf die Formulierungshilfen im Wortspeicher.

Formulierungshilfen für das Anknüpfen an die Vorrednerin / den Vorredner:
Du sagst, dass ... • Meine Ansicht ist jedoch, dass ... • Dem möchte ich nicht widersprechen, aber ... • Diesen Punkt sehe ich ähnlich, aber man muss auch bedenken, ... • Dagegen möchte ich einwenden, dass ... • Du stellst die Situation dar, als ob ... • Selbst wenn man einräumt, dass ..., folgt daraus nicht ... • Man sollte jedoch auch Folgendes beachten: ... • Deine Meinung ist zwar nachvollziehbar, aber viel entscheidender ist ...

❺ Bereite für die **Schlussrunde** ein abschließendes Statement vor, in dem du deinen Standpunkt noch einmal bekräftigst.
Achtung: Dein Beitrag darf maximal eine Minute dauern.

Formulierungshilfen für die Schlussrunde:
In unserer Debatte ging es um die Frage ... • Wägt man das Für und Wider gegeneinander ab, so ... • Auf der Grundlage aller geäußerten Argumente gibt für mich nach wie vor die Tatsache den Ausschlag, dass ... • Der entscheidende Grund für/gegen ... liegt für mich in ...

Eine Debatte durchführen

1 Führt in eurer Klasse eine Debatte zu dem von euch gewählten Thema durch. Orientiert euch an den Schritten unter „Aufbau und Ablauf einer Debatte" im Info-Kasten.

Info: Eine Debatte führen

Was ist eine Debatte?

Eine Debatte ist ein **Streitgespräch**, das im Unterschied zu einer Diskussion sehr **klaren Regeln** unterliegt.
Im Mittelpunkt der Debatte steht ein **Problem** bzw. eine **Entscheidungsfrage**, z. B.:
Sollte der Gebrauch von Smartphones im Unterricht an unserer Schule erlaubt sein?,
zu dem bzw. der es unterschiedliche Standpunkte gibt.
Dabei ist es das **Ziel** jeder Teilnehmerin / jedes Teilnehmers, das Publikum vom eigenen Standpunkt zu überzeugen.

Aufbau und Ablauf einer Debatte:

In der Debatte sind die Rollen zwischen **Befürwortern (Pro)** und **Gegnern (Kontra)** klar verteilt. Manchmal wird die Debatte auch von einer Moderatorin / einem Moderator geleitet.

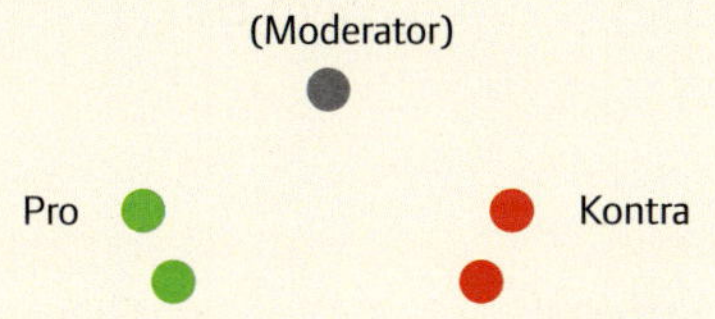

Eine Debatte kann z. B. so aufgebaut sein:

1. Die Eröffnungsrunde: In der Eröffnungsrunde beantwortet jede Teilnehmerin / jeder Teilnehmer in maximal zwei Minuten die Frage in einem kurzen Statement aus ihrer/seiner Sicht.

2. Die freie Aussprache (Hauptteil): Im Anschluss folgt die freie Aussprache, in der die Teilnehmer/-innen ihre Position mit weiteren Argumenten untermauern und versuchen, die Gegenargumente zu entkräften.

3. Die Schlussrunde: In der Schlussrunde hat jede Teilnehmerin / jeder Teilnehmer noch einmal eine Minute Zeit, ihre/seine Position zu bekräftigen, und zwar im Hinblick auf die zwischenzeitlich angeführten Argumente.

Protokollieren

Protokoll über eine Debatte in der Klasse 8a

Datum: 20.10.20..
Zeit: 9:30 – 10:15 Uhr
Ort: Raum 211, Sophie-Scholl-Gymnasium
Anwesende: Schülerinnen und Schüler der Klasse 8a, Frau Serkan (Deutschlehrerin)
Abwesend: Jonna Hansen, Magnus Schmidt, Leila Sabia
Protokollant: Robert Jahns

Thema: Debatte zum Thema „Sollte der Verkauf von Süßigkeiten an Schulen verboten werden?"

<u>1. Verteilung der Rollen und Klärung des Ablaufs der Debatte</u>

- Rollenverteilung: Amira und David nehmen die Position pro Fragestellung ein, Fahdi und Jenny vertreten die Kontra-Position.
- Klärung des Ablaufs der Debatte:
  1. In der Eröffnungsrunde beantworten alle vier Teilnehmer/-innen in jeweils maximal zwei Minuten die Streitfrage aus ihrer Sicht.
  2. In der zwölfminütigen Aussprache ...
  3. In der Schlussrunde ...

<u>2. Durchführung der Debatte</u>

In der Eröffnungsrunde werden folgende Argumente vorgebracht:
Für ein Verbot werden ... als Argumente angeführt.
Gegen ein Verbot ...
Bei der Aussprache ...
Die Schlussrunde ...

<u>3. Auswertung der Debatte</u>

Die Beiträge der Debattierenden werden von Frau Serkan und dem Großteil der Schülerinnen und Schüler als sachlich und überzeugend eingeschätzt.
Verbesserungsmöglichkeiten werden noch bei ... gesehen.
Für die folgenden Debatten wird vereinbart, dass ...

Wiesbaden, den 21.10.20..
Robert Jahns

1 Erläutere an diesem Beispiel und mithilfe des Info-Kastens, wie ein Protokoll aufgebaut ist.

❷ a) Erkläre, wie die Aussage von Marie hier für ein Protokoll wiedergegeben wird.
b) Gib die Aussagen von Tom und Jasper wie im Beispiel kurz und sachlich für ein Protokoll wieder. Du kannst die Formulierungshilfen im Wortspeicher nutzen.

Marie

Meiner Ansicht nach ist ein Verbot, an Schulen Süßigkeiten zu verkaufen, vor allem im Hinblick auf die noch unvernünftigen jüngeren Schülerinnen und Schüler sehr sinnvoll, da allgemein bekannt ist, dass zu viel Zucker nicht nur die Zähne ruiniert, sondern auch die Konzentration beeinträchtigt, wenn der Zuckerspiegel nach einem kurzfristigen Hoch rapide absinkt.

Protokoll
Marie spricht sich zum Schutz der jüngeren Schüler/-innen unter Hinweis auf die gesundheitsschädliche Wirkung des Zuckers für ein Verbot des Süßigkeitenverkaufs aus.

Jasper

Ich möchte dem widersprechen, da meiner Ansicht nach viele Kinder und Jugendliche nicht in der Lage sind, hier eine sinnvolle Entscheidung zu treffen, und deshalb eine gesetzliche Regelung zu ihrem Schutz sinnvoll ist. Diese Einschätzung belegen auch andere gesetzliche Regelungen, z.B. das Verbot, an Schulen Produktwerbung zu machen.

Tom

Deine Argumentation kann ich nachvollziehen, aber ich möchte zu bedenken geben, dass ein Verbot die Schülerinnen und Schüler zu sehr bevormunden würde, denn für die Entwicklung eines mündigen Kunden ist es wichtig zu lernen, selbstständig zu entscheiden, was er wann und wo kaufen möchte.

… beklagt, dass … • … erhält Zustimmung von … • … widerspricht …, indem … • … führt an

Info: Protokollieren

In einem **Protokoll** werden knapp und sachlich die wichtigsten Ergebnisse einer Diskussion, einer Unterrichtsstunde oder einer Sitzung, z. B. einer Schülervertretersitzung, festgehalten. Protokolle haben folgende feste Form:
- Der **Protokollkopf** enthält Angaben zur Bezeichnung der Veranstaltung, zum Ort, zu Datum und Uhrzeit (Beginn und Ende), zum Teilnehmerkreis, den Namen der Protokollantin / des Protokollanten, das Thema der Veranstaltung oder die Tagesordnungspunkte.
- Im **Hauptteil** werden die wichtigsten Informationen und Ergebnisse kurz, sachlich und übersichtlich wiedergegeben. Das Tempus ist in der Regel das Präsens. Wichtige Beiträge werden in der indirekten Rede (→ S. 248) und mit Angabe der Sprecherin / des Sprechers wiedergegeben.
- Der **Schluss** enthält Ort und Datum der Abfassung des Protokolls und die Unterschrift der Protokollantin / des Protokollanten.

Zum Schmökern, Schauen, Weiterdenken

Kinder im Internet *Harm Bengen*

1. Beschreibe die Karikatur und erläutere ihre Aussage.
2. Diskutiert: Ist eine Altersbeschränkung für die Nutzung sozialer Netzwerke eurer Ansicht nach sinnvoll? Wenn ja, wo sollte sie liegen?

Viele Jugendliche sind süchtig nach virtueller Welt
Janina Harder

Es ist 7:30 Uhr morgens – und Nicos Mutter auf dem Weg zur Arbeit. Sie weiß, dass ihr 14-jähriger Sohn in der Schule Probleme mit anderen Mitschülern hat, aber er hatte sie gebeten, in dieser Sache nichts zu unternehmen. „Damit es nicht noch schlimmer wird", hatte er gesagt. Dass ihr Sohn seit einem dreiviertel Jahr schon nicht mehr zum Unterricht geht, weiß sie nicht. Denn sie verlässt das Haus, bevor er sich auf den Weg zur Schule machen soll, und kommt erst zurück, wenn er längst wieder da wäre. Weil Nico in der Schule gemobbt wird, mag er nicht mehr hingehen. Stattdessen sitzt er Tage, Wochen, ja ganze Monate nur noch vor dem Computer, chattet in Kommunikationsforen, klickt sich durch die unendliche Fülle von YouTube-Videos, sieht „zur Abwechslung" fern, chattet wieder. Die Stunden verfliegen. Von der Mutter zwei Jahre zuvor zur Unterstützung für die Schule angeschafft, erfüllt der Rechner mittlerweile einen neuen Zweck, wird zur Kompensation[1]. Er ermöglicht virtuelle Kontakte, wo

1 die Kompensation: der Ausgleich

keine realen zustande kommen, sorgt für Unterhaltung in Nicos ansonsten einsamer, reizarmer Welt.

Nicos Fall ähnelt dem vieler Jugendlicher. „Zuerst bringt ein einschneidendes Ereignis, wie zum Beispiel Mobbing oder eine Trennung der Eltern, den Jugendlichen aus seinem psychologischen Gleichgewicht, und das Sich-Zuwenden zur virtuellen Welt dient als vermeintlicher Lösungsansatz", erklärt Professor Rainer Thomasius, ärztlicher Leiter des Deutschen Zentrums für Suchtfragen des Kindes- und Jugendalters am Universitätsklinikum Eppendorf. „Zunächst mag es auch danach aussehen, dass das Selbstwertgefühl durch den Internetgebrauch wieder steigt. Denn wenn man virtuell kommuniziert, erfahren andere nicht im gleichen Maße von den eigenen Unsicherheiten." Auch Rollenspiele oder Egoshooter würden gespielt, um sich durch einen starken, mächtigen Avatar selbst stark zu fühlen.

„Allerdings wird der Problemlösungsversuch irgendwann selbst zum Problem", sagt Thomasius. „Wenn der Internet- oder Medienkonsum derart das Leben bestimmt, dass der Jugendliche einen erheblichen Leistungsabfall aufweist, er gar nicht mehr zur Schule geht oder seine Hobbys und sozialen Kontakte stark vernachlässigt, dann ist das eine sehr bedenkliche Entwicklung." [...]

Der kürzlich veröffentlichte Drogen- und Suchtbericht der Bundesregierung zeigt, dass Computerspiel- und Internetsucht bei Jugendlichen immer stärker verbreitet sind. Rund 250.000 der 14- bis 24-Jährigen gelten als internetabhängig, 1,4 Millionen als problematische Internetnutzer.

Schon seit etwa zehn Jahren lässt sich laut Bundesregierung in diesem Bereich ein zunehmendes Suchtverhalten beobachten, doch so ausgeprägt wie heute war es noch nie. „Problematisch hierbei ist, dass Internetspiele mit Belohnungssystemen reizen oder die Teilnehmenden in soziale Netzwerke einbinden – was eine hohe Suchtgefahr bei Jugendlichen birgt", so Thomasius. [...]

Junge Menschen, die ihre Computer- und Onlinesucht nicht mehr kontrollieren können, finden an der Drogen- und Alkoholambulanz für Jugendliche, junge Erwachsene und deren Familien (DAA) am UKE seit 2006 Behandlung und Beratung. Seit 2009 gibt es zusätzlich eine „PC-Sprechstunde". Sie richtet sich an junge Menschen, deren Internet- oder Computergebrauch so exzessiv[2] wurde, dass er ein Problem darstellt. [...] Ziel des ambulanten[3] Programms ist es, einen kompetenten[4] Umgang mit dem PC

2 exzessiv: maßlos
3 ambulant: ohne stationäre Aufnahme in ein Krankenhaus
4 kompetent: sachverständig

zu lernen, soziale Kompetenzen zu stärken und alternative Freizeitaktivitäten zu planen. [...] Einige Fälle sind jedoch schwerwiegender, die Betroffenen müssen für zwölf Wochen stationär behandelt werden. Wie zum Beispiel der mittlerweile 17-jährige Nico. Seit Mitte März ist er in Behandlung, hat seitdem wieder einen geregelten Tagesablauf, lernt im sozialen Kompetenztraining, auf andere zuzugehen, und darf nur unter Aufsicht und mit spezieller Zielsetzung ins Internet.

Nico will von zu Hause ausziehen. Heute sollte er sich im Netz die S-Bahn-Verbindungen zu seiner zukünftigen Wohngruppe heraussuchen. „Ich habe mich dazu entschieden, dass es besser ist, wenn ich nach der Therapie nicht mehr zu Hause wohne“, sagt Nico. Schließlich hätte auch die familiäre Situation zu Hause zu seinem schlechten Gemütszustand geführt. [...]

„Außerdem ist es besser für mich, wenn ich einen geregelten Tagesablauf habe – zu Hause würde es wohl schnell wieder einen Rückfall geben“, sagt Nico. Auch über seine künftige Internetnutzung hat er sich Gedanken gemacht: „Ich bekomme jeden Tag nur für eine halbe Stunde eine Internetfreischaltung.“

1. Erläutere mithilfe der Informationen aus dem Text, was man unter Internetsucht versteht.
2. Im Text werden Vorschläge zur Vermeidung einer Internetsucht genannt. Schreibe sie heraus und ergänze eigene Ideen.
3. a) Führe eine Woche lang ein Internet-Tagebuch, in dem du aufschreibst, wie lange du täglich online bist, und wofür du deine Zeit im Internet jeweils verwendest.
   b) Vergleicht eure Tagebücher nach Ablauf der Woche und wertet die Ergebnisse aus.

Pling, Pling, Doppel-Pling *Nataly Bleuel*

Als Lina ihr erstes Handy bekam, war sie neun Jahre alt. Heute bekommt sie 200 Nachrichten täglich. Ist sie deshalb ein süchtiger Zombie? Ein Tag im Leben einer 13-Jährigen.

8:14 Uhr. Lina öffnet ihre Zimmertür. Augen noch auf halbmast, aber das Smartphone klebt schon in ihrer Hand: Musik an! Es ist Sonntag, aber es könnte ein Schultag sein, denn unter der Woche ist das Ding auch nachts an. Es liegt immer unter ihrem Kissen. Lina schläft mit Musik aus den Kopfhörern ein, nachts rutschen sie dann irgendwann runter. Gestern war sie lange wach, es wurde 0:24 Uhr, da hat sie auf WhatsApp eine letzte Message verschickt: „Morgen um 9:15 Abfahrt zum Fußballspiel."

Lina, kurze braune Haare, alles rund im Gesicht und die Figur fest, ist dreizehneinhalb und lebt eine Woche bei ihrem Vater in einer kleinen Wohnung in Berlin, Prenzlauer Berg, die andere Woche bei ihrer Mutter. Die Eltern leben seit einigen Jahren getrennt, mit neuen Partnern. [...] In den vergangenen Monaten hat sie, wie auch einige ihrer Freunde, die Dinge, die ihr wichtig sind, in Tüten gepackt und ihr Zimmer gemeinsam mit ihrem Vater runderneuert, weißer Schrank, breitere Matratze, grauer Teppich. Die wichtigen Dinge passten in drei Tüten. Der Rest, Spielsachen, Kinderbücher, Klamotten, Fernseher, Spielkonsole, Kinderkram: kann weg! [...] Was Lina, wie so vielen anderen Teenagern heute auch, sehr wichtig ist: das Smartphone. Ihr erstes Handy bekam sie mit neun Jahren, wie fast alle ihre Freunde, secondhand von den Eltern. „Lina macht alles auf dem Smartphone", sagt ihr Vater Max, „kommunizieren, konsumieren, musizieren, spielen – und schlafen."

Lina lacht darüber. Sie kommt gut klar mit ihren Eltern, sie können offen miteinander reden, auch über den Gebrauch des Handys. Max ist erstaunt, eigentlich sollte der Beginn der Pubertät ja der Beginn von Ärger sein, doch zum ersten Mal gebe es nicht mehr täglich Konflikte.

Lina sitzt jetzt neben ihrem Vater auf dem Beifahrersitz, 9:34 Uhr, Fahrt zum Spiel ans andere Ende der Stadt. Sie zeigt ihre Playlist auf Spotify: „‚Preach' von Drake höre ich gerade morgens zum Aufwachen", sagt sie, „und ‚Take Me Home' von Jess Glynne zum Runterkommen, während ich aufstehe." Ihr Vater zieht die Schultern hoch und lacht, nie gehört. Er macht hinter dem Steuer eine Techno-Welle nach. Total übertrieben. Lina kichert. [...] Mithilfe ihres Smartphones hat sie auch Gitarre spielen gelernt. Sie hat es auf einen Notenständer gestellt und sich mithilfe von Tutorials das Gitarrespielen selbst beigebracht. Seither hat ihr Vater die Ein-,

Zwei- oder Vier-Stunden-Regeln am Tag fürs Smartphone aufgegeben. „Vermischt sich doch alles, das Gute und das Doofe", sagt er. […]

10:04 Uhr, Anpfiff in Schmöckwitz, einem von Seen umgebenen Vorort von Berlin. C-Jugend, gemischte Mannschaft mit zwei Mädchen, Lina spielt im Sturm. […] Nach dem Spiel, auf dem Weg zum Auto, erwacht Linas Smartphone wieder zum Leben. Pling: Message von WhatsApp. Doppel-Pling: neue Nachricht aus einem Gruppen-Chat. Impuls: Push-Nachricht von Instagram. […]

Lina sitzt im Auto neben ihrem Vater, mit Blick auf das Dings: „Eigentlich chatte ich gar nicht so viel."

Pling, pling, pling, Doppel-Pling. Max lacht laut auf. „Das geht den ganzen Tag so", sagt er. Abends habe er das Tackern im Ohr, dann müsse er manchmal aus dem Zimmer gehen. Warum machen sie es nicht aus? Das hatte er schon mal vorgeschlagen, zumindest bei Tisch, morgens und abends je zehn Minuten. Da sollten alle ihr Handy in den Flugmodus schalten, auch die Erwachsenen. Aber man kann nicht alles hundertmal sagen – man gewöhnt sich daran. […]

Linas Nachrichten-Aufkommen in den vergangenen viereinhalb Monaten: 23 964 Whatsapp-Messages. Darunter 3522 von ihrer besten Freundin und 1010 von der Oma in der Schweiz. Und natürlich aus den Gruppen-Chats. […] Im Schnitt täglich also: 200-mal Pling, Doppel-Pling, Synth, Drop, Impuls. Manchmal steht das Handy auf stumm, in der Schule etwa. Mit ihren Freunden chattet sie über WhatsApp. Sie antwortet immer umgehend, am liebsten als gesprochene Nachricht. […]

Zu Hause, 14:42 Uhr. Lina hat geduscht und fährt zu Freunden, um Bundesliga zu gucken. […] Sie lässt sich vor den Flachbildschirm fallen und legt ihr Handy neben sich. Ohne Ton, sonst kommen die Tore von Onefootball wieder gepusht. Dann macht es Pling, und alle hören das Tor, bevor es auf dem Bildschirm fällt. Super-GAU. […]

22:23 Uhr, Lina ist zum letzten Mal auf WhatsApp. Zum Abendessen gab es Rührei mit Vollkorntoast, das Handy war im Flugmodus, jetzt schiebt sie das Smartphone unters Kissen. Wie jede Nacht. Mit den Kopfhörern auf den Ohren gibt es ‚Take Me Home' zum Runterkommen. Morgen geht es weiter.

1. Diskutiert, ob Lina ein „süchtiger Zombie" ist.
2. Vergleiche Linas Mediennutzung mit der von Nico (→ S. 52–54).
3. Erstellt einen Fragebogen zur Smartphone-Nutzung, z. B. wie lange das Smartphone täglich genutzt wird, welche Apps und Funktionen besonders beliebt sind, und macht eine Umfrage in eurer Klasse.

Sollten Handys an Schulen verboten werden?

JA, ***sagt Raimund Millard, Schulleiter des Schloss-Gymnasiums in Düsseldorf-Benrath.***

Am Schloss-Gymnasium in Düsseldorf-Benrath gibt es seit dem Schuljahr 2015/16 eine mit breitem Konsens[1] beschlossene handyfreie Zone, die im Schulgebäude und auf dem Schulgelände gilt [...]. Anlass war eine Schülerinitiative aufgrund der Beobachtung, dass immer mehr Mitschüler in den Pausen nebeneinandersaßen und miteinander chatteten, anstatt miteinander zu reden, und dass die sportlichen Aktivitäten in der Pause immer weniger wurden. Die Schüler wollten damit der Verarmung der Kommunikation entgegenwirken. Die Lehrer unterstützten diesen Antrag, da sie es als [...] sinnvoll ansehen, dass sich die Schüler in den Pausen bewegen und miteinander kommunizieren, anstatt nur auf ihr Handydisplay zu sehen und sich so einer Reizüberflutung auszusetzen.

Da bei vielen Schülern eine suchtähnliche Abhängigkeit vom Handy zu beobachten ist, verstehen die Lehrer ihren Auftrag zur Medienerziehung so, dass in der Schule ein möglichst handyfreier Schutzraum sicherzustellen ist. Analog[2] zur geltenden Rechtsprechung wurde vereinbart, dass bei Zuwiderhandlung das Handy von den Lehrern einbehalten und im Sekretariat deponiert wird. Auf Wunsch der Eltern beschloss die Schulkonferenz zudem, dass das Handy nach der letzten Unterrichtsstunde des Tages nur an die Erziehungsberechtigten zurückgegeben wird [...].

Zwei Ausnahmen von dem generellen Handyverbot wurden abgesprochen. Erstens: Die Schüler der Oberstufe dürfen das Handy in der unterrichtsfreien Zeit im Aufenthaltsbereich der Oberstufe nutzen. Zweitens: Für den Fall, dass im Unterricht nicht ausreichend PCs vorhanden sind, kann das Handy – nach Absprache mit dem Lehrer – im Sinne der Medienerziehung zur Internetrecherche benutzt werden. [...]

Seit der Einführung hat sich gezeigt, dass soziale Interaktionen[3] und die Kommunikation unter den Schülern wieder deutlich zugenommen haben.

Nach meiner Einschätzung, die von der großen Mehrheit aller Beteiligten geteilt wird, hat sich das Handyverbot am Schloss-Gymnasium auf jeden Fall bewährt.

1 der Konsens: die übereinstimmende Auffassung
2 analog: entsprechend
3 die Interaktion: die Beschäftigung miteinander

Nein, *sagt Joachim Rothmann, ehemaliger stellvertretender Schulleiter des Gymnasiums Norf in Neuss*

Heute […] bringt nahezu jedes zehnjährige Kind ein Smartphone in die Schule mit. Damit stellt sich die klassische Frage: Segen oder Fluch?

Die erste Reaktion darauf war ein striktes Nutzungsverbot, das sich zumindest in den Pausen nicht durchsetzen lässt. Selbst im Unterricht werden Smartphones benutzt, ohne dass die Lehrkraft es merkt. Die Praxis zeigt: Ein genereller Kampf gegen das Handy kann nicht gewonnen werden. Er provoziert nur unnötige Auseinandersetzungen zwischen Lehrkräften und Schülern und gefährdet damit den Schulfrieden.

Bevor man jetzt von Kapitulation[1] spricht, lohnt es sich genauer hinzuschauen, was die Gefahren sind, vor denen man sich per Verbot schützen will. Jugendgefährdende Inhalte? Die lauern auch jenseits der Schulgrenzen. Beeinträchtigung der zwischenmenschlichen Kommunikation? Ist denkbar, aber die Realität zeigt nach wie vor Schüler, die in den Pausen lebhaft kommunizieren – mit und ohne Smartphone. Ablenkung im Unterricht? Das kann und muss die Lehrkraft in den Griff bekommen. […]

Vor allem anderen könnte das Smartphone den Schülern die wichtigste Grundhaltung beim Lernen vermitteln: Es gibt Hilfe, wenn ich selbst nicht weiterkomme. Was im Alltag längst angekommen ist (Wer singt das Lied? Wann fährt der Bus? Was koche ich heute?), sollte auch für Schüler eine Selbstverständlichkeit werden. Endlich gibt es eine universelle Maschine, mit der man das resignierte „Ich kann das nicht" in ein „Ich versuche es mal" wandeln kann. Dabei muss es nicht bei Recherchen bleiben. Geometrie funktioniert toll mit dem Smartphone, Simulationen spielen für die Naturwissenschaften eine immer interessantere Rolle, Chats kann man auch für den Austausch mit Partnerschulen nutzen, die Kamera ermöglicht es, selbst kreativ zu werden. […]

Fazit: Smartphones sollten neben anderen digitalen Medien auch in der Schule genutzt werden. Nur Mut, liebe Schule, öffne die Schatzkiste Smartphone! In zehn Jahren wird man über das Handyverbot nur noch ungläubig den Kopf schütteln.

1 die Kapitulation: das Aufgeben

1. Erstelle mithilfe der beiden Texte eine Übersicht über Vor- und Nachteile eines Handyverbots an Schulen.
2. Diskutiert: Welche Ansicht vertretet ihr zum Thema „Sollten Handys an Schulen verboten werden?" Belegt eure Argumente mit Beispielen aus eigenen Erfahrungen.

Materialgestützt argumentieren

Beim **materialgestützten Argumentieren** geht es darum, auf der Grundlage von Informationen aus Texten und Diagrammen einen eigenen argumentativen Text zu schreiben.

Eine Argumentation verfassen	Beispiele und Formulierungshilfen
Kläre die Schreibaufgabe: - Wie lautet die strittige Frage? - Welches Ziel verfolgst du mit deiner Argumentation? - Wer sind die Adressatinnen/Adressaten deiner Argumentation?	**Strittige Frage:** *Sollte die Verwendung von Smartphones im Unterricht erlaubt sein?* **Ziel:** *Eltern und Lehrer/-innen davon überzeugen, dass der Einsatz von Smartphones im Unterricht sinnvoll ist.* **Adressatinnen/Adressaten:** *Eltern, Lehrer/-innen*
Formuliere deinen Standpunkt als These in einem Satz.	**These (Meinung):** *Meiner Ansicht nach ist die Verwendung von Smartphones im Unterricht sinnvoll.*
Sammle Informationen zum Thema: Informiere dich in Texten und anderen Materialien (z. B.) und erstelle eine Stoffsammlung.	**Stoffsammlung:** *Smartphone kann Grundhaltung beim Lernen ändern (→ Text S. 58, Z. 16–18), …*
Formuliere Argumente (Begründungen): Formuliere deine Argumente. Besonders überzeugend/stichhaltig sind Argumente, - die sich auf allgemein akzeptierte Werte beziehen **(normatives Argument)**, - die die Meinung einer Expertin / eines Experten wiedergeben **(Autoritätsargument)**, - die mit überprüfbaren Fakten untermauert werden können **(Faktenargument)**.	**Normatives Argument:** … *weil die Schülerinnen und Schüler lernen, sich selbst zu helfen, wenn sie nicht weiterkommen.* **Autoritätsargument:** … *da die Bildungsforscher betonen, dass das Smartphone viele zusätzliche Lernmöglichkeiten schafft* **Faktenargument:** … *denn Versuche in mehr als hundert Schulen haben gezeigt, dass die Noten besser werden, wenn das Smartphone in den Unterricht einbezogen wird.*
Veranschauliche deine Argumente mit **Beispielen/Erläuterungen.**	*So kann z. B. ein komplizierter Sachverhalt mithilfe eines Online-Tutorials geklärt werden.*
Schreibe deine Argumentation: - **Einleitung:** Formuliere eine Einleitung, die das Interesse der Leser/-innen weckt. - **Hauptteil:** Ordne deine Argumente nach Wichtigkeit. Gehe auch auf mögliche Einwände ein und entkräfte sie. - **Schluss:** Gehe noch einmal auf die Ausgangsfrage und deinen Standpunkt ein und bekräftige diesen.	**Einleitung:** *Handys im Unterricht? Diese Frage …* **Hauptteil:** - **These/Meinung:** *Meiner Meinung nach …* - **Argument 1:** *Da …* - **Beispiel/Erläuterung:** *Das wird deutlich durch …* - **Argument 2:** *Hinzu kommt, dass …* - **Beispiel/Erläuterung:** *So … z. B. …* **Schluss:** *Zieht man all dies in Betracht, …*

3 Neu sein

Zeitungstexte untersuchen und schreiben

1. Es gibt viele Gründe, die dazu führen, dass man irgendwo neu ist: Man wechselt die Schule, man fährt in den Urlaub, die Familie zieht um, man geht für ein Jahr ins Ausland oder man muss vor Krieg und Gewalt fliehen.
   Tauscht euch darüber aus, welche Erfahrungen ihr damit gemacht habt, irgendwo neu zu sein.
2. a) Erläutert folgendes Zitat von Rasha Abbas in eigenen Worten.
   b) Notiert Klischees (Vorurteile) über Deutsche oder Menschen in anderen Ländern.
   c) Diskutiert: Wie und warum entstehen Klischees?

„Letztendlich muss Deutschland sich womöglich wie jedes andere Land auf der Welt damit abfinden, dass es Allgemeinplätzen zum Opfer fällt, die nun einmal in der Welt dominieren[1], und dass viele Leute diese Klischees[2] für bare Münze nehmen. Etwa, dass der Deutsche eine Art arbeitssüchtige Maschine ist oder dass ein Deutscher, sobald er morgens seine Augen öffnet, ununterbrochen Bier in sich hineinschüttet und dazu Würstchen isst."

Rasha Abbas

1 dominieren: vorherrschen
2 das Klischee: das Vorurteil

In diesem Kapitel …

- setzt du dich mit dem Thema „neu sein“ in einer fremden Umgebung auseinander.
- lernst du verschiedene Arten von Zeitungstexten (journalistische Textsorten) kennen, z. B. die Nachricht, den Bericht und die Reportage.
- beschäftigst du dich mit dem Aufbau einer Reportage.
- lernst du, eine Reportage schriftlich zu analysieren.
- schreibst du selbst eine Reportage.
- lernst du den Aufbau unterschiedlicher Zeitungen kennen.

Eine Reportage untersuchen

Anpfiff in der neuen Heimat *Christopher Gerards*

Marcus Steer will gerade erzählen, wie das alles kam mit dem FC Wacker München und den Flüchtlingen, da hört er in der Einfahrt des Sportplatzes lauter werdende Stimmen. Der 42-Jährige entschuldigt sich, er muss jetzt kurz raus aus dem Vereinsheim in München-Sendling, einige Spieler begrüßen. Jugendliche, die aus ihrer Heimat geflohen sind. Immer dienstags kommen sie zum Fußballtraining des FC Wacker. Steer, der Klub-Vorstand, stellt sich an die Tür des Vereinsheims und hebt die rechte Hand. Der erste Spieler klatscht ab, der zweite, der dritte. Steer sieht zufrieden aus.

In dieser Woche beginnen wieder die europäischen Wettbewerbe im Profifußball, die Sterne der Flagge der europäischen Union finden sich in den Werbebannern wieder. Angesichts der aberwitzigen Ablösesummen hatte der Profifußball in diesem Sommer den Eindruck hinterlassen, dass es den Klubs vor allem ums Geld geht. Allerdings zeigt der Fußball in diesem Spätsommer auch dies: dass er die Menschen verbinden kann, im Großen wie im Kleinen.

Bundesligisten laden Flüchtlinge zu ihren Spielen ein, Fans bekunden auf Plakaten ihre Unterstützung, und Amateurmannschaften nehmen Flüchtlinge in ihre Kader auf. Wie der FC Wacker München.

Steer steht jetzt an einem der drei Trainingsplätze, ein Vereinsvorsitzender in Jeans und Skater-Schuhen. Über den Rasen laufen Spieler in Trikots ihrer Lieblingsmannschaften, Real Madrid, Brasilien, Eintracht Frankfurt. „Spiel ab", „links raus", „forward", schallt es über das Feld. Seit 2008 ist der 42-Jährige im Vorstand des FC Wacker, und im selben Jahr war es, dass er das erste Mal Flüchtlinge zum Training einlud. Heute zählt der Münchner Traditionsklub 500 Mitglieder aus 52 Ländern. In den drei Männermannschaften gibt es derzeit 62 Spieler, die in Asylverfahren waren oder kommen; außerdem gibt es eine Mannschaft für Jugendliche, die in Erstaufnahmeeinrichtungen leben – und womöglich nicht lange bleiben können.

„Fußball kann ein bisschen Ablenkung bieten", so sieht Steer das. Er hat die Geschichten der Flüchtlinge gehört und ihren Alltag in den Unterkünften gesehen. Beim Fußballspielen können sie sich austoben und neue Leute kennen lernen, sagt er. Den monatlichen Mitgliedsbeitrag von 15 Euro pro Erwachsenen müssen sie nicht zahlen. Für Steer ist das bislang eine Selbstverständlichkeit: „Ein Verein ist ja immer eine Ansammlung von Menschen, die einander helfen", sagt er. [...]

Muzinga, 19, grauer Pullover, weiße Hose, rote Fußballschuhe, geht vom Feld zurück zur Umkleidekabine. Seit elf Monaten lebt er in Deutschland, er ist aus dem Kongo geflohen. [...] Im Moment darf Muzinga nur trainieren, er wartet noch auf seinen Spielerpass. Das liegt an den Regularien des Fußball-Weltverbands Fifa: Wenn ein Spieler in seiner Heimat im Verein gemeldet war, handelt es sich um einen „internationalen Wechsel". Der BFV beantragt dann über den DFB eine Freigabe beim Verband im Herkunftsland. Kommt keine Antwort, was oft vorkommt, weil die Spieler häufig aus Krisenregionen stammen, kann der BFV nach 30 Tagen die Spielberechtigung ausstellen. Muzinga wartet daher noch. Bald aber will er im Ligabetrieb auflaufen, gern als Außenstürmer, das ist seine Lieblingsposition. Seine Ziele für die Saison? „Just play football", sagt Muzinga, einfach nur Fußball spielen.

Jeden Tag melden sich bei Wacker-Vorstand Steer Sozialarbeiter oder Mitarbeiter aus Flüchtlingsunterkünften. Sie fragen, ob sie noch einen Spieler zum Training schicken dürfen. [...] Diese bekommen durch den Fußball „eine gewisse Regelmäßigkeit in ihrem Alltag", sagt BFV-Sprecher Müther, „sie erfahren Wertschätzung und auch – ganz wichtig – das Gefühl, willkommen zu sein." [...]

Auf der Sportanlage des FC Wacker München erlöschen jetzt die Flutlichter, das Training ist vorbei. Marcus Steer sitzt im Vereinslokal und schneidet große Stücke aus einem Schnitzel. An den Wänden hängen Wimpel, die von der Historie des FC Wacker zeugen: Sechsmal war der Klub bayerischer Amateurmeister, zuletzt 1976. Heute spielt die erste Mannschaft in der Kreisklasse, weshalb es bei Wikipedia heißt, der FC Wacker sei nur noch ein Verein „von untergeordneter Bedeutung“. Marcus Steer lächelt, als er das hört. Dann sagt er: „Ich glaube, das muss man mal korrigieren.“

Quelle: Süddeutsche Zeitung

1. Wie wirkt die Atmosphäre beim FC Wacker auf dich? Nenne Beispiele im Text.
2. Mit welchen der folgenden Begriffe würdest du den Text beschreiben? Begründe.

sachlich informativ spannend anschaulich unterhaltsam

3. a) Untersuche, welche Sachinformationen der Text enthält. Beantworte dazu die W-Fragen *Was? Wer? Wann? Wo? Wie? Warum?* und *Mit welchen Folgen?* in Stichpunkten.
   Was?: Training mit Geflüchteten beim FC Wacker München
   b) Verfasse auf der Grundlage deiner Stichpunkte einen sachlichen Bericht zum Thema des Textes.
   Tipps & Hilfen (→ S. 318)
4. Bei dem Text „Anpfiff in der neuen Heimat“ handelt es sich um eine Reportage. Vergleiche deinen Bericht mit dieser Reportage und stelle den Merkmalen des Berichts die Merkmale der Reportage gegenüber. Schreibe in dein Heft.
   Tipps & Hilfen (→ S. 318)

Info: Der Bericht

Ziel eines Berichts ist es, die Leser/-innen zu informieren.
- In der **Einleitung** werden die W-Fragen *Was? Wann? Wo?* und *Wer?* knapp beantwortet.
- Im **Hauptteil** wird das Ereignis genauer dargestellt. Dabei werden Antworten auf die Fragen *Wie?* und *Warum?* gegeben. Genannt wird nur das, was für den Zweck und die Adressaten notwendig ist.
- Im **Schlussteil** wird über die Folgen des Ereignisses informiert.

Die Zeitform des Berichts ist das **Präteritum**.

Info: Die Reportage

Ziel einer Reportage ist es, …
- Der **Einstieg** führt unmittelbar ins Geschehen hinein.
- Der **Hauptteil** …
- Der **Schluss** …

Zeitform: Die Zeitform …

Glaubst du etwa an die Evolution? – Ein Austauschjahr in der US-Provinz *Paulina Unfried*

„Schwule und Lesben sind widerlich", ruft meine neue Klassenkameradin, deren Namen ich noch nicht mal weiß. Als ich mir das empört verbitte, ruft sie den Satz noch mal durch das Klassenzimmer.

„Du verstehst es einfach nicht!", schreit sie.

„Vielleicht verstehst *du* auch einfach mich nicht", schreie ich zurück.

Mr Johnson, unser Politiklehrer, schaut leicht verzweifelt durch die Gegend. Noch nie ist in einer seiner Klassen so eine Kontroverse[1] entstanden. Schon gar nicht über dieses Thema. „Vielleicht hörst du uns einfach nicht zu, Paulina", sagt Mr Johnson schließlich, nachdem er seine Fassung wiedergewonnen hat. [...]

Es ist mein erster Tag an der Highschool, ich bin Senior, also im Abschlussjahr. Und ich verstehe überhaupt nichts. Das liegt nicht an der Sprachbarriere.

Ich habe die ersten 17 Jahre meines Lebens in Berlin verbracht. Tagsüber ökosozial engagierte progressive Privatschule, abends Party im Monbijou-Park oder an der Admiralsbrücke, Kreuzberg. Überzeugte Vegetarierin. Als sich die Frage stellte, ob ich ein Jahr an einer Highschool im Ausland verbringen will, dachte ich: New York City, Los Angeles, San Francisco? Ich komme!

Es wurde dann die Mitte eines Kornfelds, wie wir hier sagen. Minnesota. 55 Autominuten von einer richtigen Metropole entfernt. Zumindest denkt man hier, dass Minneapolis eine richtige Metropole ist.

Meine Stadt hat 1.500 Einwohner. 99 Prozent davon weiße Hautfarbe. Eine lange Geschichte skandinavischer Zuwanderer. Eine Hauptstraße, wie man sie aus Filmen kennt. Tankstelle, Feuerwehrhaus, Diner, Pizzeria, Bar, dann ist man wieder draußen.

1 die Kontroverse: die Auseinandersetzung

Als die Benachrichtigung gekommen war, wo ich landen würde, hatten meine Eltern gesagt: „Hey, Wahnsinn, ein Jahr im echten Amerika verbringen." Was sie damit meinten, war mir nicht klar. Aber ich weiß noch, dass ich mich unbesiegbar fühlte.

Und jetzt sitze ich in Mr Johnsons Klasse und habe das Gefühl, die Welt gehöre mir weniger als je zuvor. Wieso protestiert hier keiner außer mir, wenn Homosexuelle diskriminiert werden? [...]

Es gibt eine Reihe sogenannter *sensitive topics*, sensibler Themen, bei denen die Lehrer angehalten sind, Konflikte nur einzugehen, wenn sie der schulischen und persönlichen Entwicklung der Schüler nicht schaden. Die Lehrer sollen auf keinen Fall Position beziehen. [...]

Ich werde in der Politik-Klasse neben Ashlie gesetzt. Das ist das Mädchen, mit dem ich am ersten Tag die Auseinandersetzung hatte. Ashlie ist sehr hübsch, sehr sozial engagiert, sehr religiös und hat, wie viele hier, sehr viele Geschwister. In ihrem Fall sind es zehn. [...]

Im Biounterricht schreiben wir eine Arbeit über den Urknall. Als Ashlie alle Fragen durchstreicht und dafür die Schöpfungsgeschichte aus der Bibel hinschreibt, bekommt sie die volle Punktzahl.

Ein anderes Mädchen an unserem Tisch fragt: „Glaubst du etwa an die Evolutionstheorie?" „Na klar, zumindest ist sie realistischer als die Schöpfungstheorie", antworte ich. Das Mädchen grüßt mich nie wieder auf dem Flur und scheint mich nicht einmal mehr zu sehen.

Als Ashlie das mitkriegt, grinst sie. „Die Menschen hier sind es nicht gewohnt, so etwas offen zu hören, Paulina", sagt sie. „Und glaub jetzt bloß nicht, dass ich es hören will. Aber ich finde, du bist interessant."

Das mit Ashlie hat sich unerwartet entwickelt. Ich tue mich die ersten Monate richtig schwer, Anschluss zu finden, geschweige denn Freunde. [...] Aber dann, an einem Freitagabend, ruft mich Ashlie völlig unerwartet an und fragt, ob ich mit zum Football käme. [...] Football? Mit Ashlie? [...]

Von diesem Tag an beginnen wir, uns immer besser zu verstehen. [...] Zum ersten Mal habe ich eine Freundin, mit der ich überhaupt nicht übereinstimme, was unsere Sicht der Welt betrifft [...].

Mit der Zeit nehme ich zur Kenntnis, dass die meisten meiner Freunde die USA noch nie verlassen haben. Manche nicht mal Minnesota.

„Habt ihr in Deutschland überall Elektrizität?"

„Seid ihr Deutschen wirklich immer betrunken?"

„Was für eine Sprache spricht man in Deutschland?“ Das sind alles keine Fragen, die mir nur einmal gestellt werden. [...] Wenn wir zum Shoppen in die Stadt fahren, werden wir vorher von den Erwachsenen gebrieft. „Seid vorsichtig, in Minneapolis gibt es Lesben“, heißt es einmal. Ein anderes Mal sagt die Mutter von Ashlie: „Wenn ihr muslimisch aussehende Menschen im Kaufhaus seht, rennt sofort raus.“ [...]

Mit meiner Gastfamilie besuche ich auch amerikanische Großstädte. Nach meinen Maßstäben ist in New York, Chicago und Washington D.C. alles „normal“. [...] Wie die Leute dort denken und reden, das erinnert mich an mein Berliner Leben. Mir wird aber irgendwann klar, was alle mit dem echten Amerika gemeint hatten. Zu einem großen Teil ist die USA nicht New York, sondern das, was ich erlebt habe. Menschen, die in Dörfern zwischen Maisfeldern leben.

Und jetzt ist noch etwas Seltsames passiert. Meine amerikanischen Schulfreunde gehen aufs College, die meisten in Minnesota. Und ich bin wieder in Berlin, und meine Freunde hier sagen: „Zum Glück bist du nicht so amerikanisch geworden.“ Aber da bin ich mir nicht sicher.

Wenn einer meiner deutschen Freunde jetzt über „die Amerikaner“ spricht und darüber, wie bescheuert diese Idioten seien, Trump zu wählen, dann sage ich: „Du verstehst das nicht.“ Ich erkläre ihnen, dass sie vielleicht auch Trump wählen würden, wenn sie irgendwo zwischen Maisfeldern mit komplett anderen Werten aufgewachsen wären.

Quelle: die tageszeitung, Berlin

Minnesota
US-Bundesstaat

Fläche: 225.171 km²
Einwohner: 5.303.925 (Stand 2010)
Hauptstadt: Saint Paul (285.000 Einwohner)
Größte Stadt: Minneapolis (383.000 Einwohner)
Religionen: 77 % christlich, insgesamt 3 % jüdisch, muslimisch, hinduistisch und buddhistisch, 14 % ohne Bekenntnis, 6 % ohne Angaben

1. Was findest du an dieser Reportage besonders interessant? Begründe deine Ansicht.
2. Welche der folgenden Merkmale einer Reportage findest du im Text wieder? Nenne Textstellen als Beleg.

szenischer Einstieg (z. B. Schilderung einer Situation, Zitat)

Hintergrundinformationen

direkte Rede

Schilderung der Stimmung oder Atmosphäre

3. Überlege, an welcher Stelle im Text du weitere Hintergrundinformationen zu Minnesota (s. Info-Kasten im Text) ergänzen könntest, und verfasse diesen Ergänzungstext.

Eine Reportage schriftlich analysieren

1. Untersuche den Aufbau der Reportage von Paulina Unfried (→ S. 65–67) genauer:
   a) Teile den Text in Einstieg, Hauptteil und Schluss ein. Notiere Zeilenangaben und begründe deine Einteilung mit den Informationen zur Reportage im Info-Kasten.
   Tipps & Hilfen (→ S. 318)
   b) Suche Textstellen, in denen das Gefühl des „Dabei-Seins" erzeugt wird. Markiere sie wie im Beispiel mit Klebezetteln und notiere, wodurch dies jeweils gelingt.
   c) Suche Beispiele für Hintergrundinformationen. Markiere sie ebenfalls mit Klebezetteln.

Beispiel:

„Schwule und Lesben sind widerlich", ruft meine neue Klassenkameradin, deren Namen ich noch nicht mal weiß. Als ich mir das empört verbitte, ruft sie den Satz nochmal durch das Klassenzimmer.
„Du verstehst es einfach nicht!", schreit sie.
„Vielleicht verstehst *du* auch einfach mich nicht", schreie ich zurück. […]

szenischer Einstieg:
- direkte Rede
- Situation im Klassenzimmer
- Präsens

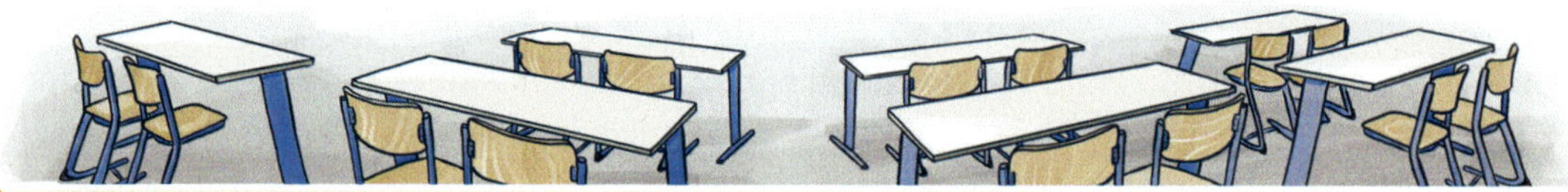

Info: Die Reportage

Die **Reportage ist ein Sachtext** und gehört zu den **journalistischen Textsorten**. Ihr Ziel ist es, die Leser/-innen zu informieren und gleichzeitig ein Gefühl des „Dabei-Seins" zu erzeugen. Im Mittelpunkt einer Reportage steht in der Regel eine Person oder eine Personengruppe, deren Geschichte (Story) anschaulich dargestellt wird.

Der **Aufbau der Reportage ist dreiteilig**:

1. Sie beginnt mit einem **packenden, neugierig machenden (szenischen) Einstieg**, z. B. mit der Schilderung einer Begebenheit während der Recherche, einer Momentaufnahme einer Situation oder eines Ortes oder mit einem Zitat.

2. Der **Hauptteil** enthält die eigentliche Geschichte (Story), die mithilfe von atmosphärischen Schilderungen, Zitaten und Hintergrundinformationen anschaulich dargestellt wird.

3. Den **Schluss** bildet häufig eine Schlusspointe, welche die Leser/-innen zum weiteren Nachdenken anregen soll.

Als Zeitform wird meist das **Präsens** verwendet. Die Zeitform kann aber auch wechseln.

2 Die schriftliche Analyse eines Sachtextes, z. B. einer Reportage, beginnt mit einer kurzen Inhaltsangabe.

a) Vergleiche folgende Einleitungssätze für eine Inhaltsangabe zur Reportage „Glaubst du etwa an die Evolution?". Welchen hältst du für am besten geeignet? Begründe.

A *In der Reportage „Glaubst du etwa an die Evolution? – Ein Austauschjahr in der US-Provinz" von Paulina Unfried, die in der Zeitung „die tageszeitung" erschienen ist, beschreibt die Autorin die Unterschiede zwischen der deutschen und der amerikanischen Weltsicht, wie sie sie während ihres Austauschjahres in den USA erlebt hat.*

B *In der Reportage „Glaubst du etwa an die Evolution? – Ein Austauschjahr in der US-Provinz" von Paulina Unfried geht es um die Werte, mit denen US-amerikanische Kinder und Jugendliche aufwachsen.*

C *Die Reportage „Glaubst du etwa an die Evolution? – Ein Austauschjahr in der US-Provinz" stammt von Paulina Unfried. Sie ist aus der Zeitung „die tageszeitung" und ist sehr interessant zu lesen, weil sie viele Insiderinformationen über das Leben in den USA enthält.*

b) Übertrage den ausgewählten Einleitungssatz in dein Heft und fasse dann den Inhalt der Reportage kurz zusammen. Du kannst so beginnen:
Tipps & Hilfen (→ S. 318)

Die Schülerin Paulina macht einen Schüleraustausch in den USA, und ist zunächst verwundert ...
Im Laufe der Zeit ...

3 Beschreibe, wie die Reportage aufgebaut ist. Nutze folgenden Lückentext als Grundlage, ergänze ihn und belege alle Aussagen mit passenden Textstellen.

Den Einstieg in die Reportage bildet die Wiedergabe eines Wortwechsels zwischen ___ : ___ .
Im Hauptteil wird dargestellt, wie ___, z. B. ___ .
Im Anschluss wechseln sich ___ ab, z. B.: ___ .
Die Reportage endet mit ___ .

4 Belege, dass es sich bei dem Text um eine Reportage handelt, indem du für jedes typische Merkmal der Reportage (→ Info-Kasten S. 68) Textstellen als Beleg benennst.
Nutze auch deine Arbeitsergebnisse von Aufgabe 1 (→ S. 68).
Tipps & Hilfen (→ S. 318)

⑤ a) Erläutere, welchen der abschließenden wertenden Aussagen zur Reportage von Paulina Unfried du zustimmst.

A Die Autorin stellt ihre persönliche Meinung dar.
B Die Autorin stellt ihre Erlebnisse in den USA objektiv und neutral dar.
C Die Autorin stellt sowohl objektive Informationen als auch ihre subjektive Sicht auf die Dinge dar.
D Die Einstellung der Autorin wird nicht deutlich.
E Der Autorin gelingt es, ein Gefühl des „Dabei-Seins" zu vermitteln.
F Der Autorin gelingt es nicht, die Situation vor Ort für die Leser/-innen anschaulich zu vermitteln.
G Die Reportage vermittelt eine vorgefertigte Meinung zum Thema.
H Die Reportage regt zum Nachdenken an.

b) Verfasse eine abschließende Bewertung der Reportage. Nutze deine Arbeitsergebnisse aus Aufgabe a) und begründe deine Aussagen.
Tipps & Hilfen (→ S. 319)

⑥ Nimm Stellung zu folgender Aussage zu Paulinas Reportage. Begründe deine Einschätzung mit Textbeispielen.

Die Reportage „Glaubst du etwa an die Evolution?" bestätigt vor allem die Vorurteile, die Europäer gegenüber der amerikanischen Provinz haben.

Info: Eine Reportage analysieren

Gehe bei der **schriftlichen Analyse** einer Reportage so vor:

Einleitung:
- Nenne einleitend die **Autorin / den Autor**, den **Titel**, die **Textsorte**, die **Quelle** und benenne das **Thema des Textes** in einem Satz.
  Fasse dann den **Inhalt kurz zusammen**.

Hauptteil:
- Beschreibe den **Aufbau** des Textes.
- Benenne die **besonderen Merkmale der Textsorte** und belege Sie mithilfe von Textbeispielen (z. B. Verwendung des Präsens, Verwendung von direkter Rede, Schilderung von Sinneseindrücken, Einbindung von Hintergrundinformationen, bildhafte Sprache).

Schluss:
- **Bewerte den Text abschließend**, indem du z. B. darstellst, ob es der Autorin / dem Autor gelungen ist, die Leser/-innen sachlich und gleichzeitig anschaulich zu informieren.

Eine Textanalyse überarbeiten

1 a) Untersuche folgende schriftliche Analyse der Reportage „Anpfiff in der neuen Heimat“ (→ S. 62–64).
Was ist deiner Ansicht nach gut gelungen? Nenne Beispiele.

b) Unterteile die Analyse in Einleitung, Hauptteil und Schluss. Begründe deine Einteilung.

2 Überarbeite den Text anhand der Randanmerkungen in deinem Heft.

Analyse der Reportage „Anpfiff in der neuen Heimat“

In dem Text „Anpfiff in der neuen Heimat“ geht es um Fußballvereine, die Geflüchtete aufnehmen und sie damit integrieren.

- genauer, Inhaltsangabe fehlt

Der Einstieg in die Reportage beginnt unmittelbar mit der Schilderung der Situation, dass der Vereinsvorsitzende des FC Wacker, Marcus Steer, dem Reporter etwas berichten will, aber nach der Ankunft geflüchteter Jugendlicher auf dem Platz sein Gespräch unterbricht und zunächst die Jugendlichen begrüßt (Zeile 1–15). Mit dieser Darstellung werden die Leser/-innen mitten ins Geschehen und die positive Stimmung des Fußballclubs hineinversetzt.
Im Hauptteil der Reportage (Z. 16–100) erhält man viele Hintergrundinformationen und erfährt Weiteres über das Training mit geflüchteten Jugendlichen.

- genauer (Beispiele, Textbelege)

Die Schlusspointe bildet ein Zitat des Vorsitzenden Marcus Steer, der sagt, er glaube, das müsse man mal korrigieren. Diese Aussage legt den Schluss nahe, dass die Chancen des Vereins auf zukünftige Erfolge durch die Aufnahme von Geflüchteten deutlich gestiegen sind.

- Aussage genauer wiedergeben

Der Eindruck des „Dabei-Seins“, von Nähe und Unmittelbarkeit, wird in dieser Reportage vor allem durch die anschauliche Darstellung der Situation vor Ort und die Schilderung von Sinneseindrücken erreicht. Auch die Mischung von Schilderungen der Atmosphäre, Zitaten und Hintergrundinformationen ist für eine Reportage charakteristisch.

- Beispiele, Textbelege fehlen

Dem Autor der Reportage ist es meiner Ansicht nach sehr gut gelungen, die Leser/-innen durch die zahlreichen Hintergrundinformationen über die Arbeit des FC Wacker zu informieren, die Stimmung der Situation einzufangen und gleichzeitig seine persönliche Sicht auf die Dinge zu vermitteln. So wird z. B. durch die Auswahl der Zitate und vor allem durch die Schlusspointe die positive Haltung des Autors zur Arbeit des Fußballvereins deutlich. Durch diese Mischung wirkt die Reportage ansprechend, informativ und überzeugend.

Eine Reportage schreiben

1 Stell dir vor, ihr plant ein Sonderheft eurer Schülerzeitung zum Thema „Neu sein", in dem mehrere Reportagen zu diesem Thema enhalten sein sollen.
Sammle mithilfe einer Mindmap oder eines Clusters Ideen, welches Thema im Mittelpunkt deiner Reportage stehen könnte.

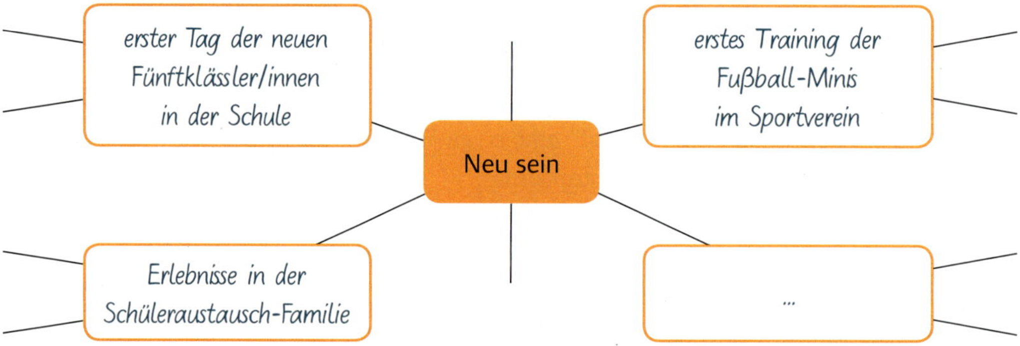

2 Entscheide dich für ein Thema und überlege, welche Person oder Gruppe im Mittelpunkt deiner „Story" stehen soll, z. B. eine Lehrkraft, die den Schüleraustausch an eurer Schule organisiert, oder eine Gruppe von kleinen Kindern, die neu im Fußballverein ist.

3 Bereite Interviewfragen vor. Nutze das folgende Raster und notiere Fragen, die du deiner Gesprächspartnerin / deinem Gesprächspartner bei der Recherche stellen möchtest.

Notizen für ein Interview zum Thema „Schüleraustausch" mit ...	
Zahlen und Fakten	– *Wie viele Austauschschüler gibt es zurzeit an unserer Schule?* – ...
praktische Fragen	– *Wie werden Gastfamilien für Austauschschüler ausgewählt?* – ...
persönliche Eindrücke und Erfahrungen	– *Was ist das Interessanteste/Merkwürdigste, das Sie bei dieser Arbeit bisher erlebt haben?* – ...
Entwicklungen	– *Was hat sich im Vergleich zu früher verändert?* – ...

4 Recherchiere Hintergrundinformationen, z. B. zur Anzahl oder zur Herkunft der Austauschschüler/-innen in ganz Deutschland oder zu den Kosten eines Austauschs.

5 Ordne dein recherchiertes Material in Einstieg, Hauptteil und Schluss.

6 a) Bei welchem der folgenden Einstiege für eine Reportage entsteht bei dir eher der Eindruck, „live“ dabei gewesen zu sein? Begründe.
b) Formuliere einen passenden Einstieg für deine Reportage.

A *Mohammed zupft nervös an seinen neuen Stutzen herum, Jonas klammert sich quengelnd am Bein seiner Mutter fest und Marie und Jan rennen laut kreischend einem Ball hinterher. „Alle mal herkommen!!!“ Für einen kurzen Moment herrscht Ruhe auf dem Platz. Frank, der Trainer, kommt mit einem breiten Lachen und einem Netz voller Bälle aus der Kabine.*

B *Jedes Jahr im August beginnt ein neuer Jahrgang mit dem Training beim FC Ebersbach und auch dieses Jahr drängeln sich wieder zwanzig kleine Fußballer auf dem Rasen und hüpfen und kreischen aufgeregt herum. Da kommt Frank, der Trainer, aus der Kabine und ruft alle zu sich.*

7 Verfasse den Hauptteil deiner Reportage. Achte darauf, dass deine Reportage einen Spannungsbogen und einen „Roten Faden“ hat. Du kannst ihn z. B. so aufbauen:
Tipps & Hilfen (→ S. 319)

1. Sachinformationen (z. B. Zahlen, Daten, Fakten) → 2. Zitate (z. B. O-Töne, Dialoge)
→ 3. Schilderung der Atmosphäre vor Ort (z. B. Geräusche, Gerüche, optische Eindrücke)
→ 4. weitere Sachinformationen (z. B. aus deinem Interview)
→ 5. Zitat (weitere O-Töne, z. B. aus deinem Interview) → 6. …

8 Formuliere eine Schlusspointe, die deine Leser/-innen zum weiteren Nachdenken anregt.
Tipps & Hilfen (→ S. 319)

9 Wähle geeignetes Bildmaterial für deine Reportage aus oder fotografiere selbst.

Info: Eine Reportage schreiben

Die Reportage planen
- Überlege, **welche Person** oder **welche Personengruppe** im Mittelpunkt deiner Reportage stehen könnte, und welche „Story“ die Grundlage deiner Reportage sein soll.
- **Recherchiere vor Ort**, z. B. in der Schule oder im Sportverein. Mach dir Notizen zur Situation und zur Stimmung vor Ort und interviewe geeignete Personen.
- Entscheide, welche **Sachinformationen** deine Leser/-innen benötigen, um die Reportage zu verstehen. Recherchiere Hintergrundinformationen vor Ort oder z. B. im Internet.

Die Reportage schreiben
Orientiere dich beim Schreiben am **Aufbau einer Reportage** (→ Info-Kasten S. 68). Achte darauf, dass du das Geschehen möglichst lebendig und anschaulich darstellst und zwischen Schilderungen der Situation vor Ort, Zitaten und Sachinformationen abwechselst.

Zeitungen untersuchen

1. Beschreibe die Titelseiten mithilfe der angegebenen Begriffe, z. B. *Zeitungskopf*.
2. Erläutere, welche Zielgruppen die Titelseiten ansprechen.
3. Untersuche eine regionale Tageszeitung aus deinem Umfeld oder die Online-Ausgabe einer Zeitung: Welche Ähnlichkeiten und Unterschiede bei der Gestaltung der Titelseiten stellst du fest?
4. Eine Zeitung ist in unterschiedliche Themenbereiche, so genannte Ressorts, unterteilt.
   a) Untersuche, welche der folgenden Ressorts du in eurer Zeitung vor Ort oder in einer digitalen Ausgabe einer Zeitung wiederfindest. Notiere die Ressorts in der Reihenfolge, in der sie in dieser Zeitung erscheinen.
   Achtung: Die Bezeichnungen der Ressorts können leicht voneinander abweichen.
   b) Welche weiteren Ressorts enthält diese Zeitung? Liste sie auf.

Kultur (Feuilleton) | Politik | Sport | Wirtschaft | Lokales | Vermischtes

Info: Zeitungen untersuchen

Zeitungstypen unterscheiden
Man unterscheidet zwischen so genannten
- **Boulevardzeitungen**, die die Leser/-innen in erster Linie unterhalten sollen, und
- **Abonnementzeitungen**, die den Anspruch haben, die Leser/-innen zu informieren.

Der Aufbau der Titelseite
Mit der Titelseite sollen die Leser/-innen neugierig gemacht werden und einen ersten Überblick über den Inhalt der Zeitung erhalten.
Auf der Titelseite findet man meist folgende Elemente:
- **Zeitungskopf** (Name der Zeitung, Datum, Ausgabennummer, Preis),
- **Schlagzeile** (Hauptüberschrift),
- **Aufmacher** (Titelbild und Leitartikel),
- **Nachrichtentexte** oder **Anfänge von weiteren Artikeln**.

Der Aufbau einer Zeitung
Eine Zeitung ist in der Regel in verschiedene Themenbereiche, so genannte **Ressorts**, unterteilt, damit sich die Leser/-innen schneller orientieren können. Zu den gängigen Ressorts einer Zeitung gehören:
- **Politik** mit Berichten und Reportagen zu aktuellen politischen Ereignissen und Themen,
- **Wirtschaft** mit Artikeln zu wichtigen wirtschaftlichen Ereignissen oder Entwicklungen,
- **Lokales** mit Berichten über Ereignisse in der jeweiligen Stadt oder Region,
- **Kultur** (Feuilleton) mit Artikeln über Theateraufführungen, neue Bücher oder Kinofilme,
- **Sport** mit Berichten über aktuelle Sportereignisse,
- **Vermischtes** mit Nachrichten aus aller Welt.

Die Bezeichnung der einzelnen Ressorts ist von Zeitung zu Zeitung leicht unterschiedlich.

5 a) Bei Zeitungstexten unterscheidet man verschiedene journalistische Textsorten. Untersuche folgende Texte und ordne mithilfe der Informationen im Info-Kasten (→ S. 77) zu, bei welchem es sich um eine Nachricht, einen Bericht oder einen Kommentar handelt.

b) Überlege, in welchem Ressort du diese Artikel finden könntest.

Mallorca führt umstrittene Touristensteuer ein

Palma de Mallorca (dpa) – Mallorca führt eine umstrittene Touristensteuer ein. Die Besucher der besonders bei Deutschen beliebten spanischen Ferieninsel werden an der Hotelrezeption zahlen müssen. Je nach Saison und Art der Herberge werden pro Person und Nacht zwischen 0,25 und 2,00 Euro fällig. In der Nebensaison wird der Betrag halbiert. Zusätzlich werden zehn Prozent Mehrwertsteuer erhoben. Kinder und Jugendliche unter 17 Jahren sind von der Abgabe befreit. Die Einführung der Abgabe war vom Parlament der Balearen in Palma de Mallorca im Frühjahr beschlossen worden.

Es reicht! *Andreas Brey*

Regensburg (ots) – Das Mallorca-Problem lässt sich mit zwei Worten ganz einfach beschreiben: „Zu viel!" Wenn – wie dieses Jahr – in Spitzenzeiten ein Tourist auf einen Einheimischen kommt, ist die Grenze des Erträglichen weit überschritten. Völlig zurecht beschweren sich daher die Mallorquiner über die Millionen Touristen, die in dieser Sommersaison über die Insel hergefallen sind. Schließlich spüren die Folgen nicht die „Eine-Woche-All-In-Urlauber", die in einem der unzähligen Bettenbunker Unterschlupf finden. Verstopfte Straßen, stinkende Kanalisationen und vor allem die extreme Wasserknappheit machen den Alltag vieler Einheimischer unerträglich. Wer – wie der Wirtschafts-Inselrat Cosme Bonet beispielsweise – in dieser Situation fordert, man müsse einfach die Infrastruktur verbessern, denkt in die völlig falsche Richtung. Gerade die vielen kleinen, unberührten, weil schwer zugänglichen Buchten oder die schmalen Straßen, die sich durch das geschützte Tramuntana-Gebirge (ein Paradies für Wanderer!) schlängeln, machen doch den Reiz Mallorcas aus. Wer Party machen und sich betrinken oder dicht an dicht am Strand liegen und sich sonnen will, kann auch woanders hinfahren. Die Regierung der Balearen-Insel muss dringend umdenken, ihr Profil ändern: Raus aus der Billig-Schiene! Denn es gibt genug Touristen, die bereit sind, weit mehr als die im Juli eingeführte Tourismus-Steuer (bis zu zwei Euro pro Nacht) zu bezahlen. Qualität hat schließlich ihren Preis. Und diese Insel soll auch künftig im wahrsten Wortsinn wertvoll bleiben.

Mallorca leidet unter zu vielen Touristen

***dpa/AFP* Madrid. Spanien steuert auf einen neuen Touristenrekord zu und der Ansturm sorgt vor allem auf den Balearen für Probleme. Auf Mallorca platzen nicht nur die Hotels aus den Nähten, auch der Trinkwassermangel sorgt für Ärger.**

Spanien steht vor einem neuen Besucherrekord: In den ersten acht Monaten des Jahres kamen 52,5 Millionen Touristen ins Land, zehn Prozent mehr als im Vorjahreszeitraum, wie die spanische Statistikbehörde am Freitag mitteilte. Beliebteste Ziele waren Katalonien mit der Metropole Barcelona, die Balearen und die Kanarischen Inseln. Im vergangenen Jahr waren 68 Millionen Besucher angereist.

Unter den Besuchern in den ersten acht Monaten waren 12,4 Millionen Briten, gut acht Millionen Franzosen und 7,6 Millionen Deutsche. Allein im August kamen zehn Millionen Besucher, ein Plus von knapp sechs Prozent.

Der Besucheransturm sorgt auf Mallorca und seinen Nachbarinseln schon für Probleme. Die Hotels platzen aus allen Nähten, die Einwohner beschweren sich über die Menschenmassen, und die Umweltschützer warnen vor der Ausbeutung der Natur, vor allem wegen des Trinkwassermangels auf der Insel.

⑥ Verfasse zu einem aktuellen Ereignis eine Nachricht, einen Bericht und einen Kommentar.

Info: Journalistische Textsorten unterscheiden

In einer Zeitung sind ganz unterschiedliche **journalistische Textsorten** versammelt, die verschiedene Funktionen und Merkmale haben, z. B.:

Nachricht
- aktuelles Ereignis
- sehr kurz, das Wichtigste kommt zuerst
- W-Fragen werden beantwortet
- sachlich, objektiv
- keine Wertung

Bericht
- aktuelles Ereignis
- knapp, aber mit mehr Details als die Nachricht
- W-Fragen werden beantwortet
- eher sachlich, objektiv
- keine Wertung

Kommentar
- (meist) aktuelles Ereignis
- (meist) längerer Text
- Kenntnis der Antworten auf die W-Fragen wird vorausgesetzt
- zuspitzend, subjektiv
- Darstellung einer Meinung

Zum Schmökern, Schauen, Weiterdenken

Kinder total global *Martina Rampas*

Sie fliegen, bevor sie laufen können, und teilen ihre Freunde nach Kontinenten ein. Fragt jemand nach ihrer Heimat, sind sie ratlos. „Transnationale Kinder" von Diplomaten, Missionaren oder Geschäftsleuten sind kleine Weltbürger – aber später können sie oft kaum Wurzeln schlagen und dauerhafte Beziehungen knüpfen.

„Moment mal!" Der amerikanische Grenzbeamte sah Anne-Sophie Boulon streng an. „Sie haben einen französischen Pass, der in Indonesien ausgestellt wurde, Sie wurden in Australien geboren und haben ihr US-Visum in Venezuela beantragt. Stimmt das so?" Ihre Erklärung in perfektem amerikanischen Englisch versetzt den Beamten noch mehr in Erstaunen: „Wie lange waren Sie in den USA?" „Ungefähr 18 Minuten", so Boulon, „ich bin zum ersten Mal hier."

Anne-Sophie Boulon hat ihre Kindheit in Australien, Indonesien, Venezuela und Frankreich verbracht – an internationalen, englischsprachigen Schulen. Ein ganz normaler Lebenslauf in einer Gruppe, die weltweit immer mehr Menschen umfasst: transnationale Kinder oder *Third Culture Kids* (TCK), wie sie in der amerikanischen Forschung genannt werden. Sie haben einen bedeutenden Teil ihrer Kindheit im Ausland verbracht, meist im Schlepptau ihrer Eltern, die für Konzerne oder internationale Organisationen für ein paar Jahre in die Fremde geschickt werden.

„Zwischen TCKs gibt es eine Art Seelenverwandtschaft, die schwer zu fassen ist", schreibt die Journalistin Boulon in „The International Herald Tribune."[1] „Wenn ich

1 „The International Herald Tribune": internationale englischsprachige Zeitung

mich mit jemandem auf Anhieb verstehe, erfahre ich hinterher oft, dass diese Person auch im Ausland aufgewachsen ist. Unsere ‚dritte Kultur' ist uns näher als die erste Kultur (der Eltern) oder die zweite (des Gastlandes). Dabei ist es erstaunlicherweise egal, ob jemand als Diplomatensohn in Afrika aufgewachsen ist oder als Tochter einer Ingenieursfamilie in Guatemala."

Tatsächlich prägt so eine internationale Kindheit für das ganze Leben. Meist auf positive Weise, schließlich haben die mehrsprachigen Nomaden[2] in einer globalisierten Welt viele Trümpfe auf ihrer Seite. „Das sind Weltbürger, die andere Kulturen verstehen, akzeptieren und keine Vorurteile haben. Genau das brauchen wir heutzutage am dringendsten", meint Matt Neigh, Direktor von Interaction International, einer Organisation, die sich exklusiv mit transnationalen[3] Kindern wie Erwachsenen befasst. „Sie erleben in 18 Jahren mehr als andere in ihrem ganzen Leben."

Aber nicht bei jedem verläuft das problemlos. Wie Wandervögel treibt es die Rastlosen immer wieder zu neuen Ufern. So hatte die Amerikanerin Peggy, ein ehemaliges Diplomatenkind, binnen 16 Jahren ein rundes Dutzend verschiedener Schulen rund um den Erdball besucht. [...] „Die erste Regel, die jeder lernt, der international aufwächst, heißt: Auf jedes *Hello* folgt automatisch ein *Good-bye*. [...] Kurioserweise ist die Rückkehr in die Heimat oft schwieriger als der Aufbruch in ein Land, das zehn Zeitzonen entfernt liegt. Wenn Wortneuschöpfungen wie „Probierhäschen" für „Versuchskaninchen" den Gesprächspartner verwirren, hält sich der Heimatschock noch in Grenzen. Anders lag der Fall bei einer jungen Frau, die nach dem High-School-Abschluss nach Deutschland zurückkam und prompt für Irritation in ihrer Heimatstadt sorgte: Bei einem offiziellen Empfang traf sie zum ersten Mal den Bürgermeister und sprach ihn herzlichst mit Du an. Das gepflegte Siezen hatte sie schlicht nicht gelernt.

„Es ist normal, ein Fremder in einem fremden Land zu sein", sagt Matt Neigh, „viel schwieriger ist es, ein Fremder in der eigenen Kultur zu sein. Es sieht einem ja niemand an, dass man im Ausland aufgewachsen ist. Man ist ein *hidden immigrant*, ein unsichtbarer Immigrant."

Quelle: Spiegel online

2 der Nomade: Bezeichnung für jemanden, der viel umherreist, wie z. B. Angehörige eines Hirtenvolkes
3 transnational: nationenübergreifend, länderübergreifend

1. Erkläre, was man unter *Third Culture Kids* versteht.
2. Verfasse eine Beschreibung des Textes und weise nach, dass es sich hier um eine Reportage handelt.
3. Sucht im Internet nach Reportagen, in denen es darum geht, neu in einem anderen Land zu sein. Stellt euch die Artikel gegenseitig vor, z. B. in Form einer kleinen Reportage-Ausstellung oder in einem Kurzvortrag.

Spätaussiedler im Kreis Cloppenburg *Karsten Krogmann*

Er hat dann einfach mal geklingelt, zuerst bei der Familie in Dwergte, dann in Peheim. „Hallo“, sagte er, mehr Zeichensprache als Worte, „ich bin Alex. Ich finde es schön, dass ihr da seid. Hier ist meine Handynummer – wenn ihr irgendwelche Hilfe braucht, dann bin ich da.“ Er lächelte und gab den Kindern Gummibonbons, natürlich halal, für Muslime erlaubt.

Am nächsten Tag riefen ihn die Syrer an. Die erste Flüchtlingsfamilie musste zu einem Termin gefahren werden. Die zweite Flüchtlingsfamilie hatte ein Schreiben bekommen, das sie nicht verstand. Alex fuhr, Alex übersetzte.

Alexander Langlets, 28 Jahre alt, wohnhaft in Molbergen, Landkreis Cloppenburg, war ja auch mal neu in Deutschland. 1989, er war zwei Jahre alt, war er mit seinen Eltern aus Kasachstan gekommen. Alexander war das sechste von zwölf Kindern, die Geschwister sprachen nur Russisch. Alexander kam in den Kindergarten, seine älteren Geschwister kamen in die Schule. Täglich kamen neue Kinder dazu, die Russisch sprachen. In manchen Klassen waren sie bald zu siebt oder acht.

Es waren keine Flüchtlinge, die damals nach Deutschland kamen, es waren so genannte Spätaussiedler aus Osteuropa. Die Spätaussiedler galten rechtlich als Deutsche, sie konnten sich in Deutschland frei bewegen. Die meisten gingen dorthin, wo sie Verwandte oder Freunde hatten. Zum Beispiel nach Molbergen, wo es seit den 70er-Jahren die Friedland-Siedlung gab, in der Aussiedler lebten.

Wie viele? Im Cloppenburger Kreishaus schaut der Landrat den 1. Kreisrat an, der 1. Kreisrat schaut den Landrat an. „Das wurde statistisch nicht erfasst, weil die Spätaussiedler rechtlich wie Einheimische zu behandeln waren“, sagt Landrat Johann Wimberg (46). „Wir können die Zahlen nur schätzen“, sagt Kreisrat Ludger Frische (56).

1989 hatte der Landkreis Cloppenburg 116 000 Einwohner. 1995 waren es bereits 140 000. Ähnliche Zahlen kann man im Molberger Rathaus von Bürgermeister Ludger Möller (59) hören: 1989 hatte die Gemeinde 4712 Einwohner. 1995 waren es 6060.

Bis zu 3500 Aussiedler, so schätzt die Kreisverwaltung, kamen damals pro Jahr im Landkreis an. Zum Vergleich: Heute gibt es knapp 800 Flüchtlinge im Kreis, weitere 1000 sollen es bis Jahresende werden.

Viele der Spätaussiederfamilien hatten

acht, zehn oder zwölf Kinder. Die Kinder waren schulpflichtig.
Wer an der Anne-Frank-Schule vorbeifährt und dann zweimal links abbiegt, der kommt zum Haus von Klemens Domnick, dem ehemaligen Rektor der Schule, inzwischen 76 Jahre alt. Zu ihm brachten die Familien ihre Kinder. In manchen Klassen im Landkreis saßen bald ein Drittel Aussiedlerkinder. […] Sprachlernklassen gab es damals nicht; in Hannover oder Bonn waren die Spätaussiedlerkinder kein Thema. Deutschlandweit waren nur eine Handvoll Landkreise von dem starken Zuzug betroffen, im Nordwesten die Kreise Cloppenburg und Emsland. […] Und dann kam zum Glück Frau Lohrey an die Schule, selbst Aussiedlerin, Hauptfach: Deutsch als Fremdsprache. […]

Alexander Langlets wurde ein hervorragender Grundschüler, ein mittelmäßiger Orientierungsstufenschüler („die Pubertät“, entschuldigt er sich), ein guter Realschüler (bei Klemens Domnick hatte er Mathe). Er lernte Bankkaufmann, heute arbeitet er als Sparkassenfachwirt bei der LzO[1] in Essen/Oldenburg. Er ist Mitglied im Gutachterausschuss für Grundstückswerte. Er hat ein Haus, eine Ehefrau, vier Kinder, zwei Kinder gehen in Molbergen zur Schule.
„Ja“, sagt Langlets, „ich bin stolz darauf – aber Sie finden hier im Landkreis Tausende Spätaussiedler mit einer ganz ähnlichen Laufbahn.“
Das heißt nicht, dass es keine Probleme im Kreis gab.
„Es gab erhebliche Probleme!“, sagt Kreisrat Frische in Cloppenburg. Vor allem Teenager-Aussiedler, die sich von ihren Eltern nach Deutschland verschleppt fühlten, rebellierten. […]
Reporter von überregionalen Zeitungen reisten in den Landkreis. Sie schrieben Reportagen mit Titeln wie „Die neue Angst vor den Russen“ oder „Gorbatschow-Village in Cloppenburg“. Sie schrieben von Russen-Läden, von Russen-Discos, von Russen-Straßen. Sie schrieben: Die Russen schotten sich ab, die Einheimischen sind skeptisch.
Was sie nicht schrieben: Die Aussiedlerväter suchten sich Jobs […]. Die Aussiedlerfamilien bauten Häuser […].
Möller sitzt in seinem Bürgermeisterbüro, vor sich ein Blatt mit der Einwohnerstatistik, die Kurve zeigt seit 1988 steil nach oben: 8400 Menschen leben inzwischen in Molbergen. Das Internet-Lexikon Wikipedia behauptet, jeder zweite Molberger habe einen Aussiedler-Hintergrund. Möller glaubt: „Das ist ein bisschen übertrieben.“ Aber er sagt: „Wenn alle diese Leute morgen wegziehen würden, dann könnten wir

1 LzO: Sparkasse im Raum Oldenburg

die Kita dicht machen und die Schule, wir hätten kein Einkaufszentrum mit Aldi und Lidl, wir hätten die Baugebiete nicht. Molbergen sähe anders aus – schlechter."
Er sagt aber auch: „Ich hätte gedacht, wir wären inzwischen weiter. Im gesellschaftlichen Leben laufen wir oft nebeneinander her. Kirmes, Schützenfest, Sportvereine, da kriegen Sie viele Aussiedler einfach nicht hin." Möller hat dabei vor allem die „Pfingstler" im Blick, die Mitglieder der Freien Evangeliums-Christengemeinde [...].
Alexander Langlets, Pfingstler, wird wütend, wenn er so etwas hört. Er sagt: „Ich war und bin integriert – ob als Kind im Fußballverein oder heute in der Feuerwehr! Wir trinken keinen Alkohol, mit Kirmes und Schützenfest können wir nicht viel anfangen. Da wünsche ich mir mehr Toleranz, das hat doch nichts mit Integration zu tun!"
Und dann sagt er noch: „Das hier ist meine Heimat."
Wieder reisten Reporter von überregionalen Zeitungen nach Cloppenburg. Sie schrieben über den Musterlandkreis, über Vollbeschäftigung, Wirtschaftsstärke, Geburtenzahlen, sie schrieben über den jüngsten Landkreis Deutschlands. Sie schrieben: 160 000 Einwohner leben mittlerweile in diesem Kreis.
„Wir stehen sehr positiv da", sagt Landrat Wimberg, „dank der Spätaussiedler."

Quelle: Nordwest Zeitung

1. Diskutiert: Wie gelingt es dem Reporter, die Leser/-innen zum Nachdenken über das Thema anzuregen? Belegt eure Einschätzungen mit dem Text.
2. Formuliere den Text in eine Nachricht um.
3. Verfasse eine Reportage über Menschen, die „neu" in deiner Stadt oder deiner Schule sind. Orientiere dich dabei an den Hinweisen im Info-Kasten auf Seite 73.

Zeitungstexte untersuchen

Zeitungstexte (journalistische Texte) gehören zu den **Sachtexten**. Man findet sie z. B. in Zeitungen, Zeitschriften oder im Internet. Man unterscheidet unter anderem folgende Textsorten:
- Die **Nachricht** ist ein **informierender Text**, der die W-Fragen *Was? Wann? Wer? Wo? Wie?* und *Warum?* kurz und sachlich beantwortet. Die wichtigste Information steht am Beginn.
- Der **Bericht** gehört ebenfalls zu den **informierenden Texten**. Er beantwortet die W-Fragen etwas ausführlicher als die Nachricht und enthält oft auch Zusatzinformationen oder Erläuterungen.
- Auch die **Reportage** gehört zu den **informierenden Texten**. Anders als in der Nachricht oder im Bericht werden sowohl objektive Informationen als auch subjektive Eindrücke der Reporterin / des Reporters dargestellt. Charakteristisch für eine Reportage ist, dass sie den Leserinnen und Lesern das Gefühl vermittelt, „live" dabei zu sein.
- In einem **Kommentar** stellt die Verfasserin / der Verfasser ihre/seine **persönliche Meinung** zu einem Ereignis oder einer Situation dar und begründet diese mit passenden Argumenten und Beispielen.

Bei der **schriftlichen Analyse** eines Zeitungstextes kannst du so vorgehen:

Aufbau	Beispiele
Einleitung: - Einleitungssatz mit **Textsorte, Titel, Autor, Quelle** und **Thema** in einem Satz - kurze **Zusammenfassung des Inhalts**	*In der Reportage „Spätaussiedler im Landkreis Cloppenburg" von Karsten Krogmann, die in der „Nordwest Zeitung" erschienen ist, geht es um die Integration so genannter Spätaussiedler in einer norddeutschen Kleinstadt.* *Der 28-jährige Spätaussiedler Alexander Langlets, der als Kind aus Kasachstan nach Deutschland gekommen ist, …*
Hauptteil: - **Beschreibung des Textaufbaus** mit Textstellen als Beleg - **Beleg der Textsorte** anhand von Textbeispielen	*Die Reportage beginnt mit der Schilderung, wie Alexander Langlets … (vgl. Z. 1–9).* *Im Hauptteil erfahren die Leser/-innen, wie …* *Am Schluss des Artikels stellt der Autor dar, wie …* *Typisch für eine Reportage ist, dass im Mittelpunkt eine Person steht, nämlich der 28-jährige Alexander Langlet.* *Auch der unmittelbare Einstieg mit einer anschaulichen Situationsschilderung: „…" (Z. 1–3) und …* *Im Hauptteil …* *Die Schlusspointe bildet die Aussage: „…" (Z. 162 f.).*
Schluss: - **Bewertung des Textes**	*Durch die Darstellung unterschiedlicher Perspektiven, z. B. … oder …, gelingt es dem Autor, …*

4 Kleine Lügen

Kurzgeschichten lesen und interpretieren

Das nachdenkliche Mafia-Huhn *Luigi Malerba (1984)*

Ein kalabrisches[1] Huhn beschloss, Mitglied der Mafia[2] zu werden. Es ging zu einem Mafia-Minister, um ein Empfehlungsschreiben zu bekommen, aber dieser sagte ihm, die Mafia existiere nicht. Es ging zu einem Mafia-Richter, aber auch dieser sagte ihm, die Mafia existiere nicht. So kehrte das Huhn in den Hühnerhof zurück, und auf die Fragen seiner Mithühner antwortete es, die Mafia existiere nicht. Da dachten alle Hühner, es sei Mitglied der Mafia geworden, und fürchteten sich vor ihm.

1 kalabrisch: aus Kalabrien stammend, einer Region im südlichen Italien
2 die Mafia: italienische Verbrecherorganisation, die vor allem im südlichen Italien aktiv ist

1. Welche der drei Geschichten auf dieser Doppelseite gefällt dir am besten? Begründe deine Ansicht.
2. Diskutiert: Handelt es sich bei den „Tiny Tales" um „richtige" Geschichten?
3. Was erwartet ihr von einer „richtigen" Geschichte? Sammelt Merkmale.

Auf die Länge kommt es an: Tiny Tales[1]. Zwei sehr kurze Geschichten *Florian Meimberg (2011)*

„… der unbekannte Bankräuber 560.000 € erbeutet." Pat starrte zum Fernseher. „350, ihr Idioten!" Der Kassierer auf dem Bildschirm lächelte.

Ned hatte noch nie etwas Schöneres gesehen. Das Korallenriff schimmerte wie eine außerirdische Stadt. An seinen Füßen zerrte der Betonblock.

1 tiny tales: *englisch* winzige Erzählungen

In diesem Kapitel …

- lernst du klassische und moderne Kurzgeschichten und ihre Merkmale kennen.
- untersuchst du die Handlung, die Figurenkonstellation und die sprachlichen Besonderheiten der Geschichten.
- setzt du dich mit der Rolle der Erzählerin / des Erzählers auseinander.
- entwickelst du Interpretationsansätze und belegst sie mit dem Text.
- lernst du, eine Textinterpretation zu verfassen.

Kurzgeschichten lesen und verstehen

Nachts schlafen die Ratten doch *Wolfgang Borchert (1947)*

Das hohle Fenster in der vereinsamten Mauer gähnte blaurot voll früher Abendsonne. Staubgewölke flimmerten zwischen den steil gereckten Schornsteinresten. Die Schuttwüste döste.

Er hatte die Augen zu. Mit einmal wurde es noch dunkler. Er merkte, dass jemand gekommen war und nun vor ihm stand, dunkel, leise. Jetzt haben sie mich! dachte er. Aber als er ein bisschen blinzelte, sah er nur zwei etwas ärmlich behoste Beine. Die standen ziemlich krumm vor ihm, dass er zwischen ihnen hindurchsehen konnte. Er riskierte ein kleines Geblinzel an den Hosenbeinen hoch und erkannte einen älteren Mann. Der hatte ein Messer und einen Korb in der Hand. Und etwas Erde an den Fingerspitzen.

Du schläfst hier wohl, was?, fragte der Mann und sah von oben auf das Haargestrüpp herunter. Jürgen blinzelte zwischen den Beinen des Mannes hindurch in die Sonne und sagte: Nein, ich schlafe nicht. Ich muss hier aufpassen. Der Mann nickte: So, dafür hast du wohl den großen Stock da?

Ja, antwortete Jürgen mutig und hielt den Stock fest.

Worauf passt du denn auf?

Das kann ich nicht sagen. Er hielt die Hände fest um den Stock.

Wohl auf Geld, was? Der Mann setzte den Korb ab und wischte das Messer an seinem Hosenbein hin und her.

Nein, auf Geld überhaupt nicht, sagte Jürgen verächtlich. Auf ganz etwas anderes.

Na, was denn?

Ich kann es nicht sagen. Was anderes eben.

Na, denn nicht. Dann sage ich dir natürlich auch nicht, was ich hier im Korb habe. Der Mann stieß mit dem Fuß an den Korb und klappte das Messer zu.

Pah, kann mir denken, was in dem Korb ist, meinte Jürgen geringschätzig, Kaninchenfutter.

Donnerwetter, ja!, sagte der Mann verwundert, bist ja ein fixer Kerl. Wie alt bist du denn?

Neun.

Oha, denk mal an, neun also. Dann weißt du ja auch, wie viel drei mal neun sind, wie?

Klar, sagte Jürgen, und um Zeit zu gewinnen, sagte er noch: Das ist ja ganz leicht. Und er sah durch die Beine des Mannes hindurch. Drei mal neun, nicht?, fragte er noch einmal, siebenundzwanzig. Das wusste ich gleich.

Stimmt, sagt der Mann, genau so viele Kaninchen habe ich.

Jürgen machte einen runden Mund: Siebenundzwanzig?

Du kannst sie sehen. Viele sind noch ganz jung. Willst du?

Ich kann doch nicht. Ich muss doch aufpassen, sagte Jürgen unsicher.

Immerzu?, fragte der Mann, nachts auch?

Nachts auch. Immerzu. Immer. Jürgen sah an den krummen Beinen hoch. Seit Sonnabend schon, flüsterte er.

Aber gehst du denn gar nicht nach Hause? Du musst doch essen.

Jürgen hob einen Stein hoch. Da lag ein halbes Brot. Und eine Blechschachtel.

Du rauchst?, fragte der Mann, hast du denn eine Pfeife?

Jürgen fasste seinen Stock fest an und sagte zaghaft: Ich drehe. Pfeife mag ich nicht.

Schade, der Mann bückte sich zu seinem Korb, die Kaninchen hättest du ruhig mal ansehen können. Vor allem die Jungen. Vielleicht hättest du dir eines ausgesucht. Aber du kannst hier ja nicht weg.

Nein, sagte Jürgen traurig, nein, nein.

Der Mann nahm den Korb und richtete sich auf. Na ja, wenn du hierbleiben musst – schade. Und er drehte sich um. Wenn du mich nicht verrätst, sagte Jürgen da schnell, es ist wegen den Ratten.

Die krummen Beine kamen einen Schritt zurück: Wegen den Ratten?

Ja, die essen doch von Toten. Von Menschen. Da leben sie doch von.

Wer sagt das?

Unser Lehrer.

Und du passt nun auf die Ratten auf?, fragte der Mann.

Auf die doch nicht! Und dann sagte er ganz leise: Mein Bruder, der liegt nämlich da unten. Da. Jürgen zeigte mit dem Stock auf die zusammengesackten Mauern. Unser Haus kriegte eine Bombe. Mit einmal war das Licht weg im Keller. Und er auch. Wir haben noch gerufen. Er war viel kleiner als ich. Erst vier. Er muss hier ja noch sein. Er ist doch viel kleiner als ich.

Der Mann sah von oben auf das Haargestrüpp. Aber dann sagte er plötzlich: Ja, hat euer Lehrer euch denn nicht gesagt, dass die Ratten nachts schlafen?

Nein, flüsterte Jürgen und sah mit einmal ganz müde aus, das hat er nicht gesagt.

Na, sagte der Mann, das ist aber ein Lehrer, wenn er das nicht mal weiß. Nachts schlafen die Ratten doch. Nachts kannst du ruhig nach Hause gehen. Nachts schlafen sie immer. Wenn es dunkel wird, schon.

Jürgen machte mit seinem Stock kleine Kuhlen in den Schutt.

Lauter kleine Betten sind das, dachte er, alles kleine Betten. Da sagte der Mann (und seine krummen Beine waren ganz unruhig dabei): Weißt du was? Jetzt füttere ich schnell meine Kaninchen und wenn es dunkel wird, hole ich dich ab. Vielleicht kann ich eins mitbringen. Ein kleines, oder, was meinst du?

Jürgen machte kleine Kuhlen in den Schutt. Lauter kleine Kaninchen. Weiße, graue, weißgraue. Ich weiß nicht, sagte er leise und sah auf die krummen Beine, wenn sie wirklich nachts schlafen.

Der Mann stieg über die Mauerreste weg auf die Straße. Natürlich, sagte er von da, euer Lehrer soll einpacken, wenn er das nicht mal weiß.

Da stand Jürgen auf und fragte: Wenn ich eins kriegen kann? Ein weißes vielleicht?

Ich will mal versuchen, rief der Mann schon im Weggehen, aber du musst hier so lange warten. Ich gehe dann mit dir nach Hause, weißt du? Ich muss deinem Vater doch sagen, wie so ein Kaninchenstall gebaut wird. Denn das müsst ihr ja wissen.

Ja, rief Jürgen, ich warte. Ich muss ja noch aufpassen, bis es dunkel wird. Ich warte bestimmt. Und er rief: Wir haben auch noch Bretter zu Hause, Kistenbretter, rief er.

Aber das hörte der Mann schon nicht mehr. Er lief mit seinen krummen Beinen auf die Sonne zu. Die war schon rot vom Abend und Jürgen konnte sehen, wie sie durch die Beine hindurchschien, so krumm waren sie. Und der Korb schwenkte aufgeregt hin und her. Kaninchenfutter war da drin. Grünes Kaninchenfutter, das war etwas grau vom Schutt.

1 Wann und wo spielt die Geschichte? Nenne Textstellen, aus denen das hervorgeht.

2 a) Beschreibe die Situation des Jungen und sein Verhalten.
b) Untersuche die Beziehung zwischen Jürgen und dem alten Mann.
Tipps & Hilfen (→ S. 320)

3 Welche Rolle spielt die kleine Lüge des alten Mannes – „Nachts schlafen die Ratten doch" – für die Handlung der Geschichte? Begründe deine Meinung.

4 Diskutiert, ob die Geschichte ein gutes oder ein schlechtes Ende hat.

Ein netter Kerl *Gabriele Wohmann (1978)*

Ich habe ja so wahnsinnig gelacht, rief Nanni in einer Atempause. Genau wie du ihn beschrieben hast, entsetzlich.

Furchtbar fett für sein Alter, sagte die Mutter. Er sollte vielleicht Diät essen. Übrigens, Rita, weißt du, ob er ganz gesund ist?

Rita setzte sich gerade und hielt sich mit den Händen am Sitz fest. Sie sagte: Ach, ich glaub schon, daß er gesund ist.

Genau wie du es erzählt hast, weich wie ein Molch, wie Schlamm, rief Nanni. Und auch die Hand, so weich.

Aber er hat dann doch auch wieder was Liebes, sagte Milene, doch, Rita, ich finde, er hat was Liebes, wirklich.

Na ja, sagte die Mutter, beschämt fing auch sie wieder an zu lachen; recht lieb, aber doch gräßlich komisch. Du hast nicht zuviel versprochen, Rita, wahrhaftig nicht. Jetzt lachte sie laut heraus. Auch hinten im Nacken hat er schon Wammen[1], wie ein alter Mann, rief Nanni. Er ist ja so fett, so weich, so weich! Sie schnaubte aus der kurzen Nase, ihr kleines Gesicht sah verquollen aus vom Lachen.

Rita hielt sich am Sitz fest. Sie drückte die Fingerkuppen fest ans Holz.

Er hat so was Insichruhendes, sagte Milene. Ich find ihn so ganz nett, Rita, wirklich, komischerweise.

Nanni stieß einen winzigen Schrei aus und warf die Hände auf den Tisch; die Messer und Gabeln auf den Tellern klirrten. Ich auch, wirklich, ich find ihn auch nett, rief sie. Könnt ihn immer ansehn und mich ekeln.

Der Vater kam zurück, schloß die Eßzimmertür, brachte kühle nasse Luft mit herein. Er war ja so ängstlich, daß er seine letzte Bahn noch kriegt, sagte er. So was von ängstlich.

Er lebt mit seiner Mutter zusammen, sagte Rita. Sie platzten alle heraus, jetzt auch Milene. Das Holz unter Ritas Fingerkuppen wurde klebrig. Sie sagte: Seine Mutter ist nicht ganz gesund, soviel ich weiß.

Das Lachen schwoll an, türmte sich vor ihr auf, wartete und stürzte sich dann herab, es spülte über sie weg und verbarg sie: lang genug für ei-

1 die Wamme: Dialektbegriff für „Speckrolle" oder Fettgewebe

nen kleinen schwachen Frieden. Als erste brachte die Mutter es fertig, sich wieder zu fassen.

Nun aber Schluß, sagte sie, ihre Stimme zitterte, sie wischte mit einem Taschentuchklümpchen über die Augen und die Lippen. Wir können ja endlich mal von was anderem reden.

Ach, sagte Nanni, sie seufzte und rieb sich den kleinen Bauch, ach ich bin erledigt, du liebe Zeit. Wann kommt die große fette Qualle denn wieder, sag, Rita, wann denn? Sie warteten alle ab.

Er kommt von jetzt an oft, sagte Rita. Sie hielt den Kopf aufrecht. Ich habe mich verlobt mit ihm.

Am Tisch bewegte sich keiner. Rita lachte versuchsweise und dann konnte sie es mit großer Anstrengung lauter als die anderen, und sie rief: Stellt euch das doch bloß mal vor: mit ihm verlobt! Ist das nicht zum Lachen!

Sie saßen gesittet und ernst und bewegten vorsichtig Messer und Gabeln.

He, Nanni, bist du mir denn nicht dankbar, mit der Qualle hab ich mich verlobt, stell dir das doch mal vor!

Er ist ja ein netter Kerl, sagte der Vater. Also höflich ist er, das muß man ihm lassen.

Ich könnte mir denken, sagte die Mutter ernst, daß er menschlich angenehm ist, ich meine, als Hausgenosse oder so, als Familienmitglied.

Er hat keinen üblen Eindruck auf mich gemacht, sagte der Vater.

Rita sah sie alle behutsam dasitzen, sie sah gezähmte Lippen. Die roten Flecken in den Gesichtern blieben noch eine Weile. Sie senkten die Köpfe und aßen den Nachtisch. R

1 An welcher Stelle der Geschichte wendet sich das Geschehen? Begründe.

2 a) Bildet Gruppen und bereitet eine szenische Lesung der Geschichte vor:
- Teilt die einzelnen Rollen und die Rolle des Erzählers unter euch auf.
- Erprobt verschiedene Lesetechniken für den Vortrag. Verändert z. B. die Lautstärke, das Tempo, die Betonung oder die Pausensetzung.

Tipps & Hilfen (→ S. 320)

b) Tragt euch eure szenischen Lesungen gegenseitig vor und vergleicht die Darstellungen: Welche Vorträge haben Handlung und Stimmung besonders gut zum Ausdruck gebracht?

❸ Untersuche die Erzählweise der Geschichte anhand folgender Fragen und mithilfe des Info-Kastens:
- Aus wessen Sicht wird erzählt?
- Handelt es sich um einen auktorialen oder um einen personalen Erzähler?
- Welche Rolle spielen Figurenrede und Erzählerbericht?
- Was fällt dir bei der Zeitgestaltung auf?

Tipps & Hilfen (→ S. 320)

④ Wähle eine der beiden Aufgaben a) oder b) aus. Vergleiche im Anschluss deinen Text mit dem Original.
a) Erzähle das Geschehen aus der Sicht von Nanni.
b) Erzähle das Geschehen aus der Perspektive eines auktorialen Erzählers, der das Geschehen kommentiert.

Info: Die Erzählweise untersuchen

Die Handlung eines **Erzähltextes** wird durch eine **Erzählerin** / einen **Erzähler vermittelt**. Diese/r darf nicht mit der Autorin / dem Autor verwechselt werden.

Die Erzählerin / Der Erzähler kann die Handlung den Leserinnen und Lesern auf unterschiedliche Weise vermitteln.
Man unterscheidet z. B.:
- **auktoriales Erzählen:** Die Erzählerin / Der Erzähler steht außerhalb der erzählten Welt, hat einen Überblick über den Handlungsverlauf und Einblick in die Gefühls- und Gedankenwelt der Figuren. Man erkennt sie / ihn z. B. an Vorausdeutungen, Kommentaren oder an der direkten Ansprache der Leser/-innen.
- **personales Erzählen:** Die Erzählerin / Der Erzähler ist Teil der erzählten Welt. Sie / Er erzählt aus er Sicht einer oder mehrerer beteiligter Figuren und weiß nur so viel, wie die entsprechende Figur zu diesem Zeitpunkt weiß.

Man unterscheidet außerdem zwischen:
- **Erzählerbericht:** Die Erzählerin / Der Erzähler behält das Wort.
- **Figurenrede:** Die Figuren kommen in direkter oder indirekter Rede selbst zu Wort.

Auch die **Zeitgestaltung** spielt eine wichtige Rolle bei der Untersuchung der Erzählweise. Unter Zeitgestaltung versteht man das Verhältnis von **Erzählzeit** (Zeit, die man benötigt, den Text zu lesen oder zu hören) zu **erzählter Zeit** (Zeitraum, in dem sich die Handlung abspielt). Man unterscheidet zwischen:
- **Zeitdeckung**: Die Erzählzeit und die erzählte Zeit sind annähernd gleich.
- **Zeitdehnung:** Die Erzählzeit ist länger als die erzählte Zeit (vergleichbar mit der „Zeitlupe“ im Film).
- **Zeitraffung:** Die Erzählzeit ist kürzer als die erzählte Zeit (vergleichbar mit dem „Zeitraffer“ im Film).

Eine Kurzgeschichte untersuchen

Sommerschnee *Tanja Zimmermann (1984)*

Mir ist alles so egal, ich fühle mich gut.

Der Regen macht mir nichts aus, meine Stiefel sind durchgeweicht, die Bahn kommt nicht. Neben mir hält ein Mercedes: „Engelchen, ich fahre dich nach Hause."

Ich hab keine Angst, setze mich einfach neben eine alte Frau, fühle mich sicher, mir kann nichts passieren! In der Bahn stehe ich eingequetscht zwischen nassstinkenden Persianermänteln[1] und grauen Anzugmännern. Die Bahn bremst, eine dicke Frau fällt gegen mich, drückt mich an die Fensterscheibe. Die Leute fluchen, beschimpfen den Fahrer. Ich lache.

Beim Aussteigen drängt jeder den anderen, ich lasse mich treiben, bin glücklich, denke nur an dich!

An der Ampel merke ich, dass ich zu laut singe. Eine Mutter mit Kinderwagen lacht mich an, eine aufgetakelte Blondine mustert mich von oben bis unten. Ich weiß, ich bin klitschnass, meine weiße Hose ist nach fünf Tagen eher dunkelgrau, doch ich weiß, dass sie dir gefällt. Meine Haare hängen nass und strähnig auf meinen Schultern. Du hast gesagt, du hast dich schon am ersten Tag in mich verliebt, und da hatte ich auch nasse Haare.

Ich laufe schnell über die Straße, leiste mir eine Packung Filterzigaretten, kaufe welche, die mir zu leicht sind, die du am liebsten magst.

Ein grelles Quietschen. Ein wütender Autofahrer brüllt, ob ich Tomaten auf den Augen hätte. Ich lache und beruhige ihn mit einem „Kommt nicht noch mal vor". An einem Schaufenster bleibe ich trotzdem stehen, zupfe an meinen Haaren herum, ziehe die Hose über meine Stiefel, will dir ja gefallen. Ich will dir ja sogar sehr gefallen!

Auf der Apothekenuhr ist es fünf. Ich laufe quer über die nasse Wiese. Schliddere mehr, als dass ich laufe. Aber ich will dich nicht warten lassen, ich kann das auch nicht. Ich werde dann von Minute zu Minute nervöser, also laufe ich. Bevor ich schelle[2], atme ich erst ein paar Mal tief durch, dann klingel ich, fünf Mal hast du gesagt. Und meine Freude, dich zu sehen, ist endgültig Sieger über meine Angst.

1 der Persianermantel: Fellmantel aus besonderem Schaffell
2 schellen: klingeln, läuten

Erst dann bemerke ich den kleinen, zusammengefalteten Zettel an der Wand. Ja, es tut dir leid, wirklich leid, dass du Vera wiedergetroffen hast! Ich soll es mir gutgehen lassen. Richtig gutgehen lassen soll ich es mir! Die brennende Zigarette hinterlässt Wunden auf meiner Hand. Das Rattern der vorbeifahrenden Laster, das Kindergeschrei, Hundegebell und das laut aufgedrehte Radio von gegenüber verschwimmen zu einem nervtötenden, Angst einjagenden Einheitsgeräusch, meine Augen nehmen nur noch die gröbsten Umrisse wahr. Wie eine alte Frau gehe ich den endlos langen Weg zur Haltestelle, meine Füße sind nass und kalt in den durchweichten Stiefeln. Ein glatzköpfiger Mann pfeift hinter mir her, bietet mir sein Zimmer und sich an.

Verschüchtert stehe ich in der Ecke neben dem Fahrplan, mein Gesicht spiegelt sich in der Scheibe. Wann kommt endlich diese elende Straßenbahn?

1. Zeichne einen Spannungsbogen zu dieser Geschichte und begründe deine Darstellung.
2. Untersuche das Verhalten der Hauptfigur:
   - Wie verhält sie sich bis zum Wendepunkt? Wie nimmt sie ihre Umgebung wahr?
   - Wie verändern sich ihr Verhalten und ihre Wahrnehmung nach dem Wendepunkt?

   Belege deine Aussagen mit dem Text.

   Tipps & Hilfen (→ S. 321)
3. Untersuche die Erzählweise der Geschichte (→ S. 91) und beschreibe die Wirkung.

   Tipps & Hilfen (→ S. 321)
4. Prüfe, welche Merkmale einer Kurzgeschichte (→ Info-Kasten) du in „Sommerschnee“ finden kannst.
5. Diskutiert, was mit dem Titel „Sommerschnee“ ausgedrückt wird.

Info: Merkmale einer Kurzgeschichte

Eine **Kurzgeschichte** ist eine **kurze moderne Erzählung**, die einen **kleinen Ausschnitt aus dem Alltagsleben einer oder mehrerer Figur/-en** zeigt, der für die Figur/-en eine **besondere Bedeutung** hat.

Weitere Merkmale einer Kurzgeschichte können sein:
- **unmittelbarer Einstieg** in das Geschehen,
- Beschränkung auf **wenige Figuren**,
- Konzentration auf **einen Handlungsort**,
- **zielstrebiger Verlauf der Handlung auf** einen **Höhe-** bzw. **Wendepunkt** hin,
- Gebrauch von **Alltagssprache**,
- **offenes Ende**.

Eine Kurzgeschichte interpretieren

1 Du sollst nun dein Verständnis der Kurzgeschichte „Sommerschnee“ in einer schriftlichen Interpretation darlegen.
Bereite diese Interpretation vor, indem du die folgenden Fragen zum Text in Stichpunkten beantwortest. Notiere zu jeder Antwort die entsprechende Textstelle mit Zeilenangaben.

- Was erfährst du über **Ort** und **Zeit** der Handlung?
  Ort: Bahn (Z. 6), ...; Zeit: Sommer (Überschrift), fünf Uhr (Z. 28)
- **Was passiert** in der Geschichte? **Wie** ist sie **aufgebaut**?
- Welche **Stimmungen** werden geschildert?
- Was erfährst du über die **Figuren**?
  Hauptfigur: Mädchen / junge Frau (Z. 4), ist glücklich (Z. 1 f.) ...
- Aus **wessen Sicht** wird die Geschichte erzählt?
  Sicht der Hauptfigur, personales Erzählverhalten, Ich-Erzählerin (Z. 1)
- Welche **sprachlichen Besonderheiten** fallen dir auf?
- Welche **Merkmale einer Kurzgeschichte** lassen sich nachweisen?

2 a) Verfasse in deinem Heft eine Inhaltsangabe zum Text.
Formuliere mithilfe des Lückentextes zunächst einen einleitenden Satz.

Interpretation der Kurzgeschichte „Sommerschnee“

Die ______ „Sommerschnee“ wurde von ______ verfasst und stammt aus dem Jahr ______. In der Geschichte geht es um ______.

b) Fasse nun den Inhalt kurz zusammen.
Tipps & Hilfen (→ S. 321)

3 Erläutere im Hauptteil dein Verständnis der Geschichte anhand deiner Stichpunkte aus Aufgabe 1. Belege dein Textverständnis mit Textbeispielen. Nutze hierfür auch das Ausdruckstraining auf Seite 95.
Tipps & Hilfen (→ S. 321)

Die Ich-Erzählerin, eine junge Frau, ist zu Beginn der Geschichte trotz des schlechten Wetters überglücklich: „Mir ist alles so egal, ich fühle mich gut. Der Regen macht mir nichts aus.“ (Z. 1 f.) Schon in diesen ersten Sätzen wird deutlich, dass ...

4 Fasse deine Interpretationsergebnisse zu einer Gesamtdeutung des Textes zusammen.
In dem Text wird dargestellt, wie ...

Das Textverständnis belegen

1 Beschreibe, wie in den folgenden Beispielen das Textverständnis mit dem Text belegt wird. Nutze die Begriffe im Wortspeicher für die Beschreibung.

These (Aussage/Behauptung) · Zitat · Schlussfolgerung · Erläuterung

A

In der Aussage: „In der Bahn stehe ich eingequetscht zwischen nass stinkenden Persianermänteln und grauen Anzugmännern. [...] Die Leute fluchen, beschimpfen den Fahrer. Ich lache. Beim Aussteigen drängt jeder den anderen, ich lasse mich treiben, bin glücklich, denke nur an dich!" (Z. 6–12) wird deutlich, dass sich die Ich-Erzählerin einerseits in einer äußerlich unangenehmen Situation befindet, andererseits aber sehr glücklich ist, weil sie nur an ihren Geliebten denkt. Durch den Gegensatz zwischen äußerer Situation und der Stimmung der Ich-Erzählerin kommt ihr Glück besonders deutlich zum Ausdruck.

B

Die Ich-Erzählerin, ein Mädchen oder eine junge Frau, ist zu Beginn der Geschichte verliebt und glücklich: „Die Leute fluchen, beschimpfen den Fahrer. Ich lache." (Z. 9f.) Durch den Gegensatz zwischen der schlechten Laune der anderen Menschen und dem Lachen der Ich-Erzählerin, deren Stimmung selbst Unannehmlichkeiten nicht trüben können, wird das Glück der Ich-Erzählerin besonders deutlich.

2 a) Wie verstehst du folgende Textstellen aus „Sommerschnee"? Formuliere jeweils eine Aussage, in der dein Textverständnis zum Ausdruck kommt.

„Ich hab keine Angst, setze mich einfach neben eine alte Frau, fühle mich sicher, mir kann nichts passieren!" (Z. 5f.)

„Verschüchtert stehe ich in der Ecke neben dem Fahrplan, mein Gesicht spiegelt sich in der Scheibe. Wann kommt endlich diese elende Straßenbahn?" (Z. 45–47)

b) Interpretiere beide Textstellen. Probiere folgende Möglichkeiten aus:

A 1. Zitat – 2. Erläuterung – 3. Schlussfolgerung

B 1. These (Aussage/Behauptung) – 2. Zitat – 3. Erläuterung

Zum Schmökern, Schauen, Weiterdenken

Perspektivische Verzerrungen *Marc-Uwe Kling (2009)*

„Kannst du heute mal bezahlen?“, fragt das Känguru nach dem Essen.

„Heute?“, frage ich. „Mal?“, frage ich. „Ich muss immer bezahlen, weil du nie Geld mitnimmst.“

„Tja“, sagt das Känguru lächelnd. „So ist das in der Welt. Der eine hat den Beutel, der andere hat das Geld.“

„Ja, aber vielleicht hat der andere irgendwann keine Lust mehr, den einen durchzufüttern.“

„Welcher andere?“, fragt das Känguru.

„Na ich!“, sage ich.

„Ach du immer mit deinem ich. Ich, ich, ich, ich, ich. Wie in deinen Geschichten: Ich wache auf. Ich gehe ans Telefon. Ich sage, ich frage, ich denke, ich will.“

„Willst du damit kritisieren, dass ich nur Ich-Erzähler-Geschichten schreibe?“

„Nein, nein“, sagt das Känguru. „Jeder, wie er's kann. Das ist halt am einfachsten.“

„Ich kann auch die Erzählperspektive wechseln“, sagt Marc-Uwe aufgebracht. „Jetzt bist du der Erzähler.“

Ich schüttele den Kopf, stecke heimlich den Aschenbecher des Restaurants in meinen Beutel und sage: „Das ändert doch nichts. Immer noch schreibst du als Ich-Erzähler.“

Das Beuteltier regt mich echt auf. Will mir vorschreiben, wie ich zu schreiben habe! Pah! Ich sag ihm doch auch nicht, wie es zu hüpfen hat! Der Käsekuchen sieht lecker aus. Ich kannte mal eine, die zwanghaft jeden Gedanken, den sie hatte, sofort ausgesprochen hat. Zum Glück dachte sie nicht so viel. Hm. Mein Bein ist irgendwie eingeschlafen. Aua. Was war das? Aua.

„Hallo, McFly! Jemand zu Hause?", ruft das Känguru und klopft mir auf den Kopf. „Was soll das sein? Innerer Monolog? Immer noch Ich-Perspektive!"

Marc-Uwe stutzte.

„Kein Problem. Kein Problem", sagte er dann. „Allwissender Erzähler."

Die Kritik an seinem Werk hatte die Aufmerksamkeit des braunhaarigen, mittelgroßen, feingliedrigen jungen Mannes so in Beschlag genommen, dass ihm darüber entging, dass das Känguru diese Kritik nur formuliert hatte, um geschickt davon abzulenken, dass es mal wieder nicht bezahlen konnte. Als Marc-Uwe dies endlich begriff, hatte das Känguru das Café schon längst unauffällig verlassen.

Pech für das Känguru, denn die hübsche Kellnerin spendierte allen Gästen einen Käsekuchen aufs Haus. Dann kam wieder der verrückte Billionär vorbei und verteilte 500-Euro-Scheine. „Ich kann das jeden Tag zwei Stunden machen und habe trotzdem jeden Abend mehr Geld als am Morgen", sagte er zu Marc-Uwe. „Irre, nicht? Man muss den Kapitalismus einfach gernhaben." Am Nachbartisch saß ein Fremder in Cowboyklamotten mit einem beeindruckenden grauen Schnurrbart. Er drehte sich zu Marc-Uwe und lächelte ihn an.

„Sagen Sie nichts", sagte Marc-Uwe. „Sie wollen mich fragen, ob ich den Rest Ihres Käsekuchens haben möchte."

„Woher weißt du das?", fragte der Fremde mit rauer Stimme.

„Ich bin der allwissende Erzähler", sagte Marc-Uwe.

„Soso", sagte der Mann. „Weißt du also auch, wohin und für wen die Busse und U-Bahnen unterwegs sind, auf denen ‚Betriebsfahrt' oder ‚Nicht einsteigen' steht?"

„Ah … äh …", sagte Marc-Uwe. „Also … äh …"

„Bist du dir sicher, dass du wirklich ein allwissender und nicht vielmehr ein unzuverlässiger Erzähler bist?", fragte der Fremde. „Einer wie Münchhausen?"

„Nein. Sicher bin ich mir nicht", sage ich, als sich der Fremde in eine Schnapspraline verwandelt.

Das Känguru steckt seinen Kopf zur Tür herein.

„Wird das heute noch was?", ruft es. „Kommst du endlich? Oh! Eine Schnapspraline …"

❶ Beschreibe, wie der Autor des Textes, Marc-Uwe Kling, hier mit der Erzählerrolle spielt.

② Das Känguru sagt über die Rolle des Ich-Erzählers: „Das ist halt am einfachsten." (Zeile 15 f.) Diskutiert, ob das Känguru Recht hat.

③ Erzähle die dargestellte Situation aus der Sicht eines auktorialen Erzählers (→ S. 91).

Nacht *Sibylle Berg (2001)*

Sie waren mit Tausenden aus unterschiedlichen Türen in den Abend geschoben. Es war eng auf den Straßen, zu viele Menschen, müde und sich zu dicht, der Himmel war rosa. Die Menschen würden den Himmel ignorieren, den Abend und würden nach Hause gehen. Säßen dann auf der Couch, würden Gurken essen und mit einem kleinen Schmerz den Himmel ansehen, der vom Rosa ins Hellblaue wechseln würde, dann lila, bevor er unterginge. Eine Nacht wie geschaffen, alles hinter sich zu lassen, aber wofür? Sie funktionierten in dem, was ihnen Halt schien, die Menschen in der Stadt, und Halt kennt keine Pausen, Regeln, keine stille Zeit, in der Unbekanntes Raum hätte zu verunsichern mit dummen Fragen.

Das Mädchen und der Junge gingen nicht nach Hause. Sie waren jung, da hat man manchmal noch Mut. Etwas ganz Verrücktes müsste man heute tun, dachten beide unabhängig voneinander, doch das ist kein Wunder, denn bei so vielen Menschen auf der Welt kann es leicht vorkommen, dass sich Gedanken gleichen. Sie gingen auf einen Berg, der die Stadt beschützte. Dort stand ein hoher Aussichtsturm, bis zu den Alpen konnte man schauen und konnte ihnen Namen geben, den Alpen. Die hörten dann darauf, wenn man sie rief. Die beiden kannten sich nicht, wollten auch niemanden kennen in dieser Nacht, stiegen die 400 Stufen zum Aussichtsturm hinauf. Saßen an entgegengesetzten Enden, mürrisch zuerst, dass da noch einer war. So sind die Menschen, Revierverletzung nennt man das. Doch dann vergaßen sie die Anwesenheit und dachten in die Nacht. Vom Fliegen, vom Weggehen und Niemals-Zurückkommen handelten die Gedanken und ohne dass es ihnen bewusst gewesen wäre, saßen sie bald nebeneinander und sagten die Gedanken laut.

Die Gedanken ähnelten sich, was nicht verwundert, bei so vielen Menschen auf der Welt, und doch ist es wie Schicksal, einen zu treffen, der spricht, was du gerade sagen möchtest. Und die Worte wurden weich, in der Nacht, klare Sätze wichen dem süßen Brei, den Verliebte aus ihren Mündern lassen, um sich darauf zum Schlafen zu legen. Sie hielten sich an der Hand, die ganze Nacht, und wussten nicht, was schöner war. Die Geräusche, die der Wind machte, die Tiere, die sangen, oder der Geruch des anderen. Dabei ist es so einfach, sagte der Junge, man muss nur ab und zu mal nicht nach Hause gehen, sondern in den Wald. Und das Mädchen sagte, wir werden es wieder vergessen, das ist das Schlimme. Alles vergisst man, das einem gut tut, und dann steigt man wieder in die Straßenbahn, morgens, geht ins Büro, nach Hause, fragt sich, wo das Leben bleibt. Und sie saßen immer noch, als der Morgen kam, als die Stadt zu atmen begann. Tausende aus ihren Häusern, die Autos geschäftig geputzt, und die beiden erkannten, dass es das Ende von ihnen wäre, hinunterzugehen ins Leben. Ich wollte, es gäbe nur noch uns, sagte der Junge. Das Mädchen nickte, sie dachte kurz: So soll das sein, und im gleichen Moment verschwand die Welt. Nur noch ein Aussichtsturm, ein Wald, ein paar Berge blieben auf einem kleinen Stern.

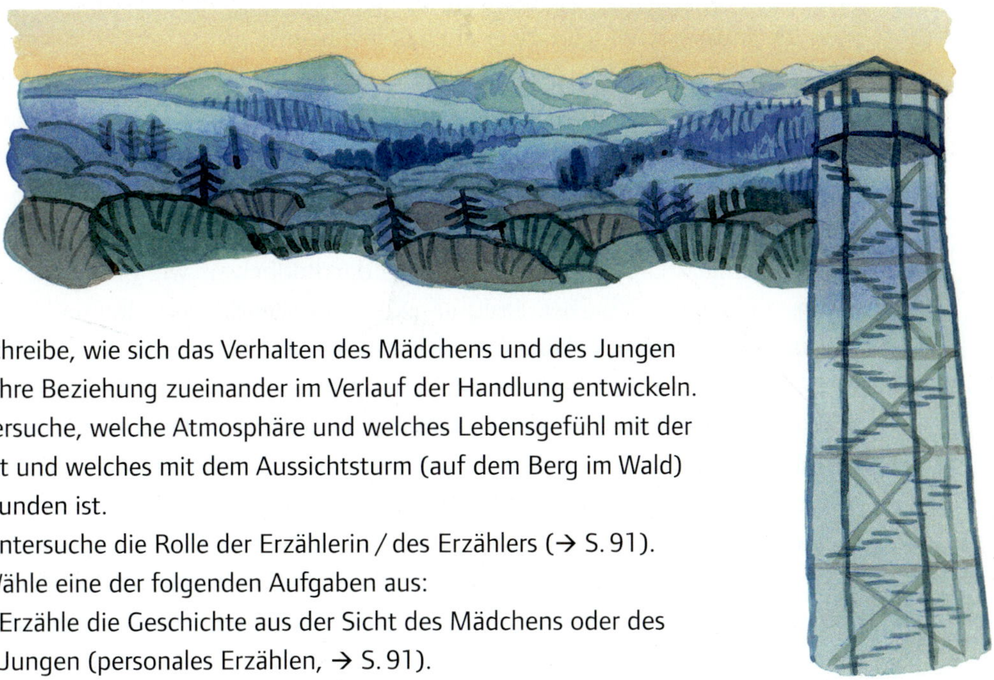

1 Beschreibe, wie sich das Verhalten des Mädchens und des Jungen undihre Beziehung zueinander im Verlauf der Handlung entwickeln.

2 Untersuche, welche Atmosphäre und welches Lebensgefühl mit der Stadt und welches mit dem Aussichtsturm (auf dem Berg im Wald) verbunden ist.

3 a) Untersuche die Rolle der Erzählerin / des Erzählers (→ S. 91).
b) Wähle eine der folgenden Aufgaben aus:
- Erzähle die Geschichte aus der Sicht des Mädchens oder des Jungen (personales Erzählen, → S. 91).
- Formuliere die Gedanken des Mädchens oder des Jungen in der Situation, als sich die beiden „mürrisch" gegenübersitzen (Z. 20), in Form eines inneren Monologs (→ S. 110).

Mehmet *Rafik Schami (1988)*

Es war alles vorbereitet: Das Bier kaltgestellt, die Wurst- und Käseplatten hübsch mit Salzstangen und Zwiebelringen garniert – der Diaprojektor im Wohnzimmer schon seit Stunden aufgebaut, die Urlaubsbilder nach Reisestationen schon lange geordnet; es sollte ein gemütlicher Abend werden. Obwohl Heinz den Ablauf der Dia-Show schon x-mal geprobt hatte, war er sehr unsicher. Viertel nach acht war es so weit, die ersten Gäste kamen. Um neun Uhr hielt Heinz die Spannung nicht mehr aus, und er versuchte geschickt, auf seine Urlaubsdias[1] aufmerksam zu machen – und wie das immer so ist, konnte er auch gleich beginnen.

Das erste Bild zeigte die ganze Familie auf dem Frankfurter Flughafen, das zweite „über den Wolken" war auf den Kopf gestellt; Heinz entschuldigte sich sofort. Das dritte, „Ankunft Flughafen Istanbul", Tochter Ramona und Sohn Jens in Großaufnahme. Die Gastgeberin erklärt, dass Ramona ausgerechnet heute bei einem Architekten eingeladen sei, sie ließe sich entschuldigen. Die weitere Reihenfolge der Bilder war wie bei jeder Urlaubsvorführung. Überbelichtet, angeblich lustige Szenen, die auch mit vielen Erklärungen die Gäste langweilten.

Spannend waren allerdings die Erzählungen über die „einfachen gastfreundlichen Menschen" in der Türkei, die sie überall getroffen hatten. Müllers, die auch schon mal in der Türkei waren, konnten dies immer wieder bestätigen. Es war ein fast gelungener Abend.

„Guten Abend", sagte Ramona, „Entschuldigung, dass wir so spät kommen, aber ich musste noch auf Mehmet warten, sein Chef ließ ihn wieder einmal das ganze Lager alleine aufräumen." Mehmet zog verlegen die Schultern hoch, lächelte und sagte: „Ich Chef sagen, heute ich Bilder von Türkei gucken, er nix wollen, er sagen viel Arbeit, Bilder egal."

1 das Dia: Kurzform von Diapositiv: durchsichtige Fotografie, die auf eine Leinwand projiziert werden kann

In dem halbdunklen Zimmer konnte niemand sehen, wie Heinz und seine Frau die Gesichtsfarbe wechselten und die Luft anhielten. Es herrschte eine grauenhafte Stille.

„Aber du wolltest doch zu Herrn Schneider gehen, Ramona???", sagte die Mutter.

„Ich? Zu Herrn Schneider? – Ach ja, stimmt. Aber die Feier ist verschoben worden. Habe ich euch doch gesagt, oder nicht???"

Nun versuchten die Gäste, die peinliche Situation zu überbrücken.

„Das ist aber schön, dass du doch noch gekommen bist. Setz dich doch, Ramona." Mehmet merkte sofort, dass er übersehen wurde, setzte sich aber trotzdem.

Heinz versuchte, sich zu beherrschen und ging in die Küche. Ganz plötzlich fiel Herrn Müller ein, dass die Kinder nicht zu Hause sind und der arme Hund bestimmt dringend raus müsste; auch die anderen Gäste hatten plötzlich einen armen Hund und eine kranke Großmutter.

Ramona ahnte, was nun kommen würde, nahm den verdutzten Mehmet an die Hand, zog ihn zur Tür und sagte: „Bitte, bitte, geh jetzt ganz schnell, ich werde dir morgen alles erklären."

„Was los?, warum morgen, nix heute??"

Aus der Küche wurde die Stimme des Vaters immer lauter, verzweifelt drehte Ramona sich um und sagte ganz leise:

„Bitte geh jetzt, bitte geh!"

Nun könnte man diese Begebenheit unseres langweiligen Alltags mit einem traurigen Ende erwürgen, dann würde diese erbärmliche Geschichte so enden:

Mehmet starrte wie betäubt die geschlossene Tür an. Obwohl es draußen warm war, durchlief ihn eine eisige Kälte, er zitterte am ganzen Körper. Anatolien[2] war plötzlich ganz nah. In seinem Dorf hatten die Leute noch nie einen Gast rausgeschmissen.

Oder, um dem Leser endlich meine Version zu erzählen: Mehmet geht hinaus, pinkelt durch den Briefkastenschlitz von Heinz', atmet erleichtert auf und beschließt für sein Leben, nie eine Frau zur Freundin zu nehmen, die sich seiner schämt und am ersten Abend Dias anschauen will.

2 Anatolien: Gegend in der Türkei

❶ Worin besteht der Witz dieser Geschichte?

② Vergleiche das Verhalten von Ramona mit dem von Rita in „Ein netter Kerl" (→ S. 89 f.).

③ Untersuche die Rolle des Erzählers in „Mehmet". (→ S. 91)

④ Der Erzähler bietet den Leserinnen und Lesern zwei Fassungen für das Ende der Geschichte an. Verfasse selbst ein weiteres mögliches Ende, das zu der Geschichte passt.

Auf die Länge kommt es an.
Tiny Tales. Sehr kurze Geschichten *Florian Meimberg (2011)*

Der US-Präsident und der plastische Chirurg lagen tot im Keller des Weißen Hauses. Der Mann im Press Room glich dem Staatschef aufs Haar.

Das Paket hatte einfach vor seiner Tür gelegen. Tom rief nach seiner Frau. Warum sie nicht antwortete, wusste er exakt 27 Sekunden später.

Tim inspizierte das Bild. Die Patina[1]. Die Signatur[2]. Zweifellos ein echter Miró[3]. Er lächelte den Flohmarktverkäufer an. „Abgemacht. 10 Euro."

Claudia beäugte das Objekt. Der greise Antiquar lächelte. „Damit haben die Menschen vor dem Krieg kommuniziert. Es hieß *Handy*."

Er erwachte mit dem schlimmsten Kater seines Lebens. Wo war er? Warum trug er einen Anzug? Und: Wieso war sein Bett mit Samt ausgekleidet?

1 die Patina: *hier* (Glanz-)Schicht auf alten Gemälden
2 die Signatur: *hier* die Unterschrift
3 Miró: gemeint ist ein Bild des spanischen Malers Joan Miró (1893–1983)

1 a) Der Autor Florian Meimberg sagt, für ihn seien die „Tiny Tales" „kleine Luken, durch die der Leser in große Geschichten hineinschaut". Was könnte er damit meinen?
b) Suche dir eine der kurzen Geschichten aus und schreibe dazu eine „große Geschichte".

2 Bei folgenden „Tiny Tales" fehlt jeweils der letzte Satz. Formuliere einen passenden Satz.

Die Fremde stand in ihrer Wohnungstür und lächelte. Ole war verliebt.

Die Ärzte sahen ihn schweigend an. „Ich spüre meine Beine nicht mehr", log Edwin. Der Plan lief perfekt.

3 Schreibe selbst „Tiny Tales" und tausche dich mit deinen Mitschülerinnen und Mitschülern darüber aus, ob sie auch als „kleine Luken" funktionieren.

Eine Kurzgeschichte interpretieren

1. Schritt: Die Textinterpretation vorbereiten

Untersuche die Kurzgeschichte anhand folgender Fragestellungen:
- Was erfährst du über **Ort** und **Zeit** der Handlung?
- **Was passiert** in der Geschichte?
- **Wie** ist die Geschichte **aufgebaut?**
- Welche **Stimmungen** werden geschildert?
- Was erfährst du über die **Figuren** und ihre **Beziehungen** zueinander?
- Aus **wessen Sicht** wird die Geschichte erzählt (→ S. 91)?
- Welche **sprachlichen Besonderheiten** fallen dir auf?
- Welche **Merkmale einer Kurzgeschichte** lassen sich nachweisen (→ S. 93)?

2. Schritt: Die Textinterpretation schreiben

Aufbau eines Interpretationsaufsatzes	Beispiele
Einleitung: Nenne in einem **einleitenden Satz** - die **Textsorte**, - den **Titel**, - den **Namen der Autorin / des Autors**, - das **Erscheinungsjahr** und - das **Thema** der Geschichte. Fasse dann den **Inhalt kurz zusammen**.	*In Gabriele Wohmanns Kurzgeschichte „Ein netter Kerl" aus dem Jahr 1978 geht es um eine junge Frau namens Rita, der ihre Liebe zu ihrem Freund wichtiger ist als die Anerkennung ihrer Familie.* *Nanni, die Schwester von Rita, und die anderen Familienmitglieder machen sich über einen Gast lustig, der …* *Nachdem Rita am Ende der Geschichte …*
Hauptteil: Stelle deine Untersuchungsergebnisse (vgl. 1. Schritt) in einem zusammenhängenden Text dar. Belege dein Textverständnis mit Textbelegen. Für die Verknüpfung von Aussagen zum Text mit passenden Textbelegen gibt es z. B. folgende Möglichkeiten: **A Zitat → Erläuterung → Schlussfolgerung** **B These → Zitat → Erläuterung**	***(Zitat – Erläuterung – Schlussfolgerung:)*** *In der Aussage: „Wann kommt die große fette Qualle denn wieder, sag, Rita, wann denn?" (Z. 37 f.) vergleicht Nanni den Freund ihrer Schwester mit einem ekligen, weichen, wabbeligen Tier, das sie zusätzlich noch als „fett" (Z. 37) bezeichnet. Damit wird Nannis abwertende Haltung gegenüber Ritas neuem Freund noch einmal besonders deutlich.*
Schluss: Fasse deine Interpretationsergebnisse zu einer **Gesamtdeutung** zusammen.	*Durch Ritas Bekenntnis zu ihrem Freund werden die anderen Familienmitglieder, die einen Menschen nur aufgrund seines Aussehens bewerten, bloßgestellt …*

5 Von unerhörten Begebenheiten

Novellen untersuchen und gestaltend interpretieren

1. Beschreibe die abgebildeten Personen.
2. Diskutiert in der Klasse: Machen Kleider Leute? Begründet mit Beispielen aus eurem Alltag.
3. „Kleider machen Leute“ ist der Titel einer Novelle (Erzählung) von Gottfried Keller. Überlegt, worum es in dieser Novelle gehen könnte.

In diesem Kapitel …

- lernst du spannende Novellen kennen.
- erarbeitest du die Merkmale einer Novelle.
- setzt du dich mit der Rolle der Erzählerin / des Erzählers auseinander.
- interpretierst du Texte gestaltend.

Den Anfang einer Novelle lesen

Kleider machen Leute *Gottfried Keller (1819–1890)*

An einem unfreundlichen Novembertage wanderte ein armes Schneiderlein auf der Landstraße nach Goldach, einer kleinen, reichen Stadt, die nur wenige Stunden von Seldwyla[1] entfernt ist. Der Schneider trug in seiner Tasche nichts als einen Fingerhut, welchen er, in Ermangelung irgendeiner Münze, unablässig zwischen den Fingern drehte, wenn er der Kälte wegen die Hände in die Hosen steckte, und die Finger schmerzten ihm ordentlich von diesem Drehen und Reiben. Denn er hatte wegen des Fallimentes[2] irgendeines Seldwyler Schneidermeisters seinen Arbeitslohn mit der Arbeit zugleich verlieren und auswandern müssen. Er hatte noch nichts gefrühstückt als einige Schneeflocken, die ihm in den Mund geflogen, und er sah noch weniger ab, wo das geringste Mittagbrot herwachsen sollte. Das Fechten[3] fiel ihm äußerst schwer, ja schien ihm gänzlich unmöglich, weil er über seinem schwarzen Sonntagskleide, welches sein einziges war, einen weiten dunkelgrauen Radmantel[4] trug, mit schwarzem Sammet ausgeschlagen, der seinem Träger ein edles und romantisches Aussehen verlieh, zumal dessen lange schwarze Haare und Schnurrbärtchen sorgfältig gepflegt waren und er sich blasser, aber regelmäßiger Gesichtszüge erfreute.

Solcher Habitus[5] war ihm zum Bedürfnis geworden, ohne dass er etwas Schlimmes oder Betrügerisches dabei im Schilde führte; vielmehr war er zufrieden, wenn man ihn nur gewähren und im Stillen seine Arbeit verrichten ließ; aber lieber wäre er verhungert, als dass er sich von seinem Radmantel und von seiner polnischen Pelzmütze getrennt hätte, die er ebenfalls mit großem Anstand zu tragen wusste.

Er konnte deshalb nur in größeren Städten arbeiten, wo solches nicht zu sehr auffiel; wenn er wanderte und keine Ersparnisse mitführte, geriet er in die größte Not. Näherte er sich einem Hause, so betrachteten ihn die Leute mit Verwunderung und Neugierde und erwarteten eher alles andere, als dass er betteln würde; so erstarben ihm, da er überdies nicht beredt[6] war, die Worte im Munde, also dass er der Märtyrer[7] seines Mantels war und Hunger litt, so schwarz wie des Letzteren Sammetfutter.

1 Goldach und Seldwyla: von Gottfried Keller erfundene Orte
2 das Falliment: der Bankrott (die Zahlungsunfähigkeit)
3 das Fechten: altertümlich für Betteln
4 der Radmantel: weiter umhangähnlicher Mantel
5 der Habitus: das Erscheinungsbild
6 beredt: gesprächig
7 der Märtyrer: jemand, der sich für seine Überzeugung aufopfert

Als er bekümmert und geschwächt eine Anhöhe hinaufging, stieß er auf einen neuen und bequemen Reisewagen, welchen ein herrschaftlicher Kutscher in Basel abgeholt hatte und seinem Herrn überbrachte, einem fremden Grafen, der irgendwo in der Ostschweiz auf einem gemieteten oder angekauften alten Schlosse saß. [...] Der Kutscher ging wegen des steilen Weges neben den Pferden, und als er, oben angekommen, den Bock wieder bestieg, fragte er den Schneider, ob er sich nicht in den leeren Wagen setzen wolle. Denn es fing eben an zu regnen, und er hatte mit einem Blicke gesehen, dass der Fußgänger sich matt und kümmerlich durch die Welt schlug.

Derselbe nahm das Anerbieten[8] dankbar und bescheiden an, worauf der Wagen rasch mit ihm von dannen rollte und in einer kleinen Stunde stattlich und donnernd durch den Torbogen von Goldach fuhr. Vor dem ersten Gasthofe, „Zur Waage“ genannt, hielt das vornehme Fuhrwerk plötzlich, und alsogleich zog der Hausknecht so heftig an der Glocke, dass der Draht beinahe entzweiging. Da stürzten Wirt und Leute herunter und rissen den Schlag auf; Kinder und Nachbarn umringten schon den prächtigen Wagen, neugierig, welch ein Kern sich aus so unerhörter Schale enthüllen werde; und als der verdutzte Schneider endlich hervorsprang in seinem Mantel, blass und schön und schwermütig zur Erde blickend, schien er ihnen wenigstens ein geheimnisvoller Prinz oder Grafensohn zu sein.

8 das Anerbieten: das Angebot

1 Fasse den Textausschnitt in eigenen Worten zusammen.

2 a) Was erfährst du in diesem Textabschnitt über „das Schneiderlein“? Notiere Stichpunkte in Form einer Mindmap.
Tipps & Hilfen (→ S. 322)

b) Erläutere die Aussage des Erzählers, dass das Schneiderlein „Märtyrer seines Mantels“ war (Z. 30).

3 Wo spielt die Handlung? Fertige eine Skizze der Handlungsorte an und beschrifte sie.

4 Stelle begründete Vermutungen an, welcher Konflikt sich am Ende der Textstelle ankündigt. Beziehe auch den Titel der Novelle in deine Überlegungen mit ein.

Das Verhalten der Figuren untersuchen

Der Schneider, Wenzel Strapinski, betritt nach seiner Ankunft den Gasthof „Zur Waage" und wird in den Speisesaal gebracht.

„Der Herr wünscht zu speisen?", hieß es. „Gleich wird serviert werden, es ist eben gekocht!"

Ohne eine Antwort abzuwarten, lief der Waagwirt in die Küche und rief: „In's drei Teufels Namen! Nun haben wir nichts als Rindfleisch und die Hammelkeule! Die Rebhuhnpastete darf ich nicht anschneiden, da sie für die Abendherren[9] bestimmt und versprochen ist. So geht es! Den einzigen Tag, wo wir keinen Gast erwarten und nichts da ist, muss ein solcher Herr kommen! Und der Kutscher hat ein Wappen auf den Knöpfen, und der Wagen ist wie der eines Herzogs! Und der junge Mann mag kaum den Mund öffnen vor Vornehmheit!"

Doch die ruhige Köchin sagte: „Nun, was ist denn da zu lamentieren[10], Herr? Die Pastete tragen Sie nur kühn auf, die wird er doch nicht aufessen! Die Abendherren bekommen sie dann portionenweise; sechs Portionen wollen wir schon noch rauskriegen!"

„Sechs Portionen? Ihr vergesst wohl, dass die Herren sich satt zu essen gewohnt sind!", meinte der Wirt, […] „geschwind soll die Liese zum Zuckerbeck laufen und frisches Backwerk holen, drei Teller, und wenn er eine gute Torte hat, soll er sie auch gleich mitgeben!"

„Aber Herr, Sie können ja dem einzigen Gaste das nicht alles aufrechnen, das schlägt's beim besten Willen nicht heraus!"

„Tut nichts, es ist um die Ehre! Das bringt mich nicht um; dafür soll ein großer Herr, wenn er durch unsere Stadt reist, sagen können, er habe ein ordentliches Essen gefunden, obgleich er ganz unerwartet und im Winter gekommen sei! Es soll nicht heißen wie von den Wirten zu Seldwyl, die alles Gute selber fressen und den Fremden die Knochen vorsetzen! Also frisch, munter, sputet Euch allerseits!"

Während der Zubereitung des Essens überlegt Wenzel, das Gasthaus heimlich durch die Hintertür zu verlassen. Ein Kellner deutet seinen Fluchtversuch jedoch als Suche nach der Toilette und bringt ihn dorthin.

9 die Abendherren: die Stammtischgäste
10 lamentieren: klagen, jammern

Also ging der Mantelträger ohne Widerspruch, sanft wie ein Lämmlein, dort hinein und schloss ordentlich hinter sich zu. Dort lehnte er sich bitterlich seufzend an die Wand und wünschte der goldenen Freiheit der Landstraße wieder teilhaftig zu sein, welche ihm jetzt, so schlecht das Wetter war, als das höchste Glück erschien.

Doch verwickelte er sich jetzt in die erste selbsttätige Lüge, weil er in dem verschlossenen Raume ein wenig verweilte, und er betrat hiermit den abschüssigen Weg des Bösen. [...]

Und als der Schneider wieder aus dem langen Gange hervorgewandelt kam, melancholisch wie der umgehende Ahnherr eines Stammschlosses, begleitete er [der Wirt] ihn mit hundert Komplimenten und Handreibungen wiederum in den verwünschten Saal hinein. Dort wurde er ohne ferneres Verweilen an den Tisch gebeten, der Stuhl zurechtgerückt, und da der Duft der kräftigen Suppe, dergleichen er lange nicht gerochen, ihn vollends seines Willens beraubte, so ließ er sich in Gottes Namen nieder und tauchte sofort den schweren Löffel in die braungoldene Brühe. In tiefem Schweigen erfrischte er seine matten Lebensgeister und wurde mit achtungsvoller Stille und Ruhe bedient. [...]

Nun wurde die Forelle aufgetragen, mit Grünem bekränzt, und der Wirt legte ein schönes Stück vor. Doch der Schneider, von Sorgen gequält, wagte in seiner Blödigkeit nicht, das blanke Messer zu brauchen, sondern hantierte schüchtern und zimperlich mit der silbernen Gabel daran herum. Das bemerkte die Köchin, welche zur Türe hereinguckte, den großen Herrn zu sehen, und sie sagte zu den Umstehenden: „Gelobt sei Jesus Christ! Der weiß noch einen feinen Fisch zu essen, wie es sich gehört, der sägt nicht mit dem Messer in dem zarten Wesen herum, wie wenn er ein Kalb schlachten wollte. Das ist ein Herr von großem Hause, darauf wollt' ich schwören, wenn es nicht verboten wäre! Und wie schön und traurig er ist! Gewiss ist er in ein armes Fräulein verliebt, das man ihm nicht lassen will! Ja, ja, die vornehmen Leute haben auch ihre Leiden!" [...]

[Als] die Pastete von Rebhühnern erschien, schlug die Stimmung des Schneiders gleichzeitig um, und ein fester Gedanke begann sich in ihm zu bilden. „Es ist jetzt einmal, wie es ist!", sagte er sich, von einem neuen Tröpflein Weines erwärmt und aufgestachelt. „Nun wäre ich ein Tor[11],

11 der Tor: der Dummkopf

wenn ich die kommende Schande und Verfolgung ertragen wollte, ohne mich dafür sattgegessen zu haben!" [...] Gesagt, getan; mit dem Mute der Verzweiflung hieb er in die leckere Pastete, ohne an ein Aufhören zu denken, sodass sie in weniger als fünf Minuten zur Hälfte geschwunden war und die Sache für die Abendherren sehr bedenklich zu werden begann. [...]

Unterdessen hatte der Kutscher die Pferde füttern lassen und selbst ein handfestes Essen eingenommen in der Stube für das untere Volk, und da er Eile hatte, ließ er bald wieder anspannen. Die Angehörigen des Gasthofes „Zur Waage" konnten sich nun nicht länger enthalten und fragten, eh es zu spät wurde, den herrschaftlichen Kutscher geradezu, wer sein Herr da oben sei und wie er heiße. Der Kutscher, ein schalkhafter und durchtriebener Kerl, versetzte: „Hat er es noch nicht selbst gesagt?"

„Nein", hieß es, und er erwiderte: „Das glaub' ich wohl, der spricht nicht viel in einem Tage; nun, es ist der Graf Strapinski! Er wird aber heut und vielleicht einige Tage hierbleiben, denn er hat mir befohlen, mit dem Wagen vorauszufahren."

1. Untersuche, wie sich der Konflikt entwickelt und wodurch die Missverständnisse entstehen.
2. Aufgrund eines Missverständnisses wird Wenzel von einem Kellner zur Toilette des Gasthauses gebracht (Z. 27–29).
   Versetze dich in dieser Situation in Wenzel hinein und verfasse einen inneren Monolog, in dem du Auskunft über seine Gedanken und Gefühle gibst.
   Tipps & Hilfen (→ S. 322)
3. Stell dir folgende Situation vor: Du bist Reporterin/Reporter der Goldacher Nachrichten und nimmst gerade im Gasthof dein Essen zu dir. Dabei beobachtest du den Schneider.
   Verfasse einen Zeitungsartikel, in dem du über Wenzels Ankunft im Gasthof berichtest.

Info: Einen inneren Monolog schreiben

Mithilfe eines **inneren Monologs** setzt man sich mit der **Gedanken- und Gefühlswelt** einer Figur, z. B. in besonders schwierigen, schönen oder aufregenden Situationen, auseinander.
Beim **Verfassen eines inneren Monologs** musst du folgende Aspekte beachten:
- Versetze dich in die Figur in dieser besonderen Situation hinein und versuche, ihre **Wahrnehmungen, Gedanken** und **Gefühle** wiederzugeben. Schreibe nur das, was die Figur zu diesem Zeitpunkt und in dieser Situation wissen kann.
- Schreibe in der **Ich-Form** im **Präsens**. Orientiere dich an der Sprache der Figur bzw. des Textes.
- Da du im inneren Monolog Gedankengänge und keine gesprochene Sprache wiedergibst, darfst du auch **unvollständige Sätze** (Ellipsen) **verwenden**, z. B.: *Schnell … nur weg …* oder *Wär' ich doch niemals …, andererseits quält mich der Hunger zu Tode …*

Die Sprache der Hauptfigur treffen

1 Vergleiche die drei Anfänge für einen inneren Monolog Wenzels: Welcher erfüllt die Anforderungen an einen inneren Monolog (→ Info-Kasten S. 110) am besten? Begründe.

A *Oh Gott! Was nun? Wie komme ich hier raus? Gibt es irgendeine Möglichkeit, unbemerkt zu fliehen? Doch was, wenn sie mich erwischen? Sagen, wer ich wirklich bin? Nein, lieber nicht – Sie behandeln mich wie einen edlen Herrn, dabei bin ich arm wie eine Kirchenmaus.*

B *Vielleicht hätte er in Seldwyla bleiben sollen, bei seinem widerwärtigen Schneidermeister. Auch wenn dieser nicht genügend einnahm, um ihn zu bezahlen, hätte Wenzel wenigstens einen vertrauten Ort zum Leben. Nun befand er sich ganz allein auf der Toilette eines Gasthauses und fühlte sich recht unwohl in seiner Haut. Eine solche Situation sollte er im weiteren Verlauf der Ereignisse noch öfter erleben.*

C *Warum bringt mich dieser blöde Kellner zur Toilette? Ich hatte ihn nicht darum gebeten. Wollte raus, weg von hier. Der Alte im Gastraum macht mich ganz nervös. Er rennt dauernd um mich rum und fragt, was ich essen möchte, als wenn ich irgendein reicher Typ wäre, der sich das alles hier leisten kann.*

2 Wähle einen der beiden nicht gelungenen Anfänge aus und überarbeite ihn in deinem Heft.

3 Welche der folgenden Formulierungen würdest du Wenzel jeweils in den Mund legen und welche nicht? Begründe deine Ansicht.

- Wäre ich doch nie in diese prächtige Kutsche eingestiegen.	- Wenn ich hier schon gewusst hätte, was später noch alles kommen sollte, wäre ich niemals in die Kutsche gestiegen.
- Am Ende sind sie enttäuscht und jagen mich davon.	- Nachher sind sie total wütend und verjagen mich.
- Oh Mann, wenn ich das alles nur träumen würde.	- Wäre das Ganze nur ein schrecklicher Traum.
- Mir bleibt wohl nichts anderes übrig, als zurück nach oben zu gehen und mich unauffällig zu entfernen.	- Mir bleibt wohl nichts anderes übrig. Ich marschiere ganz locker durch die Tür raus und tu, als wäre nichts gewesen.

Die Rolle des Erzählers untersuchen

Wenzel hat bereits einige Tage die Gastfreundschaft der Goldacher genossen, ohne das Missverständnis aufzuklären. Er ist mehr und mehr fasziniert vom guten Leben und vom Wohlstand, der ihm in Goldach begegnet.

An jeder Straßenecke stand ein alter Turm mit reichem Uhrwerk, buntem Dach und zierlich vergoldeter Windfahne. Diese Türme waren sorgfältig erhalten; denn die Goldacher erfreuten sich der Vergangenheit und der Gegenwart und taten auch recht daran. Die ganze Herrlichkeit war aber von der alten Ringmauer eingefasst, welche, obwohl nichts mehr nütze, dennoch zum Schmucke beibehalten wurde, da sie ganz mit dichtem altem Efeu überwachsen war und so die kleine Stadt mit einem immergrünen Kranze umschloss.

Alles dieses machte einen wunderbaren Eindruck auf Strapinski; er glaubte, sich in einer andern Welt zu befinden. Denn als er die Aufschriften der Häuser las, dergleichen er noch nicht gesehen, war er der Meinung, sie bezogen sich auf die besonderen Geheimnisse und Lebensweisen jedes Hauses und es sähe hinter jeder Haustüre wirklich so aus, wie die Überschrift angab, sodass er in eine Art moralisches Utopien[12] hineingeraten wäre. So war er geneigt zu glauben, die wunderliche Aufnahme, welche er gefunden, hänge hiermit im Zusammenhang, sodass z. B. das Sinnbild der Waage, in welcher er wohnte, bedeute, dass dort das ungleiche Schicksal abgewogen und ausgeglichen und zuweilen ein reisender Schneider zum Grafen gemacht würde.

Er geriet auf seiner Wanderung auch vor das Tor, und wie er nun so über das freie Feld hinblickte, meldete sich zum letzten Male der pflichtgemäße Gedanke, seinen Weg unverweilt[13] fortzusetzen. Die Sonne schien, die

12 das Utopien: Traumland
13 unverweilt: ohne Pause

Straße war schön, fest, nicht zu trocken und auch nicht zu nass, zum Wandern wie gemacht. Reisegeld hatte er nun auch, sodass er angenehm einkehren konnte, wo er Lust dazu verspürte, und kein Hindernis war zu erspähen.

Da stand er nun, gleich dem Jüngling am Scheidewege, auf einer wirklichen Kreuzstraße; aus dem Lindenkranze, welcher die Stadt umgab, stiegen gastliche Rauchsäulen, die goldenen Turmknöpfe[14] funkelten lockend aus den Baumwipfeln; Glück, Genuss und Verschuldung, ein geheimnisvolles Schicksal winkten dort, von der Feldseite her aber glänzte die freie Ferne; Arbeit, Entbehrung, Armut, Dunkelheit harrten dort, aber auch ein gutes Gewissen und ein ruhiger Wandel; dieses fühlend, wollte er denn auch entschlossen ins Feld abschwenken. Im gleichen Augenblicke rollte ein rasches Fuhrwerk heran; es war das Fräulein[15] von gestern, welches mit wehendem blauem Schleier ganz allein in einem schmucken leichten Fuhrwerke saß, ein schönes Pferd regierte und nach der Stadt fuhr.

Sobald Strapinski nur an seine Mütze griff und dieselbe demütig vor seine Brust nahm in seiner Überraschung, verbeugte sich das Mädchen rasch errötend gegen ihn, aber überaus freundlich, und fuhr in großer Bewegung, das Pferd zum Galopp antreibend, davon.

Strapinski aber machte unwillkürlich ganze Wendung und kehrte getrost nach der Stadt zurück.

14 die Turmknöpfe: die Turmspitzen
15 das Fräulein von gestern: gemeint ist Nettchen, die Tochter des Goldacher Amtsrates

1 a) Fertige eine Skizze der Situation „Wenzel am Scheideweg" an und notiere in Stichpunkten, wie Wenzel die beiden Orte wahrnimmt und was er mit ihnen verbindet.
Tipps & Hilfen (→ S. 322)
b) Warum kehrt Wenzel nach Goldach zurück? Begründe mit dem Text.

2 Was verbindet Wenzel mit dem Sinnbild der Waage? Erläutere dieses Symbol.

3 a) Untersuche die Erzählweise (→ S. 91) in diesem Textausschnitt:
- Aus wessen Sicht wird erzählt?
- Ist der Erzähler Teil der erzählten Welt oder steht er außerhalb?
Begründe mit Textbeispielen.
b) Erläutere mithilfe der Informationen im Info-Kasten auf Seite 91 die Merkmale des Erzählens in diesem Abschnitt. Nenne Textstellen als Beleg.
Tipps & Hilfen (→ S. 322)

4 a) Untersuche die Rolle des Erzählers im Textausschnitt auf den Seiten 108 bis 110: Was wird vom Erzähler berichtet? Was erfahren wir durch Figurenrede? Nenne Beispiele.
b) Vergleiche die Wirkung von Erzählerbericht und Figurenrede.

Die Handlung weiterverfolgen

Nettchen, die Tochter des Goldacher Amtsrates, und Wenzel wollen ihre Verlobung feiern. Wenzel lädt die Goldacher Gesellschaft zu einer Schlittenpartie zu einem Gasthof ein, der auf halbem Weg zwischen Goldach und Seldwyla liegt. Auf dem Weg zum Gasthof trifft die Festgesellschaft auf eine Gruppe feiernder Bürger aus dem Nachbarort Seldwyla, die sich als Schneider verkleidet haben. Diese bieten den Goldachern an, zur Belustigung der Festgesellschaft Szenen unter dem Motto „Leute machen Kleider" vorzuführen.

Alle, die so erschienen, traten nach vollbrachter Darstellung zurück und machten allmählich so den Halbkreis der Goldacher zu einem weiten Ring von Zuschauern, dessen innerer Raum endlich leer ward. In diesem Augenblicke ging die Musik in eine wehmütige ernste Weise über, und zugleich beschritt eine letzte Erscheinung den Kreis, dessen Augen sämtlich auf sie gerichtet waren. Es war ein schlanker junger Mann in dunklem Mantel, dunkeln schönen Haaren und mit einer polnischen Mütze; es war niemand anders als der Graf Strapinski, wie er an jenem Novembertage auf der Straße gewandert und den verhängnisvollen Wagen bestiegen hatte.

Die ganze Versammlung blickte lautlos gespannt auf die Gestalt, welche feierlich schwermütig einige Gänge nach dem Takte der Musik umhertrat, dann in die Mitte des Ringes sich begab, den Mantel auf den Boden breitete, sich schneidermäßig darauf niedersetzte und anfing, ein Bündel auszupacken. Er zog einen beinahe fertigen Grafenrock hervor, ganz wie ihn Strapinski in diesem Augenblicke trug, nähete mit großer Hast und Geschicklichkeit Troddeln und Schnüre darauf und bügelte ihn schulgerecht aus, indem er das scheinbar heiße Bügeleisen mit nassen Fingern prüfte. Dann richtete er sich langsam auf, zog seinen fadenscheinigen Rock aus und das Prachtkleid an, nahm ein Spiegelchen, kämmte sich und vollendete seinen Anzug, dass er endlich als das leibhaftige Ebenbild des Grafen dastand. Unversehens ging die Musik in eine rasche mutige Weise über, der Mann wickelte seine Siebensachen in den alten Mantel und warf das Pack weit über die Köpfe der Anwesenden hinweg in die Tiefe des Saales, als wollte er sich ewig von seiner Vergangenheit trennen. Hierauf beging er als stolzer Weltmann in stattlichen Tanzschritten den Kreis, hie und da sich vor den Anwesenden huldreich verbeugend, bis er vor das Brautpaar gelangte. Plötzlich fasste er den Polen[16], ungeheuer überrascht, fest ins Auge, stand als ei-

16 der Pole: gemeint ist Wenzel

ne Säule vor ihm still, während gleichzeitig wie auf Verabredung die Musik aufhörte und eine fürchterliche Stille wie ein stummer Blitz einfiel.

„Ei, ei, ei, ei", rief er mit weithin vernehmlichen Stimme und reckte den Arm gegen den Unglücklichen aus, „Sieh da den Bruder Schlesier[17], den Wasserpolacken[18]! Der mir aus der Arbeit gelaufen ist, weil er wegen einer kleinen Geschäftsschwankung glaubte, es sei zu Ende mit mir. Nun, es freut mich, dass es Ihnen so lustig geht und Sie hier so fröhliche Fastnacht halten! Stehen Sie in Arbeit zu Goldach?"

Zugleich gab er dem bleich und lächelnd dasitzenden Grafensohn die Hand, welche dieser willenlos ergriff wie eine feurige Eisenstange, während der Doppelgänger rief: „Kommt, Freunde, seht hier unsern sanften Schneidergesellen, der wie ein Raphael aussieht und unsern Dienstmägden, auch der Pfarrerstochter so wohl gefiel, die freilich ein bisschen übergeschnappt ist!"

Nun kamen die Seldwyler Leute alle herbei und drängten sich um Strapinski und seinen ehemaligen Meister, indem sie Ersterm treuherzig die Hand schüttelten, dass er auf seinem Stuhle schwankte und zitterte. Gleichzeitig setzte die Musik wieder ein mit einem lebhaften Marsch; die Seldwyler, sowie sie an dem Brautpaar vorüber waren, ordneten sich zum Abzuge und marschierten unter Absingung eines wohl einstudierten diabolischen[19] Lachchors aus dem Saale, während die Goldacher[...] durcheinanderliefen und sich mit den Seldwylern kreuzten, sodass es einen großen Tumult gab. [...]

Das Paar aber saß unbeweglich auf seinen Stühlen gleich einem steinernen ägyptischen Königspaar, ganz still und einsam; man glaubte, den unabsehbaren glühenden Wüstensand zu fühlen.

Nettchen, weiß wie Marmor, wendete das Gesicht langsam nach ihrem Bräutigam und sah ihn seltsam von der Seite an.

Da stand er langsam auf und ging mit schweren Schritten hinweg, die Augen auf den Boden gerichtet, während große Tränen aus denselben fielen.

17 der Schlesier: jemand, der aus Schlesien, einer Gegend Polens, stammt; gemeint ist Wenzel
18 der Wasserpolacke: abwertende Bezeichnung für einen Schlesier
19 diabolisch: teuflisch

1. Begründe, warum diese Textstelle der Wendepunkt der Novelle ist.
2. Wähle eine der folgenden beiden Aufgaben a) oder b) aus.
   a) Versetze dich in die Situation Wenzels am Ende der Textstelle und verfasse einen inneren Monolog aus seiner Sicht.
   b) Bildet Gruppen und setzt den Textausschnitt szenisch um.
3. Wie könnte sich die Novelle weiterentwickeln? Sammelt Ideen und begründet sie.

Nettchen verlässt ebenfalls den Saal, besteigt den Schlitten ihres Vaters und fährt auf die verschneite Landstraße hinaus. Am Wegesrand entdeckt sie Wenzel, einsam und frierend im Schnee liegend.

„Komm, fremder Mensch!", sagte sie mit unterdrückter zitternder Stimme. „Ich werde mit dir sprechen und dich fortschaffen!"

Sie winkte ihm, in den Schlitten zu steigen, was er folgsam tat; sie gab ihm Mütze und Handschuhe ebenso unwillkürlich, wie sie dieselben mitgenommen hatte, ergriff Zügel und Peitsche und fuhr vorwärts.

[...] „Ich bin nicht ganz so, wie ich scheine!", erwiderte er traurig. „Ich bin ein armer Narr, aber ich werde alles gutmachen und Ihnen Genugtuung geben und nicht lange mehr am Leben sein!" Solche Worte sagte er so überzeugt und ohne allen gemachten Ausdruck, dass Nettchens Augen unmerklich aufblitzten. Dennoch wiederholte sie: „Ich wünsche zu wissen, wer Sie eigentlich seien und woher Sie kommen und wohin Sie wollen."

„Es ist alles so gekommen, wie ich Ihnen jetzt der Wahrheit gemäß erzählen will", antwortete er und sagte ihr, wer er sei und wie es ihm bei seinem Einzug in Goldach ergangen. Er beteuerte besonders, wie er mehrmals habe fliehen wollen, schließlich aber durch ihr Erscheinen selbst gehindert worden sei wie in einem verhexten Traume.

Nettchen wurde mehrmals von einem Anflug von Lachen heimgesucht; doch überwog der Ernst ihrer Angelegenheit zu sehr, als dass es zum Ausbruch gekommen wäre. Sie fuhr vielmehr fort zu fragen: „Und wohin gedachten Sie mit mir zu gehen und was zu beginnen?" – „Ich weiß es kaum", erwiderte er; „ich hoffte auf weitere merkwürdige oder glückliche Dinge; auch gedachte ich zuweilen des Todes in der Art, dass ich mir denselben geben wolle, nachdem ich – "

Hier stockte Wenzel, und sein bleiches Gesicht wurde ganz rot.

„Nun, fahren Sie fort!", sagte Nettchen, ihrerseits bleich werdend, indessen ihr Herz wunderlich klopfte.

Da flammten Wenzels Augen groß und süß auf, und er rief: „Ja, jetzt ist es mir klar und deutlich vor Augen, wie es gekommen wäre! Ich wäre mit dir in die weite Welt gegangen, und nachdem ich einige kurze Tages des Glückes mit dir gelebt, hätte ich dir den Betrug gestanden und mir gleichzeitig den Tod gegeben. Du wärest zu deinem Vater zurückgekehrt, wo du wohl aufgehoben gewesen wärest und mich leicht vergessen hättest. Niemand brauchte darum zu wissen; ich wäre spurlos verschollen. Anstatt an der Sehnsucht nach einem würdigen Dasein, nach einem gütigen Herzen, nach Liebe lebenslang zu kranken", fuhr er wehmütig fort, „wäre ich einen Augenblick lang groß und glücklich gewesen [...]!"

Nach einer Weile sagte Nettchen, die ihn still betrachtet, nachdem das durch Wenzels Reden angefachte Schlagen ihres Herzens sich etwas gelegt hatte:

„Haben Sie dergleichen oder ähnliche Streiche früher schon begangen und fremde Menschen angelogen, die Ihnen nichts zuleide getan?"

„Das habe ich mich in dieser bitteren Nacht selbst schon gefragt und mich nicht erinnert, dass ich je ein Lügner gewesen bin! Ein solches Abenteuer habe ich noch gar nie gemacht oder erfahren! Ja, in jenen Tagen, als der Hang in mir entstanden, etwas Ordentliches zu sein oder zu scheinen, in halber Kindheit noch, habe ich mich selbst überwunden und einem Glück entsagt, das mir beschieden schien!" [...]

Nach kurzem Schweigen, indem ihre Brust sich zu heben begann, stand Nettchen auf, ging um den Tisch herum dem Manne entgegen und fiel ihm um den Hals mit den Worten: „Ich will dich nicht verlassen! Du bist mein, und ich will mit dir gehen trotz aller Welt!"

So feierte sie erst jetzt ihre rechte Verlobung aus tief entschlossener Seele, indem sie in süßer Leidenschaft ein Schicksal auf sich nahm und Treue hielt.

Doch war sie keineswegs so blöde, dieses Schicksal nicht selbst ein wenig lenken zu wollen; vielmehr fasste sie rasch und keck neue Entschlüsse. Denn sie sagte zu dem guten Wenzel, der in dem abermaligen Glückswechsel verloren träumte:

„Nun wollen wir gerade nach Seldwyla gehen und den Dortigen, die uns zu zerstören gedachten, zeigen, dass sie uns erst recht vereinigt und glücklich gemacht haben!"

❹ a) Nettchen greift Wenzel am Wegesrand mit folgenden Worten auf: „Komm, fremder Mensch!" (Z. 1). Erläutere, warum Nettchen ihn so nennt.
b) Prüfe, ob und inwiefern sich die Beziehung von Wenzel und Nettchen innerhalb dieses Textausschnitts verändert. Nenne Textstellen als Beleg.
c) Begründe, warum der Erzähler in Zeile 56 von einer „rechte[n] Verlobung" spricht.

⑤ Stellt die Beziehung zwischen Wenzel und Nettchen in diesem Textausschnitt in drei bis vier Standbildern dar (→ S. 119).

⑥ Untersuche, welche Rolle der Erzählerbericht und die Figurenrede in diesem Abschnitt spielen.

Merkmale einer Novelle untersuchen

1 a) Erläutere die folgenden Zitate zur Novelle.
b) Notiere die Merkmale einer Novelle in deinem Heft oder auf einer Karteikarte.
Tipps & Hilfen (→ S. 323)

„Novellen werden vorzüglich eine Art von Erzählung genannt, welche sich von den großen Romanen durch die Simplizität[1] des Planes und den kleinen Umfang der Fabel[2] unterscheiden."
Christoph Martin Wieland, 1772

„Bei einer Novelle werde vorausgesetzt, dass sie sich [...] in unserer wirklichen Welt begeben habe, und die Begebenheiten zwar nicht alltäglich sind, aber sich doch, unter denselben Umständen, alle Tage allenthalben zutragen könnten."
Christoph Martin Wieland, 1805

„Denn was ist eine Novelle anders als eine sich ereignete unerhörte Begebenheit."
Johann Wolfgang Goethe, 1827

„[D]ie heutige Novelle ist die Schwester des Dramas und die strengste Form der Prosadichtung[3]. Gleich dem Drama behandelt sie die tiefsten Probleme des Menschenlebens; gleich diesem verlangt sie zu ihrer Vollendung einen im Mittelpunkte stehenden Konflikt [...]."
Theodor Storm, 1881

„Diese Wendung der Geschichte, dieser Punkt, von welchem aus sie sich völlig unterwartet umkehrt, [...] wird sich der Fantasie des Lesers umso fester einprägen."
Ludwig Tieck, 1829

1 die Simplizität: die Einfachheit
2 die Fabel: *hier* Kern der Handlung
3 die Prosadichtung: erzählende Literatur (im Unterschied zum Drama oder zur Lyrik)

2 Welche Novellenmerkmale (Aufgabe 1b) kannst du in „Kleider machen Leute" erkennen? Belege deine Aussagen mit Beispielen.
Tipps & Hilfen (→ S. 323)

Einen Text mithilfe eines Standbilds interpretieren

1 a) Bildet Kleingruppen und stellt die Schlüsselstellen des Textausschnitts von S. 116 f. in einer Abfolge von drei bis vier Standbildern dar.
Orientiert euch dabei an den im Info-Kasten genannten Schritten.

b) Vergleicht die vorgestellten Versionen miteinander: Welche Darstellungen sind besonders gut gelungen, welche weniger gut? Begründet mit dem Text.

2 a) Bildet Gruppen und stellt die Ereignisse des Textausschnitts von Seite 114 f. als szenisches Spiel dar. Geht dabei so vor:
- Auf Zuruf der Regisseurin / des Regisseurs wird die Haltung an besonders wichtigen Stellen der Handlung für ungefähr 30 Sekunden in einem Standbild „eingefroren".
- Die Regisseurin / der Regisseur kann die Haltung der Darsteller/-innen korrigieren und erteilt die Aufforderung zum Weiterspielen bis zum nächsten „Einfrieren".

b) Wertet die unterschiedlichen Darstellungen aus:
- War die Auswahl der Textstellen, an denen die Haltungen „eingefroren" wurden, nachvollziehbar?
- Waren die eingefrorenen Haltungen gelungen?

Begründet eure Aussagen mit dem Text.

Info: Einen Text mithilfe eines Standbilds interpretieren

Mithilfe eines **Standbilds** kann man z. B. einen zentralen **Konflikt** in einem literarischen Text, die **Gefühle** einer Figur oder die **Beziehungen zwischen** zwei oder mehreren **Figuren** veranschaulichen.
Beim Bau eines Standbilds könnt ihr so vorgehen:
- **1. Schritt: Den Text untersuchen**
  Untersucht den ausgewählten Textausschnitt: Um welche Konflikte oder Gefühle geht es hier? In welcher Beziehung stehen die Figuren zueinander? Entwickelt sich die Beziehung der Figuren innerhalb dieses Textausschnitts, und wenn ja, wie?
- **2. Schritt: Die Besetzung der einzelnen „Rollen"**
  Bildet Gruppen in der Anzahl der notwendigen Rollen und bestimmt zusätzlich eine Regisseurin / einen Regisseur.
- **3. Schritt: Das Standbild bauen**
  Die Regisseurin / der Regisseur ordnet die einzelnen Darstellerinnen und Darsteller an und bestimmt ihre Position, ihre Körperhaltung, Gestik und Mimik. Diese verhalten sich dabei wie bewegliche Puppen. Während dieses Vorgangs darf nicht gesprochen werden.
- **4. Schritt: Das Standbild betrachten und beurteilen**
  Die Zuschauer/-innen erläutern und kommentieren das jeweilige Standbild: Passt die Darstellung der Gefühle, des Konflikts oder der Figurenbeziehung zur Aussage des Textes? Begründet mit konkreten Textstellen.

Zum Schmökern, Schauen, Weiterdenken

Die Falkennovelle *Giovanni Boccaccio (1313–1375)*

Zwischen 1348 und 1353 schrieb der italienische Dichter Giovanni Boccaccio das heute weltberühmte Buch „Decameron" („Zehn-Tage-Werk"). Die Handlung spielt im Jahr 1348, in dem in Florenz die Pest wütete und zahlreiche Opfer forderte. Eine Gruppe aus sieben adligen Damen und drei jungen Herren flieht aus der Stadt auf ein einsames Landgut. Während ihres zehntägigen Aufenthaltes dort erzählen sie sich zum Zeitvertreib jeden Tag zehn Geschichten. Am fünften Tag erzählt Fiametta als Neunte folgende Geschichte, die später unter dem Titel „Falkennovelle" bekannt wurde.

Kaum hatte Filomena zu reden aufgehört, als die Königin wahrnahm, dass außer Dioneo und ihr niemand mehr zu erzählen hatte, und so begann sie heiter:

So ist es denn nun an mir, zu erzählen, und ich genüge gern meiner Pflicht, indem ich euch eine Geschichte mitteile, die der vorigen einigermaßen ähnlich ist. Ich tue dies nicht nur, damit ihr erkennt, welche Macht eure Anmut über edle Herzen auszuüben vermag, sondern damit ihr auch daraus entnehmt, wie ihr eure Gunstbezeigungen[1] da, wo es sich geziemt[2], von selbst gewähren solltet, statt euch vom Glücke leiten zu lassen, welches nicht nach verständiger Wahl, sondern, wie es sich eben trifft, in den meisten Fällen ohne jedes rechte Maß seine Gaben zu verleihen pflegt.

Wisset also, dass in jüngster vergangener Zeit in unserer Stadt ein Mann namens Coppo di Borghese Domenichi lebte und vielleicht heute noch lebt, der sich bei allen eines großen und ehrenvollen Ansehens erfreute und um seiner Tugenden und erlesenen Sitten willen mehr noch als wegen seines adeligen Blutes gefeiert wurde und allgemeinen Ruhmes würdig war. Dieser fand in seinen späten Jahren Gefallen daran, sowohl seinen Nachbarn als auch Fremden oftmals von vergangenen Ereignissen zu erzählen, wie er denn solches geordneter, mit schönen Worten und treuerem Gedächtnis zu tun verstand als irgendein anderer.

Unter andern schönen Geschichten pflegte er namentlich auch zu erzählen, dass einst in Florenz ein junger Edelmann gewesen sei, Federigo di Messer Filippo Alberighi genannt, den man in ritterlichen Übungen und adeligen Sitten höher gehalten habe als irgendeinen seiner Standesgenossen in Toskana. Wie es nun edlen Jünglingen zu widerfahren pflegt, so ver-

1 die Gunstbezeigung: eine freundliche Haltung gegenüber einer Person zeigen
2 sich geziemen: sich gehören

liebte sich auch Federigo in eine adelige Dame namens Monna Giovanna, welche zu jener Zeit für eine der holdseligsten und schönsten in Florenz gehalten ward. Um ihre Liebe zu gewinnen, scheute er in Turnieren und Kampfspielen keinerlei Aufwand, richtete Feste her und teilte Geschenke aus, ohne seines Vermögens irgend zu achten. Die Dame aber, die ebenso sittsam wie schön war, kümmerte sich so wenig um dies alles, das zu ihren Ehren geschah, wie um denjenigen, von dem es ausging.

Da Federigo jedoch über seine Kräfte hinaus große Summen vertat und nichts erwarb, verfiel er binnen Kurzem in solche Armut, dass er von allen seinen Besitztümern nichts behielt als ein kleines Bauerngut, dessen Einkünfte ihm kümmerlichen Unterhalt gewährten, und einen Falken, wie es kaum einen edleren auf der Welt geben mochte. Inzwischen war seine Liebe nur noch glühender geworden; da er jedoch als Städter nicht mehr so leben zu können glaubte, wie es ihm wünschenswert erschien, zog er sich aufs Land zurück und ertrug dort auf seinem Gütchen, ohne jemand um Hilfe anzugehen, unter Vogelstellen[3] geduldig seine Armut.

Während nun Federigos Vermögensumstände sich so sehr verschlechtert hatten, geschah es, dass der Gemahl der Monna Giovanna schwer erkrankte. Als er gewahr wurde[4], dass es mit ihm zu Ende ging, machte er ein Testament, in welchem er sein schon ziemlich herangewachsenes Söhnlein zum Erben seiner großen Reichtümer ernannte und für den Fall, dass der Knabe ohne rechtmäßigen Erben versterben sollte, Monna Giovanna, die er auf das Zärtlichste geliebt hatte, zur Nachfolgerin bestimmte. Bald darauf starb er, und die hinterbliebene Witwe zog, wie es unter den hiesigen Frauen üblich ist, für den Sommer dieses Jahres aufs Land, nach einer ihrer Besitzungen, welche Federigos Gütchen ziemlich nahe gelegen war. So trug es sich denn zu, dass jener Knabe, der an Hunden und Vögeln seine Freude hatte, mit Federigo vertraut wurde. Als er dessen Falken öfter hatte fliegen sehen, fand er an ihm so überschwängliches Gefallen, dass ihn zu besitzen sein höchster Wunsch ward. Doch traute er sich nicht, darum zu bitten, da er wohl sah, wie wert er dem Federigo war.

Um diese Zeit ereignete es sich, dass der Knabe erkrankte. Die Mutter, die nur dies eine Kind hatte und es von ganzer Seele liebte, betrübte sich

3 das Vogelstellen: die Jagd auf Vögel mithilfe von Fallen
4 gewahr werden: merken

unsäglich, und wie sie den ganzen Tag um den Kranken geschäftig war und ihm guten Mut einflößte, fragte sie ihn unter dringenden Bitten, ob er denn nicht vielleicht nach irgendetwas Verlangen hege. Wenn es nur irgend möglich sei, werde sie es ihm verschaffen. Schon mehrmals hatte der kranke Knabe dieses Anerbieten vernommen, als er endlich antwortete: „Mutter, könnt Ihr machen, dass ich Federigos Falken erhalte, so glaube ich in Kurzem wieder gesund zu werden." Nachdem die Edeldame diese Worte vernommen hatte, blieb sie eine Zeit lang in sich gekehrt und erwog, was sie tun sollte. Sie wusste wohl, dass Federigo sie lange geliebt hatte, ohne von ihr jemals auch nur einen Blick erlangt zu haben. Daher sagte sie bei sich selber: „Wie darf ich zu Federigo um diesen Falken senden oder gar selbst deshalb zu ihm gehen, da, wie ich höre, dieser Falke der edelste ist, der je einem Jäger diente, und da er noch überdies seinem Herrn in solcher Weise den Lebensunterhalt gewährt? Und wie könnte ich so rücksichtslos sein, einem Edelmann, dem sonst keine Freude mehr geblieben ist, diese seine einzige rauben zu wollen?"

Obgleich sie gewiss war, den Falken zu erhalten, sobald sie darum bäte, antwortete sie daher, von jenen Gedanken bestrickt, nichts auf das Verlangen ihres Söhnleins und schwieg. Endlich aber trug die Liebe zu dem Knaben dennoch den Sieg davon, und um ihn zufrieden zu stellen, entschloss sie sich, was auch immer die Folge davon wäre, nicht zu Federigo zu senden, sondern selbst zu ihm zu gehen und den Falken zu holen. Deshalb sagte sie: „Mein Kind, gib dich zufrieden und sorge nur, dass du gesund wirst; denn ich verspreche dir, dass morgen früh mein erster Gang des Falken wegen sein wird, und ich bin gewiss, dass ich ihn dir bringen werde." Schon diese Antwort erfreute den Knaben so sehr, dass noch am selben Abend eine leichte Besserung an ihm zu beobachten war.

Am nächsten Morgen nahm Monna Giovanna eine andere Dame zum Geleit und lustwandelte[5] mit dieser bis zu Federigos kleinem Häuschen. Zum Vogelstellen war es nicht die Zeit, und schon seit mehreren Tagen war er deshalb nicht ausgegangen. So geschah es, dass, als sie nach ihm fragte, er in seinem Garten verweilte und dort gewisse kleine Arbeiten besorgen ließ. Als er vernahm, dass sie an seiner Tür sei und nach ihm verlange, erstaunte er sehr und eilte ihr mit ehrfurchtsvollem Gruße freudig entgegen. Sie aber erhob sich, ihn mit freundlicher Anmut zu begrüßen, und sprach: „Guten Morgen, Federigo!" Dann fügte sie hinzu: „Ich bin gekommen, um dich für alles Ungemach[6] zu entschädigen, das du seither um meinetwillen erduldet hast, weil du mich leidenschaftlicher liebtest,

5 lustwandeln: veraltet für spazieren gehen
6 das Ungemach: die Schwierigkeiten

als dir dienlich gewesen wäre. Die Entschädigung aber besteht darin, dass ich mit dieser meiner Begleiterin heute vertraulich bei dir zu Mittag zu essen gedenke." Hierauf antwortete Federigo in Demut: „Madonna, ich weiß von keinem Ungemach, das mir je durch Euch zuteil geworden wäre, wohl aber von so vielem Heile, dass ich, wenn je an mir irgendetwas Lob verdiente, dies nur Eurer Trefflichkeit und meiner Liebe zu Euch verdanke. Und wahrlich, dieser Euer Besuch, den Ihr mir aus freier Güte gewährt, ist mir, wenngleich Ihr zu einem dürftigen[7] Wirte gekommen seid, unendlich viel lieber, als wenn mir die Schätze zurückgegeben worden wären, die ich zu der Zeit besaß, wo ich einst den größten Aufwand machte." Nach diesen Worten führte er sie schüchtern in sein Haus und von diesem in den Garten. Weil er aber sonst niemand hatte, der ihr Gesellschaft hätte leisten können, sagte er: „Madonna, da kein anderer hier ist, so wird dies gute Weib, die Frau des Mannes, der hier meinen Acker bestellt, Euch zur Gesellschaft bleiben, während ich den Tisch besorgen lasse."

Wie groß auch seine Armut war, so hatte er bis dahin eigentlich noch nicht empfunden, dass sein ungeordnetes Verschwenden der früheren Reichtümer ihn Mangel leiden ließ. Diesen Morgen aber, als es ihm an allem gebrach, um die Dame zu ehren, der zuliebe er einst Unzählige bewirtet und geehrt hatte, erkannte er zuerst seine Dürftigkeit. In der peinlichsten Herzensangst lief er wie außer sich hin und wider[8] und verwünschte sein Schicksal, als er weder Geld vorfand noch irgendetwas, das er hätte verpfänden[9] können. Inzwischen war die Stunde schon vorgerückt, und so groß auch sein Verlangen war, die edle Dame wenigstens einigermaßen zu bewirten, so konnte er sich doch nicht entschließen, irgendjemand, nicht einmal seinen Bauern, um etwas anzusprechen. Da fiel ihm sein guter Falke in die Augen, der im Esszimmer auf seiner Stange saß, und wie er sonst nirgends einen Ausweg zu entdecken vermochte, fasste er ihn und erachtete das edle Tier, als er es wohlgenährt fand, für eine Speise, die einer solchen Dame würdig sei. Und ohne sich weiter zu besinnen, drehte er ihm den Hals um und ließ ihn dann eilig von seiner Magd gerupft und hergerichtet an den Spieß stecken und sorgsam zubereiten. Dann breitete er schneeweiße Tücher, deren ihm noch einige geblieben waren, über den Tisch und ging mit frohem Gesicht wieder hinaus zu seiner Dame, um ihr zu sagen, dass das Mittagessen,

7 dürftig: ärmlich
8 hin und wider: *hier* hin und her
9 verpfänden: gegen Pfand (Geld) weggeben

so gut er es zu bieten vermöge, bereit sei. So erhoben sich denn die Dame und ihre Begleiterin, gingen zu Tisch und verzehrten, ohne zu wissen, was sie aßen, mit Federigo, der sie mit der größten Sorgfalt bediente, den guten Falken.

Als sie darauf vom Tische aufgestanden waren und noch einige Zeit in freundlichen Gesprächen mit ihm verbracht hatten, schien es der Dame an der Zeit, das zu sagen, um dessentwillen sie gekommen war, und freundlichen Blickes zu Federigo gewandt, begann sie also: „Federigo, gedenkst du deiner früheren Schicksale und meiner Sittenstrenge, die du vermutlich für Härte und Grausamkeit erachtet hast, so zweifle ich nicht, dass du über meine Dreistigkeit staunen wirst, wenn du vernimmst, warum ich eigentlich hierhergekommen bin. Hättest du aber Kinder oder hättest du deren besessen, sodass du die Liebe, die man für sie hegt[10], zu erkennen vermöchtest, so glaube ich mit Zuversicht, dass ich dir wenigstens zum Teil entschuldigt erschiene. Du besitzt kein Kind, ich aber, die ich einen Sohn habe, vermag mich dem Gesetz, dem alle Mütter unterworfen sind, nicht zu entziehen, und dieses Gesetz zwingt mich gegen meine Neigung, ja gegen Anstand und Pflicht, dich um ein Geschenk zu bitten, von dem ich weiß, wie teuer es dir ist. Auch hast du allen Grund, es so wertzuhalten, da die Ungunst[11] des Schicksals dir keine andere Freude, keine Zerstreuung, keinen Trost als diesen einen gelassen hat. Dieses Geschenk aber ist dein Falke, nach welchem mein Knabe so unmäßiges Verlangen trägt, dass ich fürchten muss, die Krankheit, an welcher er daniederliegt, werde sich um vieles verschlimmern, wenn er ihn nicht erhält, ja vielleicht sogar eine Wendung nehmen, durch die ich ihn verliere. So beschwöre ich dich denn, nicht bei der Liebe, die du für mich hegst – denn um deretwillen hast du gegen mich keinerlei Verpflichtung –, sondern bei deiner adeligen Gesinnung, welche du in höfischer Sitte und Freigebigkeit mehr als irgendein anderer bewährt hast, dass es dir gefallen möge, mir deinen Falken zu schenken, damit ich sagen könne, du habest mir durch diese Gabe das Leben meines Sohnes erhalten, und damit er immerdar in deiner Schuld bleibe."

Federigo vernahm, was die Dame begehrte, und als er sich dabei bewusst ward, ihr nicht genügen zu können, da er ihr den Falken zur Mahlzeit vorgesetzt hatte, begann er in ihrer Gegenwart, bevor er noch ein Wort der Erwiderung vorbringen konnte, bitterlich zu weinen. Zuerst glaubte die Dame, diese Tränen rührten von dem Schmerze her, sich von dem guten Falken

10 hegen: fühlen
11 die Ungunst: unfreundliche Haltung

trennen zu sollen, und schon war sie im Begriff zu sagen, dass sie ihn lieber nicht haben wolle. Doch bezwang sie sich und erwartete Federigos Antwort, welcher, nachdem er seine Tränen bemeistert, also sprach: „Madonna, seit es Gott gefallen hat, dass ich Euch meine Liebe zuwendete, habe ich bei vielen Gelegenheiten das Schicksal mir feindlich gefunden und über seine Ungunst mich zu beschweren gehabt. Dies alles aber war nur gering im Vergleich zu dem, was mir jetzt widerfährt. Denn wie sollte ich mich wohl je wieder mit meinem Geschick[12] aussöhnen, wenn ich bedenke, dass ich durch seine Tücke außerstande gesetzt bin, Euch jetzt, da Ihr zu meinem verarmten Hause gekommen seid, welches Ihr, solange es reich war, nie Eures Besuches gewürdigt, das kleine Geschenk zu geben, das Ihr begehrt. Warum ich dies aber nicht vermag, will ich Euch kurz berichten. Als ich vernahm, Ihr wolltet – Dank sei Eurer Güte – bei mir zu Mittag essen, glaubte ich, Eures Adels und Eurer Trefflichkeit gedenkend, es sei würdig und angemessen, Euch, soweit meine Kräfte reichten, durch eine wertvollere Speise zu ehren, als diejenigen sind, mit welchen man andere Gäste zu bewirten pflegt. Da gedachte ich des Falken, den Ihr jetzt von mir begehret, und wie vorzüglich er sei, und hielt ihn für eine Speise, die Eurer würdig wäre. So habt Ihr ihn denn heute Mittag gebraten auf der Schüssel gehabt, und ich glaubte, ihm die beste Stätte bereitet zu haben. Nun aber sehe ich, dass Ihr ihn in anderer Weise begehrt, und mein Schmerz, Euren Wunsch nicht erfüllen zu können, ist so heftig, dass ich nicht glaube, mich je wieder darüber beruhigen zu können." Nach diesen Worten ließ er ihr zum Beweise des Gesagten Federn, Fänge und Schnabel des Falken vorzeigen. Als die Dame dies alles hörte und sah, tadelte sie ihn anfangs, dass er zur Bewirtung eines Weibes einen so edlen Falken getötet habe. Dann aber bewunderte sie im Stillen die Größe seiner Gesinnung, welche die bittere Armut nicht abzustumpfen vermocht hatte und die ihm auch in diesem Augenblicke geblieben war. Da ihr jedoch alle Hoffnung, den Falken zu besitzen, geraubt war und Befürchtungen wegen der Genesung[13] des Knaben in ihr aufstiegen, schied sie voller Betrübnis und kehrte zu ihrem Sohne zurück.

War es nun die Wirkung des Verdrusses, dass er den Falken nicht haben konnte, oder war die Krankheit von der Art, dass sie auch ohne das zu einem solchen Ende führen musste – genug, nur wenige Tage verstrichen, als er zum größten Leidwesen seiner Mutter aus dem Leben schied. Infolge dieses Verlustes blieb sie zwar geraume Zeit in Tränen und Traurigkeit;

12 das Geschick: das Schicksal
13 die Genesung: das Gesundwerden

da sie aber noch jung und in den Besitz eines glänzenden Vermögens gelangt war, drängten ihre Brüder sie vielfach, eine zweite Ehe einzugehen. Obwohl sie sich nun dessen am liebsten enthalten hätte, so gedachte sie doch bei solchem Drängen der Trefflichkeit Federigos und seines letzten Beweises hochherziger[14] Gesinnung, den er ihr gegeben, indem er einen solchen Falken, nur um sie zu ehren, getötet hatte. Darum sagte sie zu ihren Brüdern: „Am liebsten ließe ich, wolltet ihr es gestatten, meinen Witwenstuhl unverrückt. Ist es aber euer Begehren, dass ich zu einer zweiten Ehe schreite, so werde ich wahrlich keinem andern mich vermählen, wenn ich Federigo degli Alberighi nicht erhalte." Auf diese Rede hin verhöhnten[15] sie ihre Brüder und sprachen: „Törichte[16], was schwatzest du da! Wie kannst du ihn nehmen wollen, der nichts auf dieser Welt hat?" Sie aber antwortete: „Meine Brüder, wohl weiß ich, dass es sich so verhält, wie ihr sagt. Ich aber ziehe den Mann, der des Reichtums entbehrt, dem Reichtume vor, der des Mannes entbehrt."

Als die Brüder diese ihre Gesinnung[17] vernahmen und sich überzeugten, dass Federigo trotz seiner Armut ein höchst ehrenwerter Mann war, gewährten sie ihm Giovannas Wünschen entsprechend, diese samt allen ihren Reichtümern. Er aber beschloss, im Besitze einer so trefflichen und von ihm so überschwänglich geliebten Gattin, überdies noch in dem Besitz eines außerordentlichen Vermögens, nach langen Jahren freudig seine Tage.

14 hochherzig: edel
15 verhöhnen: auslachen
16 die Törichte: die Dumme
17 die Gesinnung: die Einstellung, die Meinung

1. Gib die Handlung der Falkennovelle in eigenen Worten wieder.
2. Lies noch einmal den Anfang (S. 120, Z. 1–20): Wer erzählt hier was? Nutze die folgenden Begriffe für deine Erläuterung.

äußerer Rahmen · innerer Rahmen · Beginn der Binnenhandlung (eigentliche Geschichte)

3. Zeichne eine Spannungskurve. Notiere an der Kurve in Stichpunkten die jeweiligen Ereignisse und verwende die Begriffe *Ausgangssituation*, *Wendepunkt*, *Höhepunkt* und *Lösung des Konflikts*.
4. a) Welche Rolle spielt der Falke in der Handlung der Novelle? Belege deine Einschätzung mit Textbeispielen.
   b) Begründe, warum der Falke das Dingsymbol (→ Merkwissen, S. 127) der Novelle ist.
5. Überlege, welche Botschaft die Falkennovelle den Leserinnen und Lesern vermitteln soll, und schreibe eine moderne Fassung der Novelle.

Eine Novelle untersuchen

Eine **Novelle** (ital. *novella* = Neuigkeit) ist eine kurze Erzählung mit folgenden Merkmalen:

Merkmale	Beispiele aus der „Falkennovelle"
Figuren: - Im Mittelpunkt stehen meist nur **sehr wenige Figuren** oder eine **Hauptfigur**.	- *In der Falkennovelle gibt es nur drei wichtige Figuren: Den edlen Ritter Federigo degli Alberighi (die Hauptfigur), die Dame Monna Giovanna, seine Angebetete, und deren Sohn.*
Handlung: - Der Ausgangspunkt der Handlung ist meist eine **„unerhörte Begebenheit"**, die für die Hauptfigur einen **zentralen Konflikt** auslöst. - Der Handlungsverlauf führt **geradlinig**, ohne Nebenhandlungen, **auf den Höhepunkt/Wendepunkt zu**. - Am Ende steht die **Lösung** des Konflikts oder die **Katastrophe**.	- **„Unerhörte Begebenheit" / zentraler Konflikt:** *Federigo liebt die Dame Monna Giovanna, die ihn nicht erhört. Um ihre Liebe zu gewinnen, verschwendet er sein großes Vermögen. Er ist sogar bereit, sein letztes Hab und Gut, den Falken, zu geben.* - **Höhepunkt / Wendepunkt:** *Federigo setzt Monna Giovanna den Falken zum Essen vor.* - **Lösung des Konflikts:** *Federigo und Monna Giovanna heiraten.*
Weitere Merkmale: - Viele Novellen sind in eine **Rahmenhandlung** eingebettet. - Novellen enthalten häufig ein so genanntes **Dingsymbol**, das im Handlungsverlauf eine zentrale Rolle spielt.	- **Rahmenhandlung:** *Eine Gruppe von Adligen zieht sich während der Pest auf ein einsames Landgut zurück und erzählt sich zum Zeitvertreib Geschichten.* - **Dingsymbol:** *der Falke*

Gestaltend interpretieren

Mithilfe des **gestaltenden Interpretierens** setzt du dich vertieft mit den Figuren und der Handlung eines Textes auseinander. Hierfür gibt es z. B. folgende Möglichkeiten:
- einen **inneren Monolog** einer Figur schreiben,
- einen **Tagebucheintrag** einer Figur verfassen,
- einen **Brief** aus der Sicht einer Figur schreiben,
- ein **Gespräch** zwischen mehreren Figuren entwerfen.

Beim gestaltenden Interpretieren kommt es darauf an,
- dass sich deine Ausführungen logisch in die Handlung des Textes einfügen,
- dass du die sprachliche Gestaltung des Textes aufnimmst,
- dass du die Besonderheiten der Textart, die du verfassen sollst, z. B. einen Tagebucheintrag, einen Brief oder einen inneren Monolog, beachtest.

6 Auf der Suche

Jugendromane lesen und Figuren charakterisieren

Mutter in der Entzugsklinik. Vater mit Assistentin auf Geschäftsreise: Maik Klingenberg wird die großen Ferien allein am Pool der elterlichen Villa verbringen. Doch dann kreuzt Tschick auf, eigentlich Andrej Tschichatschow […]

Wann hat es „Tschick" gemacht?

Interview von Kathrin Passig mit Wolfgang Herrndorf (Auszug)

Kathrin Passig fragt den Schriftsteller Wolfgang Herrndorf, warum er ausgerechnet einen Jugendroman geschrieben habe. Dieser antwortet:

Ich habe um 2004 herum die Bücher meiner Kindheit und Jugend wieder gelesen, „Herr der Fliegen", „Huckleberry Finn", „Arthur Gordon Pym", „Pik reist nach Amerika" und so. Um herauszufinden, ob die wirklich so gut waren, wie ich sie in Erinnerung hatte, aber auch, um zu sehen, was ich mit zwölf eigentlich für ein Mensch war. Und dabei habe ich festgestellt, dass alle Lieblingsbücher drei Gemeinsamkeiten hatten: schnelle Eliminierung[1] der erwachsenen Bezugspersonen, große Reise, großes Wasser. Ich habe überlegt, wie man diese drei Dinge in einem halbwegs realistischen Jugendroman unterbringen könnte. Mit dem Floß die Elbe runter schien mir lächerlich; in der Bundesrepublik des einundzwanzigsten Jahrhunderts als Ausreißer auf einem Schiff anheuern: Quark. Nur mit dem Auto fiel mir was ein. Zwei Jungs klauen ein Auto. Da fehlte zwar das Wasser, aber den Plot[2] hatte ich in wenigen Minuten im Kopf zusammen.

1 die Eliminierung: die Beseitigung , die Entfernung
2 der Plot: der Kern der Handlung

In diesem Sommer stimmt nichts für Louise. Die Eltern sind ihr noch fremder als sowieso schon und die Klassenkameraden auch […]. Und ihr eigentlich so guter Plan, den Job beim Ampelbäcker und das Zeitungsaustragen so einzurichten, dass sie die Fahrstunden schnell abhaken kann, scheitert in der Praxis kläglich. […]
Und dann ist da Jana, die mitten im Hochsommer auf einem Stromkasten sitzt und einen dieser kleinen, eingeschweißten Schokokuchen isst. Und die Louise auf einmal wie ein Schatten folgt, fast so, als erwarte sie von ihr, dass sie Louise zeigt, wie man lebt.

1 a) Welche Gemeinsamkeiten hatten die Kinder- und Jugendbücher, die den Autor Wolfgang Herrndorf in seiner Kindheit und Jugend begeistert haben?
b) Recherchiert, worum es in den genannten Büchern geht.

2 Besprecht, welche Handlungen sich in den Kurzbeschreibungen der beiden Romane oben und im Interview mit Wolfgang Herrndorf andeuten.

3 Diskutiert: Was macht ein Jugendbuch zu einem guten Jugendbuch? Nennt Bücher, die euch fasziniert haben, und erläutert, warum sie euch gefallen.

In diesem Kapitel …

- lernst du Auszüge aus Jugendromanen kennen.
- charakterisierst du Romanfiguren, indem du ihre Eigenschaften, ihr Verhalten und ihre Beziehung zueinander untersuchst.
- setzt du dich mit der Verfilmung eines Jugendromans auseinander.

Die Hauptfiguren kennen lernen

Tschick *Wolfgang Herrndorf (1965–2013)*

Ich hatte nie einen Spitznamen. Ich meine, an der Schule. Aber auch sonst nicht. Mein Name ist Maik Klingenberg. Maik. Nicht Maiki, nicht Klinge und der ganze andere Quatsch auch nicht, immer nur Maik. Außer in der Sechsten, da hieß ich mal kurz Psycho. Das ist auch nicht der ganz große Bringer, wenn man Psycho heißt. Aber das dauerte auch nicht lang, und dann hieß ich wieder Maik.

Wenn man keinen Spitznamen hat, kann das zwei Gründe haben. Entweder man ist wahnsinnig langweilig und kriegt deshalb keinen, oder man hat keine Freunde. Wenn ich mich für eins von beiden entscheiden müsste, wär's mir, ehrlich gesagt, lieber, keine Freunde zu haben, als wahnsinnig langweilig zu sein. Weil, wenn man langweilig ist, hat man automatisch keine Freunde, oder nur Freunde, die noch langweiliger sind als man selbst.

Es gibt aber auch noch eine dritte Möglichkeit. Es kann sein, dass man langweilig ist *und* keine Freunde hat. Und ich fürchte, das ist mein Problem. Jedenfalls seit Paul weggezogen ist. Paul war mein Freund seit dem Kindergarten, und wir haben uns fast jeden Tag getroffen, bis seine endbescheuerte Mutter beschlossen hat, dass sie lieber im Grünen wohnen will.

Das war ungefähr zu der Zeit, als ich aufs Gymnasium kam, und das hat alles nicht leichter gemacht. [...] Auf dem Gymnasium habe ich dann erst mal niemanden kennen gelernt. Ich bin nicht wahnsinnig gut im Kennenlernen. Und das war auch nie das ganz große Problem für mich. Bis Tatjana Cosic kam. Oder bis ich sie bemerkte. Denn natürlich war Tatjana schon immer in meiner Klasse. Aber bemerkt habe ich sie erst in der Siebten. Warum, weiß ich nicht. Aber in der Siebten hatte ich sie auf einmal voll auf dem Schirm, da fing das ganze Elend an. [...]

Und jetzt hab ich immer noch nicht erklärt, warum sie mich Psycho genannt haben. Denn, wie gesagt, für kurze Zeit hieß ich auch Psycho. Keine Ahnung, was das sollte. Also schon klar: Das sollte bedeuten, dass ich sie nicht alle beisammenhab. [...]

Und natürlich hatte das auch einen speziellen Grund, warum ausgerechnet ich so hieß. Dieser Grund war ein Deutschaufsatz bei Schürmann, sechste Klasse. Thema „Reizwortgeschichte". [...] Die Wörter, die sich Schürmann ausgedacht hatte, waren „Urlaub", „Wasser", „Rettung" und „Gott". [...]

In der nächsten Stunde durfte ich sie vorlesen. Oder musste. Ich wollte ja nicht. Svenja war zuerst dran, und die hat diesen Quatsch mit der Côte d'Azur vorgelesen, den Schürmann wahnsinnig toll fand, und dann hat Kevin nochmal das Gleiche vorgelesen, nur dass die Côte d'Azur jetzt die Nordsee war, und dann kam ich. Mutter auf der Schönheitsfarm. Die ja nicht wirklich eine Schönheitsfarm war. Obwohl meine Mutter immer etwas besser aussah, wenn sie von dort zurückkam. Aber eigentlich ist es eine Klinik. Sie ist ja Alkoholikerin. Sie hat Alkohol getrunken, solange ich denken kann, aber der Unterschied ist, dass es früher lustiger war. Normal wird vom Alkohol jeder lustig, aber wenn das eine bestimmte Grenze überschreitet, werden die Leute müde oder aggressiv, und als meine Mutter dann wieder mit dem Küchenmesser durch die Wohnung lief, stand ich mit meinem Vater oben auf der Treppe, und mein Vater hat gefragt: „Wie wär's mal wieder mit der Beautyfarm?" Und so fing der Sommer an, als ich in der Sechsten war. [...]

Und das alles hab ich in meinen Aufsatz reingeschrieben. [...]

Die Klasse ist beim Vorlesen durchgedreht vor Begeisterung. Schürmann hat um Ruhe gebeten und gesagt: „Also schön. Na schön. Wie lang ist das denn noch? Ach, so lang noch? Das reicht erst mal, würde ich sagen." Da brauchte ich den Rest gar nicht mehr zu lesen. In der Pause hat Schürmann mich dabehalten, um das Heft allein anzugucken. Und ich hab wahnsinnig stolz neben ihm gestanden, weil das so ein toller Erfolg gewesen war und weil Schürmann den Aufsatz jetzt sogar noch persönlich zu Ende lesen wollte. Maik Klingenberg, der Schriftsteller. Und dann hat Schürmann das Heft zugeklappt und mich angesehen und den Kopf geschüttelt, und ich hab gedacht, das ist ein anerkennendes Kopfschütteln, so unter dem Motto: Wie kann ein Sechstklässler nur so endgeile Aufsätze schreiben? Aber dann hat er gesagt: „Was grinst du denn so blöd? Findest du das auch noch lustig?" Und danach wurde mir langsam klar, dass das ein *so* toller Erfolg auch wieder nicht war. Jedenfalls nicht bei Schürmann.

1 Was erfährst du hier über den Ich-Erzähler? Lege einen Figurensteckbrief an, den du im Laufe des Kapitels ergänzt, und belege deine Angaben mit Textzitaten.
Tipps & Hilfen (→ S. 324)

Eines Tages bringt der Geschichtslehrer Wagenbach einen neuen Schüler mit in die Klasse.

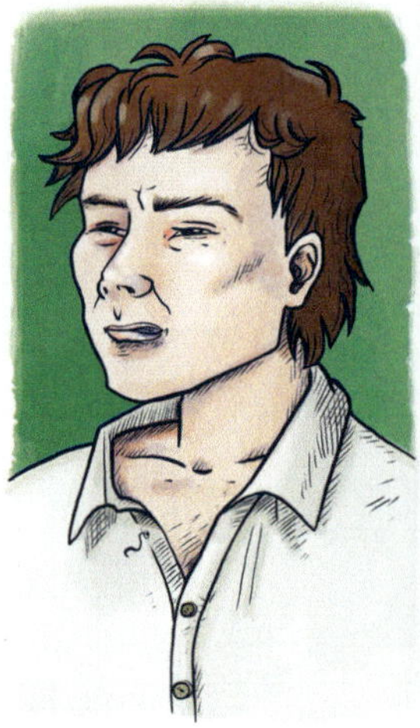

Wagenbach kam also rein in dem schlechten Anzug und mit der braunen Kacktasche unterm Arm wie immer, und hinter ihm her schleppte sich dieser Junge, der wirkte, als wäre er kurz vorm Koma oder so. Wagenbach knallte seine Tasche aufs Pult und drehte sich um. Er wartete mit zusammengezogenen Augenbrauen, bis der Jungen langsam herangeschlurrt war, und sagte dann: „Wir haben hier einen neuen Mitschüler. Sein Name ist Andrej –"

Und dann schaute er auf seinen Notizzettel, und dann schaute er wieder den Jungen an. Offenbar sollte der seinen Nachnamen selber sagen. Aber der Junge guckte mit seinen zwei Schlitzaugen durch den Mittelgang ins Nichts und sagte auch nichts.

Und vielleicht ist es nicht wichtig zu erwähnen, was ich dachte in diesem Moment, als ich Tschick zum ersten Mal sah, aber ich will es trotzdem mal dazusagen. Ich hatte nämlich einen extrem unguten Eindruck, wie der da neben Wagenbach auftauchte. Zwei Arschlöcher auf einem Haufen, dachte ich, obwohl ich ihn ja gar nicht kannte und nicht wusste, ob er ein Arschloch war. Er war ein Russe, wie sich dann rausstellte. Er war so mittelgroß, trug ein schmuddeliges weißes Hemd, an dem ein Knopf fehlte, 10-Euro-Jeans von KiK und braune, unförmige Schuhe, die aussahen wie tote Ratten. Außerdem hatte er extrem hohe Wangenknochen und statt Augen Schlitze. Diese Schlitze waren das Erste, was einem auffiel. Sah aus wie ein Mongole, und man wusste nie, wo er damit hinguckte. Den Mund hatte er auf einer Seite leicht geöffnet, es sah aus, als würde in dieser Öffnung eine unsichtbare Zigarette stecken. Seine Unterarme waren kräftig, auf dem einen hatte er eine große Narbe. Die Beine relativ dünn, der Schädel kantig. […]

„Andrej", sagte Wagenbach, starrte auf seinen Zettel und bewegte lautlos die Lippen. „Andrej Tsch … Tschicha … tschoroff. […] Andrej Tschicha …schoff heißt unser neuer Mitschüler, und wie wir an seinem Namen bereits unschwer erkennen, kommt unser Gast von weit her, genau genommen aus den unendlichen russischen Weiten, die Napoleon in der letzten Stunde vor Ostern erobert hat – und aus denen er heute, wie wir sehen werden, auch wieder vertrieben werden wird. Wie vor ihm Karl XII. Und nach ihm Hitler."

Wagenbach zog die Luft wieder durch ein Nasenloch ein. Die Einleitung machte keinen Eindruck auf Tschick. Er rührte sich nicht.

„Jedenfalls ist Andrej vor vier Jahren mit seinem Bruder nach Deutschland gekommen, und – möchtest du das nicht lieber selbst erzählen?“

Der Russe machte eine Art Geräusch.

„Andrej, ich spreche mit dir“, sagte Wagenbach.

„Nein“, sagte Tschick. „Nein im Sinne von ich möchte es lieber nicht erzählen.“ [...]

„Na schön, dann werde *ich* es erzählen, wenn du nichts dagegen hast, es ist schließlich sehr ungewöhnlich. [...] Unser Freund Andrej kommt aus einer deutschstämmigen Familie, aber seine Muttersprache ist Russisch. Er ist ein großer Formulierer, wie wir sehen, aber er hat die deutsche Sprache erst in Deutschland gelernt und verdient folglich unsere Rücksicht in gewissen ... na ja, Bereichen. Vor vier Jahren besuchte er zuerst die Förderschule. Dann wurde er auf die Hauptschule umgeschult, weil seine Leistungen das zuließen, aber da hat er es auch nicht lange ausgehalten. Dann ein Jahr Realschule, und jetzt ist er bei uns, und das alles in nur vier Jahren. So weit richtig?“

Tschick rieb sich mit dem Handrücken über die Nase, dann betrachtete er die Hand. „Neunzig Prozent“, sagte er. [...]

Sonst wusste man nicht viel über ihn. [...]

Und natürlich gab es auch Gerüchte über ihn und seine Herkunft. Tschetschenien, Sibirien, Moskau – war alles im Gespräch. Kevin meinte, Tschick würde mit seinem Bruder irgendwo hinter Hellersdorf in einem Campingwagen wohnen, und dieser Bruder wäre ein Waffenschieber. Jemand anders wusste, dass er ein Frauenhändler war, und es war die Rede von einer 40-Zimmer-Villa, in der die Russenmafia Orgien feierte, und wieder jemand anderes behauptete, Tschick würde in einem dieser Hochhäuser Richtung Müggelsee wohnen. Aber, ehrlich gesagt, das war alles Gewäsch, und das kam nur zustande, weil Tschick selbst mit fast niemandem redete. Und so geriet er langsam wieder in Vergessenheit. Oder jedenfalls so sehr in Vergessenheit, wie man geraten kann, wenn man täglich in demselben schlimmen Hemd und einer billigen Jeans erscheint und auf dem Platz des Klassentrottels sitzt.

2 Tragt zusammen, was ihr hier über Tschick erfahrt. Unterscheidet zwischen
- der Vorstellung durch den Lehrer,
- der Darstellung des Ich-Erzählers Maik und
- Gerüchten.

3 Lege auch für Tschick einen Figurensteckbrief an, den du im Laufe des Kapitels ergänzen kannst.
Tipps & Hilfen (→ S. 324)

Die Beziehung der Hauptfiguren untersuchen

In den Sommerferien soll Maik die ersten beiden Wochen allein zu Hause bleiben, während seine Mutter in der „Beautyfarm“ ist und sein Vater mit seiner Sekretärin in den Urlaub fährt. Da bekommt er Besuch von Tschick.

Ein klappriges Auto kam die Straße runtergefahren. Es fuhr langsam auf unser Haus zu und bog in die Auffahrt ein. Eine Minute stand der hellblaue Lada Niva mit laufendem Motor vor unserer Garage, dann wurde der Motor abgestellt. Die Fahrertür ging auf, Tschick stieg aus. Er legte beide Ellenbogen aufs Autodach und sah zu, wie ich den Rasen sprengte.

„Ah“, sagte er, und dann sagte er lange nichts mehr. „Macht das Spaß?“ [...]

Er grinste sein breitestes Russengrinsen: „Steig ein, Mann.“

Aber natürlich stieg ich nicht ein. Ich war ja nicht völlig verrückt. Ich ging nur kurz hin und setzte mich halb auf den Beifahrersitz, weil ich nicht so auffällig in der Einfahrt rumstehen wollte. [...]

„Hast du jetzt endgültig den Arsch offen?“

„Ist nur geliehen, nicht geklaut“, sagte Tschick. „Stell ich nachher wieder hin. Haben wir schon öfter gemacht.“ [...]

Tschick löste die Handbremse, und ich weiß, ehrlich gesagt, nicht, warum ich nicht ausstieg. Ich bin ja sonst eher feige. Aber gerade deshalb wollte ich wahrscheinlich mal nicht feige sein. Er trat mit dem linken Fuß auf das Pedal ganz links, und der Lada rollte lautlos rückwärts die Schräge hinunter. Tschick trat das mittlere Pedal, und der Wagen blieb stehen. Ein Griff in den Kabelsalat, der Motor startete, und ich schloss meine Augen. [...]

Auf der Fahrt unterhalten sich die beiden über die Party ihrer Klassenkameradin Tatjana, auf die alle aus der Klasse, bis auf Maik und Tschick, eingeladen sind.

Tschick parkte diesmal nicht direkt vor unserm Haus, sondern in einer kleinen Seitenstraße, einer Sackgasse, wo uns keiner beim Aussteigen sah, und als wir endlich oben bei mir waren und Tschick mich immer noch anguckte, als hätte er wer weiß was über mich rausgefunden, sagte ich: „Mach mich nicht verantwortlich für das, was du jetzt zu sehen kriegst. und lach nicht. Wenn du lachst –“

„Ich lach ja nicht."

„Tatjana geht kaputt auf Beyoncé, das weißt du?"

„Ja klar. Ich hätt ihr eine CD geklaut, wenn sie mich eingeladen hätte."

„Ja. Jedenfalls ... das da."

Ich holte die Zeichnung aus der Schublade. Tschick nahm sie, hielt sie mit ausgestreckten Armen vor sich hin und starrte sie an. Er schenkte der Zeichnung aber erst mal nicht so viel Beachtung wie der Rückseite, wo ich den Riss säuberlich mit Tesafilm geklebt hatte, sodass er von vorne kaum noch zu sehen war. Er guckte sich diesen Riss ganz genau an und dann nochmal die Zeichnung, und dann sagte er: „Du hast ja Gefühle."

Er sagte das im Ernst, ohne jeden Scheiß. Das fand ich reichlich merkwürdig. Und es war das erste Mal, dass ich dachte: Der ist ja wirklich gar nicht so doof. Tschick hatte diesen Riss gesehen und sofort gemerkt, was los war. Ich glaube, ich kenn nicht viele Leute, die das sofort gemerkt hätten. Tschick schaute mich ganz ernst an, und das mochte ich an ihm. Er konnte ziemlich komisch sein. Aber wenn's drauf ankam, war er eben auch nicht komisch, sondern ernst.

„Wie lang hast du dafür gebraucht? Drei Monate? Das sieht ja aus wie 'n Foto. Und was willst du jetzt damit machen?"

„Nichts."

„Du musst doch was machen damit."

„Was soll ich denn machen? Soll ich zu Tatjana gehen und sagen, herzlichen Glückwunsch, ich hab hier ein kleines Geschenk für dich zum Geburtstag – und es stört mich auch überhaupt nicht, dass ich nicht eingeladen bin und jeder andere Spacken schon, ja wirklich, kein Problem. Und ich komm hier auch nur zufällig vorbei und geh auch gleich wieder – viel Spaß mit dieser Zeichnung, an der ich mir drei Monate lange den Arsch abgearbeitet hab?"

Tschick kratzte sich am Hals. Er legte die Zeichnung auf den Schreibtisch, betrachtete sie kopfschüttelnd und sah mich dann wieder an und sagte: „Genau so würd ich's machen."

1. Ergänze die Figurensteckbriefe für Maik und Tschick.
   Tipp: Verwende eine andere Farbe für deine Stichpunkte, damit du die neuen Informationen von den bisherigen unterscheiden kannst.
2. Beschreibe, wie sich die Beziehung zwischen Maik und Tschick innerhalb dieses Romanausschnitts verändert. Belege deine Aussagen mit dem Text.
   Tipps & Hilfen (→ S. 324)
3. Stellt die sich verändernde Beziehung zwischen Maik und Tschick in einer Folge von zwei bis drei Standbildern (→ S. 119) dar.

Nachdem sie Tatjanas Party einen Aufsehen erregenden Besuch abgestattet haben, beschließen Maik und Tschick, mit dem geklauten Lada in die Walachei aufzubrechen, wo Verwandte von Tschick leben.

Die Nacht auf Sonntag. Vier Uhr, hatte Tschick gesagt, das wäre die beste Zeit. Vier Uhr nachts. Ich schlief so gut wie gar nicht, döste die halbe Nacht und war sofort hellwach, als ich Schritte auf unserer Terrasse hörte. Ich rannte zur Tür, und da stand Tschick mit einem Seesack in der Finsternis. Wir flüsterten, obwohl es eigentlich keinen Grund gab zu flüstern. Tschick stellte den Seesack in unseren Flur, und dann zogen wir los.

Auf dem Rückweg von Werder hatte er den Lada wieder in der Straße abgestellt, wo er angeblich immer stand, das war nur zehn Minuten von unserem Haus. Direkt vor unseren Füßen lief ein Fuchs in Richtung Stadtmitte. Ein Fahrzeug der Stadtreinigung zischte vorbei, eine Rentnerin mit Husten kam uns entgegen. Im Grunde fielen wir mehr auf, als wir bei Tag aufgefallen wären. Dreißig Meter vor dem Lada gab Tschick mir das Zeichen, stehen zu bleiben, und ich drückte mich in eine Hecke und spürte mein Herz schlagen. Tschick zog einen gelben Tennisball aus der Tasche. Er presste den Ball auf den Türgriff des Lada und schlug mit der flachen Hand dagegen. Ich konnte mir nicht vorstellen, wozu das gut sein sollte, aber Tschick zischte: „Profis am Werk!", und öffnete die Tür. Er winkte mich zu sich. [...]

Zehn Minuten später luden wir den Lada voll. [...] Nach und nach wanderte das halbe Haus ins Auto und dann fingen wir an, alles wieder rauszuschmeißen: Das meiste braucht man ja doch nicht. [...] Was wir jedenfalls nicht mitnahmen, waren Handys. „Damit nicht jeder Schwanzlutscher uns orten kann", sagte Tschick. [...] Und natürlich nahmen wir auch die zweihundert Euro mit und dann noch alles Geld, das ich hatte, obwohl mir nicht ganz klar war, was wir damit wollten. In meiner Vorstellung fuhren wir durch menschenleere Gegenden, praktisch Wüste. Ich hatte nicht ganz genau geguckt bei Wikipedia, wie es da Richtung Walachei aussah. Aber dass da unten viel los wäre, kam mir eher unwahrscheinlich vor. [...]

Mein Arm hing aus dem Fenster, mein Kopf lag auf meinem Arm. Wir fuhren Tempo 30 zwischen Wiesen und Feldern hindurch, über denen langsam die Sonne aufging, irgendwo hinter Rahnsdorf, und es war das Schönste und Seltsamste, was ich je erlebt habe. Was daran seltsam war, ist schwer zu sagen, denn es war ja nur eine Autofahrt, und ich war schon oft Auto gefahren. Aber es ist eben ein Unterschied, ob man dabei neben Erwachsenen sitzt, die über Waschbeton und Angela Merkel reden, oder ob sie eben nicht da sitzen und niemand redet. Tschick hatte sich auf seiner Seite auch aus dem Fenster gehängt und steuerte den Wagen mit der rechten Hand eine kleine Anhöhe hinauf. Es war, als ob der Lada von alleine durch die Felder fuhr, es war ein ganz anderes Fahren, eine andere Welt. Alles war größer, die Farben satter, die Geräusche Dolby Surround, und ich hätte mich, ehrlich gesagt, nicht gewundert, wenn auf einmal Tony Soprano, ein Dinosaurier oder ein Raumschiff vor uns aufgetaucht wäre.

Wir waren auf dem direktesten Weg aus Berlin rausgefahren, den Frühverkehr hinter uns lassend, und steuerten durch die Vororte und über abgelegene Wege und einsame Landstraßen. Wobei sich als Erstes bemerkbar machte, dass wir keine Landkarte hatten. Nur einen Straßenplan von Berlin.

„Landkarten sind für Muschis", sagte Tschick, und da hatte er logisch recht. Aber wie man es bis in die Walachei schaffen sollte, wenn man nicht mal wusste, wo Rahnsdorf ist, deutete sich da als Problem schon mal an. Wir fuhren deshalb erst mal Richtung Süden. Die Walachei liegt nämlich in Rumänien und Rumänien ist im Süden.

4 a) Beschreibe Maiks Stimmung auf der beginnenden Reise und sein Verhältnis zu Tschick. Nenne Textstellen als Beleg.
b) Ergänze deine Figurensteckbriefe.

Nach der ersten Nacht im Kornfeld beobachten die beiden Jungen Polizisten dabei, wie sie sich die Nummernschilder der Autos auf einem Parkplatz anschauen, auf dem auch der Lada steht. Sie beschließen, das Auto erst einmal aus dem Verkehr zu ziehen und ein bis zwei Tage im Wald zu verbringen.

Unser Weg führte die ganze Zeit bergauf, und oben lichtete sich der Wald. Es gab eine kleine Aussichtsplattform mit einer Mauer drumrum und einen ziemlich tollen Blick über das Land. [...]

Den ganzen Tag über waren die Wanderer, Fahrradfahrer und Busse vorbeigekommen, um die Aussicht zu genießen, aber als es dämmerte, kam niemand mehr, und wir hatten den ganzen Berg für uns. Es war immer noch warm, fast zu warm, und Tschick, der es am Ende mit reichlich Gel im Haar geschafft hatte, zwei Bier aus dem Kioskbesitzer rauszuleiern, öffnete die Flasche mit dem Feuerzeug.

Die Sterne über uns wurden immer mehr. Wir lagen auf dem Rücken, und zwischen den kleinen Sternen tauchten kleinere auf und zwischen den kleineren noch kleinere, und das Schwarz sackte immer weiter weg.

„Das ist Wahnsinn", sagte Tschick.

„Ja", sagte ich, „das ist Wahnsinn."

„Das ist noch viel besser als Fernsehen. Obwohl Fernsehen auch gut ist. Kennst du den *Krieg der Welten*?"

„Logisch."

„Kennst du *Starship Troopers*?"

„Mit den Affen?"

„Mit Insekten."

„Und am Ende so ein Gehirn? Der riesige Gehirnkäfer mit so – mit so schleimigen Dingern?"

„Ja!"

„Der ist Wahnsinn."

„Ja, der ist der Wahnsinn."

„Und kannst du dir vorstellen, irgendwo da oben, auf einem dieser Sterne – ist es jetzt genauso! Da leben wirklich Insekten, die sich gerade in dieser Sekunde eine Riesenschlacht um die Vorherrschaft im Weltall liefern – und keiner weiß davon."

„Außer uns", sagte ich.

„Außer uns, genau."

„Aber wir sind die Einzigen, die das wissen. Auch die Insekten wissen nicht, dass wir das wissen."

„Mal im Ernst, glaubst du das?" Tschick stützte sich auf den Ellenbogen und sah mich an. „Glaubst du, da ist noch irgendwas? Ich meine jetzt nicht unbedingt Insekten. Aber *irgendwas*?"

„Ich weiß nicht. Ich hab mal gehört, dass man das ausrechnen kann. Es ist total unwahrscheinlich, dass es was gibt, aber alles ist eben auch unendlich groß, und total unwahrscheinlich mal unendlich gibt dann eben doch eine Zahl, also eine Zahl von Planeten, wo 's was gibt. Weil, bei uns hat's ja auch geklappt. Und irgendwo sind garantiert auch Rieseninsekten da oben."

„Das ist genau meine Meinung, genau meine Meinung!" Tschick legte sich wieder auf den Rücken und schaute angestrengt hoch. „Wahnsinn, oder?", sagte er.

„Ja, Wahnsinn."

„Mich reißt's gerade voll."

„Und kannst du dir das vorstellen: Die Insekten haben natürlich auch ein Insektenkino! Die drehen Filme auf ihrem Planeten, und irgendwo im Insektenkino schauen sie sich gerade einen Film an, der auf der Erde spielt und von zwei Jungen handelt, die ein Auto klauen."

„Und es ist der totale Horrorfilm!", sagt Tschick. „Die Insekten ekeln sich vor uns, weil wir überhaupt nicht schleimig sind."

„Aber alle denken, es ist nur Science-Fiction, und in Wirklichkeit gibt's uns gar nicht. Menschen und Autos – das ist für die totaler Quatsch. Das glaubt bei denen keiner."

„Außer zwei jungen Insekten! Die glauben das. Zwei Junginsekten in der Ausbildung, die haben gerade einen Armeehelikopter entführt und fliegen über den Insektenplaneten rum und denken genau das Gleiche. Die denken, dass es uns gibt, weil wir ja auch denken, dass es sie gibt."

„Wahnsinn!"

„Ja, Wahnsinn."

Ich schaute in die Sterne mit ihrer unbegreiflichen Unendlichkeit, und ich war irgendwie erschrocken. Ich war gerührt und erschrocken gleichzeitig. Ich dachte über die Insekten nach, die jetzt fast sichtbar wurden auf ihrer kleinen, flimmernden Galaxie, und dann drehte ich mich zu Tschick, und er guckte mich an und guckte mir in die Augen und sagte, dass das alles ein Wahnsinn wäre, und das stimmte auch. Es war wirklich ein Wahnsinn.

Und die Grillen zirpten die ganze Nacht.

5 Tauscht euch darüber aus, was die beiden Jungen am nächtlichen Sternenhimmel fasziniert und welche Fantasien über ihr eigenes Leben die Betrachtung auslöst.

6 Vergleiche die Sprache in der Figurenrede mit der im Erzählerbericht (→ Info-Kasten S. 91). Was fällt dir auf? Nenne Textbeispiele.
Tipps & Hilfen (→ S. 324)

7 Wähle eine der folgenden Aufgaben a) oder b) aus:

a) Stell dir vor, Maik erzählt nach seiner Rückkehr seinen Klassenkameraden von dieser Situation. Schreibe auf, was er erzählt.
Tschick ist gar nicht so, wie ihr denkt ...

b) Erzähle die im Textausschnitt dargestellte Situation aus der Sicht eines auktorialen Erzählers, der das Geschehen kommentiert und auf frühere Ereignisse zurückblickt (→ Info-Kasten S. 91).
Die beiden Jungen betrachteten fasziniert und andächtig den Sternenhimmel ...

8 Stelle die bisherige Entwicklung der Beziehung zwischen Maik und Tschick in einer passenden Grafik dar.
Tipps & Hilfen (→ S. 325)

Die Reise von Maik und Tschick endet mit einem Unfall und einem anschließenden Aufenthalt auf der Polizeiwache und im Krankenhaus.

Und dann war die Gerichtsverhandlung. [...]

„Was mich mal interessieren würde, wer von euch beiden genau hat die Idee zu dieser Reise gehabt?" Die Frage ging an mich.

„Na, der Russe, wer sonst!", kam es halblaut von hinten. Mein Vater, der Idiot.

„Die Frage geht an den Angeklagten!", sagte der Richter. „Wenn ich Ihre Meinung wissen wollte, würde ich Sie fragen."

„*Wir* hatten die Idee", sagte ich. „Wir beide."

„Quatsch!", meldete sich Tschick zu Wort.

„Wir wollten einfach ein bisschen rumfahren", sagte ich, „Urlaub wie normale Leute und –"

„Quatsch", meldete Tschick sich wieder.

„Du bist nicht dran", sagte der Richter. „Warte, bis ich zu dir komme."

Da war er ganz eisern, dieser Richter. Reden durfte immer nur, wer dran war. Und als Tschick dran war, erklärte er sofort, dass das mit der Walachei seine Idee gewesen wäre und dass er mich geradezu ins Auto hätte zerren müssen. Er erzählte, woher er wüsste, wie man Autos kurzschließt, während ich keine Ahnung hätte und das Gaspedal nicht von der Bremse unterscheiden könnte. Er erzählte völligen Quatsch, und ich sagte dem Richter, dass das völliger Quatsch ist, und da sagte der Richter jetzt zu mir, dass ich nicht dran wäre, und im Hintergrund stöhnte mein Vater.

Und als wir schließlich genug über das Auto geredet hatten, kam der schlimmste Teil, und es wurde über *uns* geredet. Nämlich der Typ vom Jugendheim erklärte ausführlich, aus was für Verhältnissen Tschick kommen würde, und er redete über Tschick, als wäre der gar nicht anwesend, und sagte, dass seine Familie so eine Art asozialer Scheiße wäre, auch wenn er andere Worte dafür gebrauchte. Und dann erklärte der Typ von der Jugendgerichtshilfe, der mich und meine Eltern zu Hause besucht hatte, aus was für einem stinkreichen Elternhaus ich kommen würde und dass ich dort vernachlässigt würde und verwahrlost sei und meine Familie letztlich auch so eine Art asozialer Scheiße, und als das Urteil verkündet wurde, war ich überrascht, dass sie mich nicht lebenslänglich einsperrten. [...]

9 Stellt diesen Textausschnitt in einem Rollenspiel dar.

Eine Charakterisierung schreiben

1 Bereite auf der Grundlage aller bisher gelesenen Romanausschnitte (S. 130–140) eine Charakterisierung Maiks vor, indem du folgende Fragen in Stichpunkten beantwortest:
- Welches Bild wird anfangs von Maik vermittelt?
- Wie verändert sich dieses Bild im Verlauf der Handlung?
- Wie hat sich die Beziehung zwischen Maik und Tschick entwickelt?

Nutze auch deinen Figurensteckbrief für Maik und deine Grafik aus Aufgabe 8 von Seite 139.

2 Überprüfe mithilfe des Merkwissens auf Seite 157, welcher der drei Texte A, B oder C als Einleitung für eine Charakterisierung Maiks geeignet ist.

Charakterisierung Maiks

A *Der Ich-Erzähler Maik Klingenberg ist eine der beiden Hauptfiguren in Wolfgang Herrndorfs Roman „Tschick". In diesem Roman geht es um die abenteuerliche Reise von zwei jugendlichen Außenseitern – Maik und Tschick – und um die Entwicklung einer Freundschaft zwischen den beiden Jungen.*

B *Maik und Tschick können sich am Beginn des Romans „Tschick" überhaupt nicht leiden. Später werden sie jedoch Freunde, wie die folgende Charakterisierung Maiks zeigt.*

C *Maik, der ziemlich langweilig ist, was sich z. B. daran zeigt, dass er keine Spitznamen hat, und Tschick, ein deutschstämmiger Russe, der eines Tages in die Klasse von Maik kommt, werden in dem Buch allmählich Freunde und erleben viele Abenteuer.*

3 Formuliere auf der Grundlage deiner Stichpunkte aus Aufgabe 1 den Hauptteil der Charakterisierung. Orientiere dich dabei am Merkwissen auf Seite 157 und belege alle Aussagen zu Maik mit passenden Textstellen (→ Ausdruckstraining S. 142).
Tipps & Hilfen (→ S. 325)

4 Fasse zum Schluss deine Untersuchungsergebnisse noch einmal kurz zusammen, indem du folgende Frage beantwortest:
– Inwiefern verändert sich der Eindruck von Maik im Verlauf der Handlung?
Tipps & Hilfen (→ S. 325)

Textbelege einbinden

1 a) Untersuche, wie im folgenden Ausschnitt aus einer Charakterisierung Maiks die Textbelege eingebunden sind.
b) Nenne mithilfe der Informationen im Info-Kasten je ein Beispiel für ein direktes und für ein indirektes Zitat.

Im ersten Romanausschnitt (S. 130 f.) stellt sich der Ich-Erzähler Maik als langweiliger Einzelgänger vor, der es nicht einmal wert ist, einen Spitznamen zu haben: „Wenn man keinen Spitznamen hat, kann das zwei Gründe haben. Entweder man ist wahnsinnig langweilig [...] oder man hat keine Freunde. [...]. Es gibt aber auch noch eine dritte Möglichkeit. Es kann sein, dass man langweilig ist und keine Freunde hat." (S. 130, Z. 7–15). Sein einziger Spitzname, „Psycho" (S. 130, Z. 4), den Maik kurzzeitig in der sechsten Klasse hatte, hängt mit einem Schulaufsatz zusammen, in dem Maik die Erlebnisse mit seiner alkoholkranken Mutter dargestellt hat (vgl. S. 131, Z. 58).

2 Belege folgende Aussagen zu Tschick jeweils mit einem direkten und mit einem indirekten Zitat aus dem Romanausschnitt auf Seite 132 f.
Tipp: Du kannst die Formulierungshilfen im Wortspeicher zur Verknüpfung von Aussagen und Zitaten nutzen.

A Maik hat zunächst einen sehr negativen Eindruck von Tschick.
B Tschick ist ärmlich gekleidet.
C Über Tschick gibt es zahlreiche Gerüchte.

mit der Aussage … • darin zeigt sich, dass … • vermittelt den Eindruck, dass … • … wird als … dargestellt, indem … • es fällt auf, dass … • erscheint als … • … belegt, dass …

Info: Textbelege einbinden

Es gibt verschiedene Möglichkeiten, Textbelege einzubinden:
- **Direktes (wörtliches) Zitat**: Binde die ausgewählte Textstelle wörtlich als Beleg ein und setze das Zitat in Anführungsstriche, z. B.: *Die Aussage: „… und er redete über Tschick, als wäre der gar nicht anwesend, und sagte, dass seine Familie so eine Art asozialer Scheiße wäre" (S. 140, Z. 28 f.) zeigt, dass Maik weiterhin auf der Seite von Tschick steht.*
- **Indirektes Zitat:** Hier gibt man die Textstelle sinngemäß in eigenen Worten wieder, z. B.: *Dass Maik weiter zu Tschick hält, zeigt auch die Tatsache, dass Maik es ablehnt, dass in der Gerichtsverhandlung negativ über Tschick gesprochen wird (vgl. S. 140, Z. 26–30).*

Eine Charakterisierung überarbeiten

1 Überprüfe den folgenden Auszug aus einer Charakterisierung Tschicks mithilfe der Checkliste unten:
- Was ist gut gelungen?
- An welchen Stellen besteht Überarbeitungsbedarf?

2 Überarbeite den Textauszug in deinem Heft. Nutze hierfür den Romanausschnitt auf Seite 132 f.

Als Tschick, eigentlich Andrej Tschichatschow (vgl. S. 132, Z. 28–30), das erste Mal in Maiks Klasse auftauchte, war er ärmlich gekleidet und verhielt sich sehr wortkarg. Laut Aussage des Geschichtslehrers Wagenbach stammt Tschick aus einer deutschstämmigen russischen Familie und ist vier Jahre zuvor zusammen mit seinem Bruder nach Deutschland eingewandert. Seine Muttersprache ist Russisch. Aufgrund seiner guten Leistungen in der Schule hat er es von der Förderschule bis in Maiks Klasse auf das Gymnasium geschafft. Über Tschicks Familienverhältnisse und seine Lebensumstände erfährt man eigentlich nichts. Es gibt nur ein paar Gerüchte.

In der Klasse blieb Tschick zunächst Außenseiter und wurde auch von Maik nicht weiter beachtet: „So geriet er langsam wieder in Vergessenheit. Oder jedenfalls so sehr in Vergessenheit, wie man geraten kann, wenn man täglich in demselben schlimmen Hemd und einer billigen Jeans erscheint und auf dem Platz des Klassentrottels sitzt."

Als Tschick während der Sommerferien, in denen Maik allein zu Hause ist, bei Maik mit einem geklauten Lada auftaucht, bestätigt sich dieses Bild zunächst. Doch in dem Moment, als Maik Tschick seine Zeichnung von Beyoncé zeigt, die er für Tatjana angefertigt hat, erscheint Tschick plötzlich in einem anderen Licht.

3 Setze die überarbeitete Charakterisierung Tschicks in deinem Heft fort. Nutze dafür die anderen Romanausschnitte im Kapitel als Textgrundlage.

Checkliste ✓ **Eine Charakterisierung überprüfen**

- ✓ Kann man sich nach dem Lesen der Charakterisierung die Figur **gut vorstellen?**
- ✓ Wird deutlich, wie sich die Figur in den **einzelnen Situationen** im Handlungsgang **verhält** und wie sie sich im **Verlauf der Handlung entwickelt**?
- ✓ Werden alle Aussagen über die Figur mit **passenden Textstellen** (z. B. mit direkten oder indirekten Zitaten) **belegt**?
- ✓ Ist die Charakterisierung im **Präsens** geschrieben?

Eine Romanverfilmung untersuchen

Vom Roman zum Drehbuch

Tschick – Der Roman *Wolfgang Herrndorf*

Während mein Vater seine Koffer packte, stand ich unten mit Mona und machte Konversation. Sie heißt nämlich Mona, die Assistentin, und das Erste, was sie zu mir sagte, war, wie heiß es geworden wäre und wie viel heißer es die nächsten Tage noch werden sollte. Das Übliche. Aber als sie erfuhr, dass ich meine Ferien nun allein verbringen musste, guckte sie mich gleich so traurig an, dass mir fast die Tränen kamen über mein eigenes grausames Schicksal. Verlassen von den Eltern und Gott und der Welt! Ich dachte darüber nach, sie zu bitten, mir noch einmal durch die Haare zu wuscheln wie damals am Kopierer. Aber ich traute mich nicht. Stattdessen starrte ich die ganze Zeit haarscharf an diesem knallengen Pullover vorbei in die Landschaft und hörte Mona darüber reden, was für ein verantwortungsvoller Mensch mein Vater wäre und so weiter. Es hatte nicht nur Vorteile, älter zu werden.

Ich war noch tief in meine Landschaftsbetrachtung versunken, als mein Vater mit dem Koffer die Treppe runterkam.

„Bedauer ihn bloß nicht", sagte er. Er gab mir nochmal die gleichen Ratschläge, die er mir schon vorher gegeben hatte, erzählte zum dritten Mal, wo er die zweihundert Euro hingepackt hatte, und dann legte er seinen Arm um Monas Taille und ging mit ihr zum Auto. Das hätte er sich allerdings sparen können. Den Arm um ihre Taille legen, meine ich. Ich fand es gut, dass sie keine riesige Heimlichtuerei veranstalteten. Aber so lange sie auf unserem Grundstück waren, hätte er nicht den Arm um ihre Taille legen müssen. Meine Meinung. Ich knallte die Tür zu, schloss die Augen und stand eine Minute lang völlig still. Dann warf ich mich auf die Fliesen und schluchzte.

1 Ordne diesen Romanausschnitt in die Handlung ein:
- Was passiert in dieser Szene?
- Was ist zuvor passiert?
- Was passiert als nächstes?

Stellt euch vor, ihr bekommt folgende Aufgabe:
Im Rahmen eines Filmprojekts an eurer Schule wollt ihr einige Szenen aus dem Roman „Tschick" von Wolfgang Herrndorf verfilmen. Eure Aufgabe ist es, den hier abgedruckten Romanausschnitt filmisch umzusetzen.

2 Notiert, z. B. in der Form eines Brainstormings, eure Ideen zur Verfilmung des Textes.

3 Verfasst ein Drehbuch (→ Info-Kasten) zu der Szene. Geht so vor:

a) Arbeitet mit einer Kopie des Textes und markiert Dialoge, äußere Beschreibungen und innere Vorgänge in unterschiedlichen Farben.

b) Überlegt,
- welche Textinhalte des Romanauszugs ihr weglassen möchtet,
- wie ihr Gedanken und Gefühle des Ich-Erzählers Maik darstellen könnt,
- an welchen Stellen ihr euch vom Roman lösen und eigene Akzente setzen möchtet.

c) Verfasst das Drehbuch. Orientiert euch dabei an dem im Info-Kasten dargestellten Aufbau eines Drehbuchs.

Info: Aufbau eines Drehbuchs

Die Textgrundlage eines Films ist das **Drehbuch**, das von einer Drehbuchautorin / von einem Drehbuchautor geschrieben wird.
Zentrale Elemente eines Drehbuchs sind der **Szenentitel**, die **Handlungsbeschreibung** sowie die **Nennung der sprechenden Figuren** und ihr **Dialogtext**.

AUSSEN – HAUS KLINGENBERG, GARTEN – TAG ← SZENENTITEL

Maik blickt überrascht zur Straße.
Dort steht ein blauer Lada Niva. ← HANDLUNG
Tschick lehnt betont cool an der Fahrertür.

MAIK ← FIGUR
Ist der geklaut? ← DIALOGTEXT

TSCHICK
Ist nur geliehen. Stell ich nachher wieder zurück.

Spricht eine der Figuren nicht direkt aus der Szene heraus, sondern als **Erzählstimme,** kennzeichnet man diesen Abschnitt als **„Voice Over".**

MAIK (VOICE OVER) ← VOICE OVER
Nach dieser Nummer verstummten die Gerüchte nicht mehr,
dass Tschicks Familie die russische Mafia wäre [...].

Roman und Verfilmung vergleichen

Wolfgang Herrndorf beauftragte seinen Freund Lars Hubrich, das Drehbuch zu „Tschick" zu schreiben. Nachfolgend ist ein Auszug aus dem Original-Drehbuch abgedruckt.

Tschick – Das Drehbuch

Lars Hubrich

AUSSEN – VOR HAUS KLINGENBERG – TAG

Maik liegt auf einer Luftmatratze und lässt sich im Pool treiben. Er sieht nicht sehr glücklich dabei aus. Auf der Straße hört man ein Auto anhalten. Dann eine Autotür, die zugeschlagen wird. Mona (25) schlendert zum Pool.

Maik schaut zu ihr hoch. Sie trägt eine extrem kurze Shorts und einen hautengen Pullover.

MONA

Hi.

MAIK

Hallo.

MONA

Ich bin Mona. Und du?

MAIK

Maik.

MONA

Heiß oder?

Maik nickt.

MONA

Und in den nächsten Tagen soll es noch heißer werden. Puh!

Sie streckt einen Fuß ins Wasser.

In der Ferne sieht man Maiks Vater, der Koffer aus dem Haus zu Monas Auto schleppt.

MONA

Was machst du in den Ferien?

MAIK

Ich bleib hier.

MONA

Ganz alleine?

Maik nickt. Der Vater kommt hinzu.

VATER

Bedauer ihn bloß nicht. Maik, das ist Mona. Wir arbeiten zusammen.

MONA

Wir haben uns schon kennen gelernt.

VATER

Wenn was ist, rufst du sofort an.

MAIK

Bei deinem Geschäftstermin?

VATER

Ja. Bei meinem Geschäftstermin!

Der Vater zieht Mona mit sich zum Auto. Die beiden halten sich an der Hand. Maik schaut mit gemischten Gefühlen zu.

Maik zielt mit dem Mittel- und Zeigefinger auf den Rücken des Vaters und drückt mit dem Daumen ab.

Blut spritzt aus der Brust des Vaters, der leblos auf dem Rasen zusammensackt. Mona schreit auf. Dann knallt Maik auch sie ab.

MAIK

Nicht auf unserem Grundstück!

Maik grinst.

Dann ist die Vision vorbei. Maiks Vater, immer noch Mona im Arm, ruft ihm über die Schulter zu:

VATER (ZU MAIK)

Kein' Scheiß bauen!

Man hört zwei Autotüren, die zugeschlagen werden. Dann ein Auto, das abfährt.

❶ a) Vergleiche das Drehbuch mit der Romanvorlage (→ S. 144).

b) In einer Filmrezension zu „Tschick" heißt es: „Fast sklavisch hält sich der Film […] an die Buchvorlage." Nimm Stellung zu dieser Aussage.

c) Stelle Vermutungen an, warum sich das Drehbuch an manchen Stellen von der Romanvorlage löst.

❷ Vergleiche den abgedruckten Auszug aus dem Drehbuch mit eurer Drehbuchfassung. An welchen Stellen findest du das Drehbuch gelungener, an welchen eure Umsetzung?

❸ Der Drehbuchautor Lars Hubrich äußerte in einem Interview, dass die „Dialoge nicht nur im Roman, sondern auch gesprochen gut funktionieren". Überprüft diese Aussage, indem ihr die Szene nachspielt.

Tschick – Der Film *Wolfgang Herrndorf und Lars Hubrich*

1

2

3

4

5

6

7

8

4 a) Betrachte die Filmbilder auf der linken Seite. Wie wirken sie auf dich?
b) Ordne sie den einzelnen Szenen im Drehbuch (→ S. 146 f.) zu.

5 a) Benenne die Einstellungsgröße und die Kameraperspektive auf den einzelnen Bildern. Nutze dazu die Informationen im Info-Kasten.
b) Beschreibe, welche Wirkung die Einstellungsgrößen und Kameraperspektiven hier haben.

6 Ein weiteres wichtiges filmisches Stilmittel ist die Kamerabewegung (→ Info-Kasten). Untersuche, bei welcher Bildfolge mit dem Kameraschwenk gearbeitet wurde.

7 Nehmt euch euer eigenes Drehbuch vor und überlegt, welche Einstellungsgrößen, Perspektiven und Kamerabewegungen zu den einzelnen Szenen passen.

Info: Einstellungsgrößen und Kameraperspektiven

Die Kamera zeigt immer nur einen Ausschnitt aus einer Szene. Man unterscheidet dabei folgende **Einstellungsgrößen**:
- **Die Panoramaeinstellung:** Die Panoramaeinstellung zeigt meist eine Landschaft oder Stadtsilhouette. Menschen werden nur sehr klein und eher nebenbei gezeigt.
- **Die Totale:** Bei der Totalen wird eine Person oder eine Gruppe in einer Umgebung gezeigt. Die Zuschauer/-innen erhalten so einen Überblick über den Schauplatz.
- **Die Halbtotale:** Hier stehen eine oder mehrere Figuren im Mittelpunkt, die das Bild (fast) vollständig ausfüllen. Die Umgebung ist eher unwichtig.
- **Die Nahaufnahme:** Es werden nur das Gesicht oder das Gesicht und der Oberkörper einer Figur gezeigt.
- **Die Detailaufnahme:** Von einer Detailaufnahme spricht man, wenn ein Teil eines Gegenstands oder eine Figur vergrößert dargestellt wird.

Auch die **Kameraperspektive** spielt für die Wirkung einer Filmszene eine große Rolle. Man unterscheidet:
- **Die Froschperspektive (Untersicht):** Die Kamera befindet sich unterhalb des gefilmten Objekts und zeigt schräg nach oben.
- **Die Vogelperspektive (Aufsicht):** Die Kamera befindet sich oberhalb des gefilmten Objekts und zeigt nach unten.
- **Die Normalsicht:** Die Kamera befindet sich auf Augenhöhe der handelnden Figuren.

Die **Kamerabewegung** spielt ebenfalls eine wichtige Rolle bei der Gestaltung eines Films:
- **Die Kamerafahrt:** Die Kamerafahrt ist die Bewegung der Kamera durch den Raum.
- **Der Kameraschwenk:** Der Kameraschwenk ist mit dem Drehen des Kopfes und dem Wandern des Blickes vergleichbar: Die Kamera wandert auf einer horizontalen (waagerechten) oder vertikalen (senkrechten) Linie entlang, ohne dass das Bild zwischendurch geschnitten wird.

Zum Schmökern, Schauen, Weiterdenken

Die Augen auf und bloß nichts verpassen! *Philipp Sandmann*

Tamara Bachs neuer Roman „Was vom Sommer übrig ist" handelt von zwei Mädchen, die lernen müssen, auf ihre Eltern zu pfeifen.

Louise ist siebzehn Jahre alt, sie sitzt im aufgeheizten Klassenzimmer, und der Lehrer sucht in drückender Hitze nach einem kühlen Einfall, vergeblich. Die Luft ist 28 Grad heiß, und 38 Minuten vom Schuljahr sind übrig. Dann fangen die Sommerferien an. Louise hat alles perfekt durchgeplant: zwei Ferienjobs, dazu noch auf Bonnie, den Hund ihrer Oma, aufpassen und den Führerschein machen. Ihre Eltern kommen in diesen Plänen nicht vor: Die Mutter, Krankenschwester, und der Vater, Elektriker, arbeiten im selben Krankenhaus und sind oft so müde, dass sie tagsüber auf dem Sofa einschlafen.

Jana ist dreizehn geworden, doch das hat niemand gemerkt. Morgens ist das Haus leer, und keiner ist da, um sie in den Arm zu nehmen, auf dem Küchentisch liegt lediglich ein Zettel: Spülmaschine ausräumen! Dazu eine Kanne von diesem „ekligen Oolongtee". Ihre Eltern sind getrennt, doch was sie noch alle miteinander verbindet, ist die Sorge um Janas Bruder Tom ...

1. Lies den Anfang dieser Buchbesprechung (Rezension) zum Roman „Was vom Sommer übrig ist". Was erwartest du von diesem Roman?
2. Skizziere einen möglichen Handlungsverlauf für den Roman. Beziehe dein Vorwissen aus der Buchbesprechung mit ein:
   - Wie ist die Ausgangssituation?
   - Welche Probleme der Hauptfiguren deuten sich an?
   - Welche Lösungsversuche unternehmen die Hauptfiguren?
   - Wie endet der Roman?

Was vom Sommer übrig ist *Tamara Bach (*1976)*

familie. zu hause.

Louise Helene Waldmann.

Louischen. Lou. Lulu. Herzchen.

17 Jahre alt, also alt genug, um endlich den Führerschein zu machen („Quatsch, Führerschein, wofür brauchst du den denn? Hier in der Stadt kommst du doch mit dem Bus und dem Rad überall hin!").

Mutter: Krankenschwester im hiesigen Krankenhaus („Ja, die Arbeitszeiten, aber das geht schon, das hat sich eingespielt.")

Vater: Elektriker, Hausmeister, angestellt am selben Krankenhaus („Och, vor allem Elektrik, aber auch alles, was so anfällt, verstehen Sie? Da kann ich auch mal gerufen werden, wenn's einen Wasserrohrbruch gibt, man bildet sich ja weiter, is ja kein Ding!").

Keine Geschwister.

Abschlusszeugnis der 10. Klasse mit einem Durchschnitt von 2,0.

Ich lebe in einem kleinen Haus mit kleinem Garten (mit Erdbeeren, einem Rasen), in dem ich kleine Spiele gespielt habe, als ich selbst noch klein war. Wenn meine Eltern von dem Haus und dem Garten und der Nähe zur Arbeit sprechen, vergessen sie, etwas zu erwähnen: dass das Haus im Schatten der Klinik liegt, gegenüber vom Friedhof. Da ist eine kleine Kapelle, die eine laute Glocke hat, und selbst im 20. Stock des Krankenhauses kann man das Läuten hören, wenn sie wieder einen zu Grabe tragen.

Und da oben stehen sie in ihren Bademänteln auf dem Balkon, halten sich an der Brüstung fest, stehen da in ihren Pantoffeln und schauen nach unten. Und je weiter oben man ist, umso weniger hat man vielleicht damit zu tun, umso seltener denkt sich einer da oben, das da unten, das könnte ich sein, das da in dem Sarg.

Meine Eltern haben inzwischen Hornhaut auf den Ohren. Man hört die Glocken hier, man hört die Sirenen der Rettungswagen, und langsam haben sie sich abgewöhnt aufzuschrecken, wenn die Sirene an unserem Haus vorbeijault, wenn die Glocken jemanden den Weg ins Jenseits bimmeln.

Meine Eltern haben auch Hornhaut auf den Augen. Das merkt man, wenn sie einen anschauen. Sie sagen, das sei, weil sie müde sind. Das seien die müden Augen, die auf der Arbeit erst wieder mit zwei Tassen Kaffee geöffnet werden, eine für jedes Auge.

Ich sehe sie nur zu Hause. Ich sehe sie gar nicht. Manchmal sind sie hier. Manchmal liegt einer auf dem Sofa oder im Bett. Manchmal kommt einer vom Einkaufen wieder, stellt die Tüten auf den Küchentisch und ruft mich zum Auspacken und Wegräumen und muss dann auch schon wieder los.

Einmal pro Woche putzt jemand das Bad, die Küche, manchmal, selten, die Fenster. Jemand mäht den Rasen, wenn es sein muss. Alles erledigt sich.

Wie still es hier ist.

Louise hat in den Sommerferien neben zwei weiteren Ferienjobs die Aufgabe übernommen, auf Bonnie, den Hund ihrer Oma, aufzupassen.

und am fünften

[...] Bonnie hebt das Bein, besprenkelt die Mauer mit ein paar jämmerlichen Tröpfchen, schnüffelt und wackelt weiter. Schnüffelt wieder, schnüffelt da, hier, dahinten, spielt eine Schnitzeljagd, die völlig sinnlos ist. Es ist so heiß. Ich habe meine Sonnenbrille vergessen, kneife die Augen zu, mir steht der Schweiß auf der Stirn und unter den Armen, es ist müder Schweiß. „Komm, Bonnie, mach endlich ein Häufchen, ich will nach Hause“, sag ich, aber Bonnie schnüffelt und zieht mich weiter, in blöden Schlaufen die Müllerstraße entlang. Irgendwann bleibt sie mitten auf dem Gehweg stehen, geht langsam in die wackligen Knie, und ich schau in meine Tasche nach den Kacktüten. Vergessen. Na super. Morgens die letzte benutzt und vergessen, neue einzustecken. Und der Haufen ist so was von mitten auf dem Gehweg, nicht mal am Rand, wo man nicht sofort reinlatschen würde. Bonnie zieht mich weiter, und ich denke, was soll's, haben andere auch schon gemacht.

„Hey!“, schreit jemand.

Ich dreh mich um, sehe aber niemanden.

„Hey! Du kannst doch nicht einfach die Kacke mitten auf dem Gehweg liegen lassen!“

Da ist niemand. Oh Gott, jetzt ist es vorbei, ich hab 'nen Sonnenstich, ich höre Stimmen, die Toten vom Friedhof rufen nach mir.

„HEY! Ich rede mit dir!“

Und da seh ich auf einem Stromkasten ein Mädchen sitzen, einfach so obendrauf, keine Ahnung, wie die da hochgekommen ist. Ich halte die Hand schräg vor die Augen, damit ich sie besser erkennen kann.

„Machste das jetzt weg oder nicht?“

„Nee.“

„Na, und wenn da jemand reinlatscht?“

„Das kann dir doch egal sein!“

„Und wenn ich da reinlatsche?“

„Du? Du weißt doch jetzt, dass da ein Haufen liegt!“

„Das macht die Sache aber nicht besser, oder?"

Das Mädchen ist vielleicht 13. Aber groß und dünn, fast dürr, hat kurze schwarze Haare und sitzt da oben im Schneidersitz. Und isst Kuchen.

„Was machst du da überhaupt?"

„Ich bin die Gehwegpolizei. Du bekommst hiermit eine polizeiliche Anweisung, den Haufen da", sie zeigt auf den Haufen, „so-fort zu entfernen!"

„Oder was?"

„Oder du kriegst 'ne Anzeige und nicht nur wegen der Scheiße da, sondern auch wegen unterlassener Hilfestellung."

„Leistung."

„Wie, Leistung?"

„Hilfeleistung. Das ist doch Blödsinn!"

„Gar nicht. Wenn ich da reintrete, ausrutsche und mir was breche, das ist fahrlässige Tötung. Totschlag."

Dann steckt sie sich das Stück Kuchen in den Mund, schmiert ihn am Mund vorbei, kaut, der Kuchen ist aus Schokolade, und mir wird schlecht. „Komm, Bonnie, wir gehen." [...]

das mit tom

„Wir nehmen das Auto", sagt Mama inzwischen, auch wenn 's nur zum Supermarkt geht. Zwei Minuten Fußweg, nein, wir nehmen das Auto. Und manchmal fahren wir auch einen Umweg, fahren nicht zum Einkaufen hier um die Ecke, sondern zum großen Supermarkt, dem an der Autobahn. Da laden wir dann den Wagen voll, bis er überquillt, da hat die liebe Seele Ruh, eine Woche, manchmal zwei. Mama sagt, dass man ja nicht für jeden Kleinscheiß von Laden zu Laden rennen muss. Und dass man hier ja alles hat. Und für Kleinigkeiten werde ich dann losgeschickt. Los, Jana, geh, hol, feines Mädchen. Und sagt, das sei, weil ich eh so wenig rausgehe, weil mir Bewegung guttut und so. Und weil sie sich ja nicht um jeden Scheiß selbst kümmern kann, arbeitet ja auch und dann noch Krankenhaus und all das. Kann ich ja wohl mal kurz um die Ecke zum Supermarkt gehen, bin schließlich alt genug.

Damit ich dann den Leuten erklären kann, was mit Tom ist, weil sie 's einfach leid ist, dass Hinz und Kunz und die Kassiererin, weiß ja inzwischen jeder, dass wir die Familie sind mit Tom, haben ja alle in der Zeitung gelesen. Zu mir also: „Kleine, Jana, sag mal, wie geht es denn deinem Bruder inzwischen, hat sich was geändert? Und deiner Mutter?" Und sobald ich auch nur einen Gang weg bin, tiefe Blicke, Kopfschütteln, Flüstern, Raunen hinter vorgehaltener Hand. Weil, ich kann 's ja nicht wissen. Und meine Mutter, die drückt sich ja davor, Auskunft zu geben. Also dann zwei Gänge weiter. Wie das kam, war doch keiner mit schwarzen Klamotten wie Schneiders Jannek. Bei dem, ja, bei dem hätte man sich das vorstellen können. [...]

Und Tom, so gesund und rotbackig. Hat ja auch Sport gemacht. „War der nicht?"

Ja, der war Langstreckenläufer. WAR. IST GEWESEN. Also gesund. Weiß man doch, mens sana und so. Woran hat 's also gelegen? Die Eltern? Geschieden? Trinken? Asozial? Nein, arbeiten beide, scheinen auch Geld zu haben. Getrennt, ja, inzwischen, aber vielleicht war da vorher schon was, Kinder haben für so was ja ein Gespür.

Und Computerspiele, hat er? Oder diese laute Musik mit den schrecklichen Texten? Kennt man ja! Aber die schmeißen sich doch nicht von der Brücke, die laufen doch Amok.

1. Was erfährst du in den bisherigen Romanausschnitten über Louise und Jana?
2. Untersuche, aus wessen Sicht die Ereignisse jeweils erzählt werden, und bestimme, ob es sich um auktoriales oder personales Erzählen handelt (→ S. 91).
3. Entwickle Fragen für ein Rolleninterview mit Louise und Jana und beantworte die Fragen anschließend aus der Sicht des jeweiligen Mädchens.

Obwohl Louise durch die schriftliche Führerscheinprüfung gefallen ist, bricht sie mit dem Auto ihrer Oma und mit Jana zu einer kleinen Reise auf.

wirklich

[...] Wir fahren weiter und hoch und weiter und dann anhalten und Auto aus und aussteigen. Da sind dann noch zwei Decken im Auto und die Tasche und der Hund, alle raus, alle weiter hoch. Und dann sitzen. Jetzt oben. Und schau, da geht auch die Sonne unter, und mein Gesicht fühlt sich an wie ein Sonnenuntergang, rotorange mit graublauen Wolkenfetzen. Alles auf meinen Wangen und meiner Stirn drauf. Da zirpt es, und in den Ecken vom Himmel fängt es an zu glitzern. Und flimmert, Sterne. Die Sonne rutscht den Himmel runter bis in die Ritze zwischen Bett und Wand, das ist dann der Horizont.

„Ist dir kalt?"

Ich schüttel den Kopf.

„Wenn ja, nimm die Decke. Ich hab auch noch 'ne Jacke im Auto."

Und dann trinken wir Cola und sowas wie Red Bull, bloß in billig, damit wir wach bleiben, weil es dauert, bis der Himmel dunkel genug ist.

„Und schau, was für ein Glück“, sagt Louise.

„Was denn?“

„Wir haben heute Neumond, da sieht man Sternschnuppen noch viel besser.“

„Das ist kein Glück“, sagte ich.

„Nee, hast Recht. Bist ja die Bestimmerin“, sagt sie.

„Genau.“

Und dann legen wir uns auf den Rücken, und trotzdem sind meine Augen zu klein für den Himmel, auch wenn 's zwei sind.

„Also dort ist der Große Wagen. Wird auch gern der Mercedes unter den Sternbildern genannt“, sagt Louise.

„Und da ist der Kleine Wagen“, sag ich und zeig irgendwohin.

„Ah, ja, stimmt. Und schau, da ist der Kühlschrank. Den sieht man eigentlich nur im Winter.“

„Und da“, zeig ich, „der Schlecht Gestrickte Pullover.“

„Oh ja, der liegt neben dem Ungespülten Geschirr!“

„Und da der kleine Koalabär.“

„Den mag ich am liebsten.“

Und dann blitzt was in meinen Augenwinkeln. Ich schau zur Seite, sehe kein Flugzeug, frag dann aber doch lieber noch mal nach: „Wenn das so blitzt, dann ist das eine Sternschnuppe, oder?“

„Du hast noch nie 'ne Sternschnuppe gesehen?“

„Nein.“

„Das wird schon eine gewesen sein. Manche sieht man nur so nebenbei. Aber manche sind so richtig wie im Bilderbuch. Wart's nur ab, heute fallen ganz viele. Und wir haben noch Cola.“

Also daliegen und schauen. Und schauen. Und wieder die Sache mit dem Augenwinkel.

„Ich hoffe, du vergisst nicht, dir auch was zu wünschen.“

Oh.

„Und ja nicht laut sagen, was!“

Und weil es plötzlich so schwer ist, irgendwas zu sagen, muss mich ja auch konzentrieren und nachdenken, was ich mir wünschen soll, deswegen still sein.

Und wünschen.

Und manchmal ist Wünschen schwer. Das war mal leichter. Als kleines Kind, da wünscht man sich nur so was wie ein Pony oder Eis (so viel, wie ich essen kann, und dann noch mal drei Kugeln) oder dass morgen gutes Wetter ist, damit man in den Kletterpark fahren kann. Und vor einem Jahr noch, dass ich nicht sitzenbleibe, dass Charlotte wieder mehr mit mir macht als mit Lilly. Dass ich mal mehr Brüste kriege oder dass sich jemand in mich verliebt.

Aber das ist so lange her. Und das sind nicht mehr meine Wünsche, das kann sich jemand anders wünschen.

Aber das hier ist nicht schlecht für den Anfang, dass da ein Hund liegt ganz nah an mir, tierwarm. Und dass jemand mit mir spielt. Dass es hier nicht nach Krankenhaus riecht, dass hier keine Liste liegt, auf der STAUBSAUGEN steht.

Und dann wünsche ich mir, dass das nie wieder anders wird. Am liebsten soll die Zeit stehen bleiben, und wenn sie dann doch weitergeht, dann soll alles wieder gut sein, dann soll Tom leben und wach sein und auch wollen. Und Mama und Papa wieder zusammen und sich wieder mögen. Und dass es mich dann auch wieder gibt.

Aber wünsch dir das mal, dazu fallen Sternschnuppen zu schnell. Kurz traurig geworden, weil das so ist, aber dann, schau doch mal, wie das aussieht, das reicht doch schon, oder? Das reicht doch schon.

Und neben mir „Weißt du, wie viele Sternlein stehen, an dem blauen Himmelszelt". Ich wünsch mir, dass ich mich an den Text erinnere, aber da fällt wohl gerade keine Sternschnuppe, und er fällt mir nicht ein. Aber manchmal reicht es doch auch, wenn neben mir jemand ist, dem auch noch der Rest einfällt, wenn da jemand ist, der weitersingt.

❶ Beschreibe, wie sich die Beziehung der Mädchen im Vergleich zu ihrer ersten Begegnung entwickelt hat (→ S. 152 f.).

② Erzähle die Ereignisse aus der Sicht eines auktorialen Erzählers (→ S. 91).

Louise und Jana fahren nach Hause zurück, nachdem Janas Eltern mehrfach versucht haben, sie auf ihrem Handy zu erreichen.

kein zurück, kein weiter

Und hab es doch schon gewusst, als ich das Handy gesehen habe, als ich gesehen habe, dass Mama und Papa im Wechsel angerufen haben, hab gewusst, ab heute wird alles anders. Wenn man das schon weiß, dann ist eigentlich alles schon anders, aber noch nicht so ganz, nicht so, dass es jemand ausgesprochen hat, und ich hab gewusst, solang ich nicht drangehe, so lang kann es noch vorher sein, bevor eben alles anders wird. [...]

❶ Wie könnte der Roman enden? Schreibe eine Fortsetzung.

② Vergleiche die Handlung von „Was vom Sommer übrig ist" mit der Handlung von „Tschick". Welche Parallelen kannst du entdecken? Wie unterscheidet sich die Handlung?

Einen Roman untersuchen

Bei der Untersuchung eines Romans kannst du dich an folgenden Fragen orientieren:

Frage	Beispiel
Was wird erzählt? 1. **Wann** und **wo** spielt die Handlung? 2. **Was** geschieht? 3. Welche **Figuren** treten auf (Haupt- und Nebenfiguren)? 4. In welcher **Beziehung** stehen die Figuren zueinander? Wie entwickelt sich diese?	 1. *Sommerferien, namenlose Stadt, See* 2. *Begegnung von zwei Mädchen, die auf sich allein gestellt sind, weil …* 3. *Hauptfiguren: Louise und Jana weitere Figuren: …* 4. *Louise ist Jana gegenüber zunächst ablehnend, doch dann …*
Wie wird erzählt? 1. **Aus wessen Sicht** wird erzählt? 2. Ist das Verhalten des Erzählers **auktorial** oder **personal**? 3. Überwiegt **Erzählerbericht** oder **Figurenrede**? 4. Gibt es **sprachliche Besonderheiten**, z. B. Umgangssprache, Jugendsprache, sprachliche Bilder?	 1. *abwechselnd aus der Sicht von Louise und von Jana (Ich-Erzählerinnen)* 2. *personales Erzählverhalten* 3. *Erzählerbericht überwiegt, aber häufig auch Figurenrede* 4. *Mündliche Ausdrucksweise, z. B.: „Weil, ich kann's ja nicht wissen. Und meine Mutter, die drückt sich ja davor […].“ (S. 153, Z. 20 f.)*

Eine literarische Figur charakterisieren

1. Schritt: Die Charakterisierung planen

- Suche Textstellen, die etwas über die Figur aussagen, z. B. über ihre **äußeren Merkmale**, ihr **Verhalten**, ihre **Eigenschaften**, ihre **Lebensumstände** und ihre **Beziehung zu anderen Figuren**. Manchmal musst du aus dem Genannten auch selbstständig Rückschlüsse ziehen, z. B. auf die Eigenschaften einer Figur.

2. Schritt: Die Charakterisierung schreiben

- **Einleitung**: Stelle den Roman kurz vor. Nenne **Autor/-in, Titel, Hauptfigur(en), Handlungsorte** und gib erste Hinweise auf die **Handlung**.
- **Hauptteil**: Beschreibe die einzelnen **Merkmale der Figur**, z. B. Verhalten, Eigenschaften, Beziehung zu anderen Figuren. Stelle auch die **Entwicklung der Figur** und der **Figurenbeziehungen im Verlauf der Handlung** dar. Belege deine Aussagen mit dem Text (→ S. 142).
- **Schluss**: Fasse deine Untersuchungsergebnisse kurz zusammen.

Schreibe im **Präsens**.

7 Von Liebe und Macht

Berühmte Dramen untersuchen

Wilhelm Tell und der Schweizer Befreiungskampf

Nachdem Ende des 13. Jahrhunderts das österreichische Adelsgeschlecht der Habsburger die Macht im „Heiligen Römischen Reich Deutscher Nation" übernommen hatte, zu dem damals auch das Gebiet der heutigen Zentralschweiz gehörte, entzog Kaiser Rudolf von Habsburg den Schweizer Kantonen[1] Uri und Schwyz die so genannte „Reichsfreiheit". Diese gab ihnen bis dahin das Recht, sich selbst zu verwalten und nur dem Kaiser zu unterstehen. Stattdessen setzte der Kaiser so genannte Reichsvögte ein, die an seiner Stelle die Kantone regieren sollten. Diese Einschränkung wollten die Kantone Uri und Schwyz jedoch nicht akzeptieren und schlossen sich daher mit dem benachbarten Kanton Unterwalden gegen die Habsburger zusammen. Dieser Zusammenschluss wurde einer Legende zufolge auf einer Bergwiese bei Rütli, in der Nähe des Vierwaldstättersees, mit einem Eid[2] besiegelt, weshalb man die Schweiz auch heute noch als Eidgenossenschaft bezeichnet.

1 der Kanton: Bezeichnung der Bundesländer in der Schweiz
2 der Eid: der Schwur

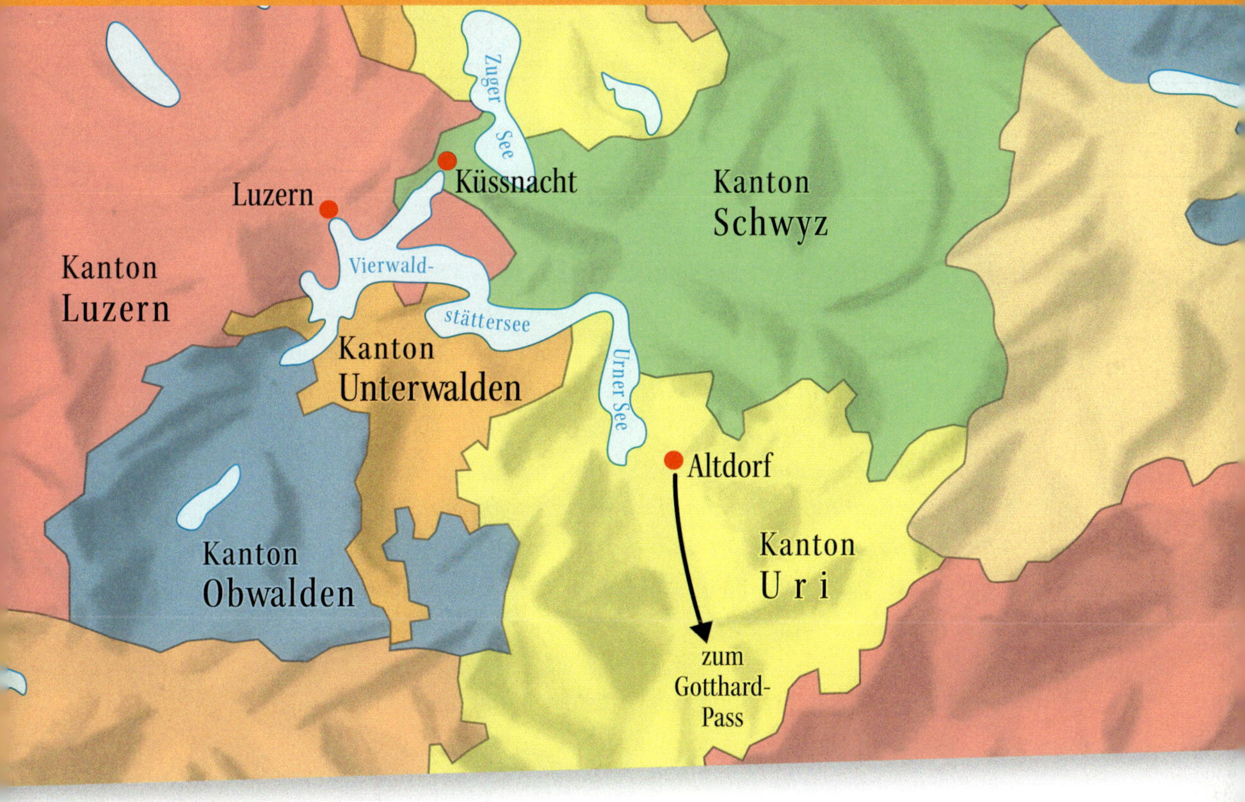

Einer der wichtigsten Helden in dem Befreiungskampf der Schweizer gegen die Habsburger war der Sage nach Wilhelm Tell, der deshalb bis heute als Schweizer Nationalheld verehrt wird.

1 Erläutere in eigenen Worten die Gründe und das Ziel des Schweizer Befreiungskampfs.

2 Der Dichter Friedrich Schiller veröffentlichte 1804 sein Drama „Wilhelm Tell". Im Mittelpunkt der Handlung stehen die Sage von Wilhelm Tell und der Befreiungskampf der Schweizer. Welche Erwartungen an die Handlung weckt der historische Hintergrund bei euch? Welche Konflikte, welche Probleme vermutet ihr? Sammelt Ideen.

In diesem Kapitel ...

- lernst du mit „Wilhelm Tell" und „Romeo und Julia" zwei berühmte Dramen (Theaterstücke) kennen.
- setzt du dich mit den Figuren eines Dramas, ihren Beziehungen und ihren Konflikten auseinander.
- lernst du die klassische Dramenform kennen.
- setzt du dich mit der Handlung im szenischen Spiel auseinander.
- interpretierst du eine Dramenszene anhand von Leitfragen.

Die Einführung (Exposition) untersuchen

Wilhelm Tell *Friedrich Schiller (1759–1805)*

Erster Aufzug, erste Szene (I, 1)

Hohes Felsenufer des Vierwaldstättersees, Schwyz gegenüber.
Der See macht eine Bucht ins Land, eine Hütte ist unweit dem Ufer, Fischerknabe fährt sich in einem Kahn. Über den See hinweg sieht man die grünen Matten, Dörfer und Höfe von Schwyz im hellen Sonnenschein liegen. Zur Linken des Zuschauers zeigen sich die Spitzen des Haken[1]*, mit Wolken umgeben; zur Rechten im fernen Hintergrund sieht man die Eisgebirge. Noch ehe der Vorhang aufgeht, hört man den Kuhreihen*[2] *und das harmonische Geläut der Herdenglocken, welches sich auch bei eröffneter Szene noch eine Zeit lang fortsetzt. [...]*

1 Entwirf passend zur Beschreibung des Ortes ein Bühnenbild.

Konrad Baumgarten atemlos hereinstürzend
Baumgarten: Um Gottes willen, Fährmann, Euren Kahn!
Ruodi: Nun, nun, was gibt's so eilig?
Baumgarten: Bindet los!
Ihr rettet mich vom Tode! Setzt mich über!
Kuoni: Landsmann, was habt Ihr?
Werni: Wer verfolgt Euch denn?
Baumgarten *zum Fischer:* Eilt, eilt, sie sind mir dicht schon an den Fersen!
Des Landvogts Reiter kommen hinter mir,
Ich bin ein Mann des Tods, wenn sie mich greifen.
Ruodi: Warum verfolgen Euch die Reisigen[3]?
Baumgarten: Erst rettet mich, und dann steh ich Euch Rede.
Werni: Ihr seid mit Blut befleckt, was hat's gegeben?
Baumgarten: Des Kaisers Landvogt[4], der auf dem Rossberg[5] saß –
Kuoni: Der Wolfenschießen[6]? Lässt Euch *der* verfolgen?
Baumgarten: Der schadet nicht mehr, ich hab ihn erschlagen.
Alle *fahren zurück:* Gott sei Euch gnädig! Was habt Ihr getan?

1 der Haken: alter Name für ein Bergmassiv in der Schweiz
2 der Kuhreihen: der Gesang der Berghirten
3 der Reisige: *hier* bewaffneter Reiter des Landvogts
4 der Landvogt: Verwalter des Landes als Stellvertreter des Kaisers
5 der Rossberg: Bergkette in der Schweiz
6 der Wolfenschießen: Name des Burgvogts

Baumgarten: Was jeder freie Mann an meinem Platz!
Mein gutes Hausrecht hab ich ausgeübt
Am Schänder meiner Ehr und meines Weibes. [...]
Ich hatte Holz gefällt im Wald, da kommt
Mein Weib gelaufen in der Angst des Todes.
Der Burgvogt liegt in meinem Haus, er hab
Ihr anbefohlen, ihm ein Bad zu rüsten.
Drauf hab er Ungebührliches von ihr
Verlangt, sie sei entsprungen, mich zu suchen.
Da lief ich frisch hinzu, so wie ich war,
Und mit der Axt hab ich ihm's Bad gesegnet.

Werni: Ihr tatet wohl, kein Mensch kann Euch drum schelten.

Kuoni: Der Wüterich! Der hat nun seinen Lohn!
Hat's lang verdient ums Volk von Unterwalden.

Baumgarten: Die Tat ward ruchbar[7], mir wird nachgesetzt [...]

Es fängt an zu donnern.

Kuoni: Frisch Fährmann – Schaff den Biedermann[8] hinüber.

Ruodi: Geht nicht. Ein schweres Ungewitter ist
Im Anzug. Ihr müsst warten.

Baumgarten: Heil'ger Gott!
Ich kann nicht warten. Jeder Aufschub tötet – [...]

Kuoni: Seht, wer da kommt!

Werni: Es ist der Tell aus Bürglen!

Tell mit der Armbrust.

Tell: Wer ist der Mann, der hier um Hülfe fleht?

Kuoni: 's ist ein Alzeller Mann[9], er hat sein Ehr
Verteidigt, und den Wolfenschieß erschlagen [...]

Ruodi: Da ist der Tell, er führt das Ruder auch,
Der soll mir's zeugen, ob die Fahrt zu wagen.

Tell: Wo's Not tut, Fährmann, lässt sich alles wagen.

Heftige Donnerschläge, der See rauscht auf.

Ruodi: Ich soll mich in den Höllenrachen stürzen?
Das täte keiner, der bei Sinnen ist.

Tell: Der brave Mann denkt an sich selbst zuletzt,
Vertrau auf Gott und rette den Bedrängten.

Ruodi: Vom sicheren Port[10] lässt sich's gemächlich raten,
Da ist der Kahn und dort der See! Versucht's!

7 ward ruchbar: wurde bekannt
8 der Biedermann: der Ehrenmann
9 Alzeller Mann: Mann aus dem Ort Alzell
10 der Port: der Hafen

Tell: Der See kann sich, der Landvogt nicht erbarmen,
Versuch es Fährmann! [...]
Ruodi: Nein, nicht ich!
Tell: In Gottes Namen denn! Gib her den Kahn,
Ich will's mit meiner schwachen Kraft versuchen.
Kuoni: Ha, wackrer Tell! [...]
Baumgarten: Mein Retter seid Ihr und mein Engel, Tell!
Tell: Wohl aus des Vogts Gewalt errett ich Euch,
Aus Sturmesnöten muss ein andrer helfen.
Doch besser ist's, Ihr fallt in Gottes Hand,
Als in der Menschen! [...]
Er springt in den Kahn.

2 Beschreibe, wie sich Stimmung und Wetter im Verlauf der Szene verändern.

3 Lest die Szene in verteilten Rollen vor.
Tipp: Kopiert den Text und ergänzt zusätzliche Regieanweisungen zu Gestik, Mimik und Sprechweise der Figuren.

4 Was erfährst du in dieser Szene über Wilhelm Tell, die Titelfigur des Dramas? Lege eine Rollenkarte für ihn an und notiere Wichtiges in Stichpunkten.
Tipps & Hilfen (→ S. 326)

5 a) Erläutere anhand der Darstellung im Info-Kasten die klassische Form des Dramas.
b) Begründe, warum es sich bei dieser Szene um die Exposition handelt.

Info: Die klassische Form des Dramas

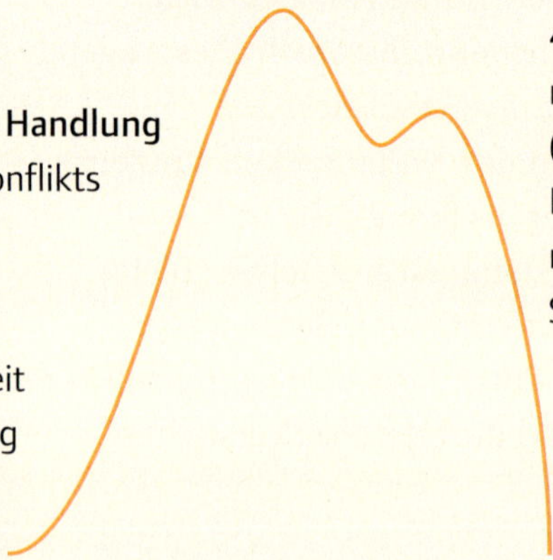

3. Akt: Wendepunkt
Höhepunkt des Konflikts; Wendung des Schicksals des Helden

2. Akt: Steigende Handlung
Zuspitzung des Konflikts

1. Akt: Exposition mit **erregendem Moment**
Einführung in Ort und Zeit der Handlung, Vorstellung der handelnden Figuren; Auslösung des Konflikts

4. Akt: Fallende Handlung mit **retardierendem** (verzögerndem) **Moment**
Lösungsversuch des Konflikts, nochmaliger Anstieg der Spannung

5. Akt: Lösung/Katastrophe
Lösung des Konflikts oder Katastrophe

Das erregende Moment und die Zuspitzung des Konflikts erkennen

Tell rettet Baumgarten trotz des Sturmes über den See in den Kanton Schwyz, wo er ihn im Haus des wohlhabenden Bauern Werner Stauffacher unterbringt. Wie Baumgarten ist auch Stauffacher in einen Konflikt mit den Landvögten geraten, weil er, obwohl es als freier Mann sein Recht ist, ohne deren Genehmigung ein neues, großes Haus gebaut hat.

Erster Aufzug, dritte Szene (I, 3)

Öffentlicher Platz bei Altdorf.
Auf einer Anhöhe im Hintergrund sieht man eine Feste[11] bauen, welche schon so weit gediehen, dass sich die Form des Ganzen darstellt. [...] Man hört eine Trommel, es kommen Leute, die einen Hut auf einer Stange tragen, ein Ausrufer folgt ihnen, Weiber und Kinder dringen tumultuarisch[12] nach. [...]

Ausrufer: Ihr sehet diesen Hut, Männer von Uri!
Aufrichten wird man ihn auf hoher Säule,
Mitten in Altdorf, an dem höchsten Ort,
Und dieses ist des Landvogts Will und Meinung:
Dem Hut soll gleiche Ehre wie ihm selbst geschehn,
Man soll ihn mit gebognem Knie und mit
Entblößtem Haupt verehren – Daran will
Der König die Gehorsamen erkennen.
Verfallen ist mit seinem Leib und Gut
Dem Könige, wer das Gebot verachtet.

11 die Feste: Festung
12 tumultuarisch: lärmend

Das Volk lacht laut auf, die Trommel wird gerührt, sie gehen vorüber.

Erster Gesell: Welch neues Unerhörtes hat der Vogt
Sich ausgesonnen! Wir 'nen Hut verehren! [...]
Meister Steinmetz: Wir unsre Kniee beugen einem Hut!
Treibt er sein Spiel mit ernsthaft würd'gen Leuten?
Erster Gesell: Wär's noch die kaiserliche Kron! So ist's
Der Hut von Österreich, ich sah ihn hangen
Über dem Thron, wo man die Lehen[13] gibt!
Meister Steinmetz: Der Hut von Österreich![14] Gebt acht, es ist
Ein Fallstrick, uns an Östreich zu verraten! [...] *Sie gehen nach der Tiefe.*
Tell *zum Stauffacher*: Ihr wisset nun Bescheid. Lebt wohl, Herr Werner!
Stauffacher: Wo wollt ihr hin? O, eilt nicht so von dannen.
Tell: Mein Haus entbehrt des Vaters. Lebet wohl.
Stauffacher: Mir ist das Herz so voll, mit Euch zu reden.
Tell: Das schwere Herz wird nicht durch Worte leicht.
Stauffacher: Doch könnten Worte uns zu Taten führen.
Tell: Die einz'ge Tat ist jetzt Geduld und Schweigen.
Stauffacher: Soll man ertragen, was unleidlich ist?
Tell: Die schnellen Herrscher sind's, die kurz regieren.
– Wenn sich der Föhn[15] erhebt aus seinen Schlünden,
Löscht man die Feuer aus, die Schiffe suchen
Eilends den Hafen, und der mächt'ge Geist
Geht ohne Schaden, spurlos, über die Erde.
Ein jeder lebe still bei sich daheim,
Dem Friedlichen gewährt man gern den Frieden.
Stauffacher: Meint ihr?
Tell: Die Schlange sticht nicht ungereizt.
Sie werden endlich doch von selbst ermüden,
Wenn sie die Lande ruhig bleiben sehn.
Stauffacher: Wir könnten viel, wenn wir zusammenstünden.
Tell: Beim Schiffbruch hilft der Einzelne sich leichter.
Stauffacher: So kalt verlasst Ihr die gemeine[16] Sache?
Tell: Ein jeder zählt nur sicher auf sich selbst.
Stauffacher: Verbunden werden auch die Schwachen mächtig.
Tell: Der Starke ist am mächtigsten *allein*.

13 das Lehen: Land, das ein Herrscher seinen Untergebenen zum Anbau von Getreide etc. zur Verfügung stellte. Im Gegenzug musste der Untergebene dem Herrscher einen Teil der Ernte abgeben und ihm dienen, z. B. als Soldat.
14 der Hut von Österreich: gemeint ist hier der Hut als Stellvertreter des römisch-deutschen Kaisers Rudolf von Habsburg, der zugleich Herzog von Österreich war
15 der Föhn: warmer, trockener Wind
16 gemein: *hier* gemeinsam

Stauffacher: So kann das Vaterland auf Euch nicht zählen,
Wenn es verzweiflungsvoll zur Notwehr greift?
Tell *gibt ihm die Hand*: Der Tell holt ein verlornes Lamm vom Abgrund,
Und sollte seinen Freunden sich entziehen?
Doch *was* ihr tut, lasst mich aus eurem *Rat*,
Ich kann nicht lange prüfen oder wählen,
Bedürft ihr meiner zu bestimmter *Tat*,
Dann ruft den Tell, es soll an mir nicht fehlen.

1 a) Formuliert das Streitgespräch zwischen Stauffacher und Tell (Z. 26–58) in Partnerarbeit in eigene Worte um.
Stauffacher: Wo willst du hin? Bleib doch hier!
Tipps & Hilfen (→ S. 326)
b) Vergleicht Stauffachers und Tells Ansichten zum politischen Geschehen im Kanton Uri.
Tipps & Hilfen (→ S. 326)

2 Ergänze deine Rollenkarte zu Wilhelm Tell mit deinen Ergebnissen aus Aufgabe 1 a).

3 Begründet, warum das Aufstellen des Hutes das erregende Moment ist: Inwiefern wird hier der Konflikt in Gang gesetzt oder beschleunigt?

4 Überlegt in Gruppen, wie sich die weitere Handlung entwickeln könnte.
Übertragt dazu die Skizze der klassischen Dramenform (→ S. 162) in euer Heft und ergänzt Stichpunkte zu den einzelnen Handlungsschritten.

Im Zweiten Aufzug des Dramas treffen sich die führenden Männer aus den Kantonen Uri, Unterwalden und Schwyz – unter anderen Stauffacher – auf dem Rütli[17] und schwören sich, für ihre Freiheitsrechte einzutreten und die Burgen der Landvögte zu stürmen.
Am Beginn des dritten Aufzugs will Tell seinen Schwiegervater in Altdorf besuchen, doch seine Frau Hedwig befürchtet, dass sich ihr Mann zu wagemutig in Gefahr begibt.

Dritter Aufzug, erste Szene (III, 1)

Hedwig: Es spinnt sich etwas[18]
Gegen die Vögte – Auf dem Rütli ward
Getagt, ich weiß, und du bist auch im Bunde.
Tell: Ich war nicht mit dabei – doch werd ich mich
Dem Lande nicht entziehen, wenn es ruft.
Hedwig: Sie werden dich hinstellen, wo Gefahr ist,
Das Schwerste wird dein Anteil sein, wie immer.
Tell: Ein jeder wird besteuert nach Vermögen.
Hedwig: Den Unterwaldner hast du auch im Sturme

17 das Rütli: Bergwiese am Vierwaldstättersee
18 es spinnt sich etwas: es passiert etwas

Über den See geschafft – Ein Wunder war's,
Dass ihr entkommen – Dachtest du denn gar nicht
An Kind und Weib?

Tell: Lieb Weib, ich dacht' an euch,
Drum rettet' ich den Vater seinen Kindern.

Hedwig: Zu schiffen in dem wüt'gen See! Das heißt
Nicht Gott vertrauen! Das heißt Gott versuchen.

Tell: Wer gar zu viel bedenkt, wird wenig leisten.

Hedwig: Ja, du bist gut und hilfreich, dienest allen,
Und wenn du selbst in Not kommst, hilft dir keiner.

Tell: Verhüt es Gott, dass ich nicht Hülfe brauche.

Er nimmt die Armbrust und Pfeile.

Hedwig: Was willst du mit der Armbrust? Lass sie hier.

Tell: Mir fehlt der Arm, wenn mir die Waffe fehlt.

Die Knaben kommen zurück.

Walther: Vater, wo gehst du hin?

Tell: Nach Altdorf, Knabe,
Zum Ehni[19] – Willst du mit?

Walther: Ja freilich will ich.

Hedwig: Der Landvogt ist jetzt dort. Bleib weg von Altdorf.

Tell: Er *geht*, noch heute.

Hedwig: Drum lasst ihn erst fort sein.
Gemahn ihn nicht an dich, du weißt, er grollt uns.

Tell: Mir soll sein böser Wille nicht viel schaden,
Ich tue recht und scheue keinen Feind.

Hedwig: Die recht tun, eben die hasst er am meisten.

Tell: Weil er nicht an sie kommen kann – Mich wird
Der Ritter wohl in Frieden lassen, mein ich.

Hedwig: So, weisst du das?

Tell: Es ist nicht lange her,
Da ging ich jagen durch die wilden Gründe
Des Schächentals[20] auf menschenleerer Spur,
Und da ich einsam einen Felsensteig
Verfolgte, wo nicht auszuweichen war,
Denn über mir hing schroff die Felswand her,
Und unten rauschte fürchterlich der Schächen,

Die Knaben drängen sich rechts und links an ihn und sehen mit gespannter Neugier an ihm hinauf:

19 zum Ehni: zum Opa
20 das Schächental: Tal am Fluss Schächen

Da kam der Landvogt gegen mich daher,
Er ganz allein mit mir, der auch allein war,
Bloß Mensch zu Mensch und neben uns der Abgrund.
Und als der Herre mein ansichtig ward,
Und mich erkannte, den er kurz zuvor
Um kleiner Ursach willen schwer gebüßt,
Und sah mich mit dem stattlichen Gewehr
Dahergeschritten kommen, da verblasst' er,
Die Knie versagten ihm, ich sah es kommen,
Dass er jetzt an die Felswand würde sinken.
– Da jammerte mich sein, ich trat zu ihm
Bescheidentlich und sprach: „Ich bin's, Herr Landvogt."
Er aber konnte keinen armen Laut
Aus seinem Munde geben – Mit der Hand nur
Winkt' er mir schweigend, meines Wegs zu gehn,
Da ging ich fort, und sandt ihm sein Gefolge.

Hedwig: Er hat vor dir gezittert – Wehe dir!
Dass du ihn schwach gesehn, vergibt er nie.
Tell: Drum meid ich ihn, und er wird mich nicht suchen.
Hedwig: Bleib heute nur dort weg. Geh lieber jagen.
Tell: Was fällt dir ein?
Hedwig: Mich ängstigt's. Bleibe weg.
Tell: Wie kannst du dich so ohne Ursach quälen?
Hedwig: *Weil's* keine Ursach hat – Tell, bleibe hier.
Tell: Ich hab's versprochen, liebes Weib, zu kommen.
Hedwig: Musst du, so geh – Nur lasse mir den Knaben!
Walther: Nein, Mütterchen. Ich gehe mit dem Vater. [...]

1. Spielt die Szene mit verteilten Rollen. Verdeutlicht durch Gestik, Mimik und Stimme die Gefühle von Hedwig und Wilhelm Tell.
2. Beschreibe nach der gespielten Szene,
   - von welchen Gedanken und Gefühlen Hedwig bestimmt wird,
   - wie Hedwig ihren Mann einschätzt,
   - welche Verhaltensweisen und Eigenschaften Tells deutlich werden.

   Belege deine Aussagen mit Zitaten.

   Tipps & Hilfen (→ S. 327)
3. Ergänze deine Rollenkarte (→ S. 162, Aufgabe 4) zu Tell.
4. Tell verlässt, gefolgt von seinem Sohn, seine Frau Hedwig und seinen Hof. Verfasse einen inneren Monolog (→ S. 110) aus der Sicht Tells in dieser Situation.

Den Wendepunkt des Dramas untersuchen

Auf dem Weg zu Tells Schwiegervater Walter Fürst kommen Tell und sein Sohn Walter an der Wiese bei Altdorf vorbei, auf der der „kaiserliche Hut“ aufgestellt ist. Walter wundert sich über den Hut, der von Leuten des Landvogts Geßler bewacht wird. Doch Tell fordert seinen Sohn auf, den Hut zu ignorieren, und läuft vorbei, ohne das Zeichen des habsburgischen Herrschers zu grüßen. Daraufhin wollen die Wachen Tell gefangen nehmen, doch Walter Fürst und einige Eidgenossen, darunter auch Stauffacher, schreiten ein und verhindern die Gefangennahme. In diesem Moment erscheint Geßler mit seinem Gefolge zu Pferd auf der Wiese.

Dritter Aufzug, dritte Szene (III, 3)

Geßler *nach einer Pause*: Verachtest du *so* deinen Kaiser, Tell,
Und *mich*, der hier an seiner Statt gebietet,
Dass du die Ehr versagst dem Hut, den ich
Zur Prüfung des Gehorsams aufgehangen?
Dein böses Trachten[21] hast du mir verraten.
Tell: Verzeiht mir, lieber Herr! Aus Unbedacht,
Nicht aus Verachtung Eurer ist's geschehn,
Wär ich besonnen, hieß ich nicht der Tell,
Ich bitt' um Gnad, es soll nicht mehr begegnen.
Geßler *nach einigem Stillschweigen*:
Du bist ein Meister auf der Armbrust, Tell,
Man sagt, du nähmst es auf mit jedem Schützen?
Walter Tell: Und das muss wahr sein, Herr – 'nen Apfel schießt
Der Vater dir vom Baum auf hundert Schritte.
Geßler: Ist das dein Knabe, Tell?
Tell: Ja, lieber Herr.
Geßler: Hast du der Kinder mehr?
Tell: Zwei Knaben, Herr.
Geßler: Und welcher ist's, den du am meisten liebst?
Tell: Herr, beide sind sie mir gleich liebe Kinder.
Geßler: Nun Tell! Weil du den Apfel triffst vom Baume
Auf hundert Schritte, so wirst du deine Kunst
Vor mir bewähren müssen – Nimm die Armbrust –
Du hast sie gleich zur Hand – und mach dich fertig,
Einen Apfel von des Knaben Kopf zu schießen –
Doch will ich raten, ziele gut, dass du
Den Apfel treffest auf den ersten Schuss,

21 dein böses Trachten: deine bösen Absichten

Denn fehlst[22] du ihn, so ist dein Kopf verloren.
Alle geben Zeichen des Schreckens.
Tell: Herr – Welches Ungeheure sinnet Ihr
Mir an – Ich soll vom Haupte meines Kindes
– Nein, nein doch, lieber Herr, das kömmt Euch nicht
Zu Sinn – Verhüt's der gnäd'ge Gott – das könnt Ihr
Im Ernst von einem Vater nicht begehren!
Geßler: Du wirst den Apfel schießen von dem Kopf
Des Knaben – Ich begehr's und will's.
Tell: Ich soll
Mit meiner Armbrust auf das liebe Haupt
Des eignen Kindes zielen – Eher sterb ich!
Geßler: Du schießest oder stirbst *mit* deinem Knaben.
Tell: Ich soll der Mörder werden meines Kinds! […]
Geßler: […] *Greift nach einem Baumzweige, der über ihn herhängt.*
Hier ist der Apfel.
Man mache Raum – er nehme seine Weite,
Wie's Brauch ist – Achtzig Schritte geb ich ihm –
Nicht weniger noch mehr – Er rühmte sich
Auf ihrer hundert seinen Mann zu treffen –
Jetzt, Schütze, triff, und fehle nicht das Ziel! […]
Zeigt auf den Knaben Man bind ihn an die Linde dort!
Walter Tell: Mich binden!
Nein, ich will nicht gebunden sein. Ich will
Stillhalten, wie ein Lamm und auch nicht atmen.
Wenn ihr mich bindet, nein, so kann ich's nicht,
So werd ich toben gegen meine Bande.
Rudolf der Harras: Die Augen nur lass dir verbinden, Knabe.
Walter Tell: Warum die Augen? Denket Ihr, ich fürchte
Den Pfeil von Vaters Hand? Ich will ihn fest
Erwarten und nicht zucken mit den Wimpern. […]
Er geht an die Linde, man legt ihm den Apfel auf. […]
Tell *spannt die Armbrust und legt den Pfeil auf:*
Öffnet die Gasse! Platz!
Stauffacher: Was, Tell? Ihr wolltet – Nimmermehr – Ihr zittert,
Die Hand erhebt euch, Eure Knie wanken –
Tell *lässt die Armbrust sinken*: Mir schwimmt es vor den Augen! […]
zum Landvogt: Erlasset mir den Schuss. Hier ist mein Herz!

22 fehlst du ihn: verfehlst du ihn, triffst du ihn nicht

Er reißt die Brust auf.
Ruft Eure Reisigen[23] und stoßt mich nieder.
Geßler: Ich will dein Leben nicht, ich will den Schuss. [...]

Tell steht in fürchterlichem Kampf, mit beiden Händen zuckend und die rollenden Augen bald auf den Landvogt, bald zum Himmel gerichtet. – Plötzlich greift er in seinen Köcher, nimmt einen zweiten Pfeil heraus und steckt ihn in seinen Goller[24]. Der Landvogt bemerkt alle diese Bewegungen.

Walter Tell *unter der Linde*: Vater schieß zu, ich fürcht mich nicht.
Tell: Es muss!
Er rafft sich zusammen und legt an. [...]
Stauffacher *ruft*: Der Apfel ist gefallen! [...]
Rösselmann: Der Knabe lebt.
Viele Stimmen: Der Apfel ist getroffen! [...]
Geßler: Bei Gott, der Apfel mitten durchgeschossen!
Es war ein Meisterschuss, ich muss ihn loben. [...]
Du stecktest
noch einen zweiten Pfeil zu dir – Ja, ja,
Ich sah es wohl – Was meintest du damit?
Tell *verlegen*: Herr, das ist also bräuchlich bei den Schützen.
Geßler: Nein, Tell, die Antwort lass ich dir nicht gelten,
Es wird was anders wohl bedeutet haben.
Sag mir die Wahrheit frisch und fröhlich, Tell,
Was es auch sei, dein Leben sichr' ich dir.
Wozu der zweite Pfeil?
Tell: Wohlan, o Herr,
Weil ihr mich meines Lebens habt gesichert,
So will ich euch die Wahrheit gründlich sagen.
Er zieht den Pfeil aus dem Goller und sieht den Landvogt mit einem furchtbaren Blick an.
Mit diesem zweiten Pfeil durchschoss ich – Euch,
Wenn ich mein liebes Kind getroffen hätte,
Und Eurer – wahrlich! hätt ich nicht gefehlt.
Geßler: Wohl, Tell! Des Lebens hab ich dich gesichert,
Ich gab mein Ritterwort, das will ich halten –
Doch weil ich deinen bösen Sinn erkannt,
Will ich dich führen lassen und verwahren,

23 der Reisige: *hier* bewaffnete Reiter des Landvogts
24 der Goller: Brustkleid, Untergewand

Wo weder Mond noch Sonne dich bescheint,
Damit ich sicher sei vor deinen Pfeilen.
Ergreift ihn, Knechte! Bindet ihn! *Tell wird gebunden.* [...]

Tell *hebt den Knaben mit Inbrunst an seine Brust*:
Der Knab ist unverletzt, mir wird Gott helfen.
Reißt sich schnell los und folgt den Waffenknechten.

1. Lest die Szene mit verteilten Rollen.
2. Schlüpft in die Rollen von Geßler, Wilhelm Tell oder Walter Tell und setzt sie auf den „Heißen Stuhl" (→ Info-Kasten). Befragt die Figur dazu, wie sie sich selbst sieht und wie sie die Ereignisse in den bisherigen Szenen erlebt hat.
3. Spielt die Szene einmal mit und einmal ohne „Alter Ego" (→ Info-Kasten).
4. Beschreibe die Entwicklung der Figur des Wilhelm Tell in den bisher gelesenen Szenen. Du kannst geeignete Begriffe aus dem Wortspeicher und die Notizen auf deiner Rollenkarte zu Wilhelm Tell nutzen.
   Tipps & Hilfen (→ S. 327)

geduldig · leidenschaftlich · zuversichtlich · überlegt · hilfsbereit · neugierig · mutig · naiv · selbstlos · zuverlässig · unpolitisch · engagiert · furchtlos · freundlich · respektlos · verzweifelt · ängstlich · unbekümmert · versöhnlich · kopflos · aggressiv · wahrheitsliebend · hinterhältig

5. a) Erläutere, warum diese Szene als Wendepunkt des Dramas gelten kann.
   b) Diskutiert, welche Wendung das Schicksal Tells hier nehmen könnte.

Info: Gedanken und Gefühle einer Figur szenisch interpretieren

Der „Heiße Stuhl"
Eine/-r schlüpft in die Rolle einer Figur, die auf den „Heißen Stuhl" gesetzt wird und sich kurz in zwei bis drei Sätzen vorstellt.
Im Anschluss befragen alle anderen die Figur maximal fünf Minuten lang dazu, wie sie die Ereignisse in einer Szene oder in mehreren Szenen erlebt hat. Wichtig ist, dass die Fragen so schnell wie möglich nacheinander gestellt werden, damit der Figur nicht viel Zeit zum Überlegen bleibt.
Eine Beobachterin / ein Beobachter protokolliert die Antworten.

Das „Alter Ego"
Jede Figur bekommt ein „Alter Ego" – ein zweites Ich – an die Seite gestellt. Dieses begleitet die Figur während der gesamten Szene wie ein Schatten.
Während die jeweilige Figur auf der Bühne handelt und den Dramentext spricht, formuliert das „Alter Ego", was im Inneren der Figur vorgeht, z. B. welche Gedanken, Gefühle und Gründe für ihr Handeln sie hat. Dies wird in einer anderen Tonlage zur Seite gesprochen, damit es vom Dramentext unterschieden werden kann.

Eine Dramenszene interpretieren

Tell wird nach seiner Gefangennahme von Geßler auf ein Schiff gebracht. Ihm gelingt es jedoch, während eines Sturms von dort zu fliehen. Tell macht sich auf nach Küssnacht[25], wohin auch Geßler unterwegs ist.

Vierter Aufzug, dritte Szene (IV, 3)

Die hohle Gasse bei Küssnacht.
Man steigt von hinten zwischen Felsen herunter und die Wanderer werden, ehe sie auf der Szene erscheinen, schon von der Höhe gesehen. Felsen umschließen die ganze Szene, auf einem der vordersten ist ein Vorsprung mit Gesträuch bewachsen.

Tell *tritt auf mit der Armbrust:*
Durch diese hohle Gasse muss er kommen,
Es führt kein andrer Weg nach Küssnacht – Hier
Vollend ich's – Die Gelegenheit ist günstig.
Dort der Holunderstrauch verbirgt mich ihm,
Von dort herab kann ihn mein Pfeil erlangen,
Des Weges Enge wehret den Verfolgern.
Mach deine Rechnung mit dem Himmel, Vogt,
Fort musst du, deine Uhr ist abgelaufen.

Ich lebte still und harmlos – Das Geschoss
War auf des Waldes Tiere nur gerichtet,
Meine Gedanken waren rein von Mord –
Du hast aus meinem Frieden mich heraus
Geschreckt, in gärend Drachengift hast du
Die Milch der frommen Denkart mir verwandelt,
Zum Ungeheuren hast du mich gewöhnt –
Wer sich des Kindes Haupt zum Ziele setzte,
Der kann auch treffen in das Herz des Feinds.

Die armen Kindlein, die unschuldigen,
Das treue Weib muss ich vor deiner Wut
Beschützen, Landvogt – Da, als ich den Bogenstrang
Anzog – als mir die Hand erzitterte –
Als du mit grausam teufelischer Lust

25 Küssnacht: Ort in der Schweiz, in der Geßlers Burg steht

Mich zwangst, aufs Haupt des Kindes anzulegen –
Als ich ohnmächtig flehend rang vor dir,
Damals gelobt ich mir in meinem Innern
Mit furchtbarm Eidschwur, den nur Gott gehört,
Dass meines *nächsten* Schusses ***erstes*** Ziel
Dein Herz sein sollte – Was ich mir gelobt
In jenes Augenblickes Höllenqualen,
Ist eine heil'ge Schuld, ich will sie zahlen.

Du bist mein Herr und meines Kaisers Vogt,
Doch nicht der Kaiser hätte sich erlaubt
Was *du* – Er sandte dich in diese Lande,
Um Recht zu sprechen – strenges, denn er zürnet[26] –
Doch nicht um mit der mörderischen Lust
Dich jedes Gräuels straflos zu erfrechen,

26 zürnen: wütend sein

Es lebt ein Gott zu strafen und zu rächen.

1. Tells Monolog wird oft als „retardierendes Moment" des Dramas angesehen. Wird die Handlung hier verzögert oder beschleunigt? Begründe.
2. Fasse die vier Abschnitte des Monologs in jeweils einem Satz zusammen.
   1. Abschnitt (Z. 7–14): Tell plant, Rache an Geßler zu nehmen.
3. Du erhältst folgende Aufgabe. Erläutere sie in eigenen Worten. Beziehe dabei dein Wissen zum schriftlichen Interpretieren von Texten (→ z. B. S. 94 f.) mit ein.

Aufgabe: Verfasse eine schriftliche Interpretation von Tells Monolog.
- Beantworte im Hauptteil die Frage, wie Tell die Tötung Geßlers begründet und bewertet.
- Gehe im Schluss darauf ein, ob Tells Rache gerechtfertigt ist. Begründe deine Position.

4. Verfasse die Einleitung für deine schriftliche Interpretation. Gehe so vor:
   a) Entscheide zunächst, welche der folgenden Formulierungen das Thema des Dramas „Wilhelm Tell" am besten wiedergibt.
   In dem Drama „Wilhelm Tell" geht es um ...
   – einen Apfelschuss. *– den Schweizer Freiheitskämpfer Wilhelm Tell.*
   – die Schweiz. *– den Freiheitskampf der unterdrückten Schweizer.*
   b) Überprüfe mithilfe des Info-Kastens auf Seite 174, welche Angaben im Einleitungssatz fehlen, und schreibe den vollständigen Einleitungssatz in dein Heft.

5 Im Hauptteil deiner Interpretation einer Dramenszene musst du diese in die Gesamthandlung einordnen. Überarbeite folgende Einordnung der Szene in das Dramengeschehen:
- Formuliere den Text so um, dass er inhaltlich und sprachlich korrekt ist. Verwende dabei auch passende Fachbegriffe, z. B. *Szene, Monolog* oder *Wendepunkt* (→ S. 183).
- Vervollständige die Einordnung, indem du weitere Gründe für Tells Rachewunsch nennst.

Die Textstelle befindet sich kurz nach der Mitte des Dramas. Davor kam die Stelle mit dem Apfelschuss, in der Tell festgenommen wird. Die Apfelschussszene ist ziemlich wichtig, weil Tell hier zu etwas gezwungen wird, was er nicht will. Deshalb will er sich rächen.

6 Beantworte die Leitfrage der Aufgabenstellung: „Wie begründet und bewertet Tell den Anschlag auf Geßler?" Vervollständige dazu den Lückentext und ergänze ihn.

Im ersten Abschnitt seines Monologs stellt Tell seinen Plan dar, ... Nachdem Tell sich zunächst versichert hat, dass der Ort für seinen Plan geeignet ist, tritt am Ende des ersten Abschnitts des Monologs Tells Wut auf den Landvogt Geßler und seine Entschlossenheit zutage: „..." (Z. 22 f.). Für seine aufkommende Rachsucht macht Tell Geßler verantwortlich. Tell ist nicht nur wütend, weil ..., sondern auch, weil dieser aus ihm, einem „still[en] und harmlos[en]" (Z. 15) Menschen, ein Ungeheuer gemacht hat (vgl. Z. 21). ...

7 Nimm im Schlussteil deiner Interpretation Stellung zu der Frage, ob Tells Tat gerechtfertigt ist. Du kannst dabei folgende Gesichtspunkte ansprechen.

- Unterdrückung der Schweizer Bürger durch Geßler
- Zwang zum Apfelschuss durch Geßler
- Gefangennahme Tells
- Tells Einsatz für die Unterdrückten
- Weigerung Tells, dem Hut Ehre zu erweisen
- Tötungsabsicht Tells bei Misslingen des Apfelschusses
- Einsatz für eigene Interessen
- Angst um das eigene Kind

Info: Interpretation eines dramatischen Textes anhand von Leitfragen

Einleitung: Formuliere einen Einleitungssatz, in dem du **Autor/-in, Titel, Textsorte** und das **Thema** des Dramas benennst.

Hauptteil:
- **Ordne die Szene** / den Ausschnitt **in das Dramengeschehen ein**: Was ist vorher passiert, das zum Verständnis dieser Szene wichtig ist? Was passiert in dieser Szene?
- Beantworte die **Leitfrage/-n** der Aufgabenstellung.

Schluss: Fasse die wichtigsten Ergebnisse in wenigen Sätzen zusammen oder nimm Stellung zu einer in der Aufgabenstellung vorgegebenen Frage. Belege **wichtige Aussagen mit** direkten oder indirekten **Zitaten** (→ S. 142).

Den Ausgang des Dramas untersuchen

Als Geßler die hohle Gasse erreicht, stellt sich ihm die Bäuerin Armgard mit ihren Kindern in den Weg. Sie fordert von Geßler, endlich einen Richterspruch über ihren Mann zu fällen, der seit sechs Monaten zu Unrecht im Gefängnis sitze, damit dieser freikomme. Als Geßler sich weigert, wirft sie sich mit ihren Kindern vor sein Pferd, worauf der Landvogt droht, über sie hinweg zu reiten. In diesem Augenblick erschießt Tell, der von einem Felsen aus das Geschehen in der hohlen Gasse beobachtet hat, seinen Widersacher mit einem Pfeil.

Fünfter Aufzug, zweite Szene (V, 2)

Tells Hausflur.
Ein Feuer brennt auf dem Herd. Die offen stehende Türe zeigt ins Freie.
Hedwig. Walter und Wilhelm

Hedwig: Heut kommt der Vater. Kinder, liebe Kinder!
Er lebt, ist frei, und wir sind frei und alles!
Und euer Vater ist's, der's Land gerettet.
Walter: Und ich bin auch dabei gewesen, Mutter!
Mich muss man auch mit nennen. Vaters Pfeil
Ging mir am Leben hart vorbei und ich
Hab' nicht gezittert.
Hedwig *umarmt ihn:* Ja, du bist mir wieder
Gegeben! Zweimal hab ich dich geboren! [...]
Es ist vorbei – Ich hab euch beide, beide! [...]

Fünfter Aufzug, letzte Szene (V, 3)

[...] *Man sieht in der letzten Szene den ganzen Talgrund vor Tells Wohnung, nebst den Anhöhen, welche ihn einschließen, mit Landleuten besetzt, welche sich zu einem Ganzen gruppieren. Andre kommen über einen hohen Steg, der über den Schächen*[27] *führt, gezogen. Walter Fürst mit den beiden Knaben, Melchthal und Stauffacher kommen vorwärts, andre drängen nach; wie Tell heraustritt, empfangen ihn alle mit lautem Frohlocken.*
Alle: Es lebe Tell! der Schütz und der Erretter!

27 der Schächen: Fluss im Kanton Uri

1. Welche Rolle spielt der Auftritt Armgards für den Ausgang des Dramas? Begründe deine Ansicht.
   Tipps & Hilfen (→ S. 327)
2. Diskutiert, ob Wilhelm Tell ein Held ist.

Zum Schmökern, Schauen, Weiterdenken

Romeo und Julia *William Shakespeare (1564–1616)*

William Shakespeare: Romeo und Julia. Deutsches Schauspielhaus Hamburg 2010

Prolog[1]

Der Chor tritt auf.

Chor: Zwei Häuser waren – gleich an Würdigkeit –
Hier in Verona, wo die Handlung steckt,
Durch alten Groll zu neuem Kampf bereit,
Wo Bürgerblut die Bürgerhand befleckt.
Aus dieser Feinde unheilvollem Schoß
Das Leben zweier Liebender entsprang,
Die durch ihr unglückselges Ende bloß
Im Tod begraben elterlichen Zank.
Der Hergang ihrer todgeweihten Lieb
Und der Verlauf der elterlichen Wut,
Die nur der Kinder Tod von dannen trieb,
Ist nun zwei Stunden lang der Bühne Gut;
Was dran noch fehlt, hört mit geduldgem Ohr,
Bringt hoffentlich nun unsre Müh hervor.

1 der Prolog: das Vorspiel, der Vorspruch

1. Was erfährst du aus dem Prolog über die Handlung des Dramas „Romeo und Julia"?
2. Überlege, wie du als Regisseur/-in den Prolog in einer Theaterinszenierung oder einer Verfilmung umsetzen würdest. Notiere deine Ideen stichpunktartig.
3. Diskutiert: Was spricht dafür beziehungsweise dagegen, den Prolog bei einer Aufführung des Dramas zu streichen?

Romeo und Julia – Die Figuren

Romeo
Sohn aus dem Hause Montague, einer mächtigen und angesehenen Familie Veronas, die mit der ebenso einflussreichen Familie Capulet verfeindet ist. Romeo verliebt sich auf einem Maskenball der Capulets, zu dem er sich heimlich Zugang verschafft, unsterblich in Julia, die Tochter des Hauses.

Julia
Tochter aus dem Hause der Capulets. Sie soll auf Wunsch ihrer Eltern den Grafen Paris heiraten, verliebt sich aber in Romeo aus dem Haus der verfeindeten Familie Montague. Sie bleibt ihrer Liebe treu bis in den Tod.

Mercutio
Verwandter des Prinzen Escalus, dem Herrscher über Verona, und Romeos bester Freund. Er steht auf der Seite der Familie Montague und liefert sich Wort- und Degengefechte mit den Capulets.

Benvolio
Romeos treuer Freund und Cousin. Er ist besonnener als Mercutio und Tybalt und versucht bei Streitereien eher zu schlichten.

Tybalt
Neffe der Gräfin Capulet und Julias Cousin. Er hasst die Montagues und provoziert Streit mit ihnen, sobald er auf einen von ihnen trifft.

1. Stelle anhand des Prologs (→ S. 176) zu „Romeo und Julia“ und der Vorstellung der Hauptfiguren Vermutungen zum Handlungsverlauf des Dramas an. Orientiere dich dabei am klassischen Dramenaufbau (→ S. 162).
2. Schreibe auf der Grundlage deiner Stichpunkte eine kurze Erzählung über das Liebespaar.

Zweiter Aufzug, 2. Szene (II, 2) – die „Balkonszene“

William Shakespeare: Romeo und Julia. Deutsches Schauspielhaus Hamburg 2010

Julia soll auf Wunsch ihrer Eltern den Grafen Paris heiraten und ihm auf einem Maskenball der Familie näherkommen. Am Abend des Balls schleichen sich Romeo und seine Freunde in den Ballsaal, damit Romeo nach Rosalinde, für die er bis jetzt leidenschaftlich geschwärmt hat, Ausschau halten kann. Bei dieser Gelegenheit begegnen sich Romeo und Julia zum ersten Mal und verlieben sich unsterblich ineinander. Romeo lässt der Gedanke an Julia nicht mehr los, sodass er nachts nochmals zum Anwesen der Capulets zurückkehrt, um Julia zu sehen. Er klettert dort über die Mauer des Anwesens und verbirgt sich im Garten. Aus seinem Versteck heraus beobachtet er Julias Balkon …

Capulets Garten.
Romeo kommt. […]
Julia erscheint oben an einem Fenster.
Romeo: Doch still, was schimmert durch das Fenster dort?
Es ist der Ost und Julia die Sonne! –
Geh auf, du holde[2] Sonn'! Ertöte[3] Lunen[4],
Die neidisch ist und schon vor Grame[5] bleich,
Dass du viel schöner bist, obwohl ihr dienend. […]
Sie ist es, meine Göttin! Meine Liebe!

2 hold: anmutig, lieblich
3 ertöte: töte
4 Lunen: *lateinisch* der Mond
5 der Gram: der Kummer

O wüsste sie, dass sie es ist! –
[...]
Oh, wie sie auf die Hand die Wange lehnt!
Wär ich der Handschuh doch auf dieser Hand
Und küsste diese Wange!

Julia: Weh mir!

Romeo: Horch!
Sie spricht. O sprich noch einmal, holder Engel! [...]

Julia: O Romeo! Warum denn Romeo?
Verleugne deinen Vater, deinen Namen!
Willst du das nicht, schwör dich zu meinem Liebsten,
Und ich bin länger keine Capulet!

Romeo: *für sich* Hör ich noch länger oder soll ich reden?

Julia: Dein Nam' ist nur mein Feind. Du bliebst du selbst,
Und wärst du auch kcin Montaguc. [...]
O Romeo, leg deinen Namen ab,
Und für den Namen, der dein Selbst nicht ist,
Nimm meines ganz!

Romeo: *indem er näher hinzutritt.*
Ich nehme dich beim Wort.
Nenn Liebster mich, so bin ich neu getauft
Und will hinfort nicht Romeo mehr sein.

Julia: Wer bist du, der du, von der Nacht beschirmt,
Dich drängst in meines Herzens Rat?

Romeo: Mit Namen
Weiß ich dir nicht zu sagen, wer ich bin.
Mein eigner Name, teure Heil'ge, wird,
Wcil cr dcin Fcind ist, von mir selbst gehasst.
Hätt ich ihn schriftlich, so zerriss ich ihn.

Julia: Mein Ohr trank keine hundert Worte noch
Von diesen Lippen, doch es kennt den Ton.
Bist du nicht Romeo, ein Montague?

Romeo: Nein, Holde; keines, wenn dir eins missfällt.

Julia: Wie kamst du her? O sag mir, und warum?
Die Gartenmau'r ist hoch, schwer zu erklimmen;
Die Stätt' ist Tod, bedenk nur, wer du bist,
Wenn einer meiner Vettern[6] dich hier findet.

6 der Vetter: der Cousin

William Shakespeare: Romeo und Julia.
Deutsches Theater Berlin 2015

Romeo: Der Liebe leichte Schwingen trugen mich;
Kein steinern Bollwerk[7] kann der Liebe wehren;
Und Liebe wagt, was irgend Liebe kann:
Drum hielten deine Vettern mich nicht auf.
Julia: Wenn sie dich sehn, sie werden dich ermorden.
Romeo: Ach, deine Augen drohn mir mehr Gefahr
Als zwanzig ihrer Schwerter; blick du freundlich,
So bin ich gegen ihren Hass gestählt.
Julia: Ich wollt um alles nicht, dass sie dich sähn.
Romeo: Vor ihnen hüllt mich Nacht in ihren Mantel.
Liebst du mich nicht, so lass sie nur mich finden:
Durch ihren Hass zu sterben wär mir besser
Als ohne deine Liebe Lebensfrist.
Julia: Wer zeigte dir den Weg zu diesem Ort?
Romeo: Die Liebe, die zuerst mich forschen hieß.
Sie lieh mir Rat, ich lieh ihr meine Augen.
Ich bin kein Steuermann; doch wärst du fern
Wie Ufer, von dem fernsten Meer bespült,
Ich wagte mich nach solchem Kleinod[8] hin.
Julia: Du weißt, die Nacht verschleiert mein Gesicht,
Sonst färbte Mädchenröte meine Wangen
Um das, was du vorhin mich sagen hörtest.
Gern hielt ich streng auf Sitte, möchte gern
Verleugnen, was ich sprach; doch weg mit Förmlichkeit!
Sag, liebst du mich? Ich weiß, du wirst's bejahn,
Und will dem Worte traun [...].
O holder Romeo! Wenn du mich liebst:
Sag's ohne Falsch! Doch dächtest du, ich sei
Zu schnell besiegt, so will ich finster blicken,
Will widerspenstig sein und Nein dir sagen,
So du dann werben willst; sonst nicht um alles.
Gewiss, mein Montague, ich bin zu herzlich:
Du könntest denken, ich sei leichten Sinns.
Ich glaube, Mann, ich werde treuer sein
Als sie, die fremd zu tun geschickter sind.
Auch ich, bekenn ich, hätte fremd getan,
Wär ich von dir, eh ich's gewahrte, nicht

7 das Bollwerk: die Festung
8 das Kleinod: die Kostbarkeit

Belauscht in Liebesklagen. Drum vergib!
Schilt[9] diese Hingebung nicht Flatterliebe,
Die so die stille Nacht verraten hat!
Romeo: Ich schwöre, Fräulein, bei dem heil'gen Mond,
Der silbern dieser Bäume Wipfel säumt …
Julia: O schwöre nicht beim Mond, dem Wandelbaren,
Der immerfort in seiner Scheibe wechselt,
Damit nicht wandelbar dein Lieben sei!
Romeo: Wobei denn soll ich schwören?
Julia: Lass es ganz!
Doch willst du, schwör bei deinem edlen Selbst,
Dem Götterbilde meiner Anbetung!
So will ich glauben.
Romeo: Wenn die Herzensliebe …
Julia: Gut, schwöre nicht. Obwohl ich dein mich freue,
Freu ich mich nicht des Bundes dieser Nacht.
Er ist zu rasch, zu unbedacht, zu plötzlich;
Gleicht allzu sehr dem Blitz, der nicht mehr ist,
Noch eh man sagen kann: „Es blitzt." – Schlaf süß!
Des Sommers warmer Hauch kann diese Knospe
Der Liebe wohl zur schönen Blum' entfalten,
Bis wir das nächste Mal uns wiedersehn.
Nun gute Nacht! So süße Ruh' und Frieden,
Als mir im Busen wohnt, sei dir beschieden!
Romeo: Ach, du verlässest mich so ungetröstet?
Julia: Welch Tröstung kannst du diese Nacht begehren?
Romeo: Gib deinen treuen Liebesschwur für meinen!
Julia: Ich gab ihn dir, eh du darum gefleht:
Und doch, ich wollt', er stünde noch zu geben.
Romeo: Wolltst du mir ihn entziehn? Wozu das, Liebe?
Julia: Um unverstellt ihn dir zurückzugeben.
Allein ich wünsche, was ich habe, nur.
So grenzenlos ist meine Huld[10], die Liebe
So tief ja wie das Meer. Je mehr ich gebe,
Je mehr auch hab ich: beides ist unendlich.
Ich hör im Haus Geräusch; leb wohl, Geliebter!
Die Wärterin ruft hinter der Szene.
Gleich, Amme! Holder Montague, sei treu!
Wart' einen Augenblick: Ich komme wieder!

William Shakespeare: Romeo und Julia. Deutsches Theater Berlin 2015

9 schelten: schimpfen
10 die Huld: die Freundlichkeit

Sie geht zurück.

Romeo: O sel'ge, sel'ge Nacht! Nur fürcht ich, weil
Mich Nacht umgibt, dies alles sei nur Traum,
Zu schmeichelnd süß, um wirklich zu bestehn.

Julia erscheint wieder am Fenster.

Julia: Drei Worte, Romeo; dann gute Nacht!
Wenn deine Liebe, tugendsam gesinnt,
Vermählung wünscht, so lass mich morgen wissen
Durch jemand, den ich zu dir senden will,
Wo du und wann die Trauung willst vollziehn.
Dann leg ich dir mein ganzes Glück zu Füßen
Und folge durch die Welt dir als Gebieter. –

Die Wärterin hinter der Szene: „Fräulein!"

Ich komme; gleich! – Doch meinst du es nicht gut,
So bitt ich dich …

Die Wärterin hinter der Szene: „Fräulein!"

Im Augenblick, ich komme! –
… Hör auf zu werben, lass mich meinem Gram!
Ich sende morgen früh –

Romeo: Beim ew'gen Heil!

Julia: Nun tausend gute Nacht! *Geht zurück.*

William Shakespeare: Romeo und Juli
Deutsches Theater Berlin 2015

1. Lies die Szene und gliedere sie in inhaltliche Abschnitte. Fasse in eigenen Worten zusammen, worum es in den einzelnen Abschnitten geht.
2. a) Recherchiert, welche Verfilmungen von „Romeo und Julia" es gibt.
   b) Seht euch in verschiedenen Verfilmungen die Balkonszene an und diskutiert, wie euch die jeweilige Umsetzung gefällt.
3. Erarbeitet eine modernisierte Fassung der Balkonszene. Geht dabei so vor:
   - Überlegt, wo die Problematik von „Romeo und Julia" noch heute eine Rolle spielen könnte.
   - Verfasst eine modernisierte Fassung des Textes, z. B. in moderner Alltagssprache oder in Jugendsprache. Ihr könnt den Text auch kürzen.
   - Ergänzt Regieanweisungen zum Verhalten, zu Mimik, Gestik und zur Sprechweise der Figuren.
   - Skizziert ein Bühnenbild und entwerft passende Kostüme.

Ein Drama untersuchen

Im Mittelpunkt einer **Dramenhandlung** steht immer ein **Konflikt** zwischen den Figuren. Anders als bei einem Erzähltext wird das Geschehen nicht von einer Erzählerin / einem Erzähler dargestellt, sondern den Zuschauerinnen und Zuschauern durch direkte Figurenrede vermittelt.

Wichtige **Fachbegriffe** für die Untersuchung und Beschreibung eines Dramas sind:

der Akt / der Aufzug	**Größerer Handlungsabschnitt** eines Dramas, der in einzelne Szenen unterteilt ist. Am Ende eines Aktes/Aufzugs fällt oft der Vorhang.
die Szene / der Auftritt/ das Bild	**Kleinster Handlungsabschnitt** eines Dramas, der häufig durch Auftritt oder Abgang einer oder mehrerer Figuren gekennzeichnet ist.
die Exposition	**Ausgangssituation** mit Vorstellung von **Ort** und **Zeit** der Handlung und der **Einführung der Hauptfigur/-en**. Zudem wird die **Situation** dargestellt, **in der der Konflikt entsteht**.
das erregende Moment	Das **erregende Moment** ist Teil der Exposition. Es besteht in einem **Ereignis, das den Konflikt auslöst** oder beschleunigt.
der Wendepunkt	Am **Wendepunkt eskaliert der Konflikt** und das Geschehen bzw. das Schicksal der Heldin / des Helden wendet sich. Der Wendepunkt befindet sich ungefähr in der Mitte der Handlung, also am Ende des dritten Akts/Aufzugs.
das retardierende Moment	Das **retardierende Moment** ist das Gegenstück zum **erregenden Moment**. Bei ihm handelt es sich um den **Moment der letzten Spannung**, an dem sich die Handlung kurzfristig umzukehren scheint.
die Katastrophe	Die **Katastrophe** bildet den **Abschluss des Dramas** mit der Lösung des dramatischen Konflikts. Anders als das Wort vermuten lässt, muss die Lösung nicht tragisch sein, sondern kann auch in einem „Happy End" bestehen.
der Monolog	Im **Monolog** teilt eine Dramenfigur ihre Gedanken und Gefühle in Form eines **Selbstgesprächs** mit.
der Dialog	Im **Dialog** sprechen **zwei oder mehrere Figuren** miteinander.
die Regie-anweisungen	Mithilfe der **Regieanweisungen** macht die Autorin / der Autor Angaben zur **Bühnengestaltung**, zu **Gestik**, **Mimik** oder zur **Sprechweise** der Figuren. Meist wird auch das Auf- und Abtreten einzelner Figuren vermerkt.

8 Von Ort zu Ort

Gedichte untersuchen und interpretieren

Glückliche Fahrt *Johann Wolfgang Goethe (1796)*

Die Nebel zerreißen,
Der Himmel ist helle,
Und Äolus[1] löset
Das ängstliche Band.
Es säuseln die Winde,
Es rührt sich der Schiffer
Geschwinde! Geschwinde!
Es teilt sich die Welle,
Es naht sich die Ferne;
Schon seh ich das Land!

1 Äolus: der griechische Gott der Winde

1. Welches der beiden Gedichte auf dieser Doppelseite spricht dich mehr an? Begründe.
2. Wähle eines der beiden Gedichte aus und schreibe die „Geschichte" auf, die dieses Gedicht erzählt.
3. Erkläre im Vergleich mit deinen Texten aus Aufgabe 2, was ein Gedicht zum Gedicht macht. Formuliere eine kurze Definition.

Der Radwechsel *Bertolt Brecht (1953)*

Ich sitze am Straßenhang.
Der Fahrer wechselt das Rad.
Ich bin nicht gern, wo ich herkomme.
Ich bin nicht gern, wo ich hinfahre.
Warum sehe ich den Radwechsel
Mit Ungeduld? R

In diesem Kapitel …

- wiederholst du die wichtigsten Merkmale von Gedichten.
- beschäftigst du dich mit unterschiedlichen Bedeutungen des „Unterwegsseins" in Gedichten.
- untersuchst du die Beziehung zwischen Inhalt, Form, sprachlicher Gestaltung und Wirkung.
- lernst du, eine Gedichtinterpretation zu verfassen.
- setzt du dich kreativ und gestalterisch mit Gedichten auseinander.

Die Merkmale von Gedichten untersuchen

Im Auto über Land *Erich Kästner (1936)*

An besonders schönen Tagen
ist der Himmel sozusagen
wie aus blauem Porzellan.
Und die Federwolken gleichen
weißen, zart getuschten Zeichen,
wie wir sie auf Schalen sahn.

Alle Welt fühlt sich gehoben,
blinzelt glücklich schräg nach oben
und bewundert die Natur.
Vater ruft, direkt verwegen:
„'n Wetter, glatt zum Eierlegen!"
(Na, er renommiert[1] wohl nur.)

1 renommieren: *hier* angeben

Und er steuert ohne Fehler
über Hügel und durch Täler.
Tante Paula wird es schlecht.
Doch die übrige Verwandtschaft
blickt begeistert in die Landschaft.
Und der Landschaft ist es recht.

Um den Kopf weht eine Brise[2]
von besonnter Luft und Wiese,
dividiert durch viel Benzin.
Onkel Theobald berichtet,
was er alles sieht und sichtet.
Doch man sieht's auch ohne ihn.

Den Gesang nach Kräften pflegend
und sich rhythmisch fortbewegend
strömt die Menschheit durchs Revier.
Immer rascher jagt der Wagen.
Und wir hören Vatern sagen:
„Dauernd Wald, und nirgends Bier."

Aber schließlich hilft sein Suchen.
Er kriegt Bier. Wir kriegen Kuchen.
Und das Auto ruht sich aus.
Tante schimpft auf die Gehälter.
Und allmählich wird es kälter.
Und dann fahren wir nach Haus.

2 die Brise: leichter Wind

1. Wie wirkt das Gedicht auf dich? Schreibe deinen ersten Leseeindruck auf und begründe ihn kurz.
2. Trage das Gedicht in der Klasse vor. Versuche, bei deinem Vortrag den Charakter des Gedichts zum Ausdruck zu bringen.
3. a) Untersuche das Gedicht genauer, indem du das Reimschema und das Metrum bestimmst und die sprachliche Gestaltung betrachtest.
   Nutze das Merkwissen auf Seite 204 f., wenn du unsicher bist.
   Tipps & Hilfen (→ S. 328)
   b) Besprecht: Inwiefern trägt die formale Gestaltung zur Komik des Gedichts bei? Nennt Beispiele mit Versangaben.

Bilder in Gedichten erschließen

Segelschiffe *Joachim Ringelnatz (1932)*

Sie haben das mächtige Meer unterm Bauch
Und über sich Wolken und Sterne.
Sie lassen sich fahren vom himmlischen Hauch
Mit Herrenblick in die Ferne.

Sie schaukeln kokett[1] in des Schicksals Hand
Wie trunkene[2] Schmetterlinge.
Aber sie tragen von Land zu Land
Fürsorglich wertvolle Dinge.

Wie das im Wind liegt und sich wiegt,
Tauwebüberspannt durch die Wogen[3],
Da ist eine Kunst, die friedlich siegt,
Und ihr Fleiß ist nicht verlogen.

Es rauscht wie Freiheit. Es riecht wie Welt. –
Natur gewordene Planken[4]
Sind Segelschiffe. – Ihr Anblick erhellt
Und weitet unsre Gedanken.

1 kokett: eitel; darauf bedacht, anderen zu gefallen
2 trunken: in einen Rausch versetzt
3 die Woge: die Welle
4 die Planke: langes dickes Brett

1 Welche der folgenden Aussagen gibt den Inhalt und die Stimmung des Gedichts am besten wieder? Begründe deine Ansicht mit dem Text.

A Das lyrische Ich verbindet den Anblick von Segelschiffen mit Freiheit und Aufbruchsstimmung.

B Das lyrische Ich verbindet den Anblick von Segelschiffen mit der Sehnsucht, nach Hause zu kommen.

C Das lyrische Ich verbindet den Anblick der Segelschiffe mit Wohlstand.

❷ Arbeite auf einer Kopie des Textes und markiere und notiere wie im Beispiel alles, was dir bezüglich des Inhalts und der sprachlichen Gestaltung des Gedichts auffällt.
Tipp: Du kannst deine Gedanken zu einzelnen Textstellen auch auf Klebezetteln notieren und sie an entsprechender Stelle zum Gedicht auf Seite 188 heften.

Segelschiffe *Joachim Ringelnatz (1932)*

Sie haben das mächtige Meer unterm Bauch
Und über sich Wolken und Sterne.
Sie lassen sich fahren vom himmlischen Hauch
Mit Herrenblick in die Ferne.

Metapher, anschaulich
positive Adjektive
...
...
Alliteration → lenkt Aufmerksamkeit auf die Textstelle
...

❸ a) Suche mithilfe des Merkwissens auf Seite 204 f. im Gedicht „Segelschiffe" Beispiele für
- Vergleiche,
- Metaphern und
- Personifikationen.

Tipps & Hilfen (→ S. 328)

b) Das Gedicht enthält mehrere Enjambements. Informiere dich im Info-Kasten, was ein Enjambement ist, und suche zwei Beispiele im Text.

c) Erläutere die Bedeutung der sprachlichen Bilder für die Aussage des Gedichts.

Tipps & Hilfen (→ S. 328)

❹ a) Untersuche, ob das Gedicht ein regelmäßiges Metrum hat.

Tipps & Hilfen (→ S. 329)

b) Diskutiert, wie sich der Wechsel im Metrum auswirkt.

⑤ Recherchiere, welche Bedeutung Segelschiffe für den Dichter Joachim Ringelnatz in seinem Leben hatten.

Info: Das Enjambement (der Zeilensprung)

Von einem **Enjambement** spricht man, wenn das Ende eines Satzes oder Teilsatzes nicht mit dem Versende zusammenfällt, sondern über die Versgrenze hinweg fortgeführt wird, z. B.:
„Zwei Segel erhellend / Die tiefblaue Bucht! / Zwei Segel sich schwellend / Zu ruhiger Flucht!" (Conrad Ferdinand Meyer: „Zwei Segel")

Manchmal befindet sich das Versende auch mitten in einem Wort, z. B.:
„Jeder weiß, was so ein Mai- / käfer für ein Vogel sei." (Wilhelm Busch: „Max und Moritz").

Das Eisenbahngleichnis *Erich Kästner (1931)*

Wir sitzen alle im gleichen Zug
und reisen quer durch die Zeit.
Wir sehen hinaus. Wir sahen genug.
Wir fahren alle im gleichen Zug.
Und keiner weiß, wie weit.

Ein Nachbar schläft, ein anderer klagt,
Der Dritte redet viel.
Stationen werden angesagt.
Der Zug, der durch die Jahre jagt,
kommt niemals an sein Ziel.

Wir packen aus. Wir packen ein.
Wir finden keinen Sinn.
Wo werden wir wohl morgen sein?
Der Schaffner schaut zur Tür hinein
und lächelt vor sich hin.

Auch er weiß nicht, wohin er will.
Er schweigt und geht hinaus.
Da heult die Zugsirene schrill!
Der Zug fährt langsam und hält still.
Die Toten steigen aus.

Ein Kind steigt aus. Die Mutter schreit.
Die Toten stehen stumm
am Bahnsteig der Vergangenheit.
Der Zug fährt weiter, er jagt durch die Zeit.
Und niemand weiß, warum.

Die 1. Klasse ist fast leer.
Ein dicker Mensch sitzt stolz
im roten Plüsch und atmet schwer.
Er ist allein und spürt das sehr.
Die Mehrheit sitzt auf Holz.

Wir reisen alle im gleichen Zug
zur Gegenwart in spe[1].
Wir sehen hinaus. Wir sahen genug.
Wir sitzen alle im gleichen Zug
und viele im falschen Coupé[2].

1 in spe: zukünftig
2 das Coupé: das Zugabteil

1. Gib den Inhalt des Gedichts in eigenen Worten wieder.
2. Erläutere den Titel des Gedichts. Nutze die Informationen im Info-Kasten unten.
   Tipps & Hilfen (→ S. 329)
3. In Kästners Gedicht „Eisenbahngleichnis" fällt die bildhafte Sprache auf. Notiere Beispiele in einer Tabelle und erläutere die jeweilige Bedeutung.
   Tipps & Hilfen (→ S. 329)

Sprachliches Bild	Deutung, Wirkung
– „Wir sitzen alle im gleichen Zug" (V. 1)	– Wir sind alle in derselben Situation (ähnlich: „in einem Boot sitzen")
– „Und keiner weiß, wie weit." (V. 5)	– …
– „Der Zug, der durch die Jahre jagt, kommt niemals an sein Ziel." (V. 9 f.)	– …

4. Der Dichter und Schriftsteller Erich Kästner thematisierte in seinen Gedichten häufig gesellschaftliche Probleme.
   Diskutiert: Lassen sich in diesem Gedicht gesellschaftskritische Anspielungen finden?

Info: Das Gleichnis

Unter einem **Gleichnis** versteht man eine **kurze, bildhafte Erzählung**, die eine (abstrakte) Vorstellung durch den Vergleich mit einem konkreten Gegenstand oder einer konkreten Handlung veranschaulicht. Bekannt sind viele Bibelgleichnisse, z. B.: „Eher geht ein Kamel durchs Nadelöhr, als dass ein Reicher in das Reich Gottes gelangt."

Die Rolle des lyrischen Ich erschließen

Gute Nacht *Wilhelm Müller (1823)*

Fremd bin ich eingezogen,
Fremd zieh ich wieder aus.
Der Mai war mir gewogen
Mit manchem Blumenstrauß.
Das Mädchen sprach von Liebe,
Die Mutter gar von Eh', –
Nun ist die Welt so trübe,
Der Weg gehüllt in Schnee.

Ich kann zu meiner Reisen
Nicht wählen mit der Zeit,
Muss selbst den Weg mir weisen
In dieser Dunkelheit.
Es zieht ein Mondenschatten
Als mein Gefährte mit,
Und auf den weißen Matten
Such ich des Wildes Tritt.

Was soll ich länger weilen,
Dass man mich trieb hinaus?
Lass irre Hunde heulen
Vor ihres Herren Haus!
Die Liebe liebt das Wandern –
Gott hat sie so gemacht –
Von einem zu dem andern,
Fein Liebchen, gute Nacht!

Will dich im Traum nicht stören,
Wär schad um deine Ruh,
Sollst meinen Tritt nicht hören –
Sacht, sacht die Türe zu!
Schreib im Vorübergehen
Ans Tor dir, gute Nacht,
Damit du mögest sehen,
An dich hab ich gedacht.

1. Diskutiert, ob das Thema des Gedichts die Liebe oder die Natur ist.
2. Welche Geschichte erzählt das lyrische Ich hier? Schreibe sie als kurzen Erzähltext in der Ich-Perspektive auf.
3. Untersuche, wie das lyrische Ich im Gedicht die Jahreszeiten erlebt und inwiefern diese zu seinen Empfindungen passen.
4. Das Gedicht „Gute Nacht" von Wilhelm Müller wurde zusammen mit anderen Gedichten des Autors von dem Komponisten Franz Schubert (1797 – 1828) vertont.
   Hört euch im Internet eine Vertonung an und achtet darauf, welche Verse im Lied besonders betont werden.

Info: Das lyrische Ich

Ähnlich wie bei einem Erzähltext, bei dem ein Erzähler die Handlung vermittelt, wird der Inhalt eines Gedichts von einem so genannten **lyrischen Ich** zum Ausdruck gebracht. Dieses ist eine Erfindung der Autorin / des Autors und darf nicht mit dieser / diesem selbst verwechselt werden. Das lyrische Ich kann entweder als *Ich* oder als *Wir* in Erscheinung treten oder sich ganz im Hintergrund halten.

Rückfahrt nach Bremen *Erich Fried (1953)*

Spätherbst
der erste Schnee
die Nachtstraßen
eisglatt
aber zu dir hin

Dann im Morgengrauen
die Bahn
monoton
ermüdend
aber zu dir hin

Quer durch dein Land
und quer
durch mein Leben
aber zu dir hin

Zu deiner Stimme
zu deinem Dasein
zu deinem Dusein
zu dir hin.

1 a) Trage das Gedicht sinngestaltend vor.
b) Begründe, warum es sich bei diesem Text um ein Gedicht handelt.

2 Erläutere, wie das lyrische Ich seine Reise erlebt. Begründe mit dem Text.

3 Versuche zu erklären, was mit der Wortschöpfung (dem Neologismus) *Dusein* gemeint ist und welche Bedeutung es für das lyrische Ich hat.

4 Schreibe aus der Sicht des lyrischen Ich einen Brief an das Du, in dem du deine Gefühle auf der Fahrt darstellst.

5 Vergleiche das Gedicht „Rückfahrt nach Bremen" von Erich Fried mit „Gute Nacht" von Wilhelm Müller im Hinblick darauf, wie das lyrische Ich seine Situation erlebt.

Wilhelm Müller: „Gute Nacht"	Erich Fried: „Rückfahrt nach Bremen"
– *lyrisches Ich verlässt seine Geliebte / seinen Geliebten* – ...	– *lyrisches Ich befindet sich auf dem Weg zu seiner / seinem Geliebten* – ...

Ein Gedicht schriftlich interpretieren

Frische Fahrt *Joseph von Eichendorff (1815)*

Laue Luft kommt blau geflossen,
Frühling, Frühling soll es sein!
Waldwärts Hörnerklang geschossen,
Mut'ger Augen lichter Schein;
Und das Wirren bunt und bunter
Wird ein magisch wilder Fluss,
In die schöne Welt hinunter
Lockt dich dieses Stromes Gruß.

Und ich mag mich nicht bewahren!
Weit von euch treibt mich der Wind,
Auf dem Strome will ich fahren,
Von dem Glanze selig blind!
Tausend Stimmen lockend schlagen,
Hoch Aurora[1] flammend weht,
Fahre zu! Ich mag nicht fragen,
Wo die Fahrt zu Ende geht!

1 Aurora: *lateinisch* Morgenröte, Name der römischen Göttin der Morgenröte

1 a) Tragt euch das Gedicht gegenseitig vor. Die Zuhörer/-innen schließen dabei die Augen.
b) Beschreibt euch gegenseitig, welche Stimmung das Gedicht vermittelt und welche Bilder in den Köpfen der Zuhörerinnen und Zuhörer entstehen.
c) Erläutert anhand einzelner Textstellen, wie diese Wirkung zustande kommt.

2 Welcher der folgenden Aussagen zum Thema des Gedichts stimmst du zu? Begründe.

A Im Gedicht geht es um ein lyrisches Ich, das eine fröhliche Schifffahrt unternehmen möchte.
B Das Gedicht thematisiert die Sehnsucht des lyrischen Ich, seiner Situation zu entfliehen.
C Im Gedicht wird angesichts des beginnenden Frühlings und der Betrachtung eines rauschenden Flusses die Aufbruchsstimmung des lyrischen Ich dargestellt.

3 Formuliere eine Einleitung für eine Interpretation des Gedichts „Frische Fahrt". Nenne darin den **Autor**, die **Entstehungszeit**, den **Titel** und das **Thema** des Gedichts.
Orientiere dich auch am Merkwissen auf Seite 204 f.

In dem Gedicht ______ von ______ aus dem Jahr ______ geht es um ______ .

4 Untersuche den Inhalt, die Form und die sprachliche Gestaltung der zweiten Strophe des Gedichts wie im Beispiel. Übertrage die Strophe dafür in dein Heft oder fertige eine Textkopie an. Nutze auch das Merkwissen auf Seite 205 f.
Tipps & Hilfen (→ S. 329)

Inhalt
- *Überschrift: Aufbruchsstimmung*
- *Frühlingsstimmung (laue Luft, Hörnerklang, lichter Schein)*
- *Schönheit (bunt und bunter, schöne Welt)*
- *Verzauberung, Verlockung durch den Fluss (magisch, lockt)*

Frische Fahrt
Joseph von Eichendorff (1815)

a Laue Luft kommt blau geflossen,
b Frühling, Frühling soll es sein!
a Waldwärts Hörnerklang geschossen,
b Mut'ger Augen lichter Schein;
c Und das Wirren bunt und bunter
d Wird ein magisch wilder Fluss,
c In die schöne Welt hinunter
d Lockt dich dieses Stromes Gruß.

Sprache
- *Alliterationen (frische Fahrt, laue Luft) → Betonung des Gesagten*
- *Farbadjektiv (blau)*
- *Wiederholung (Frühling) → Betonung*
- *positive Adjektive (mutig, licht, bunt) → positive Stimmung*
- *Wiederholung und Steigerung (bunt und bunter) → Betonung*
- *positive, dynamische Adjektive (magisch, wild, schön)*
- *lyrisches Ich spricht sich selbst an: dich*
- *Personifizierung des Flusses*
- *Enjambement in Vers 7/8*

5 Lies den ersten Teil einer Gedichtinterpretation zu von Eichendorffs Gedicht „Frische Fahrt" auf dieser und der nächsten Seite.
Erkläre mithilfe folgender Begriffe, wie die Interpretation aufgebaut ist.

Hauptteil | Interpretation des Gedicht-Titels | Darstellung der Form | Thema des Gedichts | Untersuchung der sprachlichen Gestaltung in Bezug zum Inhalt | Einleitung | Zusammenfassung des Inhalts

Interpretation des Gedichts „Frische Fahrt"

Das Gedicht „Frische Fahrt" von Joseph von Eichendorff aus dem Jahr 1815 thematisiert die Aufbruchsstimmung des lyrischen Ich, die durch den beginnenden Frühling und den Anblick eines rauschenden Flusses geweckt wird.
Der Titel des Gedichts „Frische Fahrt" erinnert an einen Ausflug an einem Frühlingstag, bei dem ein frischer, frühlingshafter Wind weht. Er weckt positive Gefühle und passt zum Fernweh und zur sehnsuchtsvollen Stimmung des lyrischen Ich.

Das Gedicht besteht aus zwei Strophen mit jeweils acht Versen. Während das lyrische Ich in der ersten Strophe die erwachende Natur eher beobachtet, kommen in der zweiten Strophe die Aufbruchsstimmung und die Reiselust des lyrischen Ich mehr und mehr zum Vorschein.

Der regelmäßige Kreuzreim sowie der durchgehende Trochäus erzeugen eine gleichmäßige Geschwindigkeit, die zur Bewegung eines rauschenden Flusses passt. Gleich zu Beginn des Gedichts kündigt die Alliteration „Laue Luft" (V. 1) den Frühling an, der symbolisch für einen Neuanfang steht. Die Wiederholung des Wortes „Frühling" im Ausruf „Frühling, Frühling soll es sein!" (V. 2) zeigt die Dringlichkeit des Wunsches nach einem Aufbruch. Das lyrische Ich nimmt freudig erste Anzeichen der ersehnten Jahreszeit wahr, die sich mit Hörnerklang (vgl. V. 3) und bunten Farben (vgl. V. 5) ankündigt. In den letzten drei Versen der ersten Strophe konzentrieren sich die Natureindrücke auf die Betrachtung des Flusses, der auf das lyrische Ich „magisch" (V. 6) und verlockend (vgl. V. 8) wirkt, da er für den Aufbruch „In die schöne Welt" (V. 7) steht. Durch das Enjambement in Vers 7/8 wird das Wort „lockt" (V. 8) besonders betont. Gemeint sein könnte hier eine bessere, andere Lebenssituation oder der allgemeine Wunsch nach Veränderung.

6 Untersuche, wie die Textbelege hier eingebunden sind (→ S. 142).

7 Verfasse nach dem Muster der Interpretation der ersten Gedichtstrophe eine schriftliche Interpretation für die zweite Strophe. Schreibe im Präsens.

8 a) Untersuche den folgenden Schluss einer Interpretation des Gedichts „Rückfahrt nach Bremen" von Erich Fried (→ S. 193): Welche Aspekte enthält der Schluss?

Zusammenfassend ist festzuhalten, dass in dem Gedicht „Rückfahrt nach Bremen" die Sehnsucht des lyrischen Ich im Vordergrund steht, die vor allem in der direkten und wiederholten Ansprache des geliebten „Du" zum Ausdruck kommt. Aus diesem Grund kann man das Gedicht eindeutig als Liebesgedicht bezeichnen.

b) Verfasse den Schluss einer Gedichtinterpretation für Joseph von Eichendorffs Gedicht „Frische Fahrt".

Tipps & Hilfen (→ S. 329)

Untersuchungsergebnisse und Deutung verknüpfen

1 Verfasse nun eine vollständige schriftliche Interpretation für das Gedicht „Segelschiffe" von Joachim Ringelnatz (→ S. 188).
Nutze deine Arbeitsergebnisse von Aufgabe 2 und 3 auf der Seite 189 und folgende Formulierungshilfen.

Einleitung Autor, Titel, Jahr und Thema	- *In dem Gedicht … von … aus dem Jahr … geht es um …*
Erster Eindruck / Grundstimmung	- *Im Gedicht wird eine … Grundstimmung vermittelt, die sich darin zeigt, dass …*
Hauptteil Zusammenfassung des **Inhalts**	- *In der ersten Strophe geht es um … Die zweite Strophe handelt von … In der dritten Strophe wird beschrieben, wie …*
Darstellung der **äußeren Form** im Hinblick auf den Inhalt	**Strophen und Verse:** - *Das Gedicht umfasst … Strophen mit jeweils … Versen.* **Reimschema:** - *Das Reimschema ist ein …, der … unterstützt.* - *Die Änderungen im Reimschema richten die Aufmerksamkeit auf …* - *Es ist kein durchgängiges Reimschema erkennbar, wodurch …* **Metrum:** - *Bei dem Metrum in den Strophen … handelt es sich um …, wodurch eine … Wirkung erzielt wird.* - *Auffällig ist der Wechsel des Metrums in den Versen … , der … bewirkt.*
Bedeutung des **Gedichttitels**	**Titel:** - *Bereits im Titel des Gedichts wird angedeutet, dass …* - *Der Titel „ … " gibt bereits einen Hinweis auf …*
Untersuchung und Deutung der **sprachlichen Gestaltung**	**Sprachliche Mittel:** - *Die Metapher / der Vergleich / die Personifikation „… " (V. …) bedeutet, dass …* - *„…" (V. …) steht für …* - *Die positiven/negativen Adjektive/Verben … können als … gedeutet werden (vgl. V. …).*
Schluss Zusammenfassung/Fazit	- *Abschließend lässt sich festhalten/feststellen, dass …* - *Die Untersuchung des Gedichts zeigt, dass …* - *Insgesamt wirkt das Gedicht …*

Zum Schmökern, Schauen, Weiterdenken

Ein Post Scriptum[1] *Mascha Kaléko (1946)*

Von meinem alten Anwalt kam ein Brief.
Er schreibt wie immer.
Sachlich, fachlich. Ihr Ergebener.

Da übersah ich beinah
das Post Scriptum.

„Nun, da mein Leben sich dem Abend zuneigt,
und jenes dunkeln Engels Flügelschlagen
schon manche Nacht den Herzschlag übertönt,
will ich, Verehrteste, es ein Mal sagen:
Ich habe dreißig Jahre Sie geliebt.

Nun liegt ein Weltmeer zwischen mir und Ihnen.
Und immer warte ich, daß noch ein Brief,
kein Liebesbrief und doch ein Schmetterling
in mein mit Akten tapeziertes Leben
flattert." R

1 das Post Scriptum: *lateinisch* Nachsatz, Anhang an einen Brief

1. Was wünscht sich der Absender des Briefes im Post Scriptum? Erläutere die Metaphern, die er verwendet, um seine Situation und seine Sehnsüchte zu schildern.
2. Wie wirkt der Absender des Briefes auf dich? Verfasse eine Charakterisierung des Briefschreibers. Belege deine Aussagen mit dem Text.
3. Verfasse einen Antwortbrief des lyrischen Ich in Gedichtform. Versuche dabei, aussagekräftige sprachliche Bilder zu verwenden.

Fahrend in einem bequemen Wagen *Bertolt Brecht (1937)*

Auf einer regnerischen Landstraße
Sahen wir einen zerlumpten Menschen bei Nachtanbruch
Der uns winkte, ihn mitzunehmen, sich tief verbeugend.
Wir hatten ein Dach und wir hatten Platz und wir fuhren vorüber
Und wir hörten mich sagen, mit einer grämlichen Stimme: nein
Wir können niemand mitnehmen.
Wir waren schon weit voraus, einen Tagesmarsch vielleicht
Als ich plötzlich erschrak über diese meine Stimme
Dies mein Verhalten und diese
Ganze Welt. R

1. Das Gedicht enthält einen Wendepunkt. Erläutere, wo er sich befindet.
2. Notiere zu diesem Gedicht zwei formale und zwei sprachliche Besonderheiten und deute sie.
3. Verfasse einen inneren Monolog des „zerlumpten Menschen".
4. Der Autor Bertolt Brecht hat in seinen literarischen Werken häufig Kritik an gesellschaftlichen Zuständen geäußert.
   a) Besprecht, welche gesellschaftlichen Probleme in diesem Gedicht angeprangert werden.
   b) Sind diese Probleme noch aktuell? Begründet mit zwei Beispielen.

Deutsche Bahn *Wise Guys (2012)*

Meine Damen und Herrn, der ICE nach Frankfurt/Main
fährt abweichend am Bahnsteig gegenüber ein.
Die Abfahrt dieses Zuges war vierzehn Uhr zwei,
Obwohl: Das war sie nicht, denn es ist ja schon halb drei.
Bei uns läuft leider oft das meiste anders, als man denkt:
Wir haben die Waggons alle falschrum angehängt.
Die Wagenreihung ist genau das Gegenteil vom Plan ...
Sssenk ju for trewweling wiss Deutsche Bahn!

Meine Damen und Herrn, es ist Ihr Zugchef, der hier spricht.
Ganz normal zu sprechen, beherrsch ich leider nicht.
Trotzdem kriegen Sie den Service, den man von uns kennt:
Erst Deutsch und dann auf Englisch, mit heftigem Akzent.
Erstmal will ich – ohne meinen Ekel zu verhehlen –
Ihnen das Angebot aus unsrem Bord-Bistro empfehlen:
Leberkäs' und Softdrink gibt's für sieben Euro zehn.
Vorher ganz viel Spaß beim In-der-Schlange-Stehn.

Meine Damen und Herrn, danke, dass sie mit uns reisen
auf maroden Gleisen
zu abgefahr'nen Preisen.
Für Ihre Leidensfähigkeit danken wir spontan:
Sssenk ju for trewweling wiss Deutsche Bahn!

Meine Damen und Herrn, dass es grad nicht weitergeht,
liegt an einer Kuh, die auf den Schienen steht.
Aber bitte, bitte, behalten sie uns lieb.
Wir war'n halt einfach viel zu lang ein Staatsbetrieb.
Sollten Sie im Lauf der Fahrt mal das WC benutzen,
würden wir empfehlen, dass Sie das vorher selbst putzen.
Verwenden Sie am besten eine Flasche Sagrotan.
Sssenk ju for trewweling wiss Deutsche Bahn!

Meine Damen und Herrn, danke, dass Sie mit uns reisen
auf maroden Gleisen
zu abgefahr'nen Preisen.
Für Ihre Leidensfähigkeit danken wir spontan:
Sssenk ju for trewweling wiss Deutsche Bahn!

Meine Damen und Herrn, weil die meistens keiner checkt,
sind bei uns ständig alle Heizungen defekt.
Ansonsten stehn für Sie Klimaanlagen parat,
doch die funktionieren nur bis 32 Grad.
Wir ham 'ne Theorie, doch es fehlt noch der Beweis:
Im Winter wird es kalt und im Sommer wird es heiß.
Erleben Sie bei uns Kälteschock und Fieberwahn –
Sssenk ju for trewweling wiss Deutsche Bahn!

Meine Damen und Herrn, danke, dass Sie mit uns reisen
auf maroden Gleisen
zu abgefahr'nen Preisen.
Für Ihre Leidensfähigkeit danken wir spontan:
Sssenk ju for trewweling wiss Deutsche Bahn!

1. Erläutere, wodurch die komische Wirkung des Textes entsteht.
2. Tragt das Gedicht in Kleingruppen rhythmisch vor. Ihr könnt die einzelnen Strophen auch unter euch aufteilen und den Text musikalisch (z. B. durch Body Percussion oder Beatboxen) untermalen.
3. Wie könnte ein Musikvideo zu diesem Lied gestaltet sein? Tauscht eure Ideen in der Klasse aus.

Dieses Alter (Auszug) *Julia Engelmann (2015)*

Wie gern wärst du ein Kranich,
ein Vagabund[1] mit Flügeln,
könntest ohne feste Zügel
erhaben über allem fliegen,
um endlich das zu kriegen,
was diese Leere in dir füllt,
bevor ein Fremder sie enthüllt.
[...]

Vielleicht ist das dieses Alter,
vielleicht wachsen wir da raus,
vielleicht hört das alles mit der Zeit
von alleine auf.

Denn wir sind zu hart miteinander
und zu hart zu uns selbst,
aber das ändert sich nicht
am anderen Ende der Welt.
Wir suchen an den falschen Orten
nach den falschen Dingen,
und dann sind wir ernüchtert,
wenn wir wieder nichts finden.
[...]

1 der Vagabund: jemand, der ohne festen Wohnsitz ist und umherzieht

Wir sind Eisberge,
nur ein Siebtel von uns sichtbar,
der Rest bleibt backstage tief im Meer
versteckt, verborgen, aber sicher.
Wir sind rastlose Nomaden[2]
mit kraftlos wackelnden Fassaden,
auf der Suche nach dem Hafen,
der uns ein Zuhause ist.
Wir sind Angsthasen,
die sich nicht in den festen Stand wagen,
wir tragen einheitliche Pappmasken,
mit genau den gleichen Pappnasen.

Wir wollen Halt, aber nichts Festes,
damit auch ja keiner verletzt ist,
wir machen alles selbst kaputt,
bevor's kaputtgehen kann.
Und nichts ist genug,
wir wollen immer das Beste,
und wir machen lieber Schluss,
bevor's zu Bruch gehen kann.
Niemand soll bemerken,
dass uns etwas bedeutet,
dabei sind wir es selbst,
die wir am Ende damit täuschen.

Vielleicht ist das dieses Alter,
vielleicht wachsen wir da rein,
irgendwann entspannt mit uns,
der Welt und anderen zu sein.

2 der Nomade: Angehöriger eines Volkes, das umherzieht

❶ Diskutiert: Wird das Unterwegs-Sein in diesem Gedicht positiv oder negativ dargestellt?

② Untersuche, mit welchen Metaphern und Vergleichen das *Wir* im Gedicht beschrieben wird, und erkläre diese sprachlichen Bilder.

③ Übe den Vortrag des Gedichts ein und trage es in der Klasse vor. Du kannst auch eine Hör- oder Video-Aufnahme machen und diese in der Klasse präsentieren.

④ Die Autorin des Gedichts war mehrfach Teilnehmerin bei so genannten Poetry Slams.
a) Recherchiere, was ein Poetry Slam ist.
b) Veranstaltet einen Poetry-Slam in eurer Klasse mit Texten zum Thema „Reisen".

Gedichte untersuchen

	Merkmale eines Gedichts	Beispiele
Inhalt	- Worum geht es in dem Gedicht? - Wird eine Handlung dargestellt? - Welche Gedanken und Stimmungen werden dargestellt?	- *In dem Gedicht „Ein Post Scriptum" von Mascha Kaléko geht es um einen Brief, den … Über den Inhalt des Briefes erfahren wir etwas durch das lyrische Ich. Die Stimmung des Gedichtes ist heiter, aber nicht lustig.*
Sprecherin/ Sprecher	- Tritt ein lyrisches Ich in Erscheinung?	- *„Ich sitze am Straßenhang."* („Der Radwechsel")

Form	- Wie viele **Strophen** und/oder **Verse** hat das Gedicht?
	- Gibt es ein **Reimschema**, z. B.:
	  - **Paarreim:** aa bb
	  - **Kreuzreim:** ab ab
	  - **umarmender Reim:** ab ba
	- Sind **weitere Reimformen** zu erkennen? Z. B.:
	  - **Alliterationen:** mehrere aufeinanderfolgende Wörter beginnen mit demselben Laut
	  - **Binnenreime:** Gleichklänge innerhalb eines Verses
	- Ist ein durchgängiges **Metrum** erkennbar, z.B.:
	  - **Jambus:** x x́ x x́ x x́
	  - **Trochäus:** x́ x x́ x x́ x
	  - **Daktylus:** (x) x́ x x x́ x x
		- *eine Strophe, zehn Verse* („Fahrend in einem bequemen Wagen")
		
		- *Tagen – sozusagen, gehoben – oben*
		- *Bauch – Sterne – Hauch – Ferne*
		- *Porzellan – gleichen – Zeichen – sahn*
		
		- *„Laue Luft kommt blau geflossen,"* („Frische Fahrt")
		
		- *„Wie das im Wind liegt und sich wiegt,"* („Segelschiffe")
		
		- *„Von meinem Anwalt kam ein Brief"* („Ein Post Scriptum")
		- *„An besonders schönen Tagen,"* („Im Auto über Land")
		- *„Die Nebel zerreißen, der Himmel ist helle, …"* („Glückliche Fahrt")

Sprache	- Treten bestimmte Wortarten gehäuft auf? - Werden **sprachliche Mittel** verwendet, z. B.: - die **Anapher:** Wiederholung von Wörtern am Versanfang	- *positive/negative Adjektive/Verben* - *„Vielleicht ist das dieses Alter,/ vielleicht wachsen wir da raus,"* („Dieses Alter")

Sprache	- das **Enjambement:** Zeilensprung	- *„Dies mein Verhalten und diese / Ganze Welt“* („Fahrend in einem bequemen Wagen“)
	- die **Hyperbel:** Übertreibung	- *„Tausend Stimmen lockend schlagen“*(„Frische Fahrt“)
	- die **Metapher:** Verwendung eines Begriffs im übertragenen Sinn ohne das Vergleichswort *wie*	- *„Wie gern wärst du ein Kranich“* („Dieses Alter“)
	- der **Neologismus:** Wortschöpfung	- *„Dusein“* („Rückfahrt nach Bremen“)
	- der **Parallelismus:** Wiederholungen im Satzbau	- *„Wir hatten ein Dach und wir hatten Platz und wir fuhren vorüber“* („Fahrend in einem bequemen Wagen“)
	- die **Personifikation:** Vermenschlichung, Verlebendigung	- *„daß noch ein Brief […] flattert“* („Ein Post Scriptum“)
	- der **Vergleich**	- *„Wie trunkene Schmetterlinge“* („Segelschiffe“)

Eine Gedichtinterpretation schreiben

Aufbau einer Gedichtinterpretation	Beispiele
Nenne in der **Einleitung** den Titel, - die **Autorin / den Autor,** - das **Entstehungsjahr** und - das **Thema** des Gedichts.	*In dem Gedicht „Ein Post Scriptum“ von Mascha Kaléko aus dem Jahr 1946 geht es um den Nachsatz zu einem sehr sachlichen Brief, in dem der Briefschreiber dem lyrischen Ich nach dreißigjähriger heimlicher Liebe am Ende seines Lebens diese Liebe gesteht.*
Stelle im **Hauptteil** die wichtigsten Ergebnisse deiner Gedichtuntersuchung dar. Dazu gehören: - die **Interpretation des Titels,** - kurze **Zusammenfassung des Inhalts,** - die **Darstellung der äußeren Form im Hinblick auf den Inhalt,** - die **sprachlichen Mittel** und die **Erläuterung ihrer Wirkung.**	*Bereits der Titel des Gedichts „Ein Post Scriptum“ weist auf die Bedeutung des „Nachsatzes“ in dem Gedicht hin, da der Inhalt des Post Scriptums die eigentliche Handlung des Gedichts ausmacht.* *Das Gedicht lässt sich in zwei Teile unterteilen: In den ersten beiden Strophen des Gedichts geht es um …* *Das Gedicht hat eine unregelmäßige äußere Form: …* *Das Metrum ist dagegen ein … Dadurch …* *Der Briefschreiber verwendet zahlreiche Metaphern in seinem Post Scriptum, z. B.: …, was … bewirkt.*
Fasse im **Schluss** die wichtigsten Ergebnisse deiner Interpretation noch einmal kurz zusammen.	*Insgesamt vermittelt das Gedicht eine positive Stimmung, was vor allem daran liegt, dass …, allerdings schwingt auch Traurigkeit mit, weil …*

9 Intelligente Technik

Sachtexte erschließen und materialgestützt informieren

Schüler bringen selbst programmierte Roboter zum Tanzen

Magdeburg (dpa/sa) – Rund 600 Schüler wollen von Freitag bis Sonntag in Magdeburg selbst programmierte Roboter gegeneinander antreten lassen. Die 10- bis 18-Jährigen haben ihre Roboter so programmiert, dass sie beispielsweise Fußball spielen, einen Verletzten finden oder tanzen können, wie der Projektkoordinator des Wettkampfs, Ansgar Bredenfeld, erklärte. Eine Jury entscheide dann, welche der 170 Teams aus ganz Deutschland ihre Maschinen am besten auf die verschiedenen Aufgaben vorbereitet hätten. Die Gewinnerteams dürfen im Sommer bei der „RoboCup“-Weltmeisterschaft in Leipzig antreten.

1. Beim „RoboCup“ werden jedes Jahr die weltbesten intelligenten Roboter gesucht. Ziel ist es, dass Fußballroboter 2050 den amtierenden menschlichen Fußballweltmeister besiegen können.
   Diskutiert in der Klasse, ob ihr diese Entwicklung für wahrscheinlich haltet.
2. Was macht Technik zu intelligenter Technik? Begründet eure Ansichten und führt dabei Beispiele aus eurem Alltag an.

In diesem Kapitel …

- lernst du, wie Technologien unseren Alltag verändern.
- setzt du dich mit unterschiedlichen Ansichten zu intelligenter Technik auseinander.
- wendest du bekannte Strategien an, um Texte und Diagramme zu erschließen.
- lernst du, Informationen und Meinungen in Texten zu unterscheiden.
- nutzt du Informationen aus verschiedenen Sachtexten, um einen Informationstext für einen Flyer zu verfassen (materialgestützt informieren).

Texte und Diagramme mithilfe bekannter Strategien erschließen

Material 1 Wearables: Schönes Spielzeug oder Technologie der Zukunft?

Sie überwachen Blutdruck- und Zuckerwerte, Kalorien-Aufnahme und -Verbrauch, die Bewegung im Schlaf oder Muskelaktivitäten am Tag: eng am Körper tragbare Minicomputer. Die so genannten Wearable Devices, kurz Wearables, stehen wohl vor dem Durchbruch auch in Deutschland.

Bereits 17 Prozent der Bundesbürger besitzen einen oder mehrere dieser Helfer. Das zeigt eine Studie im Auftrag der Wirtschaftsberatungsgesellschaft PwC[1], die der Deutschen Presse-Agentur in Berlin vorliegt. PwC schwärmt, dass die Geräte „viele Vorteile des Internets direkt an den Körper bringen". [...] Bei PwC hält man die kleinen Helfer nicht nur im Privatbereich für gut – sie könnten auch im Beruf ein Stück weit mehr Gesundheitsschutz bringen. „Wearables machen das Arbeiten effektiver und sicherer", sagt der PwC-Technologie-Experte Werner Ballhaus. Mit einer Datenbrille werde etwa freihändiges Arbeiten selbstverständlich – wichtig etwa für Such- und Rettungsteams, für Lagerarbeiter oder Konstrukteure.

Es gibt auch intelligente Textilien, Kleidung mit Sensoren im Stoff. So misst ein neues T-Shirt dauerhaft Körpersignale und überträgt die Daten etwa an ein Tablet. Atemfrequenz und Herzaktivität sind so erfassbar. PwC-Mann Ballhaus macht auf einen möglichen Vorteil solcher Kleider auch im Job aufmerksam: „Vernetzte Funktionskleidung verspricht besseren Schutz für Berufsgruppen wie Feuerwehrleute."

1 PwC: Abkürzung für die Wirtschaftsberatungsgesellschaft PricewaterhouseCoopers

Material 2 Vorteile von Wearables

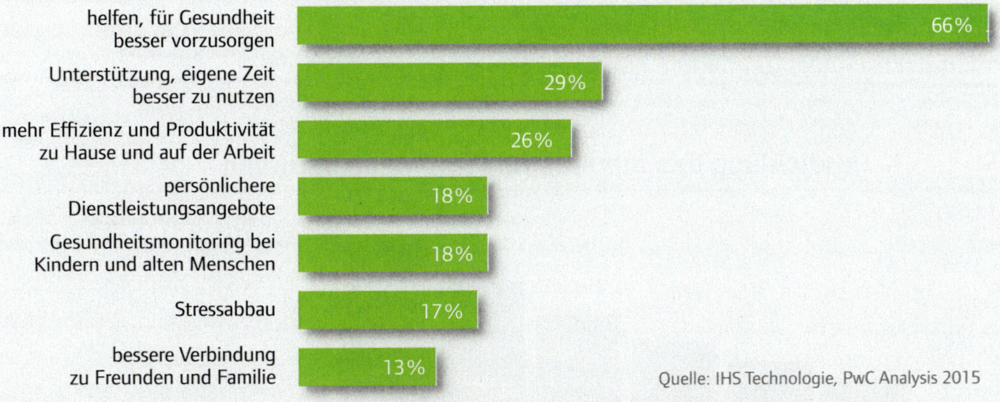

Quelle: IHS Technologie, PwC Analysis 2015

Material 3 Nachteile von Wearables

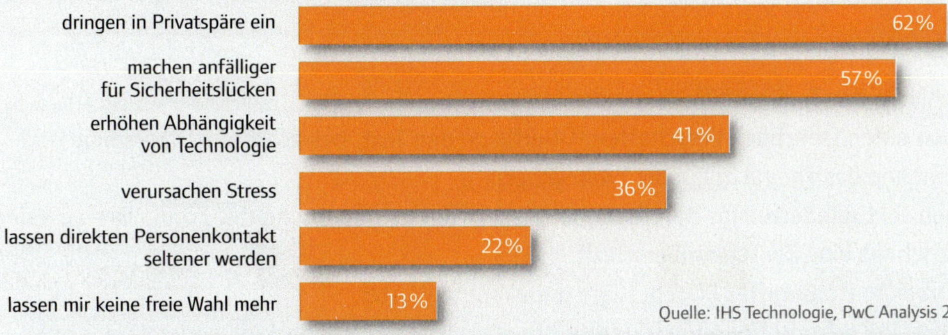

Quelle: IHS Technologie, PwC Analysis 2015

Was ist von Fitness-Funktionen und Uhren mit Mehrwert im Gesundheitsbereich zu halten? Möglicher Nutzen liegt auf der Hand: Viele Patienten vergessen etwa, wann sie ihre Medizin einnehmen sollen. [...] Und auch ein fordernder Signalton in dem Moment, wenn das Joggen ansteht, könnte der gesundheitlichen Vorsorge gute Dienste erweisen. Der größte Vorteil von Wearables ist denn auch für zwei Drittel der Befragten in der PwC-Studie der Beitrag zur Gesundheitsvorsorge. Jeder Vierte wäre demnach bereit, für ein solches Gerät bis zu 300 Euro hinzublättern. Und fast drei Viertel würden immerhin noch 100 Euro dafür ausgeben. Ein Multimilliardenmarkt tut sich da weltweit auf, frohlockt die amerikanische Großbank Morgan Stanley. Experten wie der Branchenverband Bitkom rechnen mit jährlichen Wachstumsraten von über 20 Prozent. [...]

Beim Kauf eines Wearables stehen drei Punkte im Mittelpunkt, ergab die PwC-Studie: ein gutes Preis-Leistungs-Verhältnis, eine gute Bedienung und Datensicherheit. Die Ärzte in Deutschland sind hier skeptisch. „Dem Verbraucher muss bewusst sein, dass die Daten irgendwo abgelegt und gespeichert werden", sagt Roland Stahl, der Sprecher der Kassenärztlichen Bundesvereinigung. „Die Entwicklung bei den Wearables zeigt, dass viele Menschen offenbar bereit sind, mehr oder weniger ohne Bedenken Daten weiterzugeben." Das persönliche Arzt-Patienten-Verhältnis könne durch keine App ersetzt werden.

Kritiker halten es auch für unheimlich, wenn sich Menschen auf Messungen ver lassen statt aufs Körpergefühl. Und werden Krankenversicherungen Boni[2] bald nicht mehr nach Fitness-Teilnahme laut Check-Heft vergeben, sondern nach kontinuierlich[3] erfasstem Einsatz von Training und gesundem Essen? […]

2 die Boni: plural von Bonus: Prämie, Extrazahlung

3 kontinuierlich: andauernd, ständig

Material 4 Entwicklung des Marktes für Wearables in Europa

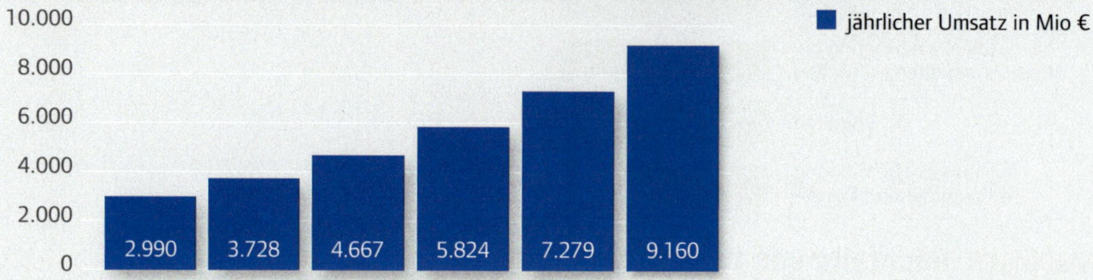

Quelle: IHS Technologie, PwC Analysis 2015

1 Erschließe den Text mithilfe folgender Strategien:
- **Sich einen Überblick verschaffen:** Überfliege den Text, betrachte die Diagramme und benenne das Thema in ein bis zwei Sätzen.
- **Den Text gliedern:** Lies den Text und gliedere ihn in Sinnabschnitte. Formuliere zu jedem Abschnitt eine Zwischenüberschrift.
- **Unbekannte Begriffe klären:** Kläre unbekannte Wörter.
- **Wichtige Informationen markieren:** Arbeite mit einer Überdeckfolie oder einer Kopie. Markiere die im Text genannten Vor- und Nachteile von Wearables unterschiedlich.

2 Erschließe die Informationen aus den Diagrammen mithilfe der Schritte im Info-Kasten.
Tipps & Hilfen (→ S. 330)

3 Vergleiche die Informationen aus den Diagrammen mit den Informationen aus dem Text: Werden die Informationen aus dem Sachtext bestätigt, widerlegt und/oder ergänzt?

Info: Diagramme auswerten

1. **Schritt: Verschaffe dir einen Überblick.** Notiere Thema und Quelle des Diagramms.
2. **Schritt: Untersuche die Angaben genauer und kläre:** Um welche Art von Diagramm handelt es sich? Was wird im Diagramm dargestellt (Anzahl, Prozent, Maßeinheit)?
3. **Schritt: Beschreibe einzelne Angaben und werte sie aus:** Welches ist der höchste/der niedrigste Wert? Was ist besonders auffällig oder überrascht dich? Welche Entwicklung kannst du ablesen?
4. **Schritt: Fasse die Ergebnisse in eigenen Worten zusammen.**
5. **Schritt: Stelle weitere Überlegungen zu deinen Ergebnissen an:** Kannst du Ursachen für die Einzelergebnisse angeben? Gibt es Ergebnisse, die du nicht nachvollziehen kannst? Lassen sich Schlussfolgerungen ziehen?

Fitnessarmbänder, Schrittzähler-Apps und Co.

Material 5 Vor allem junge Smartphone-User halten sich mit Apps fit

Jeder dritte Smartphone-Besitzer nutzt bereits Fitness-Apps

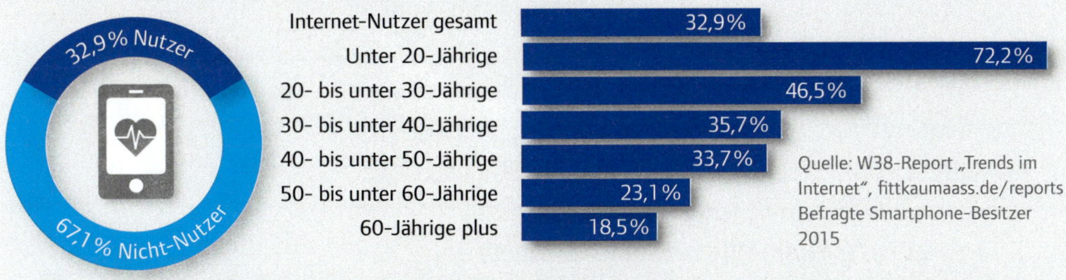

Material 6 Sport-Apps werden aktiver genutzt als vorinstallierte Health-Apps

Ranking: Genutzte Fitness-Apps auf Smartphones

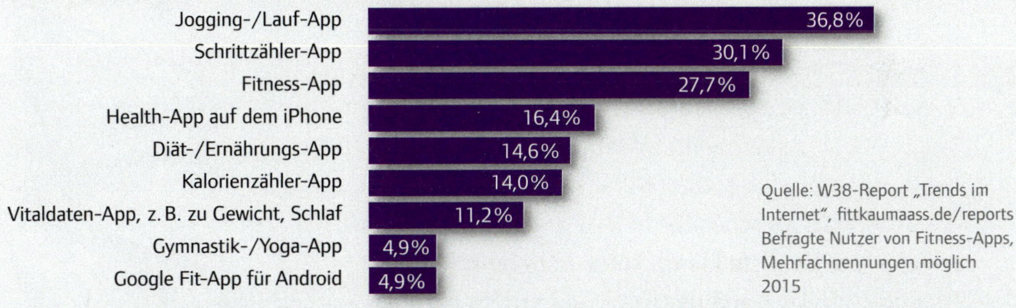

Material 7 Sportler mit Pulsuhr, App & Co.

Zwei Drittel messen Trainingserfolge digital, …

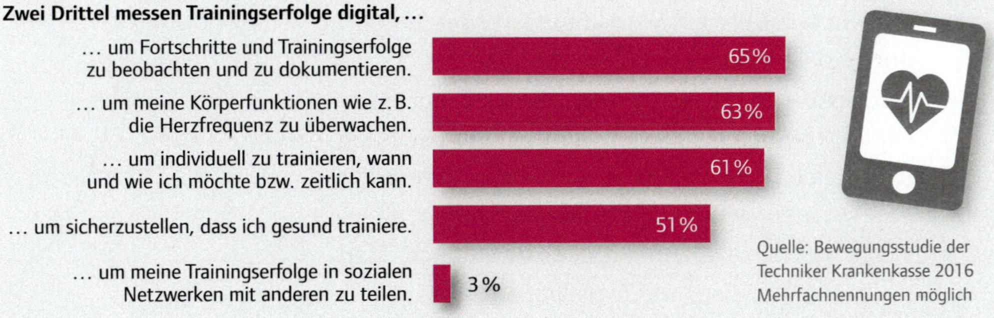

1. Erschließe die Diagramme in den bekannten Schritten (→ Info-Kasten S. 210).
2. Wähle eine der folgenden Aufgaben a) oder b) aus:
   a) Verfasse auf der Grundlage der Diagramme und der Informationen aus Material 1 einen kurzen Informationstext zum Thema „Verbreitung und Nutzung von Fitness-Apps".
   b) Führt in eurer Klasse oder Jahrgangsstufe eine Umfrage zur Nutzung von Fitness-Apps durch. Veranschaulicht die Ergebnisse mithilfe eines passenden Diagramms.

Material 8 Wenn der Pullover Daten sammelt

Interview von Angela Gruber mit der Designforscherin Katharina Bredies

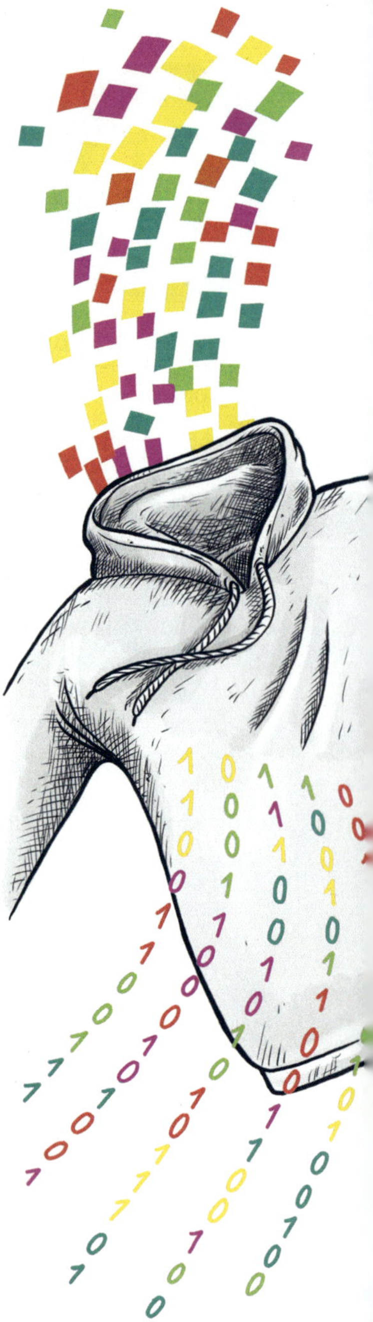

Angela Gruber: In unserem Alltag umgeben uns schon viele technische Geräte. Warum muss auch noch unsere Kleidung vernetzt sein?

Katharina Bredies: Technische Geräte sind eine Krücke. Wir wollen bestimmte Aufgaben damit erledigen. Aber wer sagt, dass es dafür ein extra Gehäuse geben muss? [...]

Angela Gruber: Wie kann das aussehen?

Katharina Bredies: Ich habe zum Beispiel eine Notfalljacke entworfen. Es gibt ja Notrufsysteme für ältere oder kranke Menschen, die dann einen riesigen Knopf um den Hals gehängt kriegen. Das ist sehr stigmatisierend[1]. Wir haben eine Strickjacke und ein Jackett mit Sensoren und einem Schalter ausgestattet. Wenn man zum Beispiel die Tasche der Jacke hochklappt, wird per Bluetooth ein Signal an ein Handy versandt, das dann einen Notruf auslösen kann. Wer allein daheim stürzt und aus eigener Kraft nicht mehr aufstehen kann, kann so noch Hilfe rufen mit dem, was er sowieso direkt am Körper trägt.

Angela Gruber: Für wen könnte vernetzte Kleidung noch nützlich sein?

Katharina Bredies: Für die Arbeiter auf einer Ölplattform gibt es heute schon smarte Kleidung mit Biosensorik[2]. Die Sensoren registrieren Kälte und warnen, wenn Erfrierungen drohen. Menschen mit körperlichen Einschränkungen sind auch eine naheliegende Zielgruppe. [...]

Angela Gruber: Ist vernetzte Kleidung also etwas für einen Personenkreis mit besonderen Bedürfnissen und nicht für die breite Masse?

Katharina Bredies: Nein, die Reaktionskette der Notfalljacke lässt sich zum Beispiel auf andere Anwendungsfälle übertragen, über den textilen

1 stigmatisieren: kennzeichnen (im negativen Sinn), diskriminieren
2 die Biosensorik: Mess-System, mit dem biologische Prozesse gemessen werden können

Schalter muss ja nicht zwingend ein Notruf ausgelöst werden. Ich könnte damit auch meine Stereoanlage an- und ausschalten. Außerdem ist jeder von uns irgendwann in einer Situation, in der er besondere Bedürfnisse entwickelt. Und sei es nur, dass er alt wird.

Angela Gruber: Wie gehen Sie vor, wenn Sie Kleidung intelligent machen wollen?

Katharina Bredies: Schon lange werden bestehende Funktionen von textilen Gegenständen durch Technik verstärkt. Die elektrische Heizdecke ist so ein Beispiel. Mittlerweile überlegen wir uns: Welche Funktionen könnte die Decke noch übernehmen? Dinge des Alltags können interaktiv werden. Mit ihnen steuern wir andere Geräte. Oder die Kleidungsstücke steuern sich selbst, etwa Funktionswäsche von Sportlern, die die Temperatur reguliert. Fügt man andere Kommunikationsgeräte zu dieser Gleichung hinzu, wird das sehr mächtig. Dann hat unsere Kleidung mit einem Mal Zugriff auf riesige Rechnerkapazitäten.

Angela Gruber: Mit welchen Materialien arbeiten Sie?

Katharina Bredies: Voraussetzung für smarte Textilien ist: Der Strom muss von A nach B kommen. Die Textilien müssen also leitend werden. Wir arbeiten mit unterschiedlichen Metallfäden. Es gibt auch Stoffe, die mit Stahl- oder Silberfasern durchsetzt sind und als Sensoren eingesetzt werden können.

Angela Gruber: Das allein macht ein Textil aber noch nicht smart.

Katharina Bredies: Stimmt. Es gibt einnähbare Elektronikelemente wie das Arduino Lilypad, die sind die Intelligenz in dem Ding. Die Stromquelle ist aktuell meistens eine kleine Handybatterie. Für die Zukunft wünschen wir uns, dass das Textil selbst den Strom macht. Aber Batteriestoff und Solarzellenstoff sind leider noch in der Entwicklung.

Angela Gruber: Ist vernetzte Kleidung reif für den Massenmarkt?

Katharina Bredies: Vor fünf Jahren war das noch ein Nischenthema, mittlerweile bricht das als Trend schon in den Markt durch. [...]

1 a) Erschließe den Text mithilfe der bekannten Lesestrategien (→ Merkwissen S. 233).
b) Erläutere, was in diesem Zusammenhang mit dem Begriff *smart* gemeint ist.
c) Notiere die Informationen aus dem Text in Form einer Mindmap.
Tipps & Hilfen (→ S. 330)

2 Erstelle mithilfe der Informationen aus dem Interview einen Info-Kasten mit der Überschrift „Intelligente Kleidung – Funktionsweise und Beispiele“.

3 a) Recherchiere, welche aktuellen Neuerungen es auf dem Gebiet von Wearables gibt.
b) Wähle ein Beispiel aus und stelle es in einem Kurzvortrag deiner Klasse vor.

Material 9 **Intimität[1] auf der Strecke** *Hilmar Schmundt*

Florian Gschwandtner läuft über einen Feldweg unweit des Flughafens von Linz. Ein unsichtbarer Trainer überwacht Puls und Tempo, eine Roboterstimme vermeldet, wie der 32-Jährige mit der dynamischen Haartolle vorankommt: 4 Minuten und 44 Sekunden hat er für den letzten Kilometer gebraucht.

Als Chef der Firma Runtastic ist Gschwandtner Vorturner für Millionen. Pulsmesser um die Brust, Mobiltelefon in der Hand, Aktivitätstracker am Arm. Wenn er joggt, teilt ein Programm das seinen über 3600 Facebook-Followern mit. Sie sehen, dass er im Durchschnitt eine Strecke von 5,8 Kilometern absolviert, und zwar jede Woche im Mittel 1,8-mal. Sie erfahren, wann er Fußball spielt und wo er Ski fährt.

Wer es denn möchte, der kann Florian Gschwandtners Schritte sogar in Echtzeit auf einer Landkarte im Netz nachverfolgen, und zwar mittels der Funktion „Live Tracking". Wenn einer seiner Follower auf dem Bildschirm das Anfeuer-Symbol klickt, dann brandet in Gschwandtners Kopfhörern Applaus auf. „Die beste Motivation kommt nicht von der App, sondern von deinen Freunden", sagt Gschwandtner schnaufend. [...]

Viele Fitness-App-Nutzer suchen einfach nach einem Hilfsmittel, um den inneren Schweinehund zu überwinden.

So ging es auch Gschwandtner selbst. Er wuchs auf dem Bauernhof auf und spielte im Fußballverein. Doch beim Studium des „Mobile Computing" an der Fachhochschule Oberösterreich in Hagenberg fehlte ihm plötzlich die Zeit. Wenn er sich bewegte, dann sollte es effizient sein. So fing er an, über Trainingstechniken nachzudenken.

Die zündende Idee kam 2006. Damals hatten zwei befreundete Studenten die Semesteraufgabe bekommen, bei einer Segelregatta auf dem Neusiedler See die Boote per GPS nachzuverfolgen, damit die Zuschauer am Ufer deren Positionen auf einem Bildschirm sehen konnten. Das Projekt war technisch ein Erfolg, aber zu Geld machen ließ es sich nicht. Der Markt der Regattasegler erschien zu klein. Da kam Gschwandtner ins

1 die Intimität: die Privatheit

Spiel. Er schlug vor, die Technik so umzuwandeln, dass einzelne Jogger die eigene Laufstrecke auf dem Mobiltelefon nachverfolgen können.

Gut drei Jahre später kam die erste Runtastic-App auf den Markt. Sie setzt auf einen einfachen Motivationstrick: schnelle Erfolge sichtbar machen. Dazu soll die App eine Art Dialog anregen. Manchmal legt Gschwandtner zum Beispiel beim Laufen auf Geheiß der App kurze Sprints ein, das Intervalltraining führt zu Muskelkater und lässt die Muskeln wissen: Ihr müsst wachsen! Die Belohnung ist, dass er nach ein paar Wochen tatsächlich schneller laufen kann. Ohne sekundengenaue Erfolgsmeldungen hätte er diese allmählichen Fortschritte aber vielleicht erst nach einem Jahr bemerkt – falls die Motivation überhaupt so lange angehalten hätte.

Einmal im Monat sammelt Gschwandtner neue Ideen, dann dürfen die Mitarbeiter frei herumfantasieren beim „Day of New Ideas" [...].

Stolz führt Gschwandtner den letzten Schrei vor: Er setzt die Datenbrille Oculus Rift auf, klobig wie eine Taucherbrille, vor die ein Handy geklebt wurde. Vor seinen Augen erscheint eine idyllische Küstenlandschaft mit einem Avatar, der ihn zu Leibesübungen anleitet, hyperrealistisch und bunt. Entrückt steht der Firmenchef im Büro und macht Kniebeugen. [...]

❶ Überfliege den Text und erkläre die Überschrift.

❷ a) Erschließe in einem zweiten Lesedurchgang den Inhalt des Textes. Wähle dazu geeignete Lesestrategien aus (→ Merkwissen S. 233).

b) Notiere auf einer Karteikarte, was du in dem Text über Fitness-Apps erfährst.

Material 9: Intimität auf der Strecke

– Runtastic-App kontrolliert per App auf Handy Puls und Tempo
– Jogger trägt ...
– ...

❸ Diskutiert: Wird die Fitness-App hier eher als positive Errungenschaft dargestellt oder sieht der Autor des Textes die Entwicklung kritisch? Begründet eure Ansichten mit Textbeispielen.

④ Wähle eine der folgenden Aufgaben a) oder b) aus und bearbeite sie:

a) Erstelle mithilfe der Informationen aus dem Text eine Werbeanzeige für die vorgestellte Fitness-App.

b) Verfasse einen kritischen Zeitungsartikel zu der vorgestellten App.

Informationen und Meinungen unterscheiden

Material 10 Ich habe eine Woche lang mein Leben optimiert. Glücklicher gemacht hat es mich nicht *Hannes Schrader*

„Warum habe ich mich auf den Quatsch eingelassen?", frage ich mich, während ich in einem Park an einer Metallstange hänge. Meine Arme habe ich durchgestreckt, meine Fußspitzen baumeln kurz über dem Boden. Es ist Anfang Januar, es ist kalt, es regnet. Und ich hänge an der Stange wie ein nasser Sack. Warum? Ich bin ein Versuchskaninchen der Redaktion: Eine Woche soll ich mich selbst optimieren, mithilfe von Apps, Internet und guten Vorsätzen. Wir wollen herausfinden, was das mit uns macht. Oder besser gesagt: mit mir. Deshalb lasse ich mir seit ein paar Tagen von meinem Smartphone sagen, ob ich gut geschlafen habe. Eine andere App zählt meine Schritte durch Berlin. [...]

Gesund leben ist ein Trend: Bio-Supermärkte öffnen in Teilen Berlins, wo bisher nur Dönerbuden waren. Früher war es etwas Besonderes, Vegetarierin zu sein. Die Zeiten sind vorbei, die *cool kids* ernähren sich heute vegan. Es gibt Yoga für Studierende, für Kinder, für Mütter, für Senioren. Und im Silicon Valley werden Arm- und Halsbänder erfunden, die unsere Schritte zählen, uns beim Schlafen überwachen, uns helfen wollen, uns besser zu ernähren. „*There's a better version of you out there. Get up and find it.*" – Eine bessere Version von mir verspricht mir ein Hersteller eines Fitness-Armbands. In seinem Werbevideo sind lauter schöne Menschen, die in der Abendsonne laufen gehen. An sie muss ich denken, als ich an einem düsteren Nachmittag joggen gehe.

Ich schwitze und spüre meine Hände kaum, weil der Wind so kalt ist. Ich fühle mich schrecklich, aber mein Handy sagt, ich muss noch zwei Kilometer weiterlaufen. Also laufe ich.

Die Idee, alle möglichen alltäglichen Aktivitäten zu messen, kam der so genannten „Quantified-Self"-Bewegung. Wenig überraschend wurde auch sie im Bereich um San Francisco gegründet. Und es geht nicht nur um Fitness: Auf der Website der Bewegung sprechen junge und gut aussehende Menschen davon, wie sie Daten sammeln, um pünktlicher zu sein, ihre Zeitverteilung zwischen zu Hause und ihrem Arbeitsplatz zu optimieren und die Zusammensetzung ihres Kaffees zu messen.

Je mehr Daten, desto besser. Wer das eigene Verhalten aufzeichnet, der verbessert es auch, das ist die Logik. Diese Idee ist nicht neu: Wer zu viel Geld ausgibt, hat oft das Problem, dass er nicht weiß, wofür. Und wer abnehmen möchte, dem empfehlen Ärzte, die eingenommenen Mahlzeiten zu notieren. So hat man einen Ausgangspunkt und weiß, woran sich arbeiten lässt. Früher geschah das mit Papier und Stift. Neu ist jetzt, dass es Sensoren und Smartphones gibt, die jederzeit wissen, wo wir sind, was wir machen und ob uns das guttut. Sie überwachen mich und sagen: Da geht noch was.

Eine Woche gehe ich joggen, mache Klimmzüge und gehe zum Yoga. Meine Schrittzähler-App hält mich dazu an, jeden Tag mehr zu Fuß zu gehen. Mein Schlaftracker sagt mir: Du hattest heute Nacht eine Schlafeffizienz von 82 %. Weniger als 85 % ist schlecht. Wie ich mich nach dem Aufstehen fühle, ist plötzlich egal. Die Apps wissen alles besser als ich. Sie wollen nur mein Bestes, sagen sie mir. Aber ich glaube das nicht. Was sie alle wollen: meine Daten. Ich soll ein Konto anlegen, um meine Ernährungsdaten, meine Bewegungsmuster und mein Schlafverhalten auf die Server der Hersteller zu senden. Damit sie ihren Service verbessern können, sagen sie. [...]

Im Laufe der Woche merke ich vor allem, wie zufrieden ich mit mir bin. Die angenehmste Zeit habe ich beim Yoga, bei der keine App mir sagt, was ich besser machen soll. Stattdessen entspanne ich mich einfach im „abwärts schauenden Hund“. Danach schwebe ich über den Asphalt. Es ist wunderbar. Klar, ich mache zu wenig Sport und bin gelegentlich unpünktlich. Aber ich bastele deshalb keine App, sondern gehe früher von Zuhause los. Am leichtesten fallen mir die guten Vorsätze, die ganz ohne App auskommen: statt Pommes esse ich Bohnen zum Schnitzel. Statt einem Schokoriegel zum Nachtisch gibt es eine Banane. Schmeckt auch gut. Es ist mir unangenehm, dass ich nicht mal im Schlaf meine Ruhe vor meinem Handy habe, das unter dem Kopfkissen liegt, damit mir am nächsten Morgen eine App sagen kann, ich habe schlecht geschlafen. Als die Woche rum ist, lösche ich deshalb alle Apps von meinem Handy. [...]

1. Überfliege den Text und erkläre die Überschrift.
2. Welche Meinung hat der Autor des Textes zu den getesteten Fitness-Apps? Arbeite mit einer Überdeckfolie oder einer Kopie und markiere alle Textstellen, an denen die persönliche Sichtweise des Autors zum Ausdruck kommt.
   Tipps & Hilfen (→ S. 330)
3. Notiere alle Sachinformationen aus dem Text auf einer Karteikarte.
   Tipps & Hilfen (→ S. 330)

Materialgestützt informieren: Einen Informationstext für einen Flyer verfassen

Stell dir vor, du bekommst folgende Aufgabe:
An deiner Schule sollen im Sportunterricht zur Verbesserung der Laufleistung Fitness-Apps eingesetzt werden. Hierüber sollen am Tag der offenen Tür die neuen Eltern und Schüler/-innen in einem Flyer informiert werden.
Verfasse einen Informationstext für diesen Flyer, in dem dargestellt ist, was Fitness-Apps sind, wie sie funktionieren und welche Vorteile sie im Sportunterricht haben können.

Die Schreibaufgabe klären

1 Kläre zunächst die Schreibaufgabe.
Beantworte dazu folgende Fragen:
- Welche **Art von Text** sollst du schreiben?
- Wie lautet das **Thema**?
- Welchen **Zweck** soll dein Text erfüllen?
- Wer sind die **Adressatinnen/Adressaten** (Leserinnen/Leser) deines Textes?

Informationen sammeln und ordnen

2 Übertrage die Mindmap in dein Heft und ergänze Informationen zu den einzelnen Punkten . Nutze dafür deine Arbeitsergebnisse zu den Materialien 2, 5, 6 und 7 (→ S. 209, S. 211).
Tipps & Hilfen (→ S. 331)

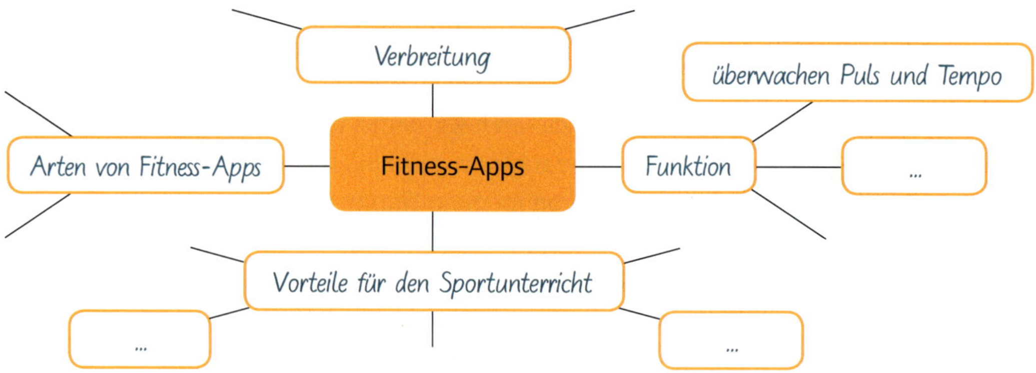

3 Überlege, in welcher Reihenfolge du in deinem Informationstext auf die einzelnen Unterthemen eingehen willst, und nummeriere sie in deiner Mindmap.
Tipps & Hilfen (→ S. 331)

Den Text formulieren

4 Die Einleitung deines Informationstextes soll zum einen in Kurzform darüber informieren, worum es in dem Text geht, zum anderen soll sie die Leser/-innen aber auch neugierig auf den Text machen.
Welchen der folgenden Vorschläge findest du vor diesem Hintergrund besonders geeignet? Begründe deine Einschätzung.

A *Mit Fitness-Apps im Sportunterricht sollen die Schülerinnen und Schüler unserer Schule zu besseren Laufleistungen motiviert werden.*

B *Sowohl für Profisportler als auch für Hobbysportler gehören sie inzwischen zum Alltag: Fitness-Apps, die sportliche Leistungen dokumentieren und zur Leistungssteigerung motivieren. Ab dem kommenden Schuljahr werden sie nun auch im Sportunterricht an unserer Schule zum Einsatz kommen.*

C *Endlich den inneren Schweinehund überwinden: Was für Sportler auf der ganzen Welt super ist, kann für Schülerinnen und Schüler ja nicht schlecht sein: Fitness-Apps werden ab sofort auch im Sportunterricht unserer Schule verwendet.*

5 Formuliere den Hauptteil deines Informationstextes:
- Orientiere dich an deiner Mindmap und deiner Gliederung (→ Aufgaben 2 und 3, S. 218).
- Binde die folgenden Aussagen A, B und C zu den Materialien 6 und 7 (→ S. 211) an passenden Stellen in den Hauptteil deines Textes ein. Nenne jeweils die Informationsquelle.
- Gehe insbesondere darauf ein, welche Rolle eine Fitness-App im Sportunterricht spielen kann.
- Achte auf sachliche Formulierungen und vermeide persönliche Wertungen.

Tipps & Hilfen (→ S. 331)

A Fitness-Apps sind insbesondere bei den unter 20-Jährigen sehr beliebt.
B Von den meisten Nutzern (65%) werden Fitness-Apps zur Beobachtung und Dokumentation von Trainingserfolgen genutzt.
C Für mehr als die Hälfte der Nutzer (51%) spielt der Wunsch, gesund zu trainieren, eine zentrale Rolle.

6 Schreibe den Schluss deines Textes, indem du entweder ein Fazit ziehst oder einen Ausblick auf die weitere Entwicklung gibst.
Tipps & Hilfen (→ S. 331)

7 Formuliere eine passende Überschrift, die das Interesse der Leser/-innen erregt.
Tipps & Hilfen (→ S. 331)

Einen Informationstext überarbeiten

1. Überprüfe, ob der Text unten zu folgender Aufgabe passt:
Was ist gut gelungen, was weniger gut?
Begründe deine Einschätzung mit Textbeispielen und beziehe den Lehrerkommentar unter dem Text mit ein.

Aufgabe:
Verfasse einen Informationstext für die Vereinszeitung deines Sportvereins, in dem du über die Vor- und Nachteile des Einsatzes von Fitness-Apps beim Training informierst.

*Motivationskick oder Kontrollinstrument? –
Vor- und Nachteile von Fitness-Apps beim Vereinstraining*

Fitness-Apps gibt es mittlerweile für fast jede Sportart, denn viele sind offensichtlich der Meinung, ohne Technik mit ihrem Training nicht mehr klarzukommen. Doch neben vielen Vorteilen gibt es auch Kritik an Fitness-Apps. Häufig werden Apps genutzt, um die persönliche Laufleistung zu verbessern oder den Sport überhaupt durchzuziehen. Mit einer Lauf-App kann man beispielsweise erfahren, wie viel man gelaufen ist und wie schnell, und man bekommt auch Tipps zur Verbesserung des Trainings. Die sportlichen Erfolge können sogar für die Follower in den sozialen Netzwerken gepostet werden, was natürlich super motivierend ist. Gleichzeit überwachen die Apps die so genannten Vitalwerte, wie z.B. Puls und Atmung.

Es gibt aber auch Kritik an Fitness-Apps: Zum einen haben viele Nutzerinnen und Nutzer keine Ahnung davon, dass ihre Daten gespeichert werden, oder es ist ihnen egal. Das könnten z.B. Krankenversicherungen ausnutzen. Außerdem ist es doch ziemlich unheimlich, wenn man sich auf die Messungen einer App mehr verlässt als auf sein Körpergefühl.

Wichtig ist also, dass man über die Chancen und Risiken von Fitness-Apps Bescheid weiß. Sonst steht man am Ende dumm da. Setzt man Fitness-Apps gezielt und bewusst ein, so können sie das Training sinnvoll unterstützen, auch wenn sie den persönlichen Kontakt zu einem Trainer nicht ersetzen können.

Der Aufbau deines Textes ist gut gelungen und der Inhalt passt zur Aufgabenstellung. An einigen Stellen hättest du jedoch die jeweiligen Vor- und Nachteile von Fitness-Apps noch genauer erläutern können.
Leider enthält dein Text aber auch persönliche Wertungen und einige umgangssprachliche Wendungen. Bitte überarbeite den Text entsprechend.

2 Notiere in deinem Heft mit Zeilenangaben, wie der Text aufgebaut ist.

Zeile 1–3: Einleitung

Zeile ... – ...: ...

3 Überarbeite den Text in deinem Heft:
- Formuliere sinnvolle zusätzliche Erläuterungen zu den im Text genannten Vor- und Nachteilen.
- Ersetze wertende Aussagen durch sachliche Formulierungen.
- Überarbeite umgangssprachliche Wörter und Wendungen.

4 Suche in den folgenden Sätzen umgangssprachliche Ausdrücke und wertende Formulierungen und überarbeite sie in deinem Heft so, dass sie sich für einen sachlich-informativen Text eignen.
Du kannst auch die Formulierungshilfen im Wortspeicher nutzen.

A Fitness-Apps sind super, um sportliche Leistungen zu verbessern.

B Es ist wirklich unglaublich, wie leichtfertig Menschen persönliche Daten weitergeben.

C Sich für das tägliche Sportprogramm zu motivieren, ist echt schwer.

D Nutzerinnen und Nutzer müssen aus einer total unüberschaubaren Anzahl von Fitness-Apps auswählen.

E Sportlerinnen und Sportler, die sich eine App herunterladen, sind oft ziemlich faul und können sich nicht ohne irgendwelche Hilfsmittel motivieren.

F Für die Krankenkasse ist es natürlich sinnvoll, wenn sie die Gesundheitsdaten ihrer Kundinnen und Kunden bekommen können.

viele Sportlerinnen und Sportler haben Schwierigkeiten ... • Datenschützer geben zu bedenken, dass ... • ... vielen fällt es schwer ... • eignen sich, um ... • helfen vielen Nutzerinnen und Nutzern dabei, ... • Kritiker halten es für schwierig, dass ... • sich einen Überblick über ... zu verschaffen, ist für viele eine Herausforderung

5 Erstelle eine Checkliste für die Überarbeitung eines Informationstextes.

Im Internet recherchieren

Stell dir vor:
Ihr beschäftigt euch im Unterricht mit dem Einsatz von Wearables in der Berufswelt. Du sollst Informationen zu Datenbrillen recherchieren.

1 Was interessiert dich an Datenbrillen? Sammle in deinem Heft Fragen in Form eines Clusters.

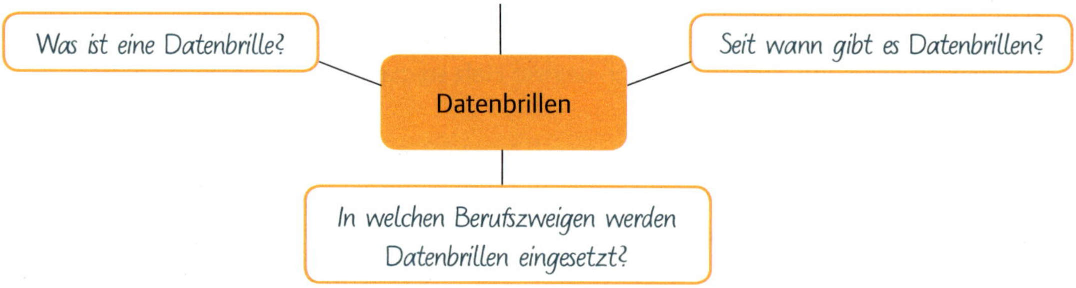

2 Grenze deine Suche ein, indem du von deinen Fragen in Aufgabe 1 passende Suchbegriffe ableitest (→ Info-Kasten S. 223), z. B.:

Seit wann gibt es Datenbrillen? → Erfindung von Datenbrillen

3 Prüfe die folgenden Treffer, indem du jeweils den Verantwortlichen für die Seite bestimmst.

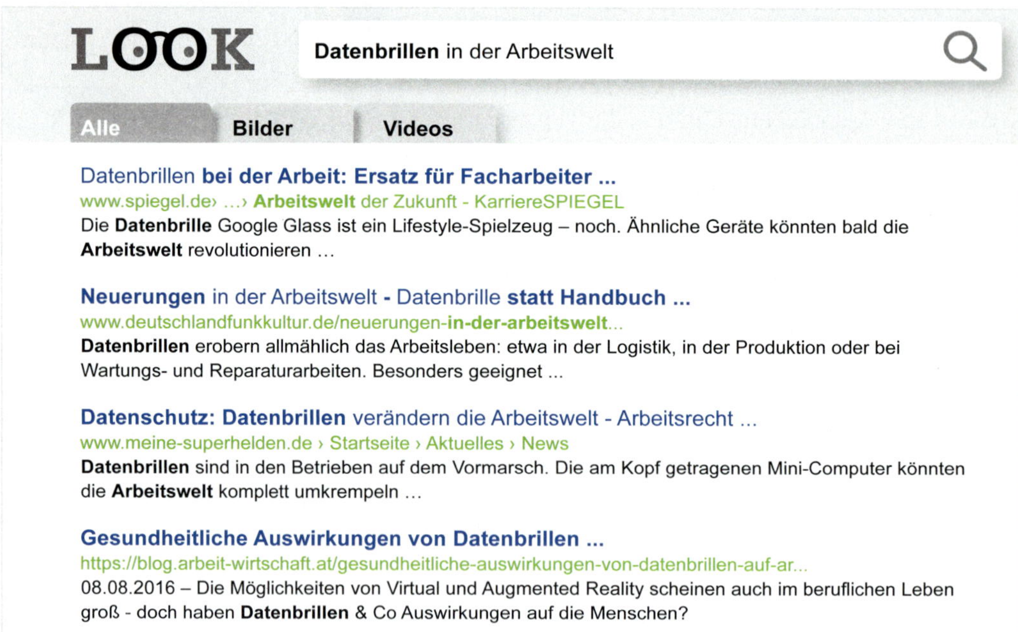

4 Werte die recherchierten Informationen aus und gib die Quellen an. Berücksichtige dabei die Hinweise im Info-Kasten (→ S. 223).

Info: Im Internet recherchieren

1. Schritt: Fragestellungen formulieren

- Kläre, zu welchen (Unter-)**Themen** du recherchieren willst. Notiere entsprechende **Leitfragen** für deine Recherche, z. B.:
  Welche Rolle spielt intelligente Kleidung in der Berufswelt?

2. Schritt: Gezielt suchen

Leite aus deinen Fragestellungen geeignete **Suchbegriffe** ab, z. B.:

Frage: Welche Rolle spielt intelligente Kleidung in der Berufswelt?
→ *Suchbegriffe: intelligente Kleidung Berufswelt*

Beachte dabei:

- Gibst du zwei oder mehr Begriffe in das Suchfeld ein, wird dies bei den Suchmaschinen als Verknüpfung erkannt und du erhältst Suchergebnisse, in denen all diese Begriffe vorkommen, z. B.:
  Nutzen intelligenter Kleidung
- Setzt du ein bestimmtes Wort oder eine Wortgruppe in Anführungszeichen, werden dir nur Seiten angezeigt, die genau diese Wortkombination enthalten, z. B.:
  „Intelligente Kleidung Beruf".

3. Schritt: Die Ergebnisse überprüfen und Informationen auswählen

Im Internet kann vieles unkontrolliert veröffentlicht werden, deswegen muss jeder Treffer vor seiner Verwendung auf seine **Zuverlässigkeit geprüft werden**. Finde über die Internetseite oder das Impressum der Seite heraus, wer für die Seite verantwortlich ist.

Zuverlässige Quellen sind in der Regel:

- Seiten öffentlicher Einrichtungen, wie Universitäten oder Ministerien,
- Online-Angebote von öffentlich-rechtlichen Nachrichtensendern und bekannten Tageszeitungen oder Zeitschriften,
- Online-Lexika, wie z. B. Wikipedia.

4. Schritt: Informationen auswerten

- Erschließe Texte und Diagramme mithilfe geeigneter Strategien und notiere wichtige Informationen zu deinen Leitfragen in Stichpunkten.
- Fasse deine Recherche-Ergebnisse in eigenen Worten zusammen.

5. Schritt: Die Quellen angeben

Bei jeder Übernahme von Texten aus dem Internet musst du die Quelle wie folgt angeben:
Autorname: Titel (des Textes). Online unter: Internetadresse [Abrufdatum], z. B.:

Marion Werner: Smart Clothes – Elektronik zum Anziehen. Online unter: http://www.planetwissen.de/gesellschaft/mode/hightech_kleidung/pwiesmartclotheselektronikzumanziehen100.html [14.08.2018]

Präsentieren

Die Präsentation planen

Stell dir vor:
Ihr sollt in eurer Klasse zum Thema „Intelligente Technik – von der Rechenhilfe zum modernen Computer" Kurzreferate halten, die mit einer Bildschirmpräsentation unterstützt werden.
Du sollst einen Vortrag über Ada Lovelace, die Erfinderin der ersten „Computersprache", vorbereiten.

1 Kläre zunächst die Aufgabe, indem du folgende Fragen beantwortest:
- Wie lautet das **Thema** deines Vortrags?
- Zu welchem **Anlass** und zu welchem **Zweck** hältst du den Vortrag?
- Wer sind die **Adressatinnen/Adressaten** (Zuhörerinnen/Zuhörer) deines Vortrags?

2 a) Formuliere Fragestellungen zum Thema, leite Suchbegriffe ab und recherchiere geeignete Informationen, z. B. im Internet (→ S. 223).
b) Notiere deine Recherche-Ergebnisse nach Themen geordnet auf Karteikarten oder in Form einer Mindmap.
c) Lege die Reihenfolge fest, in der du über die einzelnen Unterthemen informieren willst, und nummeriere die Karteikarten bzw. die Unterthemen in deiner Mindmap.

Ada Lovelace (1815–1852); Gemälde von Margaret Sarah Carpenter (1793–1872)

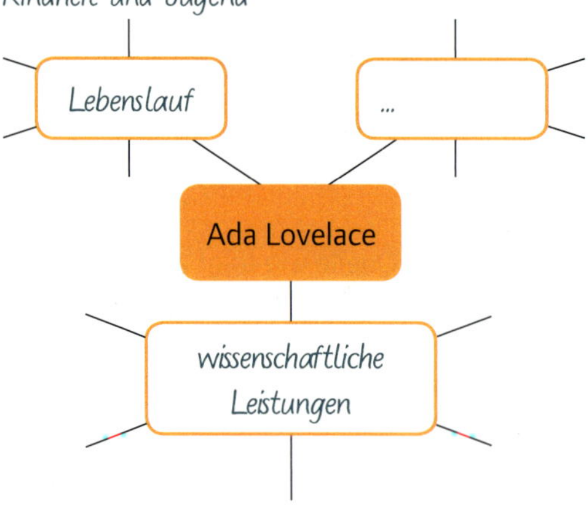

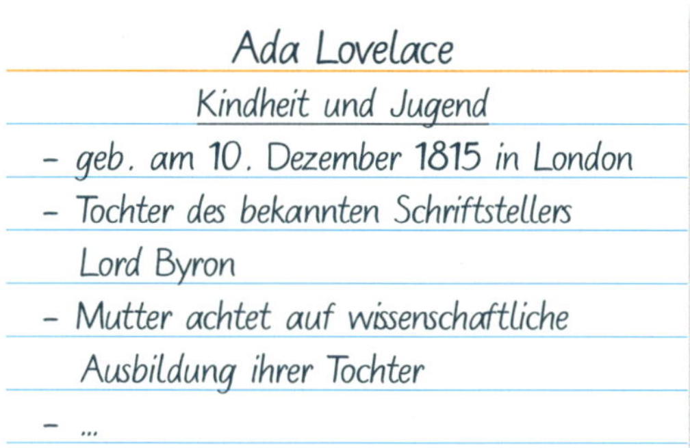

Informationen mit einer Bildschirmpräsentation veranschaulichen

1 a) Beschreibe die abgebildeten Folien. Welche würdest du für deine Präsentation nutzen?
b) Gestalte selbst mithilfe eines Präsentationsprogramms eine übersichtliche und gut lesbare Folie zu Kindheit und Jugend von Ada Lovelace.

Lebenslauf: Kindheit und Jugend

- geboren 1815 in London
- Tochter des bekannten Schriftstellers Lord Byron
- erhielt früh Unterricht in Mathematik und Naturwissenschaften
- war technikbegeistert und baute mit 12 Jahren ein Fluggerät
- reagierte auf strenge Erziehung der Mutter mit zahlreichen Krankheiten

Wie die Kindheit und Jugend von Ada Lovelace verlief

Augusta Ada Byron King, Countess of Lovelace, allgemein bekannt als

Ada Lovelace,

wurde 1815 in London geboren.

Sie war die Tochter des damals sehr bekannten Schriftstellers Lord Byron.

Sie erhielt schon früh Unterricht in Mathematik und Naturwissenschaften, weil ihre Mutter das wollte.

Mit 12 Jahren entwickelte sie schon ein Fluggerät, das allerdings nicht funktionierte.

Auf die strenge Erziehung ihrer Mutter reagierte sie mit zahlreichen Krankheiten, z.B. Lähmungen.

❷ a) Vergleiche die unterschiedlichen Gestaltungsmöglichkeiten einer Einstiegsfolie für die Präsentation. Welche gefällt dir am besten? Begründe.

b) Entwirf selbst eine Einstiegsfolie für deine Präsentation, die den Zuhörerinnen und Zuhörern einen ersten Überblick über die Unterthemen deines Vortrags gibt.

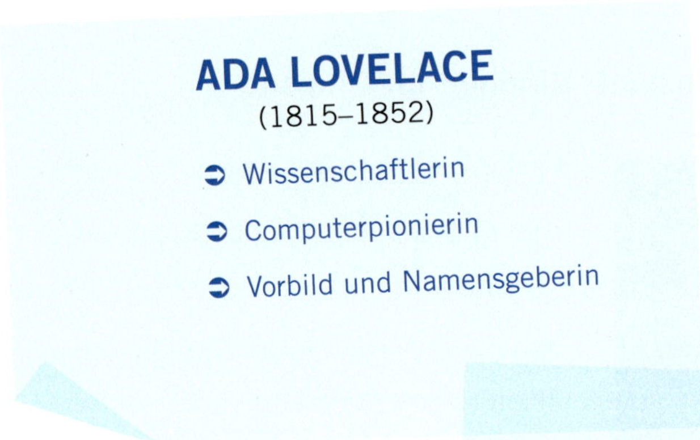

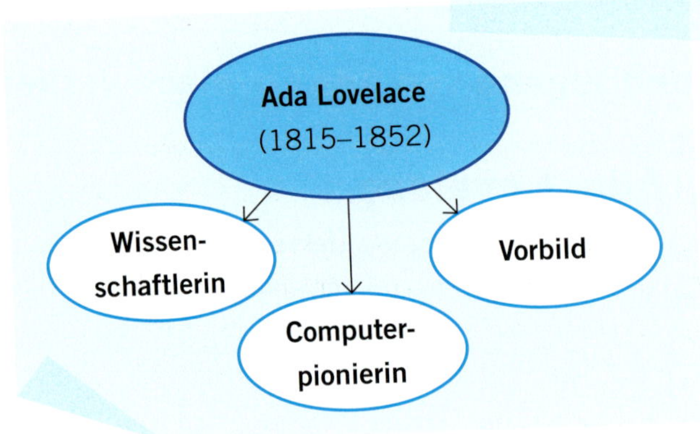

❸ Erstelle deine Bildschirmpräsentation.

❹ Bereite zu jeder Folie deiner Präsentation eine Karteikarte mit zusätzlichen Informationen in Stichpunkten vor, die dir bei deinem Vortrag als Gedächtnisstütze dienen können.
Tipp: Du kannst auch die Notizfunktion des Präsentationsprogramms nutzen.

Präsentieren

❶ Halte deinen Vortrag mit Unterstützung deiner vorbereiteten Bildschirmpräsentation. Achte auf die Hinweise im Info-Kasten (→ 3. Schritt).

❷ Lass dir zum Schluss ein Feedback von deinen Zuhörerinnen und Zuhörern geben:
- Was ist besonders gut gelungen?
- Was solltest du bei weiteren Vorträgen bedenken?

Info: Präsentieren

1. Schritt: Die Präsentation planen
- Kläre **Thema, Zweck** und **Adressatinnen/Adressaten** deiner Präsentation.
- Setze dich inhaltlich mit dem Thema auseinander und **sammle** entsprechende **Informationen**.
- **Notiere und ordne die Informationen**, z. B. mithilfe von Karteikarten oder einer Mindmap.
- **Lege die Reihenfolge fest**, in der du die Unterthemen präsentieren willst.

2. Schritt: Informationen mit einer Bildschirmpräsentation veranschaulichen
- Entscheide, welche Informationen du deinen Zuhörerinnen/Zuhörern **mündlich präsentieren** willst und welche du **mithilfe einer Bildschirmpräsentation veranschaulichen** möchtest.
- Wähle **geeignet Zusatzmaterialien** aus, wie z. B. Bilder oder Diagramme, mit denen du deine mündliche Präsentation veranschaulichen kannst.
- Gestalte deine **Folien**. Berücksichtige dabei:
  - Eine Folie sollte nur **wenige, aussagekräftige Informationen** enthalten (in der Regel nicht mehr als sechs Sätze).
  - Pro Folie sollten **nur ein bis zwei Bilder** oder **ein Diagramm** verwendet werden, die gut erkennbar sein müssen.
  - Nutze einen **gut lesbaren Schrifttyp** mit einer **Schriftgröße** von **mindestens 16 pt.**
  - Wähle **einfarbige Hintergründe** und verzichte auf Spezialeffekte wie ClipArts, auffällige Animationen oder Soundeffekte, da sie die Zuhörer/-innen ablenken.
- Notiere **zusätzliche Informationen**, die du für deine Präsentation benötigst, im gesonderten **Notizfeld** der Bildschirmpräsentation oder auf **Karteikarten**.

3. Schritt: Präsentieren
- Nutze die **Bildschirmpräsentation als „roten Faden"** für deinen Vortrag.
- **Übe deine Präsentation** vorab mehrmals.
- Lies die Folien nicht vor, sondern erläutere deinen Zuhörerinnen/Zuhörern das **Dargestellte** und **ergänze weitere Informationen** mithilfe deiner zusätzlichen Notizen.
- **Sprich frei** und halte **Blickkontakt** mit deinen Zuhörerinnen/Zuhörern.

Zum Schmökern, Schauen, Weiterdenken

Der bessere Lehrer *Felix Lill*

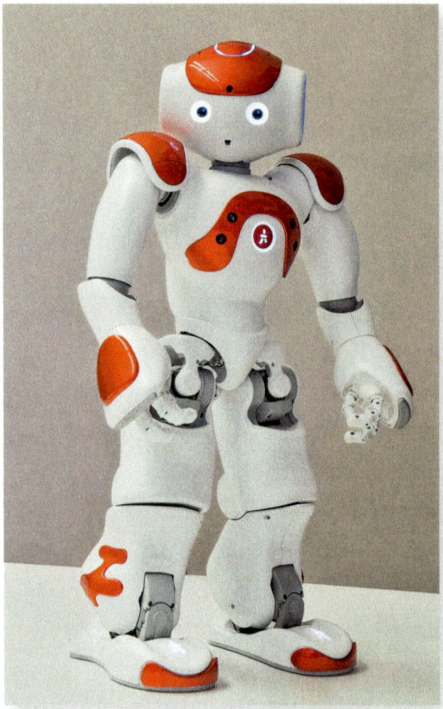

In Japan unterrichten immer mehr Roboter an Schulen, sie fragen Vokabeln ab und turnen in der Sportstunde vor. Noch haben die Androiden Mängel, aber auf die Schüler/-innen machen sie Eindruck.

[...] Als sich alle um die Matte versammelt haben, geht Nao langsam in den Spagat. „So geht das, seht ihr?", sagt die Lehrerin, die danebensteht, zu den gespannt zuschauenden Kindern. „Den Oberkörper haltet ihr gerade, und die beiden Beine bewegt ihr gleichzeitig auseinander." – „Wie cool", staunt ein Mädchen, die Mitschülerinnen seufzen vor Bewunderung im Chor. In einer Grundschule in Tokio hat Nao am selben Morgen schon als herausragender Kopfrechner beeindruckt, davor im Kalligrafiekurs[1]. Auch Sportunterricht kann das knapp 60 Zentimeter große Plastikmännchen also. Und das als Roboter.

Mit seinem beweglichen Körper, den ultrasensiblen Händen und dem niedlichen Kopf mit großen Augen hat das menschenähnliche Helferlein Nao Japans Bildungssystem erobert. Das Männchen aus weißem Kunststoff spricht 25 Sprachen, arbeitet auch als Assistent an der Universität Tokio, wo es in Vorlesungen Experimente ausführt. Und in Laboren wird Nao als automatisches Versuchskaninchen eingesetzt. Obwohl der Roboter um die 12.000 Euro kostet, hat er sich allein in Japan schon einige Tausend Male verkauft. Mittlerweile ist Nao in guter Gesellschaft.

Nicht zufällig gilt Japan als Land der Roboter [...]. Kluge Maschinen werden hier seit Jahrzehnten in der Industrieproduktion eingesetzt, ebenso in Einkaufszentren oder Krankenhäusern. Nun eben auch in Schulen, Universitäten sowie daheim beim Nachhilfeunterricht. In Japan mausern

1 die Kalligrafie: die Kunst des schönen Schreibens

sich die Roboter, die einst nur die monotonsten aller Jobs am Fließband übernehmen konnten, so langsam von Lehrlingen zu Lehrern.

Über das japanische Bildungssystem mosern Experten und Eltern schon lange, es sei zu eintönig und fördere kaum die Kreativität der Kinder. Die Roboter sind ein willkommener Reformversuch. So hat ein Team von Ingenieuren der Universität Osaka in den letzten Jahren zwei neue Typen von Robotern in Grundschulen eingesetzt. Man wollte wissen: Lernen Kinder besser, wenn der Lehrer ein Roboter ist? Um dies zu testen, wurde einerseits jedem Kind ein weicher, kissenartiger Körper namens Hugvie in die Arme gedrückt, in dessen Kopf ein Kommunikationsprogramm installiert ist. Im Japanischunterricht las hierüber ein menschlicher Lehrer wie durch ein Telefon Texte vor und beantwortete danach Fragen. Der Lehrer stand im selben Raum wie die Schüler. Da durch den Kuschelroboter Hugvie aber auch körperliche Nähe transportiert werde, so der Gedanke der Forscher, sollte sich die Aufmerksamkeit der Schüler erhöhen. „Die Kinder erinnerten sich besser an die vorgelesenen Inhalte, wenn sie Hugvie im Arm hatten", sagt Hidenobu Sumioka, Professor an der Universität Osaka.

In Fächern, die per Frontalunterricht funktionieren, in Japan zum Beispiel Geschichte, halten Roboter zur Abwechslung auch schon mal eigenständig Vorträge. Im Rahmen eines regierungsfinanzierten Projekts doziert ein kleiner Android namens Commu [...]. „Die Resultate sind ähnlich wie bei Hugvie: Schüler lernen effektiver", sagt der Ingenieur Hiroshi Ishiguro, [...] Leiter des Projekts. Untersuchungen zum Einsatz von Nao zeigen zudem, dass der Roboter dem menschlichen Lehrer hilft, den Geräuschpegel in der Klasse zu senken. Roboter und Lehrer arbeiten als Team.

Noch sind die Roboter nicht ausgereift: Entweder sie können nicht auf Rückfragen reagieren, wie Hugvie, oder sie missverstehen die Kinder, so wie Nao. Denn ihre Künstliche Intelligenz reicht gerade gegenüber Kindern, deren Wortschatz sich noch entwickelt, oft nicht für sinnvolle spontane Antworten. Hiroshi Ishiguro, der Ingenieur aus Osaka, hält Roboter trotzdem für die besseren Lehrer. „Bei unseren Tests ist uns aufgefallen, dass Hugvie und Commu viel beliebter waren als die menschlichen Lehrer. Weil sie nett und niedlich sind, sehen Schüler die Roboter als ihre Freunde an. Sie erteilen weder Befehle, noch rügen sie die Schüler." [...]

Schon im 17. Jahrhundert wurden in Japan erste mechanische Puppen gebaut. In Literatur und Popkultur stellen menschenartige Maschinen meist Freund und Helfer dar. Roboter, das lernen Kinder schon früh, könne man lieben wie Haustiere. Niemand findet sie unheimlich. Lernroboter erscheinen daher nicht als Revolution, sondern als logischer Entwicklungsschritt.

Weil Lehrer kaum durch Roboter ersetzt werden können, haben sich die anfänglichen Zweifel japanischer Lehrervereinigungen schon gelegt. „Mehrere Grund- und Mittelschulen wollen die Roboter jetzt für den Unterricht bestellen", sagt Ishiguro. Auf einer Konferenz für Bildungstechniken berichtet eine Grundschullehrerin: „Die Kinder finden meinen Unterricht spannender, wenn ich einen Roboter an meiner Seite habe. Sie freuen sich jetzt auf die Schule." [...]

Schon diesen Sommer brachte der Nao-Hersteller [...] einen Roboter für zu Hause auf den Markt. Der menschenähnliche Pepper aus hellem Kunststoff kann durch ein Spracherkennungssystem autonom kommunizieren, erkennt durch eigenbaute Kameras sein Gegenüber und verfügt [...] über einen enormen Wissensschatz. [...] Das japanische Wirtschaftsministerium prognostiziert, dass sich das Geschäft für Serviceroboter wie Pepper oder Commu bis 2035 auf über 35 Milliarden Euro verdreifachen wird. In Japan vermutet man, dass Roboter bald so normal sein werden wie Autos. [...]

1. Nao, Commu und Co – welche Vorteile der Roboter-Lehrer gegenüber einem menschlichen Lehrer werden im Text dargestellt? Nenne Beispiele.
2. Informiere dich im Internet über den Einsatz von Lernrobotern an deutschen Schulen. Stelle ein Beispiel in einem Kurzreferat vor.
3. Diskutiert in der Klasse: Sollten Lernroboter wie Nao auch in eurer Schule eingesetzt werden?

Auf dem Weg zur menschlichen Maschine

Waren Roboter vor einigen Jahrzehnten noch bloße Science-Fiction, sind sie aus dem Leben heute nicht mehr wegzudenken. Sie bauen Autos, entschärfen Bomben und tauchen in die Tiefen der Ozeane. Auch die Raumfahrt ist bei ihren Missionen auf die Unterstützung von Robotern angewiesen. Doch bevor das erste Roboterfahrzeug auf dem Mars herumfahren konnte, mussten Forscher erst viele Jahre Entwicklungsarbeit leisten.

Das Wort *Roboter* wird vom tschechischen *robota* abgeleitet, was so viel heißt wie Fronarbeit[1]. [...] Die Wortschöpfung *Roboter* hielt Einzug in viele Sprachen. 1927 trat mit dem Film „Metropolis"[2] eine menschliche Maschi-

1 die Fronarbeit: freiwillige, unbezahlte Arbeit
2 „Metropolis": Stummfilm aus den 1920er-Jahren, in dem die moderne Großstadt als große und menschenverachtende Maschinerie dargestellt wird

ne das erste Mal auf die Kinoleinwand. Berühmtheit erreichten die Roboter schließlich in den 1940er-Jahren durch die Erzählungen von Isaac Asimov[3].

Roboter sind Maschinen, die sich selbstständig bewegen und verschiedene Tätigkeiten erledigen können. [...] Die Versuche, Arbeit von Menschen durch Mechanik zu ersetzen, gehen weit zurück. Schon in vorchristlicher Zeit erfanden die Griechen einfache Automaten, die ohne direkte Einwirkung der Menschen Tätigkeiten ausführen konnten. So entstand 270 vor Christus die erste wasserbetriebene Uhr. [...] Im frühen 9. Jahrhundert entstand in Bagdad das Buch der raffinierten Geräte, „Kitab al-Hiyal", in dem mehr als hundert Automaten beschrieben werden. [...]

In der Industrie wurden Roboter erstmals in den 1960er-Jahren eingesetzt. [...] George Dovel und Joe Engelberger entwickelten mit ihrer Firma Unimation den *Unimate*, den ersten kommerziell[4] erhältlichen Industrieroboter. Er wurde unter anderem an den Fließbändern des Autoherstellers General Motors für sich wiederholende und gefährliche Arbeiten eingesetzt. So stapelte der *Unimate* etwa hoch erhitzte Metallteile.

Bereits 20 Jahre später wurde der Einsatz von Robotern in der Autoherstellung zur Routine. Auch andere Industriezweige nehmen Roboter zu Hilfe. So gibt es in Chemieunternehmen Automationsstraßen, die komplexe Arbeitsabläufe vollständig übernehmen.

Inzwischen übernehmen Roboter in vielen Bereichen Tätigkeiten, die der Mensch ungenauer, langsamer oder überhaupt nicht ausführen kann. Letzteres gilt besonders für Missionen im Weltraum.

3 Isaac Asimov (1919–1992): russisch-amerikanischer Wissenschaftler, Sachbuch- und Science-Fiction-Autor
4 kommerziell: geschäftlich

1. Erstelle in deinem Heft eine Zeitleiste mit allen wichtigen Etappen zum modernen Roboter.
2. Recherchiere weitere Informationen zu Isaac Asimov und seinem literarischen Werk. Stelle deine Rechercheergebnisse in der Klasse vor.

Gadgets – So sieht die Zukunft aus

Drohnen, die Selfies schießen, intelligente Töpfe und knuffige Roboter ... Auch folgende High-Tech-Gadgets sollen unser Leben verändern.

Schutz vor Lebensmittelvergiftung
Ob das Mett vom letzten Samstag im Kühlschrank noch gut ist? Das weiß der Foodsniffer, der erkennen soll, ob roher Fisch oder rohes Fleisch noch genießbar ist. Nutzer müssen das Gerät nur an das Fleisch halten und per Smartphone eine Analyse starten. [...] Foodsniffer analysiert die Luft um das Fleisch herum und zeigt schließlich an, ob man es medium verzehren kann, gut durchbraten oder doch besser in die Tonne werfen sollte. Das Gadget funktioniert mit Schweine- und Rindfleisch, Hähnchen sowie Fisch und Meeresfrüchten.

Der Hundeunterhalter
Furbo sieht aus der Ferne wie eine Mischung aus Aromaöl-Lampe und Luftbefeuchter aus. Wer näherkommt, sieht die eingebaute Kamera, die den Hund beobachten und bei Abwesenheit des Herrchens dessen Rolle übernehmen soll. Das Gerät kann Fotos und Videos machen und live ins Internet streamen. So ist es auch aus der Ferne möglich zu sehen, was das Tier daheim so treibt. Audio funktioniert in beide Richtungen: Der Hund kann also auch sein Herrchen hören, nicht nur umgekehrt. Und mit dem „Treat Popper" springt auch mal ein Leckerli raus (im Wortsinn). [...] Mit dem Tier um den Block gehen kann das Gerät übrigens nicht.

Schlafen in Socken
Für Filmliebhaber, die vor dem Fernseher einschlafen, wurde ein besonderes Kleidungsstück entwickelt: Socken, die erkennen, wenn sich ihr Träger nicht mehr bewegt – und die dann ein Signal an den Fernseher schicken, die Sendung anzuhalten. Die Socken gibt es in verschiedenen Mustern, passend zu Serien wie „Unbreakable Kimmy Schmidt" oder „House of Cards". [...]

1. Welches der hier vorgestellten Gadgets würdest du selbst verwenden? Begründe.
2. Recherchiere, welche besonderen oder ungewöhnlichen Gadgets in letzter Zeit entwickelt worden sind. Stelle ein Gadget in einem Kurzvortrag deiner Klasse vor.
3. Was für ein intelligentes Gadget würdet ihr entwickeln? Bildet Gruppen und einigt euch auf eine Idee. Fertigt dann eine Skizze des Gadgets an und verfasst eine Funktionsbeschreibung.

Sachtexte erschließen

Strategie: Leitfragen formulieren
- Überlege, welche Ziele du mit der Lektüre verfolgst. Formuliere Leitfragen.

Strategie: Sich einen Überblick verschaffen
- Lies den Text zügig durch. Zu welchem Themenbereich liefert er Fakten? Welche Fragen beantwortet er? Beachte auch die Überschrift und die Abbildungen im Text.

Strategie: Einen Text gliedern
- Kläre, ob der Text bereits gegliedert ist. Unterteile ihn bei Bedarf in Sinnabschnitte.
- Formuliere zu jedem Absatz/Abschnitt eine Frage oder Zwischenüberschrift.

Strategie: Informationen in Texten markieren
- Markiere Begriffe oder Textteile, die Antworten auf deine Fragen geben, farbig.

Strategie: Schwierige und unbekannte Begriffe klären
- Versuche, schwierige und unbekannte Begriffe aus dem Zusammenhang zu erschließen.
- Schlage in einem Lexikon nach und informiere dich im Internet, wenn du unsicher bist.

Strategie: Informationen aus verschiedenen Texten und Bildern verknüpfen
- Trage die Informationen aus allen vorliegenden Materialien zusammen.

Strategie: Texte erweitern
- Ergänze Anmerkungen oder zusätzliche Erläuterungen, wenn die Informationen im Text schwer verständlich oder zu ungenau sind.

Strategie: Textinhalte in einer anderen Form wiedergeben
- Übertrage die Informationen aus dem Text in eine andere geeignete Form, z. B. in eine Mindmap, eine Tabelle oder in einen Zeitstrahl.

Materialgestützt informieren

1. Schritt: Den Text vorbereiten und planen
- Kläre die Schreibaufgabe: Zu welchem **Thema,** zu welchem **Zweck** und für welche **Adressatinnen und Adressaten** (Leser/-innen) sollst du den Text verfassen?

2. Schritt: Informationen sammeln und ordnen
- Formuliere Leitfragen und sammle Informationen zum Thema.
- Ordne die Informationen anhand der Leitfragen, z. B. mithilfe einer Mindmap.

3. Schritt: Den Text formulieren
- Achte beim Schreiben darauf, **für wen** und **zu welchem Zweck** du deinen Text schreibst.
- Beginne mit einer **Einleitung**, die das Interesse deiner Leser/-innen weckt.
- Gliedere den **Hauptteil** deines Textes anhand deiner Leitfragen.
- Gib im **Schluss** eine persönliche Bewertung ab oder formuliere einen Ausblick.
- Formuliere eine passende **Überschrift**.

10 Retro oder future?

Sprache untersuchen

Innovation, die (lat. *novus* = neu): Der Begriff wird für neue Ideen und Erfindungen und für deren (wirtschaftliche oder technische) Umsetzung verwendet. Mit Innovation ist daher ein gezielt angestoßener Veränderungsprozess gemeint, der zu einer konkreten Neuerung, z. B. einem Produkt oder einer Dienstleistung, führt.

Trend, der: Als Trend bezeichnet man eine über einen gewissen Zeitraum andauernde beobachtbare Entwicklungstendenz. Je nach Zusammenhang können unter Trends z. B. modische, technische, politisch-gesellschaftliche oder wirtschaftliche Entwicklungen verstanden werden.

Utopie, die (griech. *ou tópos* = *„Nicht-Ort“*): Der Begriff entstammt dem Werk des englischen Staatsmannes Thomas Morus (1487–1525). Man bezeichnet damit Ideen, Vorstellungen oder Gesellschaftsentwürfe, die kein historisches Vorbild haben. So beschreibt Thomas Morus in seinem Werk einen idealen Staat, in dem jeder Arbeit habe, Bildung erhalte und religiöse Toleranz genieße. Utopien wurden bereits in der griechisch-römischen Antike formuliert und sie finden sich auch in der modernen Literatur , in der Kunst oder in Filmen.

1 Erläutere auf der Grundlage der drei Lexikontexte mit eigenen Worten, was man unter *Innovationen*, *Trends* und *Utopien* versteht.

2 Sammelt Beispiele für Innovationen, Trends und Utopien.

3 a) Erläutert euch gegenseitig die obenstehenden grammatischen Fachbegriffe. Sucht jeweils Beispiele aus den Texten auf Seite 234.
b) Überprüfe deine Antworten mit den Lösungen auf Seite 332.

In diesem Kapitel …

- wiederholst du, was du bisher über Wortarten und Sätze gelernt hast.
- übst du die verschiedenen Formen der Redewiedergabe.
- erfährst du, was Modalverben sind und wie du sie verwendest.
- lernst du Partizip- und Infinitivgruppen kennen.
- untersuchst du die Bedeutung von Wörtern.
- erweiterst du dein Wissen über die Geschichte der deutschen Sprache.

Wortarten und Formen des Verbs wiederholen

Was kannst du schon?

Ziegenstall statt Playstation

Wenn Johannes, 12, es im Winter warm haben will, muss er den Ofen mit Holz anheizen. Zum Einkaufen fährt er mit der Pferdekutsche. Hier erzählt Johannes, wie er ohne Auto, Handy und Fernseher klarkommt und warum er mit niemandem tauschen will.

Wir benutzen nie ein Auto, aber wir haben Wassili und Max. Das sind unsere beiden Kutschpferde. Zum Einkaufen im nächsten Ort spannen wir die Pferde einfach vor den Wagen. Das kommt aber nicht so häufig vor, denn unsere meisten Lebensmittel sind selbst hergestellt: Milch, Eier, Käse, Kräuter, Gemüse, Obst oder Fleisch von unseren eigenen Tieren. Wir leben auf einem uralten, abgelegenen Bauernhof im Schwarzwald. Wir, das sind meine Eltern, mein Onkel, mein älterer Bruder Elias und ich. Außerdem sieben Kühe, die Pferde Wassili und Max, 30 Milchziegen und ein paar Hühner. Auf unserem Hof gibt es keine Handys, keine Heizung, noch nicht einmal einen Fernseher. Unsere Möbel sind aus dem 19. Jahrhundert, sogar unser Telefon und die Lichtschalter sind richtig alt: über achtzig Jahre! Wir leben hier ein bisschen so, wie die Menschen vor hundert Jahren gelebt haben. Und das mit voller Absicht: Meine Eltern finden, dass die meisten Menschen in zu großem Überfluss leben. [...] Wenn ich auf einen der Hügel hinter unserem Haus klettere und mich umgucke, sehe ich erstmal nichts. Jedenfalls keine Autos und kaum Menschen. Dass der nächste Nachbar hunderte Meter entfernt wohnt, ist für mich ganz normal. Ein einsames Tal mit Wäldern und Wiesen, Berge drum herum: Abenteuerland.

1 Diskutiert: Fändet ihr ein Leben, wie es Johannes führt, reizvoll?

2 Bestimme alle Wortarten in den Sätzen B und C wie im Beispiel A. Schreibe dazu die Sätze mit jeweils ausreichend großem Abstand zwischen den Wörtern ab.

A Wir benutzen nie ein Auto, aber wir haben Wassili und Max.
B Unsere Möbel sind aus dem 19. Jahrhundert, sogar unser Telefon und die Lichtschalter sind richtig alt: über achtzig Jahre!
C Wir leben ein bisschen so, wie die Menschen vor hundert Jahren gelebt haben.

Beispiel:

	Pers.pronomen	*Verb*	*Adverb*	*Artikel*	*Nomen*	
A	Wir	benutzen	nie	ein	Auto,	
	Konjunktion	*Pers.pronomen*	*Verb*	*Nomen*	*Konjunktion*	*Nomen*
	aber	wir	haben	Wassili	und	Max.

3 a) Du sollst für die Schülerzeitung einen Artikel über Menschen schreiben, die anders leben als die meisten. Gib dafür die unterstrichenen Textteile in indirekter Rede wieder, z. B.:
Johannes sagt, er lebe fast so wie früher.
b) Erkläre, warum du an manchen Stellen auf den Konjunktiv II als Ersatzform des Konjunktivs I ausweichen musst.

4 Johannes' älterem Bruder gefällt dieses Leben weniger gut.
Nutze das Wortmaterial und formuliere seine Wünsche im Konjunktiv II.
Er träfe gern spontan seine Freunde.

spontan Freunde treffen · einen Internetzugang haben · weniger auffallen · mit dem Auto zur Schule fahren · ein Handy besitzen · moderne Kleidung kaufen · wie die anderen sein

5 a) Setze für deinen Bericht in der Schülerzeitung folgende Sätze ins Passiv.

A Zum Einkaufen im nächsten Ort spannen wir die Pferde einfach vor den Wagen.
B Die Kinder melken die Ziegen und sie treiben die Kühe von der Weide.
C Johannes und sein Bruder legen den Schulweg mit dem Fahrrad oder im Winter mit Skiern zurück.
D Den Fußballplatz der Familie mähen lebendige Rasenmäher, ein paar Ziegen.
E Ein Filmregisseur hat sogar schon einen Film über die Familie gedreht.

b) Erkläre, wie du bei der Umformung eines Satzes vom Aktiv ins Passiv vorgehst. Nutze die Begriffe im Wortspeicher für deine Erläuterung.

das Subjekt des Aktivsatzes · das Akkusativobjekt des Aktivsatzes

Wortarten unterscheiden

Retro oder future? *nach Lola Froebe*

Mögt ihr eure Sneaker lieber klassisch oder futuristisch? Keine Ahnung? Na, zum Glück müssen wir uns nicht entscheiden, denn beides ist gerade der Renner. Mode kann manchmal nämlich ziemlich widersprüchlich sein. Wer meint, wenn eine Sache gerade *in* ist, sei ein gegensätzlicher Trend auch automatisch *out*, liegt absolut falsch. Das zeigt sich derzeit z. B. an unseren Schuhen, vor allem bei Turnschuhen und Sneakern: Einerseits werden heutzutage die alten Klassiker wieder neu aufgelegt, andererseits sind auch futuristische Trends zu beobachten. Eine Festlegung auf Retro- oder Future-Sneaker ist also nicht notwendig. Nur auf eines solltet ihr achten: Tragt sowohl an eurem rechten als auch an eurem linken Fuß das gleiche Paar Schuhe – sonst könnte es ein wenig ulkig aussehen.

1 a) Bestimme die Wortarten der unterstrichenen Wörter.
b) Suche für jede Wortart mindestens ein weiteres Beispiel im Text.

2 Übertrage folgende Übersicht in dein Heft und sortiere die Wörter aus Aufgabe 1 danach, ob sie flektierbar (veränderlich) oder unflektierbar (unveränderlich) sind, wenn man sie im Satz verwendet.
Ergänze in Klammern die unflektierte Form wie im Beispiel.

alle Wörter

flektierbar	nicht flektierbar
Wortarten und Beispiele: – *Personalpronomen: ihr (ihr)* – ...	**Wortarten und Beispiele:** – ...

3 Überprüfe deine Zuordnung mit dem Orientierungswissen auf Seite 348.

4 a) Schreibe den folgenden Lückentext ab und setze die Wörter in Klammern in der richtigen Form ein. Lass dabei zwischen jeder Zeile eine Leerzeile.

b) Notiere über jedem eingesetzten Wort, was sich jeweils verändert hat. Nutze die entsprechenden Abkürzungen aus den Kästchen.

Nachdem es eine Nebenwirkung ___ (der Retrotrend) ___ (sein), dass plötzlich die ___ (*Superlativ von* alt) Dinge zu ___ (horrend) Preisen über ___ (der Ladentisch) ___ (gehen), ___ (sein) sich einige Leute nicht zu schade, die ___ (letzte) ___ (muffig) Klamotten von ___ (ihr Dachboden) zu holen und zu ___ (*Plural von* Wahnsinnspreis) in ___ (*Plural von* der Secondhandladen) oder im Internet anzubieten.

Tempus (T) · Steigerung (S) · Numerus (N)

Kasus (K) · Genus (G) · Person (P)

5 Wie können die Wortarten aus dem Wortspeicher verändert werden? Ordne ihnen die möglichen Flexionsarten (→ Aufgabe 4) zu.
Achtung: Es ist jeweils mehr als eine Flexion möglich.

Verb: Tempus, Numerus …

Verb · Adjektiv · Nomen · Artikel · Pronomen

6 a) Du weißt, dass Adverbien zu den unflektierbaren (unveränderlichen) Wortarten gehören und Adjektive zu den flektierbaren (veränderlichen).
Überprüfe, bei welchen Wörtern im Wortspeicher es sich um Adverbien handelt.

schwierig · ebenfalls · eng · hinten · irgendwo · stets · selten · vergebens · hier · tief · deshalb · daheim · fröhlich · immer · sehr · überall · also · genauso

b) Sortiere die Adverbien aus Aufgabe a) in deinem Heft danach, welche Angaben sie machen.

- **Adverbien der Zeit** (Temporaladverbien: *Wann? Wie lange? Seit wann?*): …
- **Adverbien des Ortes** (Lokaladverbien: *Wo? Wohin?*): …
- **Adverbien des Grundes / der Folge** (Kausaladverbien: *Warum? Weshalb?*): …
- **Adverbien der Art und Weise** (Modaladverbien: *Wie?*): …

7 a) Informiere dich, z. B. im Internet oder in einem Grammatik-Duden, was das Besondere an den folgenden Adverbien ist.

b) Bilde Beispielsätze, in denen du diese Adverbien in unterschiedlichen Formen verwendest.

gern · wohl · oft

Aktiv und Passiv wiederholen

Nostalgie und Ostalgie

Nudossi, Vita Cola und Bautzner Senf – ungefähr 30 Jahre nach der deutschen Wiedervereinigung werden Produkte, die es früher nur in der DDR gab, von vielen nach wie vor gern gekauft. Wer den Suchbegriff „Ostprodukte“ in eine Suchmaschine eingibt, wird auf Internetseiten wie „Ossiladen“ oder „Kaufhalle des Ostens“ verwiesen.

Und nicht nur in Berlin gibt es Geschäfte mit Namen wie „Ostblock“ oder „Geschenke-Kombinat“, in denen neben diesen Produkten auch polnische, ungarische oder russische Spezialitäten angeboten werden.

Für diese besondere Sehnsucht nach Altem und Vertrautem wurde etwas scherzhaft der Begriff *Ostalgie* geprägt, ein Kunstwort, das sich aus den Wörtern *Osten* und *Nostalgie* zusammensetzt. Als *Nostalgie* wird eine „sehnsuchtsvolle Hinwendung“ zu Altem und Bewährten verstanden. Dass es bei nostalgischen Gefühlen nicht unbedingt darauf ankommt, dass man auf eigene Erfahrungen und Erlebnisse zurückgreift, zeigt sich darin, dass Produkte wie Rotkäppchen-Sekt, Spee-Waschmittel und Florena-Creme sowohl von Bürgern der alten Bundesländer als auch der neuen Bundesländer sehr geschätzt werden.

1 a) Schreibe alle Passivformen aus dem Text in dein Heft.
b) Markiere in deinem Heft alle Formen des täterlosen Passiv.

2 Übertrage folgende Aktivsätze ins Passiv. Was passiert hierbei mit dem Subjekt und dem Akkusativobjekt der Sätze?

A Der Begriff Ostalgie bezeichnet etwas scherzhaft einen wehmütigen Rückblick auf die Zeit in der DDR.

B Wörter wie Ostalgie nennt man auch „Kofferwörter“, weil durch die Zusammensetzung mehrerer Wörter ein Kunstwort mit völlig neuer Bedeutung entsteht.

C Wahrscheinlich prägte ein sächsischer Kabarettist diesen Begriff.

Die Wiederkehr des Ampelmännchens

Im Gegensatz zu seinem Kollegen aus dem Westen hat der Ost-Ampelmann einen Hut, eine große Nase und einen gedrungenen Körperbau. Nach der Wiedervereinigung wurde er in den neuen Bundesländern nach und nach durch den nüchtern wirkenden West-Ampelmann ersetzt. Eingeführt worden war der Ost-Ampelmann 1961. Vor dem Aussterben war er letztlich bewahrt worden, weil ein Designer auf ihn aufmerksam wurde und das Ampelmännchen zur Kultmarke machte. Seitdem wird der Mann mit Hut als Lampe, Vase, T-Shirt-Aufdruck oder Umhängetasche angeboten. Durch diese Produkte ist die Beliebtheit des Männchens gestärkt worden, sodass es zu erfolgreichen Protesten gegen seine Abschaffung kam. Seit 1997 ersetzen neue Ost-Männchen einige ihrer Westkollegen sogar in den alten Bundesländern. Viele Deutsche hoffen, dass das sympathische DDR-Männchen niemals in den Ruhestand versetzt werden wird.

3 Übertrage die Tabelle in dein Heft und ordne die Passivformen aus dem Text anhand der jeweiligen Tempusform ein.

Tempus	Passiv Singular
Präsens	…
Präteritum	*wurde … ersetzt* (Z. 3–5)
Perfekt	…
Plusquamperfekt	…
Futur I	…

4 Bestimme die Zeitform der folgenden Passivsätze und übertrage sie jeweils in alle anderen Zeitformen. Informiere dich bei Bedarf im Orientierungswissen (→ S. 349).

A In Dresden wurde erstmals eine Ampelfrau aufgestellt.
B In Wien sind gleich drei verschiedene Arten von Ampelmännchen installiert worden.
C In Berlin werden bald alle West-Ampelmännchen durch Ost-Ampelmännchen ausgetauscht worden sein.

Den Konjunktiv II als Ausdruck von Vorstellungen und Wünschen wiederholen

Ode[1] an den Konjunktiv *Bastian Sick*

Wär der Konjunktiv wieder in, gebrauchte ich ihn permanent!
Ich fühlte mich darin – ganz in meinem Element.
Die Energie der Möglichkeit brächte mich auf Trab.
Ich würfe die Vergangenheit einfach von mir ab. [...]

Ich flöge bis nach Afrika, wo ich einen Berg erklömme,
Und wäre ich schon einmal da, dann schwämme ich –
O nein: ich schwömme
Vom Festland bis nach Sansibar. Und bräche den Rekord sogar.

Ich kostete und ich probierte,
Wo immer ich auch grad spazierte.
Das Tolle wär, dass mir alles bekäme,
Was immer ich auch zu mir nähme!

Ich fräße, söffe und genösse,
Und zwar alles drei zugleich!
Ich stritte, schlüge, und ich schösse
Und erschüfe mir ein eignes Reich!

Darin schwelgte ich und schwölle
Zu nie gekanntem Glanz.
Und stürb ich dann und führ zur Hölle,
Dann nur auf einen kurzen Tanz.

Denn mit dem Konjunktiv II
Wär ich im Nu wieder frei
Und spönne mir alles
Aufs Neue herbei!

1 die Ode: feierliches Gedicht

1. Erkläre, was das lyrische Ich mit der „Energie der Möglichkeit" (V. 3) des Konjunktivs meint.
2. Erläutere mithilfe des Info-Kastens auf Seite 243 in eigenen Worten, wie der Konjunktiv II gebildet wird, und zeige dies an mindestens fünf Verben aus dem Gedicht.

3 a) Konjugiere die Verben im folgenden Wortspeicher im Konjunktiv II. Bilde als „Brücke“ zum Konjunktiv II immer zuerst die 1. Person Singular im Präteritum.

schreiben → ich schrieb (1. Pers. Sing. Prät.) → ich schriebe, du schriebest ...

schreiben · gehen · sprechen · sein · lieben · biegen · haben · laufen · reisen

b) Betrachte den Konjunktiv II von *sprechen, biegen, sein* und *haben*. Welche Besonderheit musst du hier bei der Bildung des Konjunktivs II beachten?

4 a) Überprüfe wie im Beispiel, in welchen Fällen die Präteritumform und die Form des Konjunktivs II bei den Verben aus Aufgabe 3 gleich aussehen.

Beispiel: *gehen*

Präteritum:	*ich ging*	*du gingst*	*er ging*	*wir gingen*	*ihr gingt*	*sie gingen*
Konjunktiv II:	*ich ginge*	*du gingest*	*er ginge*	*wir gingen*	*ihr ginget*	*sie gingen*

b) Überlegt gemeinsam, wie man in diesen Fällen deutlich machen kann, dass etwas Mögliches/Nicht-Wirkliches zum Ausdruck gebracht werden soll.

5 Welche Möglichkeiten würde der Konjunktiv II dir eröffnen? Behalte die erste und die letzte Strophe des Gedichts von Bastian Sick bei und dichte einen eigenen Mittelteil, in dem du deine Wünsche und Möglichkeiten zum Ausdruck bringst.

Merke **Den Konjunktiv II bilden und verwenden**

Während mit dem **Indikativ** etwas **Reales** (Wirkliches, Tatsächliches) ausgedrückt wird, wird mithilfe des **Konjunktivs II** eine Aussage als **wünschenswert** oder **irreal** (unwirklich) dargestellt, z. B.: *Ich fliege nach Afrika. (Indikativ)* *Ich flöge nach Afrika. (Konjunktiv II)*

Die **Formen des Konjunktivs II** werden aus dem Wortstamm des Präteritums und der Personalendung für den Konjunktiv (-e, -est, -e, -en, -(e)t, -en) gebildet. Dafür baut man eine „Brücke“ über die 1. Person Singular Präteritum im Indikativ, z. B.:

probieren → ***ich probierte*** → *ich probierte, du probiertest, er/sie/es probierte …*
rufen → ***ich rief*** → *ich riefe, du riefest, er/sie/es riefe …*

Steht im Wortstamm der Präteritumform eines starken Verbs ein **a, o** oder **u**, so bildet dieses im Konjunktiv II einen **Umlaut**, z. B.:

fliegen → ***ich flog*** → *ich flöge, du flögest, er/sie/es flöge …*

Achtung: Manche Formen des Konjunktivs II sehen aus wie die Präteritumform im Indikativ, z. B.: ***machen*** → *ich machte* → *wir machten* → *sie machten.*
In diesem Fall kann man den Konjunktiv II **zur Verdeutlichung** durch eine Umschreibung mit *würde* ersetzen, z. B. *ich würde … machen, wir würden … machen, sie würden … machen.*

Den Konjunktiv I in der indirekten Rede wiederholen

„Zurück in die Zukunft": Wie viel Zukunft ist wahr geworden? *nach Oliver Kühn*

Der Tag, der im Film „Zurück in die Zukunft" vorhergesagt wurde, ist längst gekommen. Ist wahr geworden, was der Film prophezeit?

Ein junges Pärchen herzt sich in der Auffahrt eines Vorstadthäuschens. Es ist der 26. Oktober 1985, die Sonne scheint. Plötzlich durchbrechen ein Knall und ein Blitz die traute Zweisamkeit. Ein silbernes Auto mit Kabeln an den Seiten rast auf die Auffahrt. Heraus springt ein alter Mann mit wirr abstehenden weißen Haaren, einem langen goldenen Mantel, einer Brille mit einer silbernen Fläche, wo man die Gläser vermuten würde, und einer durchsichtigen Krawatte. Tatendurstig rennt er auf den jungen Mann zu: „Marty, du musst mit mir zurückkommen!" Marty fragt: „Wohin soll ich zurückkommen?" Die Antwort: „Komm zurück in die Zukunft!" Die drei steigen in das Auto, es hebt ab, beschleunigt, verschwindet – und lässt eine Flammenspur am Himmel zurück. Marty will wissen: „Wo sind wir? Wann sind wir?" Der alte Mann deutet auf eine Anzeige: „Wir sind im Landeanflug auf Hill Valley, Kalifornien, um 16:29 Uhr am Mittwoch, dem 21. Oktober 2015."

So beginnt der Film „Zurück in die Zukunft II", in dem Doc Brown und Marty McFly in unsere Gegenwart reisen. Diese Gegenwart, die für die Macher des Films, der 1989 in die Kinos kam, mehr als dreißig Jahre in der Zukunft lag, sieht anders aus als das, was der Film uns präsentiert.

Doch viele Alltagsgegenstände nutzen wir heute ganz selbstverständlich – Regisseur Robert Zemeckis und Autor Bob Gale, die sich die Geschichte ausgedacht hatten, sagten sie ganz richtig vorher. So können wir Videotelefonate führen, Uhren sagen das Wetter voraus, es gibt Roboter, die in Restaurants bedienen, es gibt intelligente Kleidung und Brillen, die Informationen anzeigen. Wir können mit Fingerabdrücken bezahlen und unsere Wohnungstür öffnen. Es gibt sogar Häuser, die mit ihren Bewohnern kommunizieren können. Ganz wie im Film.

Für die Medienwissenschaftlerin Henriette Nagel ist das einer der Gründe für die anhaltende Begeisterung für diesen Film. Die Macher hätten viele Dinge in ihre Version der Zukunft gesteckt, die sie sich selbst als Kind wünschten, wie die fliegenden Autos. Insgesamt hätten sich die Drehbuchschreiber aber doch sehr an ihre eigene Gegenwart gehalten. „Ihre Zukunftsvision ist eine schrillere Version der Achtziger", meint Nagel. Viele Sachen, die zur Zeit der Entstehung des Films gerade angesagt gewesen seien, hätten die Drehbuchschreiber beibehalten [...]. Ein gutes Beispiel dafür ist laut Nagel das Faxgerät, durch das der erwachsene Marty McFly 2015 seine Kündigung bekommt, das heutzutage jedoch fast ausgestorben ist. Hier stimmt auch der Zukunftsforscher René Schäfer zu. Faxgeräte seien Ende der Achtziger nun mal ganz neu gewesen. Die Filmemacher, führt er weiter aus, hätten sich kaum vorstellen können, dass eine solch tolle Technik in nur 30 Jahren schon wieder überholt sei. Nicht vorhergesehen haben Zemeckis und Gale nämlich den Aufstieg des Internets sowie die Vernetzung und Digitalisierung, die viele technische Geräte überflüssig werden ließen. [...]

Nach Schäfers Ansicht hat der Film im Großen und Ganzen aber doch Recht behalten. Dass die Macher einige Sachen, die in ihrer Zeit angesagt gewesen seien, überinterpretiert hätten, hält er für normal. Schließlich, so Schäfer, hielten wir unsere Gegenwart im Hinblick auf die Zukunft immer für zu wichtig. [...]

1. Welche Erfindungen und Innovationen werden im Text genannt? Stelle sie zusammen.
2. a) Untersuche, wie die Aussagen anderer in den unterstrichenen Textpassagen wiedergegeben werden. Nutze folgende Tipps.
   b) Suche für jede Art der Redewiedergabe ein weiteres Beispiel im Text.

direkte Redewiedergabe als Zitat	indirekte Redewiedergabe im Konjunktiv	indirekte Redewiedergabe im Indikativ mit einleitender Formulierung

3. Forme die drei unterstrichenen Sätze jeweils in die beiden anderen Möglichkeiten der Redewiedergabe um. Schreibe in dein Heft.
4. Gib die blau unterlegte Textstelle in indirekter Rede wieder. Wie verändert sich die Wirkung der Textstelle dadurch?

5 Trendforscher sind Menschen, die sich mit zukünftigen Entwicklungen in unserer Gesellschaft beschäftigen. Sie beraten z. B. Firmen bei ihrer Produktentwicklung. Einer von ihnen ist Christopher Sanderson.
Gib seine Aussagen aus folgendem Interview mündlich in indirekter Rede wieder.

„Männer warten, bis jeder mit der gleichen Hose herumläuft“ – Interview *David Torcasso*

ZEIT ONLINE: Herr Sanderson, braucht man Selbstbewusstsein, um die Zukunft vorauszusagen?

Christopher Sanderson: Nein, das hat damit nichts zu tun. Es ist eine Fähigkeit zu verstehen, wie man Tendenzen herausfiltern kann, um ein präzises Urteil zu fällen. In der Regel achten die Menschen auf Gemeinsamkeiten. Für mich zählen die Unterschiede.

ZEIT ONLINE: Papierlose Büros, fliegende Autos – werden Zukunftsprophezeiungen nicht immer widerlegt?

Sanderson: Der amerikanische Denker William Gibson sagt: „Die Zukunft ist schon passiert. Aber nicht jeder hat Zugriff darauf.“ Das stimmt. Alles, was morgen passieren wird, geschieht bereits jetzt. Es ist nur noch nicht greifbar oder gedeutet. Die Zukunft findet in Nischen statt, nicht im Mainstream. Die meisten Menschen fühlen sich wohl, wenn sie sich in der Masse bewegen. Jeans für Männer sind ein interessantes Beispiel: Der Geschmack wechselt alle drei bis fünf Jahre, nicht jede Saison. Männer warten, bis jeder mit der gleichen Hose herumläuft und lassen sich von der Masse leiten. Ansonsten fühlen sie sich doof. Aber eine Gruppe von Menschen handelt immer anders als die meisten und so erkenne ich, wo ein Wechsel stattfindet. [...]

ZEIT ONLINE: Schon heute tragen Menschen, die monatlich 10.000 Euro verdienen, abgewetzte Strickjacken vom Flohmarkt. Warum?

Sanderson: Altes Handwerk, Vererbtes und hochwertige Materialien sind wieder gefragt. [...] Auf einem Flohmarkt einzukaufen, ist ein klares Statement. Es zeigt, dass wir etwas Individuelles suchen. Modemarken kopieren diesen Secondhand-Stil bereits. Martin Margiela entwirft zum Beispiel Hemden, die exakt so anmuten wie die vom Flohmarkt, nur kosten sie 400 Euro. [...] Wir beobachten, dass Marken an Bedeutung verlieren. Bei der Ernährung, beim Wohnen, in der Mode. Die Menschen möchten nicht in einem Restaurant essen, das „Le Chef“ heißt und an jeder Ecke zu finden ist. Sie wollen lokaler konsumieren und selbst herausfinden, was gut für sie ist. […]

ZEIT ONLINE: Welches Produkt existiert in 15 Jahren nicht mehr?

Sanderson: Die Kreditkarte auf jeden Fall, aber auch Mobiltelefone wird es nicht mehr geben. […]

6 Du sollst für ein Projekt zum Thema „Zukunft“ einen Informationstext über „Trends und Trendforschung“ schreiben, in dem du wichtige Aussagen von Christopher Sanderson wiedergibst.

a) Gib die folgenden Interviewfragen in indirekter Rede wieder.

A „Herr Sanderson, braucht man Selbstbewusstsein, um die Zukunft vorauszusagen?“

B „Papierlose Büros, fliegende Autos – werden Zukunftsprophezeiungen nicht immer widerlegt?“

b) Formuliere nun folgende Aussagen von Christopher Sanderson in die indirekte Rede um (→ Merkkasten S. 248).

A „Nein, das hat damit nichts zu tun. Es ist eine Fähigkeit zu verstehen, wie man Tendenzen herausfiltern kann, um ein präzises Urteil zu fällen.“

B „In der Regel achten die Menschen auf Gemeinsamkeiten. Für mich zählen die Unterschiede.“

7 a) Welche Aussagen aus dem Interwiev findest du besonders wichtig oder interessant? Notiere die entsprechenden Zeilenangaben.

b) Verfasse deinen Informationstext zum Thema „Trends und Trendforschung“. Nutze folgenden Textanfang und gib wichtige Aussagen in indirekter Rede wieder.

Tipp: Passende Verben zur Einleitung der indirekten Rede findest du im Wortspeicher.

Trendforscher und Trends

Trendforscher wie Christopher Sanderson beschäftigen sich damit, wie Trends entstehen und wie man ihnen auf die Spur kommt. Auf die Frage des Reporters, ob man Selbstbewusstsein brauche, um die Zukunft vorherzusagen, antwortet Sanderson, dass …

entgegnen · erwidern · meinen · behaupten · widersprechen · beantworten

⑧ Gib folgendes Interview für einen Zeitungsbericht in der indirekten Rede wieder.

Essen wir bald nur Gemüse? – Interview

Die Hamburger Morgenpost hat den Trendforscher Peter Wippermann zu diesem Thema befragt.

Morgenpost: Essen wir in Zukunft nur noch fleischlos?

Peter Wippermann: Ganz ohne Fleisch wird es auch in Zukunft nicht gehen. Die Leute werden aber mehr zu regionalen Produkten und fleischlosen Alternativen greifen. Die Massentierhaltung wird weitestgehend aussterben.

Morgenpost: Wie lange wird das dauern?

Peter Wippermann: Wir sind schon mitten im Prozess. Ich denke, in fünf bis zehn Jahren wird es so weit sein.

Morgenpost: Warum wollen die Menschen denn Schnitzel ohne Fleisch essen, statt ganz darauf zu verzichten?

Peter Wippermann: Das Schnitzel ist ein Kulturgut. Die meisten essen aus ethischen oder gesundheitlichen Gründen kein Fleisch. Auf den Geschmack wollen sie aber nicht verzichten.

Morgenpost: Können Fleischersatzprodukte denn den vollen Geschmack liefern?

Peter Wippermann: Nein. Sie sind nur Imitate. Das Ziel wäre es, mit Ersatzprodukten wie Tofu eigene Gerichte zu kreieren, anstatt andere zu ersetzen. Wenn wir da hinkommen, wäre das sensationell.

Merke **Der Konjunktiv in der indirekten Rede**

Mithilfe der indirekten Rede macht man deutlich, dass man die **Meinung einer/eines anderen wiedergibt.** Hierfür nutzt man in der Regel den **Konjunktiv I,** z. B.:

- **direkte Rede:** *Fleischloses Essen ist ein Trend.*
- **indirekte Rede:** *Er ist der Ansicht, fleischloses Essen sei ein Trend.*

Der **Konjunktiv I** wird aus dem **Präsensstamm des Verbs** und den **Personalendungen für den Konjunktiv** (-e, -est, -e, en, -(e)t, -en) gebildet, z. B.:

hab|en: *ich hab|e, du hab|est, er/sie/es hab|e, wir hab|en, ihr hab|et, sie hab|en*

Unterscheidet sich der Konjunktiv I nicht vom Indikativ, verwendet man in der Regel den **Konjunktiv II** (→ S. 243) zur Kennzeichnung der indirekten Rede, z. B.:

Konjunktiv I (nicht eindeutig):	→	**Konjunktiv II** (eindeutig):
Ihrer Meinung nach wollen viele fleischlos leben.	→	*Ihrer Meinung nach wollten viele fleischlos leben.*

Die direkte Rede wiedergeben

„Retro ist ein Fluchtreflex auf zu viel Neues" – Interview mit dem Marketingexperten Sascha Friesike

Frage: Plötzlich sind alte Dinge wieder angesagt. Steckt dahinter eine Logik?

Sascha Friesike: Retro ist eine Art Fluchtreflex auf zu viel Neues. Unternehmen haben einen riesigen Druck, Innovationen auf den Weg zu bringen. Und dadurch werden wir überflutet mit Produkten. Dinge, von denen es zu viele gibt, verlieren jedoch an Wert. Da ist das Beispiel Musik: Für meinen Vater ist die Plattensammlung ein Heiligtum gewesen. Heute kann ich für neun Euro monatlich bei Streamingdiensten so viel Musik hören, wie ich will. Und damit kann diese Musik nicht mehr so viel wert sein wie früher. Gleichzeitig erleben Platten einen neuen Trend als Produkte, die an alten Werten orientiert sind und zu denen wir irgendwie ein anderes Verhältnis haben. […]

1 Fasse in eigenen Worten zusammen, welche Gründe der Marketingexperte Sascha Friesike für den Retro-Trend sieht.

2 Erkläre, welches „Problem" es bei den unterstrichenen Verben bei der Umformung in die indirekte Rede gibt, und wie du es lösen kannst.

3 a) Vergleiche folgende Möglichkeiten, die direkte Rede aus den Sprechblasen wiederzugeben. Achte vor allem auf die Verbformen.

A Sascha Friesike ist der Ansicht, Retro sei ein Fluchtreflex auf zu viel Neues.
B Nach Sascha Friesikes Meinung sind Retro-Trends ein Fluchtreflex auf zu viel Neues.
C Friesike behauptet, dass Retro ein Fluchtreflex auf zu viel Neues ist.
D Friesike behauptet, dass Retro ein Fluchtreflex auf zu viel Neues sei.

b) Gib die wörtliche Rede in der rechten Sprechblase ebenfalls auf unterschiedliche Weise wieder.

4 Gib die gesamte Aussage von Sascha Friesike für einen Zeitungsbericht wieder. Nutze dafür unterschiedliche Möglichkeiten der Redewiedergabe (→ Merkkasten S. 250).

5 Überprüfe mithilfe der Informationen im Merkkasten, ob die direkte Rede in den folgenden Sätzen korrekt wiedergegeben ist.

A Ein Experte, der sich mit dem Retrotrend beschäftigt, ist der Ansicht, dass Retro verlogen ist, weil die Dinge nur vorgeben, alt zu sein, es aber in Wirklichkeit gar nicht sind.

B Antiquitäten sind dagegen Gegenstände, die heute nicht mehr hergestellt würden. Unter dem Begriff „Vintage" verstehe man Dinge, die zwar nicht ganz so alt sind, aber ebenfalls nicht mehr produziert würden. Anders als Retro-Dinge sind sie jedoch „echt".

C Seiner Meinung nach kann der Retrotrend z. B. gut in der Automobilbranche beobachtet werden, wo alte Modelle, wenn auch etwas verändert, immer wieder neu aufgelegt werden, wie z. B. der New Beatle oder der Fiat 500. Auch hier gibt es einen Unterschied zwischen diesen Modellen und wirklichen Oldtimern.

D Er beobachte zudem, dass Modestile der Vergangenheit in immer kürzeren Abständen wiederholt würden. So habe man inzwischen das Gefühl, dass die Klamotten von gestern, diejenigen also, die man gerade erst aussortiert habe, morgen wieder wahnsinnig angesagt seien.

Merke **Möglichkeiten, die direkte Rede wiederzugeben**

Die direkte Rede kann auf **unterschiedliche Weise** wiedergegeben werden:

- im **Konjunktiv** (mit und ohne Einleitungssatz), z. B.:
  Er sagte, viele Dinge seien überflüssig.
  Man müsse nicht jeden Trend mitmachen.
  Achtung: Wird die indirekte Rede mit den Konjunktionen *dass, ob* oder mit einem Fragewort (z. B.: *wann, wer, wo, wie)* eingeleitet, kann anstelle des Konjunktivs auch der Indikativ stehen, z. B.:
  Der Experte findet, dass viele Dinge überflüssig seien/sind.
  Die Reporterin fragte den Experten, wie er Trends auf die Spur komme/kommt.
- mit einer **einleitenden Formulierung**, die deutlich macht, dass es sich um die Meinung eines anderen handelt z. B.:
  Nach Aussage des Marketingexperten sind viele Dinge überflüssig.

6 a) Lies die Fortsetzung des Interviews mit Sascha Friesike (→ S. 249) und gib seine Aussage in eigenen Worten mündlich wieder.

Frage: Warum nehmen wir uns überhaupt mehr Zeit für Produkte von früher?

Sascha Friesike: Wir hetzen von einem Event zum nächsten und werden dabei von unzähligen Apps ständig unterbrochen. Retroprodukte zwingen uns dazu, uns intensiver mit einem Produkt auseinanderzusetzen. Wenn ich meinen Kaffee selbst mahle, hat das einen meditativen Charakter. Wenn ich mich bewusst mit einem Produkt beschäftige, steigt gleichzeitig auch meine Bereitschaft, mehr Geld dafür auszugeben. Beim Essen ist diese Gegenbewegung derzeit das Weglassen von Zusatzstoffen. Besonders gut sieht man das beispielsweise bei Eiscreme. Diejenigen Eisdielen oder Hersteller, die versprechen, dass ihr Eis quasi nur aus Sahne, Milch, Ei, Zucker und einem Geschmacksträger besteht, laufen gut. Also Eis, das so hergestellt wird, wie früher. Dahinter steckt auch irgendwo eine Trotzreaktion, nicht jedem Trend hinterherzurennen, sondern Dinge, die funktionieren, so zu lassen.

b) Überarbeite folgende Wiedergabe der Aussage von Sascha Friesike. Nutze den Lehrerkommentar und schreibe in dein Heft.

c) Gib die fehlenden Textpassagen in indirekter Rede wieder.

Auf die Frage, warum wir uns überhaupt mehr Zeit für Produkte von früher nehmen würden, antwortet der Marketingexperte Sascha Friesike, dass Retroprodukte uns dazu zwingen würden, uns intensiver mit einem Produkt auseinanderzusetzen. Wenn er seinen Kaffee selbst mahlen würde, würde das einen meditativen Charakter haben. Wenn er sich bewusst mit einem Produkt beschäftigen würde, würde gleichzeitig auch seine Bereitschaft steigen, mehr Geld dafür auszugeben. Diejenigen Eisdielen oder Hersteller, die versprechen würden, dass ihr Eis quasi nur aus Sahne, Milch, Ei, Zucker und einem Geschmacksträger bestehen würde, würden gut laufen. Also Eis, das so hergestellt werden würde, wie früher. Dahinter würde auch irgendwo eine Trotzreaktion stecken, nicht jedem Trend hinterherzurennen, sondern Dinge, die funktionieren würden, so zu lassen.

Verwende anstelle der Umschreibung mit „würde" bitte den Konjunktiv I oder bei Bedarf den Konjunktiv II. Nur in Fällen, wo die Konjunktivform sehr ungebräuchlich ist oder die Konjunktivformen nicht eindeutig sind, kannst du „würde" stehen lassen.

Mit Modalverben die Aussage verändern

Film und Realität

(1) Laser-Tüftler Drake Anthony hat etwas gebaut, was er schon immer haben ___ – ein Laserschwert. (2) Klingt nach einem Traum für jeden Star-Wars-Fan, funktioniert aber in der Praxis dann doch ein wenig anders als im Film.

(3) Wenn Jedis miteinander kämpfen ___, dann mit dem guten alten Lichtschwert. (4) Star-Wars-Fans ___ sich bestimmt an berühmte Duelle erinnern. (5) Lichtschwerter in der Kinovorlage ___ z. B. Dinge zerschneiden oder Schüsse abwehren.

(6) So etwas ___ man in der Realität bisher allerdings nicht herstellen, aber Laser gibt es natürlich. (7) Und so hat Anthony einen solchen in einen Griff eingebaut, der an die Lichtschwerter aus den Filmen erinnern ___. (8) Das Problem daran ist: Dieser Laser ___ mit seinen drei Watt Leistung praktisch alles zum Brennen bringen, was man ihm vor die Linse hält. (9) Ein solches Spielzeug ___ man daher gut unter Verschluss halten und ___ es auf keinen Fall auf den nächsten Kindergeburtstag mitbringen.

1 Entscheide, welches Wort aus dem Wortspeicher in die jeweilige Lücke passt. Achtung: Einige Wörter musst du mehrfach verwenden.

dürfen · können · müssen · mögen / ich möchte · sollen · wollen

2 Formuliere die folgenden Sätze um, indem du anstelle der markierten Satzteile geeignete Verben aus dem Wortspeicher verwendest.

A Luis möchte ein Laserschwert bauen.

A Luis hat den Wunsch, ein Laserschwert zu bauen.
B Das Tragen einer Schutzbrille ist für ihn beim Bau des Schwerts verpflichtend.
C Nach einigen Fehlversuchen hat er die Möglichkeit, das Schwert auszuprobieren.
D Ihm wird empfohlen, dies nicht im Holzschuppen zu machen.
E Tatsächlich hat das Schwert die Fähigkeit, Gegenstände anzuzünden.
F Die Eltern sind nicht bereit, Luis weiterhin damit „spielen" zu lassen.
G Ihm wird nicht erlaubt, das Laserschwert zu behalten.

3 Die so genannten Modalverben *dürfen, können, müssen, mögen/ich möchte, sollen* und *wollen* haben abhängig vom Zusammenhang unterschiedliche Bedeutungen.

a) Erläutere mithilfe der Begriffe im Wortspeicher, was in den folgenden Sätzen mit dem Modalverb *können* jeweils ausgedrückt wird.

Möglichkeit · Aufforderung · höfliche Frage · Erlaubnis · Fähigkeit · Vermutung

Können **ist nicht gleich** ***können*** **…**

A Ich kann heute Nachmittag mit euch ins Schwimmbad kommen.
B Sie kann die Zukunft voraussehen.
C Du kannst heute Abend mal kochen.
D Wir können uns einen Text aussuchen.
E Kann ich Ihnen helfen?
F Im Supermarkt kann man Eis kaufen.
G Das kann nur eine Verwechslung sein.

b) Wie würdest du das Modalverb *können* in den Sätzen A–G jeweils ins Englische übersetzen?
Entscheide dich für geeignete Formulierungen aus dem Wortspeicher und begründe.

must be · to be able to · to be allowed to · can · should · may · it is possible

4 Auch das Modalverb *sollen* kann je nach Sinnzusammenhang unterschiedliche Bedeutungen annehmen.
Bilde Beispielsätze, in denen *sollen* folgende Bedeutungen annimmt.

moralische Pflicht **Empfehlung** **höfliche Frage**
Aufgabe **Aufforderung** **Vermutung**

Moralische Pflicht: *Man soll sich älteren Menschen gegenüber höflich verhalten.*
Empfehlung: *…*

5 Überprüfe, ob die Modalverben *dürfen, müssen, mögen/ich möchte* und *wollen* ebenfalls unterschiedliche Bedeutungen annehmen können.
Bilde Beispielsätze zur Veranschaulichung.

Dürfen *Ursula Ott*

Ursula Ott „erledigt" den falschen Umgang mit deutschen Modalverben
Die Arzthelferin sagt: „Sie dürfen sich jetzt hinlegen." Die Seminarleiterin sagt: „Sie dürfen jetzt die Fenster schließen." Und selbst im Kindertheater sagt der Clown zu Beginn: „So, liebe Kinder, ihr dürft euch jetzt hinsetzen." Dreimal danke auch. Das ist ja soooo lieb, dass wir das machen dürfen, was der da vorne sich wünscht. Aber warum, verdammt, sagt er oder sie nicht klar und deutlich: Bitte legen Sie sich hin! Bitte schließen Sie die Fenster. Und ihr, liebe Kinder, setzt euch jetzt hin und seid bitte still! Das macht mich aggressiv, dieses therapeutische Drumrumgerede. Wenn der andere meint, ich „soll" was machen, warum sagt er dann, ich „darf"?

6 Was kritisiert die Autorin hier? Besprecht, ob ihr diese Kritik nachvollziehen könnt.

7 Diskutiert, ob es sich bei folgenden Formulierungen um einen sinnvollen Gebrauch der Modalverben oder um „Drumrumgerede" handelt.

A Ich möchte euch bitten, das Essen im Unterricht einzustellen.
B Ich soll Ihnen einen schönen Gruß von meiner Mutter ausrichten.
C Darf ich Sie fragen, warum Sie ausgerechnet mich ansprechen?
D Kann ich Ihnen noch etwas anbieten?

8 Formuliere einen Kommentar zum Artikel von Ursula Ott, in dem du der Autorin beipflichtest oder ihr widersprichst. Untermauere deine Ansicht mit konkreten Beispielen.

Merke **Modalverben und ihre Bedeutung**

Die Verben *dürfen, können, mögen/ich möchte, müssen, sollen* und *wollen* können mit dem Infinitiv eines anderen Verbs verbunden werden und verändern dann dessen Aussage.

Modalverb	Hauptaussage	Beispiel
dürfen	Erlaubnis	*Er darf Science-Fiction-Filme ansehen.*
können	Fähigkeit/Möglichkeit	*Du kannst nach dem Kino zu mir kommen.*
mögen/ ich möchte	Wunsch/Möglichkeit	*Wir möchten heute Abend ins Kino gehen.*
müssen	Notwendigkeit/Verpflichtung	*Ich muss zuerst meine Hausaufgaben machen.*
sollen	Empfehlung/Regel/Auftrag	*Wir sollen um 21 Uhr zuhause sein.*
wollen	Absicht/Wunsch	*Sie wollen noch Eis essen gehen.*

Spielplatz Weltraum *nach Patrick Illinger*

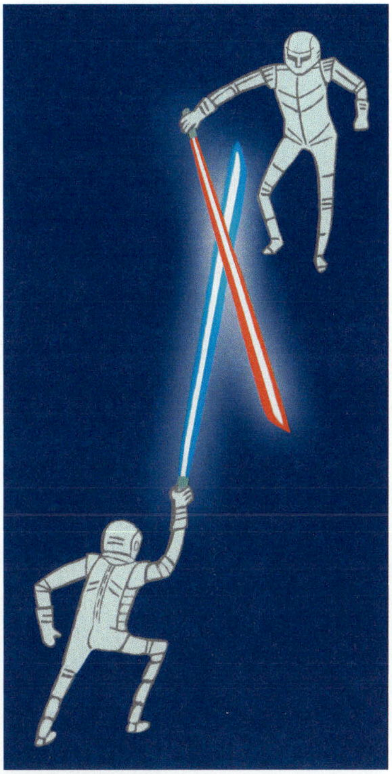

Jeder Star Wars-Fan kennt sie: Laserschwerter. Sie sind die Waffe der Jedi-Ritter und eine Verbindung aus mittelalterlicher Tradition (auch ein Lichtschwert ist eben ein Schwert) und Science-Fiction. Könnte das eigentlich wirklich funktionieren, ein Schwert mit Laserlicht zu konstruieren?

Ein Laserstrahl dürfte, anders als oft vermutet, kaum infrage kommen. Das gebündelte Licht würde nicht nach einem Meter enden und wäre von der Seite betrachtet ebenso unsichtbar wie ungefährlich. Eine andere Möglichkeit könnte Plasma sein, also ein extrem heißes, ionisiertes[1] Gas, wie es auf der Sonne wabert. Doch sollte das Plasma einfach aus der Klinge strömen, gäbe es nur eine wolkige Schweißflamme. Womöglich müsste aus dem Griff eine Röhre aus hitzebeständiger Spezialkeramik herausgefahren werden, die mit vielen kleinen Löchern versehen das Plasma verströmt. Das wäre in der Tat eine zerstörerische, leuchtende und heiße Waffe. Allerdings müsste sich in der Klinge ein handliches, viele Megawatt starkes Kraftwerk verbergen.

Bis dahin kann man über Innovationsschübe in der Filmwelt sinnieren. Zum Beispiel die Frage, warum das Lichtschwert in den ersten „Star Wars"-Folgen wie ein kaputter Transformator summte. Und das neue, kein Witz, ein bisschen wie ein Zweitaktmotor knattert.

1 ionisieren: physikalische Bezeichnung für den Vorgang, bei dem durch Entfernung eines Elektrons aus einem Atom ein positiv geladenes Ion zurückbleibt

9 a) Untersuche, in welcher Form die Modalverben *dürfen, können, sollen* und *müssen* in den markierten Sätzen vorkommen. Welche Funktion haben die Modalverben hier?

b) Probiere aus, mit welchen anderen Formulierungen aus dem Wortspeicher sich jeweils dieselbe Aussage erzielen lässt.

- mit großer Wahrscheinlichkeit / wahrscheinlich / wohl
- mit einiger Wahrscheinlichkeit / möglicherweise / vielleicht
- für den Fall, dass … / unter der Bedingung, dass … / in diesem Fall

Sätze und ihre Gliederung

Was kannst du schon?

Eine kurze Geschichte der Videospiele

(1) Die Entwicklung moderner Computer schreitet rasant voran und entsprechend vergrößert sich ständig deren Leistungsfähigkeit: (2) Wusstest du, dass eine Rechenleistung, für die vor 60 Jahren ein schrankgroßer Computer nötig war, heute von einem Smartphone um ein Vielfaches übertroffen wird? (3) Eine Theorie über die zunehmende Leistungsfähigkeit hat Gordon Moore schon vor 50 Jahren aufgestellt. (4) Er ist davon ausgegangen, dass sich die Rechenleistung alle ein bis zwei Jahre verdoppeln wird, und hat damit eine Prognose abgegeben, die sich bewahrheitet hat. (5) Diese Entwicklung kann man sehr schön an der Geschichte der Videospiele beobachten.

(6) Als Erfinder der Videospiele gilt Willy Highbotnam. (7) Der 1911 in Bridgeport in den USA geborene Physiker hatte im Jahr 1958 ein elektronisches Spiel entwickelt, das entfernt an Tennis erinnert und das dessen physikalische Grundregeln nachahmt. (8) Dieses Spiel, „Tennis for Two", wurde in den Jahren nach 1958 weiterentwickelt und ist damit der Urvater aller Computerspiele. (9) Seinem Erfinder verdanken wir die modernen Spiele, die heute so viele Jugendliche und Erwachsene fesseln.

1 Sortiere die Sätze (1) bis (5) in deinem Heft danach, ob es sich um einfache Hauptsätze, Satzreihen oder Satzgefüge handelt.

- *einfacher Hauptsatz: ...*
- *Satzreihe: ...*
- *Satzgefüge: ...*

2 Welches Satzbaumodell passt jeweils zu den Sätzen (4) und (7)? Begründe.

A ______Hauptsatz______, ______Hauptsatz______, Nebensatz.
B ______Hauptsatz______, Nebensatz, ______Hauptsatz______, Nebensatz.
C ______Hauptsatz______, Nebensatz, Nebensatz.
D Nebensatz, ______Hauptsatz______, ______Hauptsatz______, Nebensatz.

3 a) Übertrage folgende Übersicht über die Satzfelder in dein Heft und stelle Satz (5) in diesem Modell dar wie im Beispiel.

Satzklammer

Vorfeld	Linke Satzklammer: finiter Prädikatsteil	Mittelfeld	Rechte Satzklammer: 2. Teil des Prädikats
(3) Eine Theorie über die zunehmende Leistungsfähigkeit	*hat*	*Gordon Moore schon vor 50 Jahren*	*aufgestellt.*

b) Stelle auch die folgenden Sätze im Feldermodell dar und bestimme, ob es sich jeweils um einen Verb-Erstsatz oder einen Verb-Zweitsatz handelt.

A Würdest du auch gerne „Tennis for Two" spielen?
B Wir haben uns alte Spiele auf dem Flohmarkt gekauft.
C Komm doch einfach morgen zu unserem Retro-Videospieleabend!
D Wer kann da schon Nein sagen?

4 Bestimme in Satz (3) und Satz (5) die einzelnen Satzglieder.
Tipp: Alle Teile eines Satzes, die du einzeln oder als Gruppe ins Vorfeld eines Satzes stellen kannst, sind Satzglieder.

Akkusativobjekt
Wen? Was?

Präpositionalobjekt
Woran? Worüber? Wovon?

Dativobjekt
Wem?

Adverbiale Bestimmung
Wo? Wie? Wann? Warum?

Subjekt
Wer? Was?

5 Bestimme die unterstrichenen Attribute in den Sätzen (8) und (9). Informiere dich bei Bedarf im Orientierungswissen (→ S. 353 und 355).

Eine kurze Geschichte der Videospiele (Fortsetzung)

(1) Nach „Tennis for Two“ sollten mehr als zehn Jahre vergehen. (2) Erst 1968 brachte die Firma Atari den Tennissport mit ihrem Spiel „Pong“ in die Spielhallen und 1975 dann als Konsole auch in die Wohnzimmer. (3) Mitte der 1970er-Jahre begann dann die Erfolgsgeschichte der Heimvideospiele. (4) Diese sind die Vorläufer der heutigen PC-, Konsolen- oder Handyspiele. (5) Seit den 1980er-Jahren trat der „Heimcomputer“ seinen Siegeszug durch die Wohn- und Kinderzimmer an. (6) Erst in den 1990er-Jahren eroberten die Videospiele dann die dritte Dimension. (7) Die grafische Darstellung vieler Spiele auf heimischen PCs oder Konsolen ist von der Wirklichkeit kaum mehr zu entscheiden. (8) Allerdings gibt es einen gegenläufigen Trend zu dieser Entwicklung: Retro-Spiele werden immer beliebter. (9) Warum spielen Menschen heutzutage hoffnungslos veraltete Spiele? (10) Ist es die Erinnerung an vergangene Spielerlebnisse? (11) Das Interesse an alten Spielen kann man bei älteren Spielern natürlich auf die Erinnerung an ihre eigene Kindheit und Jugend schieben. (12) Aber auch junge Menschen, die damals, als die Spiele auf den Markt kamen, nicht einmal geboren waren, haben sich mit dem „Retro-Virus“ infiziert. (13) Schließlich gibt es auch bei Jugendlichen „angesagte“ Spiele, die sich auf Stilelemente alter Klassiker beziehen, wie zum Beispiel Minecraft mit seiner Klötzchengrafik, die wie aus den 1980er-Jahren wirkt. (14) Wer es nicht glaubt: Probiere es selbst aus!

1 Welche Spiele spielt ihr? Besprecht, ob euch Spiele mit Retro-Anmutung, wie z. B. Minecraft, auch ansprechen.

2 Übertrage die unterstrichenen Sätze in dein Heft und unterstreiche das Prädikat und die einzelnen Satzglieder wie angegeben.

Prädikat Subjekt Objekt Adverbiale Bestimmung

Nach „Tennis for Two" sollten mehr als zehn Jahre vergehen.

3 a) Überprüfe mithilfe der Umstellprobe, ob es sich bei den grau markierten Satzteilen im Text um Attribute oder um Satzglieder handelt.
Denke daran: Attribute bleiben bei der Umstellprobe immer bei ihrem Bezugswort stehen.

b) Bestimme, um welche Art von Attribut (→ S. 353) es sich jeweils handelt.

4 Folgendes Beispiel zeigt einen typischen Fehler englischsprachiger Deutschlerner:
Ich habe gespielt Computer die ganze Nacht.

Achtung, Fehler!

a) Erläutere, welche Besonderheit des deutschen Satzbaus der Schreiber hier ignoriert hat.

b) Zeichne ein zum Englischen passendes Feldermodell des Satzes, trage die folgenden Sätze ein und markiere die Satzglieder in unterschiedlichen Farben.

c) Übersetze die Sätze A – C ins Deutsche und markiere die Satzklammer.

A I will buy a new computer game next week.
B He has written the text with his new computer.
C My father had had the computer game for a long time.

Merke **Satzglieder und Satzgliedteile**

Man unterscheidet folgende **Satzglieder**:

- **das Subjekt** (Frage: *Wer? Was?*),
- **das Objekt:** Man unterscheidet **Akkusativobjekte** (Frage: *Wen? Was?*), **Dativobjekte** (Frage: *Wem?*), **Genitivobjekte** (Frage: *Wessen*) und **Präpositionalobjekte** (Frage: *Wovon? Worüber? Wodurch? Woran?*),
- **die adverbialen Bestimmungen:** Man unterscheidet z. B. zwischen **adverbialen Bestimmungen des Ortes** (Frage: *Wo? Wohin?*), der **Zeit** (Frage: *Wann? Wie lange?*), des **Grundes** (Frage: *Warum? Weshalb?*) und der **Art und Weise** (Frage: *Wie? Womit?*).

Attribute sind keine eigenständigen Satzglieder, sondern **Satzgliedteile.** Sie bestimmen ein Bezugswort (meist ein Nomen) genauer und bleiben bei der Umstellprobe immer bei diesem stehen, z. B.:

Das Interesse an Retro-Artikeln zeigt sich auch bei Computerspielen. (nicht umstellbar → Attribut)
Für alte Computerspiele interessieren sich immer mehr Menschen. (umstellbar → Satzglied)

Satzreihen und Satzgefüge unterscheiden

Die Kreaturen der Zukunft *nach Heike Heinrichs*

(1) Wie sehen die Tiere aus, die in fünf, hundert und zweihundert Millionen Jahren auf der Erde leben werden? (2) Darüber haben Experten nachgedacht, bevor sie am Computer nie gesehene Geschöpfe erschaffen haben.

(3) Acht Tonnen schwere Riesenkalmare, Vögel mit vier Flügeln oder Fische, die wie Schmetterlinge durch die Wälder flattern: (4) Obwohl mansche das als Fantasiegeschichte abtun mögen, arbeiten die Forscher nach strikten Regeln. (5) Aber die internationale Forschergruppe arbeitete nach strikten Regeln: (6) Jede Pflanze und jedes Tier, das die Wissenschaftler entworfen haben, könnte sich nach den Grundprinzipien der Evolution in Zukunft entwickeln. (7) Der Biologe Alexander McNeill aus England meint sogar, dass es sehr wahrscheinlich sei, dass ähnliche Wesen unseren Planeten in Millionen von Jahren besiedeln. (8) Nach fünf Jahren harter Arbeit hatten die Wissenschaftler am Computer über 40 Tiere entwickelt, die in ferner Zukunft unseren Planeten bewohnen könnten. (9) Nachdem fünf Millionen Jahre seit der heutigen Zeit vergangen sind, ist die Erde zu einem lebensfeindlichen Ort geworden. (10) Über drei Kilometer dicke Eisschilde, die große Teile des Planeten bedecken, löschen fast alles Leben auf der Erde aus. (11) Nur wenige Tiere und Pflanzen konnten sich an diese extremen Bedingungen anpassen und die Menschen sind längst ausgestorben. (12) Nach dem Ende der Eiszeit ist ein großer Teil des Planeten nun von seichten Meeren bedeckt, die aus dem Schmelzwasser entstanden sind. (13) Hier lebt ein riesiges Raubtier, das die Forscher als das „Phantom der Meere“ bezeichnen, da es bis zu zehn Meter lang und vier Meter breit ist. (14) Am Äquator liegen riesige Sümpfe, in denen es so heiß und feucht wie in einem Treibhaus ist. (15) Pflanzen können dort besonders gut wachsen, daher sind im Laufe der Millionen Jahre große Pflanzenfresser entstanden. (16) Besonders imposant sind die Dinoschildkröten. (17) Sie bewegen sich langsam und schwankend fort. (18) Mit einem Körpergewicht von über 120 Tonnen und einer Höhe von mehr als sieben Metern sind sie sogar gewaltiger als die größten Dinosaurier.

(19) Im Nordwesten eines neuen Superkontinents ist ein riesiger Regenwald entstanden, in dem kleine Waldfische wie Kolibris umherschwirren, die, obwohl sie fliegen können, kleine Fische sind.

1 a) Stelle die unterstrichenen Sätze als Satzbaumodelle wie im Beispiel dar und erläutere, bei welchen Satzverbindungen es sich um Satzreihen und bei welchen um Satzgefüge handelt.

Beispiel: *(2)* ______Hauptsatz______, Nebensatz.

b) Suche zu jedem Satzbaumodell aus Aufgabe a) ein weiteres Beispiel im Text.

c) Verbinde die Sätze (16), (17) und (18) zu einem Satzgefüge.

d) Untersuche, welches der folgenden Satzbaumodelle die Struktur von Satz (19) korrekt wiedergibt. Begründe.

A Hauptsatz, Nebensatz 1, Nebensatz 2 (1. Teil), Nebensatz 3, Nebensatz 2 (2. Teil).
B Hauptsatz (1. Teil), Nebensatz 1, Nebensatz 2, Nebensatz 3, Hauptsatz (2. Teil).
C Hauptsatz, Nebensatz 1 (1. Teil), Nebensatz 2, Nebensatz 1 (2. Teil), Nebensatz 3.

2 Du weißt, dass Nebensätze sowohl im Vorfeld als auch im Nachfeld und manchmal auch im Mittelfeld eines Hauptsatzes stehen können.
Übertrage die Übersicht über die Satzfelder in dein Heft und trage die Sätze (4), (12) und (14) ein wie im Beispiel.

Vorfeld	Linke Satzklammer	Mittelfeld	Rechte Satzklammer	Nachfeld
(9) Nachdem fünf Millionen Jahre seit der heutigen Zeit vergangen sind,	*ist*	*die Erde zu einem lebensfeindlichen Ort*	*geworden.*	–

Merke **Satzreihen und Satzgefüge**

Unter **Satzreihen** versteht man aus **mindestens zwei Hauptsätzen** zusammengesetzte Sätze. Diese werden häufig durch **nebenordnende Konjunktionen** wie *aber, sondern, doch, denn, und, oder* verknüpft.

Ein **Satzgefüge** besteht dagegen aus **mindestens einem Hauptsatz und mindestens einem Nebensatz**. Nebensätze werden oft durch die **unterordnenden Konjunktionen (Subjunktionen)** *weil, da, dass, obwohl, nachdem, bevor, als, wenn* mit dem Hauptsatz verbunden.

Der Nebensatz steht im Feldermodell meist im **Vorfeld** oder **Nachfeld**. Adverbialsätze können auch im Mittelfeld stehen.

Nebensätze unterscheiden

Adverbialsätze unterscheiden

Luftschlösser im All – Wie die NASA[1] sich in den 1970er-Jahren die Zukunft vorstellte

A – In den Siebzigerjahren wollte man Baumaterialien für gigantische Städte ins All transportieren.
– Man nutzt atombetriebene Kanonen.
(als / indem)

B – Verschiedene Wissenschaftler kamen jährlich zu einem Sommertreffen zusammen.
– Sie wollten sich mit visionären Projekten beschäftigen.
(weil / damit)

C – Ihre Visionen würden wahr werden.
– Bald hätten mindestens 10.000 Bewohner in der Weltraumstadt ein neues Zuhause.
(während / falls)

D – Die Weltraumstätte bekommen ausreichend Energie.
– Sonnenkraftwerke sollten genutzt werden.
(als / damit)

E – Die Ernährung der Bewohner ist gesichert.
– Es sollten auf dem Mond sogar Lebensmittel angebaut werden.
(damit / sodass)

F – Der Idee einer Kolonisierung des Weltalls kam ab den späten Sechzigerjahren eine erhöhte Aufmerksamkeit zu.
– 1969 war der erste Mensch auf dem Mond gelandet.
(nachdem / sobald)

G – Einst träumte die NASA von tausenden Menschen im All.
– Die ISS[2] wird heute von nur zwei Astronauten bewohnt.
(obwohl / wie)

H – Ganze Städte im Weltraum gibt es bis heute nicht.
– Die Visionen der Wissenschaftler müssen vielleicht als zu realitätsfern bezeichnet werden.
(sofern / sodass)

1 die NASA: Luft- und Raumfahrtbehörde der USA
2 die ISS: internationale Raumstation

1 a) Forme die beiden Hauptsätze jeweils mit einer passenden Konjunktion zu einem Satzgefüge um. Unterstreiche anschließend die Nebensätze.

In den Siebzigerjahren wollte man Baumaterialien für gigantische Städte ins All transportieren, indem man atombetriebene Kanonen nutzt.

b) Bestimme mithilfe der Frageprobe und der Übersicht auf Seite 263 die Art des jeweiligen Adverbialsatzes.

Urlaub im All

(1) ___ im Jahr 2001 der erste Weltraumtourist ins All geflogen ist, haben viele Multimillionäre einen solchen Flug gebucht. (2) ___ die Kosten sehr hoch sind, ist die Warteliste sehr lang. (3) ___ die Konkurrenz der Anbieter wächst, werden die Ausflugsangebote ins All immer zahlreicher und vielseitiger. (4) ___ sie ihren Kunden etwas Besonderes anbieten können, entwickeln sie immer abenteuerlichere Ideen. (5) ___ sie einen „bescheidenen" Aufpreis von anderthalb Millionen Dollar zahlen, können Weltall-Touristen z. B. als Extra einen Weltraumspaziergang außerhalb der Raumstation dazubuchen.

(6) Doch der Ruß der Raketentriebwerke wird bei einem Ausbau des Weltraumtourismus dazu führen, ___ das weltweite Klima zunehmend negativ beeinflusst wird. (7) ___ sie auf die negativen Auswirkungen auf das Klima aufmerksam machen, kritisieren die Umweltschützer den Weltraumtourismus sehr.

2 a) Suche die passenden Konjunktionen und notiere sie in deinem Heft wie im Beispiel.
(1) nachdem, (2) ...

b) Bestimme die Art der Adverbialsätze im Text mithilfe der untenstehenden Übersicht.

3 a) Übertrage die Tabelle in dein Heft und ordne die Konjunktionen aus den Aufgaben 1 und 2 passend ein.

b) Formuliere zu jeder Art des Adverbialsatzes ein eigenes Beispiel. Nutze passende Konjunktionen aus der Tabelle.

Adverbialsatz	Frageprobe	Konjunktionen	Beispiel
Temporalsatz (Zeit)	*Wann?*	*sobald, als*	...
Kausalsatz (Grund)	*Warum? Weshalb?*	*da, ...*	...
Konditionalsatz (Bedingung)	*Unter welcher Bedingung?*	*sofern, ...*	...
Konsekutivsatz (Folge)	*Mit welcher Folge?*	...	...
Finalsatz (Absicht, Zweck)	*Wozu? Zu welchem Zweck?*	...	...
Modalsatz (Art und Weise)	*Wie?*	*indem, ...*	...
Konzessivsatz (Einräumung)	*Trotz welchen Umstands?*	*obgleich, auch wenn ...*	...

Subjekt- und Objektsätze unterscheiden

Die Zukunft ist längst Gegenwart *nach Steve Przybilla*

(1) Wusstest du dass „Star Trek" 50 Jahre alt wird? (2) Mittlerweile achten die Drehbuchschreiber penibel darauf dass ihre Ideen wissenschaftlich korrekt sind. (3) Und es ist bemerkenswert dass manche ihrer Fantasien bereits Realität sind. (4) Wer heute ein Smartphone besitzt auf den wirkt Kirks aufklappbarer Communicator im Vergleich wie ein Witz. (5) Wer in den 1990er-Jahren im Fernsehen sah wie Captain Picard mit dem „Enterprise"-Computer sprach staunte ehrfürchtig. (6) Heute ist es für jeden selbstverständlich dass Siri Google und sogar viele Navigationssysteme tatsächlich die menschliche Sprache verstehen. (7) In vielen „Enterprise"-Episoden konnte man sehen dass so manche Konflikte mit den Außerirdischen durch den Einsatz des Universal-Übersetzers entschärft wurden. (8) Wer heute das Videochat-Programm Skype benutzt weiß dass es bereits sieben Sprachen unterstützt. (9) Dass irgendwann einmal die Alien-Sprache darunter sein wird ist jedoch unwahrscheinlich.

1 a) Schreibe vier Satzgefüge in dein Heft, unterstreiche die Nebensätze und setze die fehlenden Kommas.

b) Sortiere alle Nebensätze aus dem Text in deinem Heft danach, ob sie das Subjekt oder das Objekt für den Hauptsatz bilden (siehe Beispiel). Nutze dazu die Frageprobe (Subjekt: *Wer? Was?*; Akkusativobjekt: *Wen? Was?*; Präpositionalobjekt: *Worauf? Wovon? Woran?*).

(1) Wusstest du, dass „Star Trek" 50 Jahre alt wird?
Was wusstest du? → dass „Star Trek" 50 Jahre alt wird (Akkusativobjekt)

Subjektsätze	Objektsätze
…	(1), …

3D und Flatscreen: Heute Realität *nach Hubert Zitt*

Die Vorhersage der Zukunft durch die „Star-Trek"-Autoren ist auf einem Screenshot einer Episode aus dem Jahr 1966 zu sehen. Wusstest du, dass die Erfindung des Flachbildschirms damals noch lange nicht abzusehen war? Wer den Bildschirm auf diesem Screenshot sieht, könnte ihn jedoch für einen modernen Flachfernseher halten. Hierbei muss man wissen, dass Fernseher damals ausschließlich mit Braunschen Röhren[1] funktionierten und entsprechend sperrig waren. „Star-Trek"-Fans wissen, dass Captain Sisko in einer Episode ein Gespräch per Holotechnik[2] führt. Dass man seinen Gesprächspartner dreidimensional sehen kann, ermöglichte eine Netzwerkfirma bereits 2008. Besonders beeindruckend ist, dass diese Technologie bei „Star Trek" erst 2373 auftaucht. Man sieht also das Zuvorkommen der Wirklichkeit um ganze 366 Jahre gegenüber der Vorhersage in der Science-Fiction-Welt.

1 die Braunsche Röhre: Technologie, die in alten Fernsehern verwendet wurde
2 die Holotechnik: Technik, bei der ein dreidimensionaler Eindruck entsteht

2 Bestimme mithilfe der Frageprobe die Subjekt- und die Objektsätze und schreibe jeweils ein Satzgefüge mit einem Subjektsatz und ein Satzgefüge mit einem Objektsatz in dein Heft.

3 Formuliere die unterstrichenen Satzglieder im Text in Subjekt- bzw. Objektsätze um und erläutere, welche Formulierung du jeweils besser findest.

Merke **Subjekt- und Objektsätze unterscheiden**

Nebensätze, welche **die Rolle des Subjekts oder des Objekts** im Satzgefüge einnehmen, bezeichnet man als **Subjektsätze** beziehungsweise als **Objektsätze**. Subjekt- und Objektsätze treten oft als indirekte Fragesätze oder als *dass*-Sätze auf.

Satzform	Subjektsätze (*Wer? Was?*)	Objektsätze (*Wen? Was?* oder *Worauf? Wovon? Worüber*)
***dass*-Satz**	*Es ist interessant, dass die Wirklichkeit der Science-Fiction-Welt zuvorgekommen ist.*	*Ich finde, dass Science-Fiction-Filme sehr interessant sind.* *Ich freue mich darauf, dass bald der neue Science-Fiction-Roman herauskommt.*
indirekter Fragesatz	*Wer Science-Fiction liest, ist der Wirklichkeit einen Schritt voraus.*	*Ich frage mich, wie die Autoren auf ihre Ideen kommen.* *Ich denke darüber nach, was ich als Nächstes lese.*

Partizipgruppen erkennen und umformen

Die Zukunft von damals

(1) Zu Beginn des 20. Jahrhunderts machte sich eine Gruppe französischer Künstler, die Zukunft vorwegnehmend, Gedanken darüber, wie die Welt im Jahr 2000 aussehen könnte. (2) Damals aktuelle Erfindungen weiterentwickelnd kamen die Künstler auf interessante Ideen, wie technische Erfindungen den Alltag revolutionieren könnten. (3) Gemalt auf Postkarten und Zigarettenbildchen sind diese Ideen auch heute noch zu bestaunen. (4) Den Straßenverkehr entlastend fahren hier beispielsweise Walbusse durch die Gegend. (5) Kellner fliegen, die Menschen bedienend, umher und Briefträger stellen durch die Luft fliegend die Post zu. (6) Eine weitere Vorstellung ist, dass eine Art „Diktiergerät", das gesprochene Wort in Schrift umwandelnd, den Alltag der Menschen im Jahr 2000 erleichtert. (7) Diese Vorstellung ist, die moderne Spracherkennung berücksichtigend, gar nicht so weit von der heutigen Realität entfernt. (8) Auch nicht ganz unrealistisch ist die Idee, dass Roboter, die Hausarbeit erledigend, die Hausfrau entlasten. (9) Zumindest Staubsaug- und Rasenmähroboter sind, für viele schon zur Grundausstattung gehörend, in unserem Alltag präsent.

1. Diskutiert: Wie stellt ihr euch die Welt in 100 Jahren vor?
2. Wie wirkt dieser Text auf dich? Nenne Beispiele und begründe.
3. a) Bestimme, um welche Art von Partizip – Partizip I oder Partizip II – es sich bei den blau markierten Wörtern jeweils handelt.
   b) Erkläre, wie die unterschiedlichen Arten des Partizips gebildet werden.
4. Die unterstrichenen Satzteile nennt man Partizipgruppe. Suche weitere Partizipgruppen nach diesem Muster im Text und schreibe sie wie im Beispiel in dein Heft.

(1) die Zukunft vorwegnehmend
(2) ...

5 Oft wird ein Text besser lesbar, wenn man die Partizipgruppen in Nebensätze umformt. Probiere dies bei allen Partizipgruppen im Text auf Seite 266 aus.
Achtung: Der Sinn der Sätze darf sich durch die Umformulierung nicht verändern.

(1) Zu Beginn des 20. Jahrhunderts machte sich eine Gruppe französischer Künstler die Zukunft vorwegnehmend Gedanken darüber, wie die Welt, im Jahr 2000 aussehen könnte.
→ Indem sie die Zukunft vorwegnahm, machte sich eine Gruppe französischer Künstler Gedanken darüber, wie die Welt im Jahr 2000 aussehen könnte.

6 Manchmal kann es dagegen auch sinnvoll sein, anstelle von Nebensätzen Partizipgruppen zu verwenden, um einen Sachverhalt verkürzt darzustellen.
a) Forme in den folgenden Sätzen die Nebensätze in Partizipgruppen um. Achte auf die Kommasetzung (→ Merkkasten).
b) Entscheide, welche Fassung jeweils besser verständlich ist.

A Eine Postkarte zeigt Schüler in der Schule, die mit Kopfhörern an Tischen sitzen.
B Währenddessen wandelt ein Lehrer, indem er Bücher in eine Maschine wirft, Gedrucktes in Hörtexte um.
C Ein Schüler, der an einer Kurbel dreht, scheint die Maschine anzutreiben.
D Während sie nur mit Kopfhörern herumsitzen, wird den Schülern so ohne ihr Zutun Wissen eingetrichtert.

Merke **Partizipgruppen in Sätzen**

Man unterscheidet **zwei Arten von Partizipien**:
Das **Partizip I** (*singen → singend, lachen → lachend*) und
das **Partizip II** (*singen → gesungen, lachen → gelacht*).

Partizipien können den **Kern einer Partizipgruppe** bilden, welche die Aufgabe eines Nebensatzes übernehmen kann. Man nennt sie daher auch **satzwertige Partizipgruppen** oder **Partizipsätze**, z. B.:
Den Luftraum nutzend(,) sollten einige Aufgaben fliegend erledigt werden. (Partizipgruppe)
Manchmal ist es sinnvoll, Partizipsätze in Relativ- oder Adverbialsätze umzuwandeln, um einen Text verständlicher zu formulieren, z. B.:
→ *Damit der Luftraum in der Stadt genutzt wird, sollten einige Aufgaben fliegend erledigt werden.* (Adverbialsatz)
Briefträger sollten(,) durch die Luft fliegend(,) die Post verteilen. (Partizipgruppe)
→ *Briefträger, die durch die Luft fliegen, sollten die Post verteilen.* (Relativsatz)
Partizipgruppen **darf** man **immer** durch ein **Komma** vom Hauptsatz trennen. (→ Seite 309).

Infinitivgruppen erkennen und verwenden

A Autos mit Atomantrieb

(1) Die Autoentwickler der 1950er-Jahre ließen ihren Ideen für das Einläuten eines neuen Zeitalters freien Lauf. (2) Autos mit Atomantrieb sollte eine Fahrt von bis zu 8000 Kilometern mit einer Uran-Füllung möglich sein. (3) Auch das Düsentriebwerk galt zu dieser Zeit als Antriebsmöglichkeit für Autos. (4) So entstand das *Turbin Car* als Ergebnis der jahrelangen Bemühungen um den Bau eines alltagstauglichen Autos mit Turbinenantrieb. (5) Auch vom Fliegenlernen der Autos träumten die Autoentwickler damals. (6) Bis heute gab es zwar einige Versuche der Verwirklichung dieses Traumes, in die Serienproduktion hat es ein solches Auto aber noch nicht geschafft. (7) Tatsächlich müssen wir wohl noch lange auf das Davonfliegen bei Verkehrsstau warten.

B Autos mit Atomantrieb

(1) Die Autoentwickler der 1950er-Jahre ließen ihren Ideen freien Lauf, um ein neues Zeitalter einzuläuten. (2) Autos mit Atomantrieb sollten in der Lage sein, bis zu 8000 Kilometer mit einer Uran-Füllung zu fahren. (3) Auch das Düsentriebwerk galt zu dieser Zeit als Möglichkeit, Autos anzutreiben.

(4) ___ .

(5) Auch davon, Autos das Fliegen beizubringen, träumten die Autoentwickler damals. (6) Bis heute gab es zwar einige Versuche, diesen Traum zu verwirklichen, in die Serienproduktion hat es ein solches Auto aber noch nicht geschafft.

(7) ___ .

1 a) Vergleiche die ersten drei Sätze der beiden Texte. An welchen Stellen unterscheiden sie sich?

b) Erläutere am Beispiel von Text B und mithilfe des Merkkastens (→ S. 269), was man unter einer Infinitivgruppe versteht.

c) Formuliere die Sätze (4) und (7) aus Text A mithilfe von Infinitivgruppen um. Schreibe in dein Heft.

d) Beurteile den Stil und die Verständlichkeit der beiden Texte. Welchem Text würdest du den Vorzug geben? Begründe.

Wie sich die Menschen 1950 die Zukunft vorstellten

A In den Fünfziger- und Sechzigerjahren des vergangenen Jahrhunderts neigten die Menschen zu einer optimistischen Zukunftsbetrachtung.

B Die sich rasant entwickelnde Technik, z. B. im Bereich der Raumfahrt, erlaubte den Menschen den Glauben an eine durch den Fortschritt geprägte glänzende Zukunft.

C Atomkraft galt noch als saubere Energie, von der man sich unter anderem eine baldige Nutzung im Bereich des Verkehrs erhoffte.

D In ganz Deutschland entwickelte man in Bezug auf die Fortbewegung Ideen für die Gestaltung der Welt von morgen.

E Nicht wenige hofften auf die Deckung des immer größeren Energiebedarfs durch die Atomkraft.

2 a) Überarbeite die Sätze in deinem Heft wie im Beispiel, indem du die unterstrichenen Textstellen durch Infinitivgruppen ersetzt. Setze alle möglichen Kommas.

A In den Fünfziger- und Sechzigerjahren des vergangenen Jahrhunderts neigten die Menschen zu einer optimistischen Zukunftsbetrachtung.

→ In den Fünfziger- und Sechzigerjahren des vergangenen Jahrhunderts neigten die Menschen dazu, die Zukunft optimistisch zu betrachten.

b) Informiere dich im Merkkasten auf Seite 308, in welchen Fällen ein Komma verpflichtend ist. Unterstreiche alle verpflichtenden Kommas.).

c) Diskutiert: Welche Formulierung würdet ihr jeweils wählen? Begründet.

Merke **Infinitivgruppen in Sätzen**

Infinitivgruppen bestehen aus einem **Infinitiv mit *zu*** und **mindestens einem weiteren Wort**. Sie können durch Satzgliedteile und weitere Satzglieder beliebig erweitert werden, z. B.:

Die Autoentwickler versuchen, ein Auto zu bauen.

Die Autoentwickler versuchen, ein alltagstaugliches Auto mit Turbinenantrieb zu bauen.

Durch die Verwendung von Infinitivgruppen kann oft eine Häufung von Substantiven (Nominalstil) vermieden werden, z. B.:

Die Menschen träumten von der Revolutionierung des Verkehrs durch den Bau turbinengetriebener Fahrzeuge.

→ Die Menschen träumten davon, durch den Bau turbinengetriebener Fahrzeuge den Verkehr zu revolutionieren.

Obwohl Infinitivgruppen kein gebeugtes Verb enthalten, können sie die **Funktion von Nebensätzen** übernehmen.

Infinitivgruppen **darf** man **immer** durch ein **Komma** vom Hauptsatz trennen. In einigen wenigen Fällen ist das Komma verpflichtend (→ Seite 308).

Ausdruckstraining: Texte überarbeiten

Tourismus im Jahr 2050

Der Zukunftsforscher Ian Yoeman hat in einem Interview mit der Zeitschrift „Geo" einen Blick in die Zukunft geworfen, weil er beschäftigt sich hauptsächlich mit der Zukunft des Reisens. Seine Vorstellung ist z. B., wir fliegen im Jahr 2050 nicht mehr 24 Stunden nach Neuseeland, sondern sind in höchstens vier Stunden mit Überschallgeschwindigkeit dort. Außerdem werden nach Yoemans Voraussagen im Jahr 2050 4,7 Milliarden Menschen Urlaub in anderen Ländern machen. 100 Jahre vorher waren es dagegen nur 25 Millionen, also im Jahr 1950. Dass sich diese Touristen nicht alle auf wenige Ziele konzentrieren, müssen in Zukunft neue Ziele für die Touristen gesucht werden. Wichtig bei einer so großen Reisetätigkeit von Millionen von Menschen auch wird sein, dass an den Umweltschutz gedacht wird. Jedoch die Flugzeuge müssen auf andere Energiequellen als Kerosin ausweichen, weil sonst wird der Klimawandel noch schneller voranschreiten. Weitere Neuerungen, die der Zukunftsforscher voraussieht, sind Simultanübersetzungsprogramme, die sind z. B. auf einem Handy installiert, dass man sich überall auf der Welt direkt mit den Menschen auf der Straße unterhalten kann. Außerdem werden wir überall Robotern begegnen, die z. B. Stadtführungen machen. Eine weitere Besonderheit könnten von Computern erzeugte dreidimensionale Hologramme sein, damit sie Touristen z. B. in Form eines Schlossgespenstes durch ein mittelalterliches Schloss begleiten.

1 a) Untersuche die im Text unterringelten Stellen und erläutere, welchen der folgenden Fehler die Verfasserin des Textes jeweils gemacht hat.

Fehler bei der Satzverknüpfung (falsche Konjunktionen, inhaltlich unlogische Satzverknüpfung)	**Fehler im Satzbau** (unvollständige Sätze, falsche Stellung der Satzglieder)

b) Überarbeite die fehlerhaften Sätze in deinem Heft.

Das Hotel der Zukunft

Achtung, Fehler!

(1) Forscher am Fraunhofer Institut tüfteln derzeit am „Hotel der Zukunft“, während sie sich überlegen, wie ein perfektes Hotelzimmer aussehen könnte. (2) Eine ihrer Ideen ist z. B., dass man Hotelgästen den direkten Blick auf die Unterwasserwelt ermöglichen könnte, während man einige Meter unter Wasser die „Poseidon Undersea Resorts“ baut. (3) Dass man sich trockenen Fußes in diesem Hotel bewegen kann, müsste es natürlich absolut wasserdicht konstruiert sein.
(4) Eine andere Idee ist ein transportables Hotelzimmer, das man überall mitnehmen und aufbauen kann, dass man seinen Urlaub z. B. auf einem Wolkenkratzer in Tokyo oder mit direktem Blick auf den Eiffelturm verbringen kann. (5) Leider ist diese Wohnkapsel noch nicht nutzbar, indem sie bislang nur Teil eines Kunstprojektes ist. (6) Damit sie in Serie gehen würde, könnte sie zukünftig auch neuen Wohnraum in Großstädten schaffen.
(7) Luxussuiten in einem zeppelinähnlichen Luftfahrzeug stellt sich dagegen eine amerikanische Firma vor, da die Touristen auf Luftkreuzfahrten bequem in der Welt herumkommen.
(8) Seit Jahren schon gibt es die Vision vom Urlaub im All, wenn der Trip bislang nur einigen Schwerreichen möglich ist. (9) Sofern es bereits Ideen gibt, wie ein Hotel in der Schwerelosigkeit aussehen könnte, ist man von der Realisierung noch weit entfernt. (10) Obwohl das klappen sollte, könnten die Gäste des wabenartig angelegten Hotels 15 Sonnenauf- und 15 Sonnenuntergänge pro Tag im All genießen.
(11) Während niemand weiß, wann diese Ideen Wirklichkeit werden, gibt es für manche Konzepte sogar schon Internetseiten, auf denen man sich als Gast vormerken lassen kann.

2 a) In diesem Text werden zahlreiche Konjunktionen falsch verwendet, sodass die inhaltlichen Bezüge zwischen den Sätzen nicht stimmen.
Suche sie und entscheide, durch welche Konjunktion du sie jeweils ersetzen musst.
b) Wähle drei Sätze aus und schreibe sie korrekt in dein Heft.

3 Bestimme, welche Beziehung die korrekten Konjunktionen jeweils ausdrücken, z. B. temporal, kausal, final oder konzessiv.

Sprache im Wandel

Sprache und Literatur im Mittelalter

Maniger grüezet mich alsô

Hartmann von Aue (gestorben zwischen 1210 und 1220)

Maniger grüezet mich alsô,	Mancher grüßt mich so
der gruoz tuot mich ze mâze vrô:	...
„Hartmann, gèn wir schouwen	...
ritterlîche vrouwen!“	...
Mag er mich mit gemache lân	Er soll mich in Ruhe lassen
und île er zuo den vrouwen gân:	und selber zu den Damen eilen!
bî vrouwen triuwe ich niht vervân,	Bei Damen traue ich mir nichts zu
wan daz ich müede vor in stân.	als ...

Ze vrouwen habe ich einen sin:	Über die Damen habe ich eine Meinung:
als sî mir sint, als bin ich in;	Wie ...
Wand ich mac baz vertrîben	Denn ...
diu zît mit armen wîben.	...
Swâr ich kum, dâ ist ir vil,	Wo ich auch hinkomme, da gibt es viele von ihnen,
da vinde ich die, diu mich dâ will,	...
diu ist ouch mînes herzen spil.	die ist dann auch die Freude meines Herzens.
waz touc mir ein ze hôhez zil?	...

In mîner tôrheit mir beschach,	In meiner Unerfahrenheit passierte es mir,
daz ich zuo zeiner vrouwen gesprach:	dass ich zu einer Dame sagte:
„Vrouwe, ich hân mîne sinne	...
gewant an iuwer minne!“	...
Dô wart ich twerhes an gesehen.	Da wurde ich aber schief angesehen!
des wil ich, des si iu bejehen,	Darum will ich, das sei euch klar gesagt,
mir wîb in solher mâze spehen,	...
diu mir des niht enlânt beschehen.	die mich nicht auf diese Weise behandeln.

1. Lies das mittelhochdeutsche Gedicht von Hartmann von Aue laut vor. Achte dabei auf folgende Besonderheiten in der Aussprache:
   - alle Vokale, außer denjenigen mit dem Längenzeichen ^, werden kurz gesprochen,
   - das *h* vor einem Konsonanten wird wie *ch* in *doch* ausgesprochen,
   - *iu* spricht man als *ü*, *ie* wird als Doppellaut gesprochen,
   - *z* wird nach einem Vokal als scharfes s gesprochen, ansonsten wie das heutige *z*.

2 a) Übersetze die nicht übersetzten Verse des Gedicht ins Neuhochdeutsche.
Nutze die Hilfestellungen im Wortspeicher.

ritterlich = edel · baz = besser · touc = nützt · minne = Liebe · mâze = Art · spehen = suchen

b) Fasse in eigenen Worten kurz zusammen, worum es in dem Gedicht geht.

3 a) Recherchiere im Internet, welche Bedeutungen die Wörter *vrouwe* und *wîp* im Mittelalter hatten.

b) Welche Bedeutung haben die Begriffe *Frau* und *Weib* heute? Vergleiche sie mit der mittelalterlichen Bedeutung.

4 Erkläre mithilfe des folgenden Textes, welche unterschiedlichen Arten von *Minne* es gibt und welche Rolle die soziale Stellung der Frauen dabei spielt.

5 Erläutere, um welche Form der *Minne* es in dem Gedicht von Hartmann von Aue (→ S. 272) geht.

Die Minne im Mittelalter *nach Katharina Klaas*

Unter *Minne* versteht man die höfische Liebe des Mittelalters. Der Minnedienst am Hofe war wichtiger Bestandteil der höfischen Kultur und ein bedeutendes Motiv in der Dichtung dieser Zeit. [...]

Am Ende des 12. Jahrhunderts entwickelte sich am Hofe die so genannte *hohe Minne* als Kunst und Form der Tugend. Dabei galt für den Minnediener nicht die Eroberung, sondern allein die Verehrung und die Hingabe an die reine, adlige Frau, die Herrin – nicht selten der Ehefrau des Burgherrn – als Erfüllung. An ihr war es, den Verehrer zurückzuweisen. Durch die Zurückweisung konnte er seine Kunst stets weiter vervollkommnen und immer reiner und besser in seinem Streben werden. Auch im Werben zählten Tugenden wie Ehrbarkeit, Verschwiegenheit und Treue. [...] Da Wert und Ehre der edlen Damen vornehmlich in deren Unerreichbarkeit bestanden und eine unerfüllte Liebe schwer durchzuhalten war, wandten sich die Herren auch denjenigen Frauen zu, die zu mehr bereit waren. Es waren dies zumeist unverheiratete, in der sozialen Hierarchie niedriger stehende Frauen, für die oft auch gar keine Heirat vorgesehen war. Diese Beziehungen bezeichnete man im Gegensatz zur *hohen Minne* als *niedere Minne*.

Den Bedeutungswandel von Wörtern untersuchen

das Frauenzimmer (mhd. *vrouwenzimmer*)
früher: zunächst Wohnraum der Fürstin
später: Damen im Gefolge einer Fürstin
heute: abwertende Bezeichnung für eine Frau

die Hochzeit (mhd. *hôch(ge)zît*)
früher: kirchliches oder weltliches Fest allgemein
heute: Fest der Eheschließung

der Marschall (mhd. *marschalc*)
früher: Pferdeknecht
später: hoher Hofbeamter
heute: hoher militärischer Rang (Offizier)

der Hochmut (mhd. *hôchgemuot*)
früher: gehobene Stimmung, edle Gesinnung
heute: Überheblichkeit

der Kanzler (mhd. *kanzelaere*)
früher: Verwalter, Vorsteher einer Kanzlei
heute: Regierungschef

die Magd (mhd. *maget*)
früher: junge, unverheiratete Frau
später: Dienerin

1 Untersuche die Erläuterungen der einzelnen Begriffe im Hinblick darauf, wie sich ihre Bedeutung verändert hat. Nutze dafür auch die Begriffe im Merkkasten.
Achtung: Es können mehrere Arten des Bedeutungswandels auf ein Wort zutreffen.

2 Wähle drei Wörter aus dem Wortspeicher aus. Recherchiere im Internet oder in einem Herkunftswörterbuch, wie sich die Bedeutung der Wörter im Laufe der Zeit verändert hat.

Kamerad · Herberge · Ding · Fest · albern · geil · toll · billig

Merke **Der Bedeutungswandel von Wörtern**

Die **Bedeutung eines Wortes kann sich mit der Zeit verändern**. Dabei können folgende Veränderungen beobachtet werden:

Bedeutungs-verschiebung	➡	***virabend*** *= Vorabend eines Festes →* ***Feierabend*** *= Beginn der Freizeit nach der Arbeit*
Bedeutungs-verengung	▶	***hûsvrouwe*** *= Hausherrin, Dame des Hauses →* ***Hausfrau*** *= Frau, die nicht berufstätig ist*
Bedeutungs-erweiterung	◀	***vrouwe*** *= hohe Dame, Herrin →* ***Frau*** *= allgemeine Bezeichnung für eine erwachsene weibliche Person*
Bedeutungs-verbesserung	⊕	***minister*** *= Diener →* ***Minister*** *= Mitglied einer Regierung*
Bedeutungs-verschlechterung	⊖	***wîp*** *= weibliche Person, Ehefrau →* ***Weib*** *= abwertende Bezeichnung für eine Frau*

Die Geschichte des Wortes *brav* *nach Jochen A. Bär*

Das Adjektiv *brav* ist eines der spannendsten deutschen Wörter. Es hat eine Geschichte durchlaufen, die nur wenige Wörter aufweisen können: eine Wandlung seiner Bedeutung hin zum Gegenteil dessen, was es ursprünglich bedeutete.

Wir wissen, was *brav* heutzutage bedeutet: *gehorsam, artig, bieder* (ein braves Kind, eine brave Frisur). Doch ehemals hieß es *wild, grausam, ungesittet, barbarisch*. Es kommt vom lateinischen *barbarus*, das so viel wie *Fremder, Ungesitteter, Rohling* bedeutete. Dieses wiederum geht auf das Griechische zurück; hier bedeutete es ursprünglich so viel wie *unverständlich (nämlich nicht griechisch) Sprechender*. Die alten Griechen ahmten das vermeintliche Gebrabbel der Fremden durch eine Lautwiederholung (*barbar*) nach – so wie man noch heute das Gemurmel einer größeren Menschenmenge mit *Rhabarber, Rhabarber* nachäfft. [...]

Aus römischer Sicht waren die Barbaren in aller Regel die Nordleute, also die Kelten und die Germanen. Vor allem letztere wurden wegen ihrer bedingungslosen Tapferkeit bewundert [...], so dass das Adjektiv *barbarus* die Bedeutung *mutig, tapfer, wacker, tüchtig* annahm. In verschiedenen romanischen Sprachen, z. B. im Italienischen und im Spanischen, wandelte sich die Lautgestalt von *barbarus* über *brabus* bzw. *bravus* zu *bravo*. Und *Bravo!* (eigentlich: *guter, tüchtiger Mann!*) rufen wir heute noch, wenn jemand etwas gut gemacht hat. [...] Ein braver Soldat ist ein *tapferer*, und wenn jemand etwas mit Bravour (*meisterlich*) tut, so steckt auch darin noch die Bedeutung der Tüchtigkeit und Tapferkeit, ebenso wie im englischen *brave*. Im Spanischen hat sich sogar die ganz alte Bedeutung des Barbarischen noch gehalten; hier ist ein *bravo* ein Räuber oder ein Auftragsmörder. Im Deutschen hingegen hat man bei *tüchtig* offenbar insbesondere an die Tugenden des guten Untertanen gedacht. Daher ist jemand, der sich so verhält, wie es der Obrigkeit, den Vorgesetzten, Eltern oder Lehrern genehm ist, *brav*. Unserer heutigen [...] Zeit gilt das als bieder und langweilig, und so assoziieren wir mit *brav* nicht mehr *wild*, sondern eben das Gegenteil. Sprache ist nicht logisch; aber man versteht sie, wenn man ihre Geschichte kennt.

3 Wie hat sich die Bedeutung des Wortes *brav* im Laufe der Zeit verändert? Liste die Stufen des Bedeutungswandels auf.

Die Zukunft der Sprache

„Die deutsche Sprache stößt Teile der verkrusteten Grammatik ab“ – Interview *Johanna Bruckner*

Wie sprechen wir in 50 Jahren? Verflacht die deutsche Sprache? Der Linguist[1] Uwe Hinrichs erklärt, was Einwanderung mit Sprachwandel zu tun hat – und wann der Genitiv verschwindet. […]

Wie werden wir in 50 Jahren sprechen?

Uwe Hinrichs: Ich beobachte vier Trends. Der erste, die Anglisierung, hält schon eine Zeit lang an und wird fortschreiten. Immer mehr englische Redewendungen wandern ins Deutsche ein, beispielsweise über die Synchronisation[2] von Filmen und Serien – das nehmen wir häufig gar nicht bewusst wahr. „Wir hatten Spaß“, „Es macht Sinn“, „Ich bin da ganz bei Ihnen“, „Willst du drüber reden?“ – von diesen Versatzstücken wird es immer mehr geben. Außerdem hören Sie immer häufiger Steigerungsformen, die an den angloamerikanischen Sprachgebrauch angelehnt sind.

Haben Sie ein Beispiel?

Uwe Hinrichs: Es heißt dann „Ich bin mehr aufgeregt als du“, und nicht mehr „Ich bin aufgeregter als du“. […] Eine weitere Entwicklung: Viele Sprachen in Europa bewegen sich weg von den Kasus.

Wie kommt das?

Uwe Hinrichs: Das hat wiederum mit der Migration zu tun. Es ist ein Horror, Sprachen mit vielen Fällen zu lernen, wie etwa das Russische oder Litauische mit sechs oder sieben Kasus. Das Deutsche hat immerhin vier. Ein großer Trend ist, dass die Kasus ergänzt werden durch Präpositionen. Migranten bevorzugen intuitiv diese Form mit Präposition. Sie sagen nicht „die Bedeutung des Spektrums“, sondern „die Bedeutung von dem Spektrum“.

Solche Konstruktionen hört man auch von Deutsch-Muttersprachlern.

Uwe Hinrichs: Das ist für mich der dritte große Trend: Es gibt mehrere Varianten, etwas auszudrücken – und die Toleranz dafür wächst! Natür-

1 der Linguist: der Sprachwissenschaftler
2 die Synchronisation: das Nachsprechen des Textes in einem Film in einer anderen Sprache

lich werden Sie immer Sprachpedanten haben, aber die Rechthaberei macht zunehmend einer sprachlichen Gelassenheit Platz.

Bleiben wir beim Genitiv: „Das Haus meines Vaters", „das Haus von meinem Vater", „meinem Vater sein Haus" – in der Umgangssprache sind alle drei Formen üblich. Ich vermute, dass der echte Genitiv in 30 bis 40 Jahren verschwunden sein wird.

Die Grammatik wird also einfacher. Bedeutet das langfristig auch das Aus für die Artikel – ***der, die, das*****?**

Uwe Hinrichs: Die Artikel haben einen ganz schlechten Stand, weil die meisten Migrantensprachen keine Artikel kennen. Die Ausnahme ist das Arabische, aber da wird der Artikel oft verschluckt. Menschen, die eine Sprache neu lernen, übertragen automatisch Muster, die sie aus ihrer Muttersprache kennen. Artikel braucht man zur Kommunikation nicht unbedingt, also fallen sie weg. Nehmen Sie das Kiezdeutsch, wie es beispielsweise in Neukölln gesprochen wird: Da kommen Artikel überhaupt nicht vor. Seit zehn, 20 Jahren können Sie beobachten, dass auch Deutsch-Muttersprachler immer mehr Probleme haben mit den Artikeln. „Wenn Sie hier Problem vermuten", „es kam dann zu Prozess", „das ist der Kevin". Wohin das führt? Im Englischen hat es dazu geführt, dass man seit dem Mittelenglischen nur noch einen Artikel hat.

1 a) Nenne die vier Trends, die Uwe Hinrichs für die Entwicklung der deutschen Sprache in den nächsten 50 Jahren beschreibt. Welche Gründe führt der Sprachwissenschaftler für diese Veränderungen an?

b) Beurteilt der Sprachwissenschaftler den Sprachwandel als positiv, negativ oder neutral? Begründe deine Einschätzung.

2 a) Ordne folgende Sätze den beschriebenen Trends der Sprachentwicklung zu.

A Ein Meeting wurde angesetzt.
B Die Tasche von dem Jungen wurde gefunden.
C Ich erinnere das nicht.
D Das ist dem Otto seine Freundin.
E Davon bin ich mehr überzeugt wie du.
F Telefonieren mit Handy nicht erlaubt.

b) Erläutere, welche Sätze für dich falsch, welche akzeptabel und welche ganz normal klingen.

3 Beobachtet einen Tag lang, welche Trends der Sprachentwicklung sich in eurer Sprache zeigen: Nutzt ihr Anglizismen? Lasst ihr Artikel weg? Tauscht euch darüber aus.

Wörter und ihre Bedeutung untersuchen

Denotation und Konnotation

Sand, der: lockere Substanz, bestehend aus kleinen Quarzkörnern, die einen Teil des Erdbodens ausmacht

1 a) Verbindest du mit den Begriffen *Stadt* und *Land* eher etwas Negatives oder etwas Positives? Begründe, warum das so ist.

b) Notiere in Form eines Clusters, was du mit dem Begriff *Schatten* verbindest.

c) Vergleicht eure Cluster im Anschluss: Wo gibt es Gemeinsamkeiten? Wo weichen eure Vorstellungen voneinander ab?

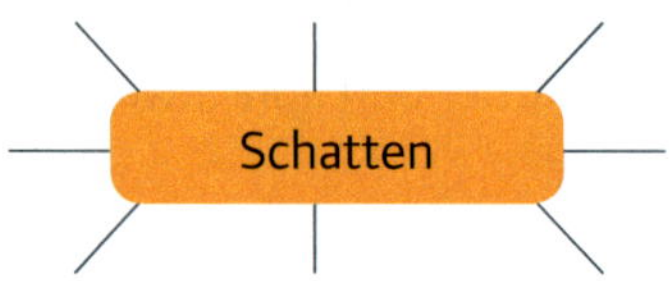

2 Erläutere anhand von Aufgabe 1 und mithilfe des Merkwissens auf Seite 279, was man unter konnotativer Bedeutung versteht, und wie sie sich von der denotativen Bedeutung unterscheidet.

3 a) Wähle aus folgendem Wortspeicher zwei Begriffe aus und formuliere für diese sowohl die denotative Bedeutung als auch die konnotative Bedeutung, die dieses Wort für dich hat.

die Zukunft: *denotative Bedeutung: …* *konnotative Bedeutung: …*

die Zukunft · der Sommer · das Meer · die Nacht · die Wüste · die Schule · die Musik

b) Überprüft die denotative Bedeutung mit einem Wörterbuch und vergleicht die konnotative Bedeutung untereinander. Was stellt ihr fest?

4 a) Sortiere die folgenden Wörter danach, ob sie für dich eine positive oder eine negative Konnotation oder eher eine neutrale Bedeutung haben.

Ross	Hund	Auto	Putzfrau	Kind	Hütte
Pferd	Köter	Karre	Reinigungskraft	Göre	Haus
Gaul	Vierbeiner	Schlitten	Putzhilfe	Nachkomme	Bude

b) Vergleicht eure Lösungen und begründet sie.

c) In welchem Zusammenhang würdest du die einzelnen Wörter verwenden? Formuliere zu jedem Wort einen Beispielsatz.

Der edle Ritter saß stolz auf seinem Ross.

5 Diskutiert, welche der folgenden Begriffe ihr für die Beschreibung eines Hotels in einem Urlaubs-Werbeprospekt verwenden würdet.

edel · hochpreisig · teuer · hochwertig
schön · geschmackvoll · elegant · schick
billig · preiswert · günstig
rustikal · gemütlich · bequem
lebendig · laut · geräuschvoll
einsam · verlassen · abgeschieden
einfach · simpel · schlicht

6 Entwirf einen Werbetext für eine Jugendreise in die Berge. Wähle Wörter, die für deine Zielgruppe eine positive Konnotation haben.

Merke **Denotation und Konnotation**

- Die **Denotation:** Unter der **denotativen Bedeutung** eines Wortes versteht man die Bedeutung, die in einem Wörterbuch zu finden ist.
- Die **Konnotation:** Als **konnotative Bedeutung** eines Wortes bezeichnet man die Bedeutung, die durch Erinnerungen, Erfahrungen, Empfindungen und Vorstellungen entstehen und die mit einem Begriff verbunden werden. Sie kann positiv oder negativ besetzt sein und von jeder Person, abhängig von Erfahrungen oder dem Kulturkreis, anders empfunden werden.

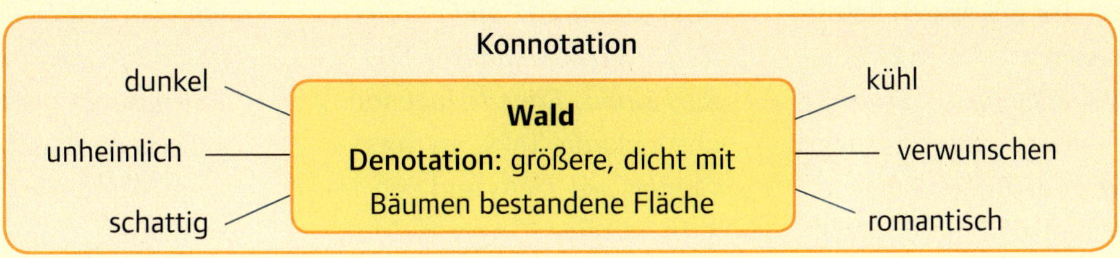

Von Wörtern und „Unwörtern"

Schönstes bedrohtes Wort

Backfisch
Kleinod hold
bauchpinseln
Dreikäsehoch
hanebüchen

Jugendwort des Jahres

Yolo
Smombie
Babo
Läuft bei dir
fly sein

Unwort des Jahres

Herdprämie
Gutmensch
Rentnerschwemme
Humankapital
Peanuts

1. Verschiedene Institutionen, die sich mit Sprache beschäftigen, wählen jährlich oder in größeren Abständen Wörter aus, die ihrer Ansicht nach eine besondere Rolle spielen.
   a) Welche dieser Wörter sind dir bekannt? Erläutere ihre Bedeutung.
   b) Recherchiere die Bedeutung der anderen Wörter.
   c) Versuche, die Wahl der „Unwörter des Jahres" zu erklären. Achte dabei auf die konnotative Bedeutung der Wörter (→ S. 279).
2. Wählt eine der drei Kategorien aus und diskutiert, für welches Wort ihr euch in dieser Kategorie entscheiden würdet. Begründet eure Wahl.
3. Der „Verein für Deutsche Sprache" wählt jedes Jahr den „Sprachpanscher des Jahres".
   a) Erläutere in eigenen Worten die folgenden Begründungen der Jury für die Verleihung des Preises in den Jahren 2008, 2011 und 2016.
   b) Diskutiert, ob ihr diese Entscheidungen nachvollziehen könnt.

2008: Klaus Wowereit
(ehemaliger Bürgermeister von Berlin):
Zum Tag der Deutschen Einheit hatte er Werbefahnen über dem Brandenburger Tor mit Texten flattern lassen wie *Power for Peace – Power for unity – Power for understanding*. Und jüngst warb er für die deutsche Hauptstadt mit *Be Berlin*.

2011: Deutsche Telekom
Der Besuch der Netzseiten der Firma ist eine Schocktherapie im Horrorkabinett der deutschen Sprache [...]. Die Namen reichen von *Weekend Flats* über *Entertain Comfort* oder *Call & Surf Comfort* bis *Call & Surf Mobile Friends*. Jugendliche lockt die Telekom mit der *CombiCard Teens* und den *Telekom Extreme Playgrounds*.

2016: ZDF
Das ist die Quittung für den peinlichen Versuch des Senders, mit *Kiddie Contests*, *Webcam Nights* oder dem neuen Format *I can do that – die große Promi-Challenge* mit vielen *Showacts* die Zuschauer vom Weiterschalten abzuhalten.

Mit Euphemismen Dinge schönreden

Schön reden bringt Segen

Schlechte Nachrichten werden nicht besser, wenn der Überbringer sie in schöne Worte kleidet. Oder etwa doch?

Wenn wir von etwas sprechen, das uns unangenehm ist, greifen wir gerne zu Euphemismen. Das sind Umschreibungen, die Dinge besser aussehen lassen sollen, als sie sind. Wir finden, eine Person ist stabil gebaut, nicht etwa fett, eine schier unlösbare Aufgabe ist eine Herausforderung, und der Nachbar, der von uns gegangen ist, ist in Wirklichkeit tot. Die meisten Beschönigungen geschehen in bester Absicht.

„Wenn wir etwa auf jemanden Rücksicht nehmen wollen, so formulieren wir vorsichtiger und vor allem positiver, als wenn uns der Empfänger der Nachricht gleichgültig ist", so Günter Seipp, Rhetorik-Trainer aus Hamburg. [...]

Manche Täuschungen entstehen allerdings mit der Absicht, dem Empfänger die volle Tragweite des Inhalts zu verheimlichen. Wird etwa bei einer Kündigung davon gesprochen, dass der Mitarbeiter freigesetzt wird, so handelt es sich um einen zynischen Euphemismus. Schließlich hat der betreffende Mitarbeiter nicht 20 Jahre im Kerker bei Wasser und Brot verbracht, um jetzt endlich die ersehnte Freiheit zu erhalten. Mit diesem Euphemismus wird so getan, als wenn ihm mit seiner Entlassung nichts Besseres passieren könnte.

1 Diskutiert: Bringt Schönreden Segen?

2 Erläutere in eigenen Worten, was man unter einem *Euphemismus* versteht.

3 Erkläre, was mit den folgenden Euphemismen gemeint ist.

Seniorenresidenz · Raumpflegerin · Reparaturstau · entschlafen · Nullwachstum · kostenintensiv · Störfall · Verteidigungsfall · suboptimal

4 a) Stellt euch vor, ihr wollt die folgenden Dinge verkaufen. Mit welchen Euphemismen könnt ihr die Gegenstände in einem positiven Licht erscheinen lassen?

ein Haus mit großem Reparaturbedarf | ein altes Auto

ein Ferienhaus, das an einer großen Straße liegt | altes Geschirr

b) Formuliere eine Verkaufsanzeige für einen Gegenstand deiner Wahl, dessen Eigenschaften du mithilfe von Euphemismen beschönigst.

Äußerungen und ihre Funktion bestimmen

Sprechabsichten erkennen

A Ich bin total beeindruckt; so ein tolles Schiff habe ich noch nie gesehen!
B Das *Super Eco Ship 2030* soll 8000 Container von Asien nach Europa transportieren und dabei siebzig Prozent CO_2 einsparen.
C Unser innovatives Antriebskonzept ist sehr umweltfreundlich.
D Schau dir unbedingt die acht ausklappbaren Segel an!
E Ich wünschte, ich könnte auf diesem Schiff mitfahren!
F Man sollte sich allerdings nicht zu viel von diesem Schiff versprechen.

1 Untersuche die Aussagen. Welche Absicht verfolgt der Sprecher jeweils? Ordne die Begriffe aus dem Wortspeicher zu und begründe in Stichpunkten.
A: gefühlsbetont (Ich-Form, wertende Wörter, z.B. „total"); B: ...

appellierend · gefühlsbetont · informierend · bewertend

2 Überlege, welche Sprechabsichten bei folgenden Sätzen möglich sind. Sprich die Sätze dazu mit unterschiedlichen Betonungen und überlege dir passende Zusammenhänge.

A Du wolltest mich zur Bootstaufe abholen.
B Das Schiff hat keine Rettungsboote.
C Auf See wird mir immer übel.
D Ich habe dir dreimal gesagt, dass der Name des Schiffes *Super Eco Ship 2030* ist.
E Da vorne ist noch Platz im Rettungsboot!
F Ich habe das *Super Eco Ship 2030* entworfen.

Textfunktionen untersuchen

Wie wir 2040 reisen werden *nach Christian Gottwalt*

A Bitte einsteigen: Wir nehmen Sie mit ins Jahr 2040 und testen die Verkehrsmittel, die uns dann befördern werden. Nur Autos sind nicht dabei. Darauf sollten Sie sich einstellen.

B Wir sagen Ihnen, wie man mit der Gondel durch die Großstadt schwebt oder in der Schweberöhre in 50 Minuten von Berlin nach Paris. Was heute wie Science Fiction klingt, ist 2040 (vielleicht) schon Wirklichkeit. Wir haben die Verkehrsmittel der Zukunft in Gedanken einfach schon mal ausprobiert.

C Schweben in der Röhre. Im Prinzip ist es das Nichts, das die Hyperloops so erfolgreich macht. Die zigarrenförmigen Transportkapseln sind in einer fast luftleeren Röhre unterwegs und schweben gleichzeitig auf einem millimeterdünnen Luftkissen, sodass sie an keiner Stelle die Innenwände berühren. Durch die stark verringerte Reibung im Teilvakuum benötigt das Verkehrsmittel wenig Energiezufuhr: Die elektromagnetischen Linearmotoren laufen auf weniger als einem Prozent der Wegstrecke und beschleunigen die Kapseln dennoch auf 1200 km/h. Die rund 900 Kilometer von Paris nach Berlin schaffen sie in rund 50 Minuten.

D Der Verkehr in den Metropolen ist ein altes, leidiges und noch immer ungelöstes Problem. Früher träumten die Menschen seltsamerweise von fliegenden Autos, heute gehören Gondeln ganz selbstverständlich zum Stadtbild. Städtische Seilbahnen muten 2040 deshalb etwas antiquiert an, dafür ist ihre Technik bestens erprobt, denn verglichen mit Felswänden im Hochgebirge sind Straßenschluchten für Seilbahn-Ingenieure ein Klacks. In der Großstadt spielen Gondeln ihre überzeugenden Vorteile aus – als Ergänzung zu U-Bahn, Bus und Tram: Sie sind günstiger zu bauen als eine neue Straßenbahn- oder gar U-Bahn-Linie. Sie binden weniger Personal, kosten kaum Platz, sparen Energie und verkehren fast lautlos über dem Lärm am Boden. Wenn das keine überzeugenden Vorteile sind.

1. Auch Texte haben verschiedene Funktionen. Welche Funktion herrscht in den einzelnen Textpassagen jeweils vor? Ordne die passenden Begriffe (→ Aufgabe 1, S. 282) zu.
2. Formuliere den letzten Textabschnitt D in einen informierenden Text um.

Merke **Sprechabsicht und Textfunktion**

Wenn wir etwas sagen, verfolgen wir damit eine bestimmte Absicht. Diese nennt man **Sprechabsicht**. Oft ist sie nur an der **Betonung der Aussage** zu erkennen.
Auch mit einem Text wollen wir immer etwas Bestimmtes erreichen. Den Sprechabsichten können somit entsprechende **Textfunktionen** zugeordnet werden.
Häufig vorkommende Sprechabsichten/Textfunktionen sind:

- **appellierend** (die Zuhörer/-innen oder Leser/-innen stehen im Zentrum und werden zu etwas aufgefordert),
- **gefühlsbetont / über sich kommunizierend** (Sprecher/-in oder Verfasser/-in stehen im Zentrum und möchten etwas über sich mitteilen),
- **informierend** (die Sache steht im Zentrum),
- **bewertend** (Sprecher/-in oder Verfasser/-in möchte sein/ihr Urteil über einen Sachverhalt darstellen).

Ein Text kann **mehrere Textfunktionen** erfüllen, oft überwiegt jedoch eine davon.

11 Auf zu „neuen Ufern“!

Rechtschreibregeln und -strategien anwenden

Der Irrtum des Kolumbus *nach Christoph Drösser*

(1) Christoph Kolumbus sollte sein lebenlang daran fest halten, Indien und nicht Amerika entdeckt zu haben. Sein Verdienst wird oft fälschlich darin gesehen, das er als Erster die Kugelgestalt der Erde entdeckte und deshalb auf die Idee kam, sozusagen „hintenrum“ die asiatischen Länder zu erreichen. Der Landweg galt als von muslimen versperrt.

(2) Aber diese annahme stimmt nicht. Dass die Erde rund ist gehörte damals zum allgemeinwissen. Insbesondere die Portugiesen kannten den Umfang der Erde recht genau. Läge zwischen Europa und Asien tatsächlich nur Wasser und nicht Amerika, so betrüge die Distanz teoretisch 20.000 Kilometer. Mit den damaligen Schiffen hätte man eine solche Fahrt unmöglich unternehmen können.

(3) Kolumbus dagegen glaubte, nur circa 4000 Kilometer zurück legen zu müssen. Seine Entdeckung von 1492 beruht also zum Teil auf einem großen Irrtum beim rechnen. Ein Irrtum von dem Kolumbus auch in seinen verbleibenden 14 Lebensjahren nicht ab rückte obwohl die Indizien dagegen immer zwingender wurden.

1 Der Text enthält in jedem Abschnitt vier Fehler. Suche sie und schreibe die Wörter berichtigt auf. Schreibe bei *das/dass*- und Komma-Fehlern den ganzen Satz ab.

2 a) Ordne die Fehlerwörter in deinem Heft nach folgenden Fehlerarten:
- Regeln der Groß- und Kleinschreibung nicht beachtet,
- Regeln der Getrennt- und Zusammenschreibung nicht beachtet,
- fehlerhafte Schreibung von Fremdwörtern,
- *das* und *dass* verwechselt,
- fehlerhafte Kommasetzung.

b) Nenne Strategien zur Vermeidung dieser Fehler.

3 Überprüfe deine Korrekturen mit den Lösungen auf Seite 333.

4 Tauscht euch darüber aus, wie ihr bei euren selbst geschriebenen Texten Fehler vermeidet und die Rechtschreibung überprüft.

In diesem Kapitel ...

- wiederholst du bekannte Rechtschreibregeln und nutzt Rechtschreibstrategien.
- lernst du, wie man Eigennamen, Herkunftsangaben und Zahlwörter richtig schreibt.
- wiederholst du Regeln und Strategien für die Getrennt- und Zusammenschreibung.
- erweiterst du deine Kenntnisse bezüglich der Schreibung von Fremdwörtern.
- wiederholst du wichtige Regeln der Zeichensetzung und lernst Sonderfälle der Zeichensetzung kennen.
- übst du Methoden zur Fehlervermeidung und -korrektur ein.

Die Groß- und Kleinschreibung trainieren

Was kannst du schon?

Aus dem Bordbuch des Kolumbus

6. September 1492: Am morgen dieses Tages verließen wir den Hafen von La Gomera. ▪ *7. September:* Den ganzen Freitag und Samstag bis um drei Uhr Nachts herrschte völlige flaute. ▪ *8. September:* Das auf und ab der Wellen zermürbte uns am Meisten und hinderte uns am schnellen fortkommen. ▪ *17. September:* Wir setzten unsere Fahrt in westlicher Richtung fort. Plötzlich entdeckten wir zum ersten mal große mengen grünen frischen Grases, das sich erst vor kurzem von der Erde losgerissen zu haben schien, weshalb wir der Überzeugung waren, dass wir uns in der Nähe irgendeiner Insel befanden. ▪ *26. September:* Wir setzten unsere Fahrt bis zum mittag fort und erkannten, dass das, was wir für Land gehalten hatten, nur ein Stück Himmel war. ▪ *7. Oktober:* Bei Sonnenaufgang vernahm ich das krachen einer Kanone als Signal für „Land in Sicht". Wir hatten Tagsüber 92 Seemeilen geschafft. Am Meisten wunderte uns jedoch, dass wir trotzdem zu keinem Ufer gelangten. ▪ *9. Oktober:* Die ganze Nacht über vernahmen wir das vorbeiziehen von kleinen Vögeln, das wir als sicheres Zeichen für ein nahes Ufer deuteten. ▪ *11. und 12. Oktober:* Um zwei Uhr Morgens meldete einer meiner Leute als erster „Land in Sicht". Wir warteten bis zum anbrechen des neuen Tages und fuhren dann gleich am frühen Morgen zu einer Insel, die in der Indianersprache „Guanahaní" hieß. Dort trafen wir zu unserem erstaunen sofort auf die Inselbewohner.

1. Der Text enthält zahlreiche Fehler im Bereich der Groß- und Kleinschreibung. Übertrage die Tabelle in dein Heft und ordne die falsch geschriebenen Wörter in der richtigen Schreibung ein.

Nomen und Nominalisierungen (mit Begleitwörtern)	Zeitangabe als Nomen (mit Begleitwörtern)	Kleinschreibung von Zeitangaben als Adverb	Kleinschreibung von Superlativen mit *am*
– *völlige Flaute* – …	– *am Morgen* – …	– *nachts* – …	– …

Die Großschreibung von Nominalisierungen

Neue Nahrung aus der „Neuen Welt"

Die Eroberung Amerikas brachte seinen ▬ wenig ▬. Dem Eroberer Kolumbus folgte der Eroberer Pizarro, der in die ▬ Andenregion vorstieß. Dort hatte er nichts ▬ im Sinn, als das Volk der Inka ▬ zu unterwerfen. Das ▬ seines Vorgehens und sein ▬ Auftreten waren typisch für viele Eroberer. Der frühere Schweinehirt Pizarro interessierte sich im ▬ für ▬, nämlich Gold und Silber. Gonzalo Jimenez de Quesnada, der viel weniger ▬ von beiden Eroberern, hatte dagegen noch etwas ▬ an sich und tat sich auch als Forscher hervor. Ihm verdanken wir den ersten Kontakt eines Europäers mit der Kartoffel. Bald merkte man, dass vorschnelles ▬ der grünen, oberirdischen Teile der Pflanze zu Vergiftungserscheinungen führt und dass das ▬ unter der Erde zu finden ist. Aus den Anden gelangte die dort ▬ Kartoffel 1570 nach Spanien und später nach Irland, wo sie bald ein allseits ▬ und bald sogar das ▬ Grundnahrungsmittel wurde. Die Folgen dieser Abhängigkeit waren schrecklich: Eine Kartoffelfäule ließ 1842 große Teile der Bevölkerung ▬. Auch heute noch ist die Kartoffel in ganz Europa fester Bestandteil des Speiseplans, häufig in Form von Pommes frites, die bei ▬ und ▬ überaus beliebt sind – und im ▬ gar nichts ▬, denn sie wurden schon im 17. Jahrhundert in Belgien erfunden.

einheimisch gut
bergig
besser
brutal rücksichtslos
herrisch
besonders wertvoll
bekannt
menschlich
verzehren
essbar
heimisch
schätzen
alleinig
verhungern
jung alt
übrig neu

1 a) Schreibe die fehlenden Wörter in der richtigen Form und der korrekten Groß- oder Kleinschreibung in dein Heft.
Ergänze bei Nominalisierungen die Begleitwörter aus dem Text.
seinen Einheimischen, wenig Gutes ...

b) Unterstreiche in deinem Heft die nominalisierten Adjektive und Verben unterschiedlich.

2 Übertrage die Tabelle in dein Heft und ordne die Begleitwörter aus Aufgabe 1 ein.

Nomensignale				
Artikel	Adjektiv	Pronomen	unbest. Zahlwort	Präposition (oft mit Artikel verbunden)
– ... – ...	– ... – ...	– *seinen* – ...	– *wenig* – ...	– ... – ...

Zeitangaben richtig schreiben

Ein Tag auf hoher See im Jahr 1680

Ein Matrose der Nachtwache weckte HEUTE MORGEN wie jeden Tag in ALLER FRÜHE den Kapitän und den Steuermann. Der Steuermann veranlasste, dass gleich FRÜHMORGENS die Segel neu gesetzt wurden. Auch das Morgengebet erfolgte ebenfalls FRÜH am MORGEN. Um neun Uhr MORGENS wurde dann zum Frühstück geläutet. Vom frühen VORMITTAG bis SPÄTNACHMITTAGS waren die Seeleute mit ihrer schweren Arbeit beschäftigt. Am NACHMITTAG um vier Uhr gab es Mittagessen und danach ging es weiter bis zum FRÜHEN ABEND. Nach Sonnenuntergang fand auf ein Zeichen das gemeinsame Abendgebet statt. Nun trat die Frühwache ihren Dienst an, der von acht Uhr ABENDS bis MITTERNACHT dauerte. Sie wurde abgelöst von der zweiten Wache, die bis vier Uhr MORGENS ihren Dienst tat. Dieser Tagesablauf wiederholte sich WOCHENTAGS immer in gleicher Weise. Nur SONNTAGS und FEIERTAGS wurde der ganze Tag in feierlicher Andacht verbracht.

1 Groß oder klein? Schreibe die Zeitangaben nach Groß- und Kleinschreibung geordnet in dein Heft.

großgeschriebene Zeitangaben (Zeitangaben als Nomen)	kleingeschriebene Zeitangaben (Zeitangaben als Adverbien)	kombinierte Zeitangaben
– …	– …	– *heute Morgen*
– …	– …	– …

2 Erstelle mit den Zeitangaben im Wortspeicher einen persönlichen Wochenplan für die nächste Woche. Achte auf die richtige Schreibung der Zeitangaben.

Am Montag habe ich sieben Stunden Unterricht. Wie immer montags werde ich …

AM MONTAG · MONTAGS · WIE AN JEDEM DIENSTAGABEND · AM MITTWOCHMORGEN · AM DONNERSTAGNACHMITTAG · DONNERSTAGS ABENDS · FREITAGVORMITTAG · FREITAGS · SAMSTAGMORGENS · SONNTAGMITTAG · IMMER WIEDER SONNTAGS

Zahlwörter (Numeralien) richtig schreiben

Silber für den König

Bereits im SECHZEHNTEN Jahrhundert begann ein schwunghafter Handel spanischer Seefahrer mit dem neu eroberten Kontinent. So fuhr die spanische Silberflotte ZWEIMAL im Jahr mit ETLICHEN Waren des täglichen Bedarfs nach Mittel- oder Südamerika. Die GESAMTE Fracht „tauschten" sie dort gegen Edelmetalle wie Gold und Silber ein. Aus Angst vor Überfällen wurde fürs ERSTE ein Konvoisystem eingerichtet, in dem jeweils ZWEI bewaffnete Begleitschiffe mitsegelten. Es waren nicht nur ein PAAR Schiffe, sondern EINIGE HUNDERT, die aus den südamerikanischen Silberminen den Rohstoff für die Prägung von MILLIONEN von Silbermünzen außer Landes brachten. Der spanische Überseehandel wurde strikt von der Krone reguliert, die auf alle importieren Waren das so genannte königliche FÜNFTEL, eine Art Steuer, erhob. Insgesamt fast ZWEIHUNDERT Tonnen Gold und fast SIEBZEHNTAUSEND Tonnen Silber wurden in den Jahren 1503 bis 1660 aus der „Neuen Welt" nach Spanien transportiert. Rechnet man die VIELEN Tonnen Edelmetall hinzu, die auf dem Weg von Amerika nach Europa durch Schmuggel oder Veruntreuung verschwanden, so waren es insgesamt sogar FÜNFZIG Prozent mehr Gold als angegeben, nämlich DREIHUNDERT Tonnen, und mit FÜNFUNDZWANZIGTAUSEND Tonnen Silber sogar die DOPPELTE Menge.

1 Entscheide, welche Zahlwörter du groß- und welche du kleinschreiben musst. Begründe mit Informationen aus dem Merkkasten.

Merke **Zahlwörter (Numeralien) richtig schreiben**

Zahlangaben werden **großgeschrieben**, wenn sie im Satz **als Nomen auftreten**. Du erkennst sie – wie andere Nomen auch – an ihren Begleitwörtern, z. B.:

Die Europäer entwendeten das Doppelte von dem, was sie offiziell angaben.

Am Himmel leuchten eine Million Sterne.

Wenn du unsicher bist, kannst du die Artikel- oder Erweiterungsprobe durchführen.

In allen anderen Fällen schreibt man die bestimmten und unbestimmten Zahlwörter (Numeralien) wie *zwei, viele, wenige, manche, einige, ein paar, ein bisschen, ein wenig* **klein**, z. B.:

Die drei Entdecker waren das erste Mal in Amerika.

In wenigen Fällen kaufen Kunden nur ein paar Kartoffeln.

Eigennamen und Herkunftsbezeichnungen richtig schreiben

A - Der Stille Ozean ist der größte und tiefste Ozean der Erde.
- Meine Oma sagt immer, dass stille Wasser tief seien.

B - In unserem letzten Urlaub haben wir den Schiefen Turm von Pisa besichtigt.
- Auf der Welt gibt es sicher noch andere schiefe Türme.

C - Die Deutsche Bahn will Reisende künftig früher über Verspätungen informieren.
- In der Ferienzeit gehören Staus auf deutschen Autobahnen zur Tagesordnung.

1 a) Vergleiche die Groß- und Kleinschreibung der markierten Wörter in den Satzpaaren und formuliere eine entsprechende Regel.
b) Bilde mit dem Wortmaterial aus dem Wortspeicher weitere Sätze, in denen das Adjektiv einmal groß- und einmal kleingeschrieben wird. Begründe deine Entscheidung.

die **v/V**ereinten Länder/Nationen · die **e/E**uropäische Idee/Union · der **g/G**roße Hund/Bär · die **s/S**chwarze Mamba/Kuh · das **f/F**leißige Lieschen/Mäxchen · die **s/S**chwäbische Alb/Gaststätte · die **e/E**wige Fahrt/Stadt

Falschmeldungen

+++ Hochzeit: Isabel die Erste und Ferdinand der Zweite trauen sich +++
+++ Verschwunden: Vereinigte Staaten von Amerika nicht mehr auf aktuellen Landkarten zu finden +++
+++ Unglaublich: Heiliger Vater veröffentlicht Musikalbum +++
+++ Mysteriös: Erneut Seefahrer beim Kap der Guten Hoffnung verschollen +++
+++ Verrückt: Gasthaus zur Grünen Linde wird zum städtischen Krankenhaus umgebaut +++

2 Schreibe aus diesen Schlagzeilen Eigennamen heraus, die aus mehreren Wörtern bestehen, und erläutere die Schreibung.

Isabel die Erste: Großgeschrieben werden ... .

3 Schreibe die Namen aus den folgenden Sätzen in der richtigen Groß- und Kleinschreibung in dein Heft. Informiere dich bei Bedarf im Merkkasten auf Seite 291.

A Eine Prachtstraße in Berlin heißt UNTER DEN LINDEN.
B Der ZWEITE WELTKRIEG begann 1939 und endete 1945.
C LUDWIG DER VIERZEHNTE wurde auch als „Sonnenkönig" bezeichnet.
D In vielen Krisengebieten helfen DAS ROTE KREUZ und DER ROTE HALBMOND.
E Der deutsche Kaiser KARL DER KAHLE hatte in Wirklichkeit gar keine Glatze.
F Die FRANZÖSISCHE REVOLUTION begann 1789.

4 In den folgenden Sätzen gibt es jeweils zwei Herkunftsbezeichnungen. Welche Regel zur Groß- und Kleinschreibung kannst du hier ableiten?

A Der Schweizer Käse schmeckt mir besser als der holländische Käse.
B Viele Menschen halten den Kölner Karneval für den besten rheinländischen Karneval.
C Dem kanadischen Bären sollte man nicht begegnen, der Berliner Bär dagegen ist zahnlos.

5 Formuliere mit den Wörtern im Wortspeicher Sätze, in denen du die Formulierungen als Herkunftsbezeichnungen verwendest.

Die belgischen Pralinen sind absolut köstlich. Die Londoner Taxis werden Cabs genannt.

die Pralinen aus Belgien · die Taxis aus London · die Politiker aus Berlin · die Pizza aus Italien · die Musik aus Kuba · die Mode aus Paris · der Stollen aus Dresden · das Manga aus Japan · die Würstchen aus Frankfurt · der Handballer aus Spanien

6 Name oder Herkunftsbezeichnung? Groß oder klein? Schlage im Wörterbuch nach, wenn du unsicher bist.

- die **ch/Ch**inesische Mauer
- die **ch/Ch**inesische Schauspielerin

- der **b/B**ayerische Knödel
- der **b/B**ayerische Wald

- der **f/F**ranzösische Dom in Berlin
- das **f/F**ranzösische Lied

- der **i/I**ndische Ozean
- der **i/I**ndische Pianist

- das **m/M**ecklenburgische Dorf
- die **m/M**ecklenburgische Seenplatte

- der **w/W**estfälische Friede
- der **w/W**estfälische Politiker

Merke **Namen und Herkunftsbezeichnungen richtig schreiben**

- **Namen** schreibt man **groß**. Bei **mehrteiligen Namen** schreibt man das erste Wort und alle weiteren Wörter **außer Artikeln, Präpositionen** und **Konjunktionen groß**, z. B.:
  die Vereinigten Staaten von Amerika, Karl der Große, Unter den Eichen, der Große Wagen (Sternbild), der Zweite Weltkrieg.
- **Herkunftsbezeichnungen auf -er**, die von einem geografischen Namen abgeleitet sind, werden immer großgeschrieben, z. B.:
  das Münster in Straßburg → das Straßburger Münster
- **Herkunftsbezeichnungen auf -isch**, die von geografischen Namen abgeleitet sind, sind Adjektive und werden kleingeschrieben, z. B.:
  das Essen aus Japan → das japanische Essen

Achtung: Sind Herkunftsbezeichnungen auf *-isch* **Bestandteil eines Eigennamens**, schreibt man sie groß, z. B.:
die Olympischen Spiele, der Pazifische Ozean.

Strategien für die richtige Getrennt- und Zusammenschreibung nutzen

Was kannst du schon?

Ein neues Weltbild entsteht

(1) Ein Held mit einer besonderen Karriere: zu Lebzeiten geachtet, nach dem Tod geächtet, heute ein Held. (2) Die Rede ist von Nikolaus Kopernikus, dem polnischen Domherrn. (3) Dieser wollte aus wissenschaftlichem Interesse den Himmel + beobachten und die Idee des aristotelischen Weltbilds mit der Erde im Zentrum wieder zurecht + rücken. (4) Dabei wollte er sich nie den kirchlichen Autoritäten wider + setzen, geschweige denn die Welt um + stürzen. (5) Vielmehr wollte der brave Kirchenmann am Glauben an das alte Weltbild fest + halten. (6) Die Vorstellung der Menschen, dass die Erde im Zentrum der Welt stehe, sollte erhalten + bleiben und damit die Erde als Schöpfung Gottes Lob + preisen. (7) Im Unterschied zu anderen zeitgenössischen Wissenschaftlern, wie etwa Galileo Galilei, konnte Kopernikus wissenschaftlich frei + arbeiten. (8) Im Laufe seiner Beobachtungen begann er allerdings, mehr und mehr am alten Modell zu zweifeln und Schluss + folgerte, dass er die Sache neu + betrachten musste. (9) Schließlich musste er die Idee von einem geozentrischen Weltbild fallen + lassen und durch das heliozentrische Weltbild ersetzen, in dem die Planeten um die Sonne herum + kreisen. (10) Die Kirche sollte rot + sehen, konnte die Entwicklung der Wissenschaft jedoch nicht auf + halten, denn die Zeit für ein neues Weltbild schien reif + zu + sein.

1. Zusammen oder getrennt? Schreibe die Sätze 3 bis 10 richtig in dein Heft.
2. Erläutere bei den blau markierten Verbindungen, welche Probe oder Regel du angewendet hast, um die richtige Schreibung zu finden.
3. Überprüfe deine Antworten mit dem Merkwissen auf Seite 298.

Verbindungen mit einem Verb richtig schreiben: Die Umstellprobe nutzen

1 Wortgruppen aus Nomen und Verben werden grundsätzlich getrennt geschrieben, es sei denn, das Nomen kann nicht vom Verb getrennt im Satz umgestellt werden. Überprüfe bei den Wortgruppen im Wortspeicher, ob sie getrennt oder zusammengeschrieben werden müssen.

Beispiel: *Schluss + folgern: Umstellprobe: Ich folgere Schluss, dass ... → falsch*
→ Nomen nicht umstellbar → Zusammenschreibung:
Ich schlussfolgere, dass ...

Schluss + folgern · Geige + spielen · Angst + haben · Maß + regeln · Schlaf + wandeln · Ski + laufen · Feuer + fangen · Blumen + gießen · Kisten + stapeln

2 a) **Achtung Ausnahme:** Erläutere anhand des Beispiels, wie die Zusammensetzungen aus Nomen und Verb im folgenden Wortspeicher geschrieben werden.

Beispiel: *Ich möchte an einem Workshop teilnehmen. → Ich nehme an einem Workshop teil.*
→ Er bat mich, an einem Workshop teilzunehmen.

eislaufen · heimfahren · leidtun · irreführen · kopfstehen · nottun · preisgeben · standhalten · teilhaben · teilnehmen

b) Präge dir die Schreibung dieser Zusammensetzung ein, indem du selbst Sätze nach diesem Muster formulierst.

3 Setze den folgenden Textanfang fort und verwende jeweils fünf Wörter aus dem Wortspeicher in Aufgabe 2 und dem folgenden Wortspeicher in der richtigen Schreibung.

Auto + fahren · Fahrrad + fahren · Klavier + spielen · Fußball + spielen · Walzer + tanzen · Schlange + stehen · Museum + besuchen · Geschichte + lernen

Das langweiligste Wochenende der Welt

Mein Wochenende war der absolute Albtraum, weil meine Eltern meinten, es würde mal wieder nottun, dass wir gemeinsam ein Museum besuchen. Damit nicht genug ...

Verbindungen mit einem Verb richtig schreiben: Die Bedeutungs- und die Betonungsprobe nutzen

A Manche Leute müssen einfach immer alles ___.
Wegen der Augentropfen konnte er alles nur noch ___. — schwarz + sehen

B Er wird seine Prüfung schon ___.
Wie kann ich den Schaden wieder ___? — gut + machen

C Sie möchte ___, dass ihr nichts passiert.
Endlich kann er nach seiner Operation wieder ___. — sicher + gehen

D Es gibt Feste, die jedes Jahr ___.
Ich muss morgen unsere Straße ___. — wieder + kehren

E Bei meinem Vortrag möchte ich dieses Mal ___.
Der Richter wird den Angeklagten sicher ___. — frei + sprechen

1 Entscheide, ob du die Wörter in den Satzpaaren jeweils getrennt oder zusammenschreiben musst. Erläutere, wie du bei deiner Entscheidung vorgegangen bist.

2 a) Bilde mit den Wörtern aus dem folgenden Wortspeicher Sätze, bei denen du die Verbindung einmal getrennt und einmal zusammenschreiben musst.
Begründe die Schreibung jeweils mit der Betonungs- und der Bedeutungsprobe.

krank + schreiben · schwarz + malen · gut + schreiben · groß + schreiben · schön + färben · weiß + waschen · blau + machen · wieder + sehen · zusammen + halten · leicht + fallen

Beispielsätze	Probe
Sie muss die Arbeit heute krank schreiben.	*Betonungsprobe: Adjektiv und Verb werden beide betont.* *Bedeutungsprobe: wörtliche Bedeutung*
Wegen Scharlach musste der Arzt sie für heute krankschreiben.	*Betonungsprobe: Adjektiv wird stärker betont.* *Bedeutungsprobe: übertragene Bedeutung (arbeitsunfähig)*

b) Nominalisiere die Wortgruppen im Wortspeicher aus Aufgabe 2a und bilde mit diesen Nominalisierungen Beispielsätze.
Das Krankschreiben wegen Unlust ist eigentlich nicht vorgesehen.

3 Schlage im Wörterbuch nach, in welchen Fällen du Wortgruppen mit den folgenden Wörtern als erstem Bestandteil getrennt und in welchen du sie zusammenschreiben musst.

wieder · frei · schwarz · hoch

4 Verbindungen aus Präpositionen und Verben werden grundsätzlich zusammengeschrieben. Bei Verbindungen von Adverbien und Verben ist die Getrennt- oder Zusammenschreibung abhängig von der Betonung bzw. der Bedeutung.

a) Übertrage die Tabelle in dein Heft und sortiere die Verbindungen richtig ein.

auf + wachsen · davon + kommen · ab + fahren · unter + stellen · zu + stimmen · herüber + kommen · voraus + gehen · hinaus + lehnen · hinab + fallen · an + reisen · unter + nehmen · durch + brechen · mit + kommen · entgegen + gehen · an + kommen · rückwärts + fahren · rückwärts + einparken · wider + sprechen · hinter + gehen · zusammen + sammeln · um + kehren · voraus + setzen

Verbindung aus Adverb + Verb (Getrennt- und Zusammenschreibung abhängig von Betonung und Bedeutung)	**Verbindung aus Präposition + Verb** (Zusammenschreibung)
- *davon kommen oder davonkommen*	- *aufwachsen*
- *…*	- *…*

b) Bilde mit den Verbindungen von Adverbien und Verben, die sowohl getrennt als auch zusammengeschrieben werden können, Satzpaare wie im Beispiel.

- *Sie wird noch einmal mit einem blauen Auge davonkommen.*
- *Die Kopfschmerzen können davon kommen, dass ich zu wenig geschlafen habe.*

5 Entscheide bei den folgenden Sätzen, ob du getrennt oder zusammenschreiben musst. Begründe die jeweilige Schreibung.

A Er wollte nicht ___, dass er die Scheibe zerkratzt hatte. — zu + geben
Sie hat schon wieder vergessen, mir das Buch ___.

B Hör sofort auf, den Ball gegen die Scheibe ___. — zu + werfen
Meine kleine Schwester will mir immer den Ball ___.

C Ich habe dich mehrmals gebeten, die Tür ___. — zu + schließen
Wenn ich das Haus verlasse, soll ich immer die Tür ___.

6 Vervollständige in deinem Heft die Sätze durch Verben im Infinitiv mit *zu*. Was stellst du fest?

A Sie war nicht bereit, ihre Fehler ___. — zugeben
B Er gab es nicht auf, ihr gut ___. — zureden
C Ich hatte ihn gebeten, mir die Lösung ___. — zuschicken
D Das schlechte Ergebnis hatte er sich selbst ___. — zuschreiben

Geeignete Proben und Regeln anwenden

Martin Luther – Querulant oder Erneuerer?

Es scheint (1) zu + stimmen, dass die meisten Deutschen der These (2) zu + stimmen, dass die Reformation eines der wichtigsten Ereignisse der Frühen Neuzeit war. Martin Luther wollte sich im Jahr 1517 mit seinen 95 Thesen, die er an die Kirchentür in Wittenberg schlug, den damals üblichen Praktiken der katholischen Kirche (3) wider + setzen, die Gläubigen gegen Zahlung hoher Geldsummen von ihren Sünden (4) frei + zu + sprechen. Dazu musste er viele der damals üblichen Regeln (5) durch + brechen. Er wollte zum Beispiel, dass jeder die Bibel (6) selbst + lesen konnte, ohne auf einen Priester angewiesen zu sein. Deshalb wollte er den Text ins Deutsche (7) über + setzen. Dank der Erfindung des Buchdrucks konnte er Bücher und Flugblätter relativ (8) billig + produzieren und sie schnell (9) weit + verbreiten.

Auf dem Reichstag in Worms machte Luther deutlich, dass er der Übermacht der katholischen Kirche (10) Stand + halten konnte und mit der Reformierung der Kirche (11) fort + fahren wollte. Er weigerte sich, seine Thesen zu (12) wider + rufen. Man wollte ihm (13) unter + stellen, dass er die Kirche spalten wolle. Dass dies passieren konnte, wollte Luther zunächst nicht (14) wahr + haben, auch wenn ihm schließlich nichts Anderes (15) übrig + bleiben sollte.

Der Kaiser wollte Luther für sein Verhalten (16) Maß + regeln und erklärte ihn auf dem Reichstag für „vogelfrei". Man konnte also leicht (17) vorher + sagen, dass ihm auf der Heimreise Gefahr drohte. Luther musste sich schleunigst (18) davon + machen, um zu verhindern, dass ihn die kaiserlichen Gefolgsleute (19) gefangen + nehmen. Sein Glück war es, dass der Kurfürst von Sachsen auf seiner Seite war und ein Versteck für ihn hatte. Aber wie sollte man ihn heimlich (20) dort + hin + bringen? Mit einem Trick gelang es dem Kurfürsten schließlich, die kaiserlichen Truppen zu (21) um + gehen, indem er Luther zum Schein entführen und als seinen „Gefangenen" auf die Wartburg bringen ließ.

1 Entscheide mithilfe geeigneter Proben und des Merkkastens auf Seite 298, ob du die markierten Wortgruppen getrennt oder zusammenschreiben musst.

(1) zu + stimmen → (Betonungs- und Bedeutungsprobe) → zu stimmen (wörtliche Bedeutung)
(2) zu + stimmen → (Betonungs- und Bedeutungsprobe) → zustimmen (derselben Meinung sein)

Kindheit und Jugend Martin Luthers

Martin Luthers Eltern waren darauf bedacht, dass es ihr ältester Sohn einmal (1) weitbringen sollte. Schon mit fünf Jahren kam er in die Schule, wo es damals keine Gelegenheit gab, sich zu (2) lang weilen: Auf dem Stundenplan stand vor allem Latein: lateinisch schreiben, singen und sprechen – (3) Lateinlernen also in allen Variationen. Doch dem kleinen Martin sollte dies alles (4) leicht fallen. Seine Lehrer (5) Brand markte er allerdings als „Tyrannen und Stockmeister". Typische damalige Erziehungsmethoden waren: freche Schüler mit einer Rute (6) durch prügeln und schlechte Schüler mit einer Eselsmaske (7) bloß stellen. Die Schüler konnten einem wirklich (8) Leid tun. Als Martins Vater entschied, dass sein Sohn Jura in Erfurt studieren sollte, wagte dieser nicht, ihm zu (9) widersprechen. Martin studierte daraufhin fleißig und wollte sich vom geselligen (10) beisammen sein in den Wirtshäusern Erfurts (11) fern halten. Doch als er eines Tages in ein furchtbares Gewitter geraten war und der heiligen Anna versprochen hatte, Mönch zu werden, falls er unbeschadet aus dem Unwetter (12) heraus käme, musste Martin die Pläne seines Vaters (13) fallenlassen und sein Jurastudium (14) auf geben.

2 Richtig oder falsch? Begründe deine Entscheidung, indem du bei den unterstrichenen Wörtern eine passende Probe anwendest oder die zutreffende Rechtschreibregel nennst (→ S. 298).

(1) falsch → richtig: weit bringen (Betonungsprobe)

3 Folgender Text enthält drei Fehler im Bereich der Getrennt- und Zusammenschreibung. Suche sie und schreibe die entsprechenden Sätze richtig in dein Heft.

Anrüchiges Zitat *nach Christoph Drösser*

Es gibt eine Menge Sprüche, die angeblich auf den Reformator zurückgehen. Doch die meisten wurden ihm erst nachträglich zu geschrieben. So ist es mit den Worten „Hier stehe ich und kann nicht anders!", die er angeblich auf dem Reichstag zu Worms ausgerufen haben soll, als er sich weigerte, seine Thesen zu wider rufen. So ist es mit dem Ausspruch „Wenn ich wüsste, dass morgen die Welt unter ginge, würde ich heute ein Apfelbäumchen pflanzen", der erst seit dem vergangenen Jahrhundert kursiert. [...] Wer nach einem deftigen Luther-Spruch sucht, der tatsächlich belegbar ist, der findet vielleicht an diesem Gefallen: „Wenn ich hier einen Furz lasse, dann riecht man das in Rom."

Merke Verbindungen mit Verben richtig schreiben

Verbindungen mit Verben werden **in der Regel getrennt geschrieben.** Ob du in einzelnen Fällen zusammenschreiben musst, kannst du häufig mithilfe von Proben entscheiden. **Schlage im Zweifelsfall nach.**

Wortarten	Wann schreibe ich getrennt?	Wann schreibe ich zusammen?	Welche Probe/-n wende ich an?
Verb + Verb	**immer möglich,** z. B.: *schwimmen lernen, essen gehen*	- bei **übertragener Bedeutung** möglich, z. B.: *sitzen bleiben* oder *sitzenbleiben* (nicht versetzt werden)	**Bedeutungsprobe**
Nomen + Verb	**fast immer,** z. B.: *Computer + spielen* → *Ich spiele Computer.*	- bei **untrennbarer Zusammensetzung,** z. B.: *Maß + regeln* → ~~*ich regele Maß*~~ → *ich maßregele*	**Umstellprobe**
Adjektiv + Verb	**fast immer,** z. B.: *weiß + streichen Ich will den Zaun dieses Mal <u>weiß</u> <u>streichen</u>.*	- bei **untrennbarer Zusammensetzung,** z. B.: *froh + locken* → ~~*ich locke froh*~~ → *ich frohlocke* - bei **trennbaren Zusammensetzungen,** wenn **durch die Zusammensetzung eine neue Gesamtbedeutung entsteht,** z. B.: *schwarz + malen Ich will die Zukunft nicht <u>schwarz</u>malen.*	**Umstellprobe** **Betonungs-** und **Bedeutungsprobe**
Adverb + Verb	bei **gleicher Betonung von Adverb und Verb,** z. B.: *Er wird <u>dabei</u> <u>bleiben</u>, dass …*	- bei **untrennbarer Zusammensetzung,** z. B.: *wieder + holen* → ~~*ich hole wieder*~~ → *ich wiederhole* - bei **trennbaren Zusammensetzungen,** wenn die **Betonung auf dem Adverb** liegt, z. B.: *bei einem Treffen <u>dabei</u>bleiben*	**Umstellprobe** (Satzgliedprobe) **Betonungs-** und **Bedeutungsprobe**

Immer zusammen schreibst du:
- **Präposition + Verb,** wenn die Wortbestandteile direkt nebeneinanderstehen, z. B.: *über + blicken: Sie überblickt alles.* *unter + gehen: Er wird untergehen.*
- **Nominalisierungen** von Verbindungen mit einem Verb. Hier hilft die **Artikelprobe,** z. B.: *<u>(Das)</u> <u>Computerspielen</u> macht mir Spaß.* *<u>(Das)</u> <u>Zusammensein</u> tat gut.*
- die **Merkwörter** *eislaufen, heimfahren, leidtun, irreführen, kopfstehen, nottun, preisgeben, standhalten, stattfinden, stattgeben, teilhaben* und *teilnehmen* **im Infinitiv** und in den **Partizipien,** z. B.: *eis<u>ge</u>laufen, heim<u>ge</u>fahren, irreführ<u>end</u>.*

Immer getrennt schreibst du **Verbindungen mit** ***sein***, z. B.: *groß sein, beisammen sein, hier sein.*

Zusammengesetzte Adjektive und Partizipien richtig schreiben

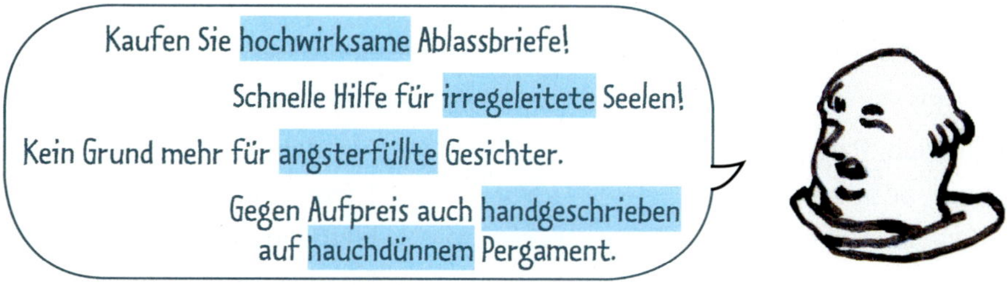

1 a) Schreibe die markierten Wörter aus den Werbesprüchen in dein Heft und prüfe, aus welchen Bestandteilen sie bestehen.

b) Erläutere mithilfe des Merkkastens, warum diese Wörter zusammengeschrieben werden.

2 a) Bilde mit den zusammengesetzten Adjektiven oder Partizipien aus dem Wortspeicher Beispielsätze.

– *Sie hatte einen hellrosa Vorhang.*
– *Der Arzt hat ihm ein schmerzlinderndes Medikament verordnet.*

hell + rosa · Schmerz + lindernd · feucht + kalt · Butter + weich · Gras + grün · schwer + reich · Gewinn + bringend · Leben + (s) + bedrohlich · halb + offiziell · Bär + stark · Öl + verschmutzt · Feuer + rot · Mond + beschienen · Angst + erfüllt · Eisen + verarbeitend · Herz + erfrischend · Meter + hoch · dunkel + rot

b) Prüfe mithilfe eines Wörterbuchs, welche Verbindungen im Wortspeicher du auch getrennt schreiben darfst.

Merke **Verbindungen mit Adjektiven bzw. Partizipien richtig schreiben**

Zusammengeschrieben werden:

- **zusammengesetzte Adjektive** aus **mehreren Adjektiven**, z. B.: *bitterkalt, feuchtwarm, dunkelblau, süßsauer, halblang,*
- **zusammengesetzte Adjektive** und **Partizipien**, die aus einer **verkürzten Wortgruppe von Nomen + Adjektiv** oder **Nomen + Partizip** bestehen, z. B.: *strohdumm (= dumm wie Stroh), wasserdicht (= dicht gegen Wasser), butterweich (= weich wie Butter), sagenumwoben (= von Sagen umwoben), angsterfüllt (von Angst erfüllt),*
- **Verbindungen** aus **Nomen + Partizip** oder **Nomen + Adjektiv**, wenn die **beiden Wortteile durch ein Fugen-s verbunden sind**, z. B.: *leben**s**bedrohend, geiste**s**gegenwärtig,*
- **adjektivisch gebrauchte Partizipien**, bei denen die **zugrunde liegende Verbindung zusammengeschrieben wird**, z. B.: *teilnehmend (wegen teilnehmen), irregeleitet (wegen irreleiten).*

Fremdwörter richtig schreiben

Was kannst du schon?

Aus dem Englischen: Club, Party, Team, Action, Teenager, positiv, Power, Computer, Garage, Interview

Aus dem Griechischen: Thermometer, Chef, Logik, Rhythmus, Argumentation, Fantasie, Chaos, Hypothese, Chance

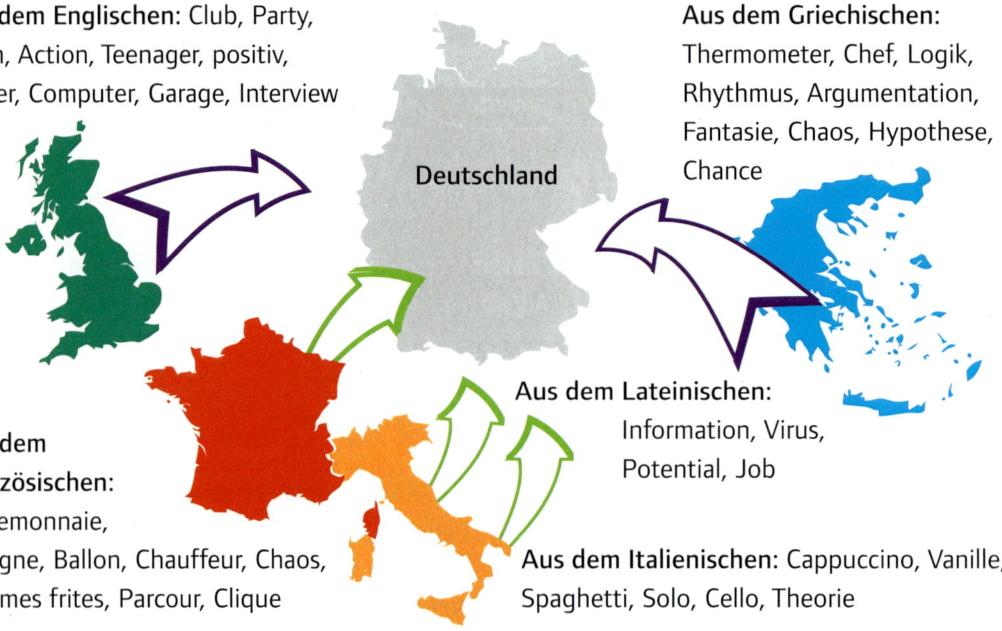

Aus dem Lateinischen: Information, Virus, Potential, Job

Aus dem Französischen: Portemonnaie, Lasagne, Ballon, Chauffeur, Chaos, Pommes frites, Parcour, Clique

Aus dem Italienischen: Cappuccino, Vanille, Spaghetti, Solo, Cello, Theorie

1. Welche Wörter sind jeweils falsch zugeordnet? Erkläre, aus welcher Sprache sie stammen.
2. Übertrage folgende Fremdwörter in dein Heft und ergänze die fehlenden Buchstaben.

kreat? · die Perfe?on · die H?giene · das Saxo?on · das S?mbol · das Inte?esse · die Sympa?ie · die Dekora?on · die Blama?e · das Rest?rant · die Turb?ne

3. Für welche der folgenden Wörter gibt es eine zweite, eingedeutschte Schreibweise? Schreibe sie in dein Heft.

das Photo · das Theater · die Phantasie · die Therapie · die Tour · die Graphik · der Thunfisch · das Portemonnaie · das Thermometer · die Spaghetti

4. Vier Fremdwörter im Wortspeicher sind falsch geschrieben. Suche sie und schreibe sie in der richtigen Schreibung in dein Heft.

das Telefon · die Symfonie · die Fairnes · das Tempus · die Katastrophe · das Thema · interesant · die Kalkulation · der Akteur · der Frisör · die Atmosphere

Die Schreibung von Fremdwörtern üben

Fernsehen – einfach kompliziert *nach Helmut Martin-Jung*

Was darf's sein? 1,4 Meter Diagonale oder noch größer? Smart-TV? Dolby Vision? Da kommt zu Hause Kinoatmosphäre auf. Doch viele Deutsche finden ihren Fernseher zu kompliziert, wissen mit Zusatzfunktionen wie Internetzugang nichts anzufangen. Was tut die Industrie? Sie erfindet immer mehr Techniken, kryptische Kürzel und wirft Zubehör wie Settopboxen auf den Markt. Die Bildschirme sind so scharf, dass sogar Visagisten umlernen mussten: Jedes Zuviel an Make-up ist zu sehen. Die neuen Fernseher arbeiten digital; sie sind spezialisierte Computer, haben Zugang zum Internet und damit zu den Mediatheken der Sender. Abo-Dienste haben exklusive Filme im Angebot. Angeboten wird auch ein spezielles Modul oder eine Settopbox, mit der man Sendungen für eine Toilettenpause unterbrechen kann. Mit all den Geräten am Fernseher kommen auch mal geübte Unterhaltungselektronikjongleure durcheinander. Jede Fernbedienung hat ein eigenes Design und es gibt Universal-Steuerkästen, die man eigens programmieren muss. Die Industrie erfindet immer neue technische Raffinessen. Bei neueren Geräten reduzieren Apps immerhin die Zahl nötiger Zusatzgeräte.

1 a) Übertrage die Tabelle in dein Heft und ordne alle Fremdwörter aus dem Text in die entsprechende Spalte ein.
Überprüfe deine Lösung mit dem Rechtschreibwörterbuch, wenn du unsicher bist.

Wörter aus dem Englischen	Wörter aus dem Französischen	Wörter aus dem Lateinischen	Wörter aus dem Griechischen
- *Smart-TV*	- ...	- ...	- ...

b) Markiere und erläutere, woran du erkennen kannst, aus welcher Sprache die einzelnen Wörter stammen. Nutze ein Wörterbuch, wenn du unsicher bist.

2 Notiere in deinem Heft zu folgenden Fremdwörtern möglichst viele verwandte Wörter.
die Technik: technisch, die Technologie, ...

die Technik · der Jongleur · das Symbol · programmieren · exklusiv

3 Im Deutschunterricht begegnen dir viele Fremdwörter.

a) Überprüfe, welche der Wörter im Wortspeicher richtig und welche falsch geschrieben sind.

b) Schreibe die fehlerhaften Wörter in der richtigen Schreibung mit Artikel und der Pluralform in dein Heft.

die Ellipse → die Ellipsen

c) Informiert euch über die Bedeutung der Wörter und erklärt sie euch gegenseitig.

– die Ellipse: Auslassung von Satzteilen (sprachliches Mittel)

– die Ellipse: ovale Kurve (Geometrie)

Achtung, Fehler!

Elipse · Metafer · Hyperbel · Paralelismus · Antitese · Synoniem · retorische Frage · Klimaks · Alliteration · Niweau · Enjombement · Personifikation · Neologismus

4 a) Bei welchen der folgenden Fremdwörter fehlt ein h? Schreibe sie in der richtigen Schreibung in dein Heft und kontrolliere mit dem Rechtschreibwörterbuch.

Achtung, Fehler!

Autor · sympatisch · die Hypotenuse · der Rytmus · der Tourist · die Bibliotek · das Teater · die Tribünen · der Zenit · die Apoteke · das Astma · atletisch · die Hypotese · teoretisch

b) *agressiv* oder *aggressiv*? Entscheide bei den Wörtern im Wortspeicher, ob du einen einfachen oder einen doppelten Konsonanten schreiben musst. Nutze ein Wörterbuch.

a?ressiv · Ca?uccino · to?erant · Konku?enz · Si?uation · A?ell · Inte?esse · sy?etrisch · detai?iert · para?el · Mo?arella · Te?asse · ko?ossal · Re?ource

5 Erläutere, warum die markierten Wörter einmal mit einem einfachen und einmal mit einem doppelten Konsonanten geschrieben werden.

A Mir gefällt der Job gut, aber ich möchte nicht ewig jobben.

B Du solltest dich durch Sport fitter machen, denn fit wirkst du nicht auf mich.

C Lass uns morgen shoppen gehen. Ich kenne einen neuen Beautyshop in der Stadt.

6 Verfasse einen (Unsinns-)Text, in dem du möglichst viele Fremdwörter aus den Aufgaben 3 und 4 verwendest. Du kannst so beginnen:

Touristisches Theater

Das Niveau unseres letzten Urlaubs war außer Konkurrenz: Der Cappuccino und der Mozzarella schmeckten fantastisch und ...

7 a) Welches Fremdwort entspricht jeweils dem deutschen Begriff? Notiere es in deinem Heft wie im Beispiel.

Ausfuhr von Waren: Export

b) Kläre mithilfe des Rechtschreibwörterbuchs die Bedeutung der anderen Fremdwörter.

Ausfuhr von Waren	Abwehrstoff im Blut	gleichförmig	einfarbig
Expansion	Antiseptikum	homogen	monoton
Export	Antipode	homöopathisch	monopolistisch
Expedition	Antikörper	homonym	monochrom

zusammenfassen	Zeichensetzung	zweisprachig	zerstörerisch
referieren	Interpunktion	bilateral	destruktiv
resümieren	Intervall	bilingual	desinteressiert
resultieren	Interview	bipolar	desaströs

8 Was stimmt hier nicht? Erkläre, was die in den Zitaten verwendeten Fremdwörter bedeuten und welche Fremdwörter hier eigentlich gemeint sind. Suche das jeweils passende Fremdwort.

Achtung, Fehler!

A „Das wird doch alles von den Medien hochsterilisiert."
B „Ja, der FC Tirol hat eine Obduktion auf mich."
C „Da gehe ich mit Ihnen ganz chloroform."
D „Ich habe ihn nur ganz leicht retuschiert."
E „Der arbeitet von morgens bis abends. So was nennt man im Volksmund, glaube ich, einen Alcoholic."
F „Das wundert mich nicht. Wir haben die Mannschaft ganz karibisch zusammengestellt."

9 Die folgenden Präfixe stammen zum Teil aus dem Lateinischen und zum Teil aus dem Griechischen.

a) Kläre mithilfe von Informationen aus dem Internet, aus welcher Sprache das jeweilige Präfix stammt und was es bedeutet.

b) Notiere zu jedem dieser Präfixe mindestens drei Beispielwörter.

Auto-/auto-	Kontra-/kontra-	Prä-/prä-	Geo-/geo-	Hyper-/hyper-
Ex-/ex-	Inter-/inter-	Anti-/anti-	Ultra-/ultra-	Mono-/mono-

Die Regeln der Kommasetzung wiederholen

Was kannst du schon?

Ein Treffen mit Leonardo da Vinci *nach Stefan Klein*

Im Jahr 1514 lebte Leonardo da Vinci in Rom. (1) Er war das Genie das die Tür zur Moderne aufstieß. (2) Ein Interview mit dem Maler Anatom Ingenieur und Erfinder Leonardo da Vinci.

Stefan Klein: (3) Guten Tag Leonardo.

Leonardo da Vinci: Ich grüße dich auch.

Klein: (4) Was ist das?

Da Vinci: (5) Das ist der Feuerspiegel. (6) Und wenn du sagst dass der Spiegel zwar kalt sei aber dennoch warme Strahlen werfe so antworte ich darauf dass der Strahl doch von der Sonne kommt.

Klein: ... aber bei allem Respekt: (7) Sollten Sie Ihre Zeit nicht besser darauf verwenden Bilder zu malen? Dieses Porträt einer jungen Dame begleitet Sie schon seit Jahren.

Da Vinci: Ja, ja, die Lisa del Giocondo. Ihr Ehemann rief sie „Mona Lisa“. (8) Er hat das Gemälde im Jahr 1506 bei mir bestellt und zwar in Florenz.

Klein: Sie haben Florenz vor acht Jahren verlassen. (9) Fertig ist das Bild immer noch nicht während Ihre Rivalen Michelangelo und Raffael Auftrag um Auftrag abgeräumt haben. (10) Ihr neuer Dienstherr der Papst macht sich sogar öffentlich lustig über Ihre wissenschaftlichen Interessen. Hat Sie denn zum Beispiel das Sezieren von Leichen nie geekelt?

Da Vinci: Doch und wie! (11) Selbst wenn du die nötige Liebe für anatomische Untersuchungen haben magst so wirst du vielleicht durch deinen Magen davon abgehalten werden und wenn dieser dich nicht abhält dann wirst du dich vielleicht erschrecken wenn du die Nachtzeit in der Gesellschaft solcher schrecklich aussehender Leichen verbringen musst.

1 a) Übertrage die unterstrichenen Sätze in dein Heft und setze die fehlenden Kommas.
b) Begründe die Kommasetzung. Nutze die Begriffe aus dem Wortspeicher wie im Beispiel.
(1): Satzgefüge; (2): ...

Anrede · Apposition · Aufzählung · Infinitivgruppe · nachgestellte Erläuterung · Satzgefüge

2 Stelle die Gliederung von Satz (11) mithilfe eines Satzbaumodells (→ S. 306) dar.

3 Überprüfe deine Aufgabenlösungen mit den Lösungen auf Seite 333.

Das Komma bei Aufzählungen und Satzunterbrechungen

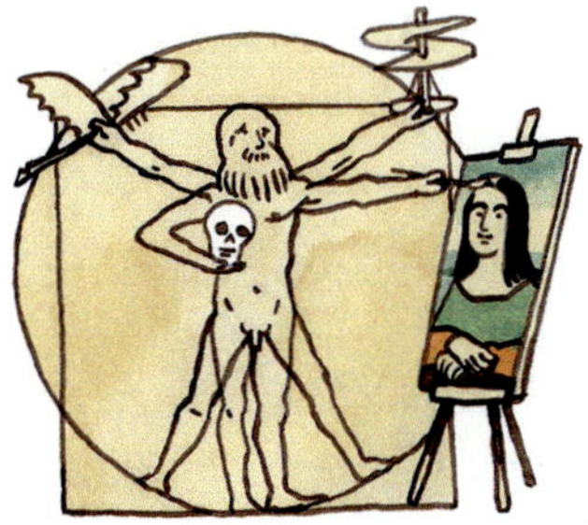

A In seiner Rolle als Maler Bildhauer Architekt Anatom Mechaniker Ingenieur und Naturphilosoph schuf Leonardo da Vinci neben zahlreichen wertvollen Gemälden unzählige Architekturentwürfe technische Zeichnungen für Flugobjekte oder Waffentechnik und sowohl detailreiche naturwissenschaftliche biologische als auch anatomische Zeichnungen.

B Leonardo war äußerst wissbegierig und wollte erforschen warum Wasser fließt warum es Wellen Ebbe und Flut gibt warum es Wolken gibt warum es regnet und warum man auf Bergen Muscheln findet.

C Zu den bekanntesten Bildern Leonardos gehören das Porträt der Mona Lisa entstanden in den Jahren 1503 bis 1506 und „Das Abendmahl" ein Wandgemälde in der Größe von 8,8 x 4,6 Metern entstanden in den Jahren 1494 bis 1498.

1 Schreibe die Sätze oben ab und setze die fehlenden Kommas.

2 Überprüfe, ob es sich bei den kursiv gedruckten Wortgruppen in den folgenden Sätzen um Aufzählungen handelt, bei denen du ein Komma setzen musst.
Tipp: Kannst du die Adjektive/Partizipien durch *und* verbinden, ist es eine Aufzählung und du musst ein Komma setzen. Andernfalls darf kein Komma gesetzt werden.

A Kennst du neben Leonardo da Vinci andere berühmte italienische Maler?
B In den nächsten großen Ferien fahren wir nach Paris und schauen die „Mona Lisa" an.
C Sie gehört zu den *bekanntesten eindrucksvollsten* Kunstwerken im Louvre.

3 Überprüfe die Kommasetzung in folgenden Sätzen.

A Ich freue mich auf die Klassenfahrt nach Italien, besonders auf den Besuch von Florenz.
B Vermutlich wird aber die lange Reise vor allem die Busfahrt, über Nacht, ziemlich anstrengend.
C Die Museen in Florenz, vor allem die Uffizien beherbergen ja sehr viele berühmte Kunstwerke zum Beispiel auch Gemälde von Leonardo da Vinci.

4 Bilde Beispielsätze mit nachgestellten Erläuterungen. Nutze die Formulierungen im Wortspeicher und achte auf die Kommasetzung.
Kunstmuseen, zum Beispiel das Alte Museum, interessieren mich weniger als ...

zum Beispiel • nämlich • und zwar • das heißt • besonders/insbesondere • vor allem • genauer

Das Komma in Satzreihen und Satzgefügen

Der Raub des Jahrhunderts

(1) Am frühen Morgen des 21. Augusts 1911 verließ der Italiener Vincenzo Peruggia der als Anstreicher im Louvre gearbeitet hatte mit der unter seinem Mantel versteckten „Mona Lisa“ das Museum. (2) Nachdem er sich über Nacht im Museum einschließen lassen hatte hatte er unbeobachtet das Bild aus dem Rahmen gelöst denn nur so konnte er es herausschmuggeln. (3) Das Verbrechen geschah an einem Montag an dem das Museum geschlossen war und der Dieb gefahrlos entwischen konnte. (4) Obwohl die „Mona Lisa“ nicht mehr an ihrem Platz hing gingen viele Pariser danach in den Louvre damit sie die leere Stelle an der Wand sehen und betrauern konnten. (5) Nachdem Monate vergangen waren waren alle davon überzeugt dass das Bild niemals wieder auftauchen würde. (6) Die Ermittlungen der Polizei brachten kein Ergebnis sodass das Bild über Jahre verschollen blieb. (7) Dabei hatte Peruggia es in einem Wandloch seiner Wohnung die unweit des Louvre lag versteckt gehalten. (8) Schließlich tauchte es in Florenz das ja gewissermaßen die Heimat des Bildes war wieder auf. (9) Nachdem Peruggia in einem Brief mit dem Absender „Leonardo“ seine Absicht bekundet hatte dass er die „Mona Lisa“ an Italien „zurückgeben“ wolle wenn der italienische Staat die ihm entstandenen „Unkosten“ decke ging der „patriotische“ Kunsträuber der Polizei doch noch in die Falle sodass das weltberühmte Gemälde schließlich am 4. Januar 1914 in den Louvre zurückkehrte obwohl viele Italiener „ihre“ „Mona Lisa“ lieber „zu Hause“ behalten hätten.

1 a) Schreibe die Sätze 2 bis 8 in dein Heft und setze die fehlenden Kommas.
b) Umkreise die Konjunktionen bzw. Relativpronomen und unterstreiche die finiten Verbformen.

(1) Am frühen Morgen des 21. Augusts 1911 verließ der Italiener Vincenzo Peruggia, der als Anstreicher im Louvre gearbeitet hatte, mit der unter seinem Mantel versteckten „Mona Lisa“ das Museum.

2 a) Welches der folgenden Satzbilder gibt den Bau des Satzgefüges von Satz (9) richtig wieder? Begründe.
b) Schreibe das Satzgefüge in dein Heft und setze die fehlenden Kommas.

A Nebensatz, Hauptsatz, Nebensatz, Nebensatz, Nebensatz, Nebensatz.
B Nebensatz, Nebensatz, Hauptsatz, Nebensatz, Nebensatz, Nebensatz.
C Nebensatz, Nebensatz, Nebensatz, Hauptsatz, Nebensatz, Nebensatz.

Wie Museen heute ihre Kunstwerke sichern

(1) Museen müssen ihre Kunstwerke gut sichern. Die Diebe werden immer trickreicher. Museen setzen heute viel mehr Technik ein als früher. (2) Es gibt Lichtschrankenvorhänge. Jemand kommt dem Kunstwerk zu nahe. Sie geben sofort Alarm. (3) Es gibt Bewegungsmelder und Sensoren. Sie reagieren auf Licht und Erschütterungen. (4) Es gibt hochauflösende Kameras. Etwas Warmes bewegt sich. Nur dann schalten sie sich ein. (5) Computerprogramme werten das aus. Es war eine Maus oder ein Mensch. Die Leitstelle wird alarmiert. (6) Der eigene Wachdienst kommt. Die Polizei wird verständigt. (7) So viel Technik ist manchmal auch anfällig. Jemand könnte einen Hackerangriff starten. Der Strom könnte ausfallen. Die Systeme sind im Großen und Ganzen gut gesichert. (8) Ein Kunstraub, wie der der „Mona Lisa", ist heute kaum noch möglich. Selten passiert es trotzdem. (9) Das weltberühmte Gemälde „Nebelschwaden" von Caspar David Friedrich wurde gestohlen. Nach neun Jahren tauchte es wieder auf. (10) Zwei Gemälde von Vincent van Gogh wurden geraubt. Man musste vierzehn Jahre warten. Sie sind wieder da.

3 Verknüpfe die Hauptsätze wie im Beispiel zu sinnvollen Satzreihen und Satzgefügen, sodass ein gut lesbarer Text entsteht.
Achte auf die korrekte Zeichensetzung.

(1) Weil Museen ihre Kunstwerke gut sichern müssen und die Diebe immer trickreicher werden, setzen Museen heute viel mehr Technik ein als früher.

4 Überprüfe die Kommasetzung in folgenden Sätzen und schreibe sie korrigiert ab.

A Die Diebe, die aus dem Bodemuseum in Berlin eine 50 Kilo schwere Münze aus purem Gold entwendet hatten verfügten nach Angaben der Spurensicherung über genaue Ortskenntnis.

B Obwohl sich die Münze in einem oberen Stockwerk des Museums befand, flohen die Diebe durch ein Fenster unter dem sie eine Leiter, auf einem Brückenpfeiler, postiert hatten und entkamen zunächst unerkannt über die Gleise der S-Bahn die zu dieser Nachtzeit gerade nicht fuhr.

Das Komma bei Infinitiv- und Partizipgruppen

Warf Galileo wirklich Steine vom Schiefen Turm von Pisa?

(1) Galileo Galilei (1564–1642) hatte die Absicht die von Aristoteles aufgestellten Fallgesetze zu überprüfen. (2) Aristoteles zufolge fielen schwere Körper schneller als leichte. (3) Ohne selbst Fallexperimente durchzuführen hätte Galilei seine Annahmen nie beweisen können. (4) Laut seinem ersten Biografen hatte Galilei deshalb die Idee Steine unterschiedlicher Größe vom Schiefen Turm von Pisa zu werfen um die Fallgeschwindigkeit zu testen. (5) Diese Anekdote ist jedoch falsch. (6) Fallexperimente dieser Art wären nicht geeignet gewesen Aristoteles zu widerlegen. (7) Die Uhren zur damaligen Zeit wären gar nicht genau genug gewesen die Differenz in der Geschwindigkeit zu messen. (8) Deshalb hatte Galilei die Idee die Geschwindigkeit der Kugeln zu verlangsamen. (9) Seine Idee war es Kugeln unterschiedlicher Beschaffenheit eine schiefe Ebene mit unterschiedlicher Steigung hinabrollen zu lassen und dabei Messungen anzustellen. (10) Diese Versuche führten tatsächlich zu der Erkenntnis, dass die Fallgeschwindigkeit unabhängig von Masse, Material und Form des Körpers ist.

1 a) Schreibe alle Sätze, die Infinitivgruppen (→ S. 268 f.) enthalten, ab. Unterstreiche die Infinitivgruppe(n) und setze alle möglichen Kommas.

b) Prüfe mithilfe des Merkkastens, welche Kommas verpflichtend sind. Markiere die verpflichtenden Kommas und das für das verpflichtende Komma entscheidende Wort.

(1) Galileo Galilei hatte die Absicht, die von Aristoteles aufgestellten Fallgesetze zu überprüfen.

Merke **Das Komma bei Infinitivgruppen**

Bei einer Infinitivgruppe mit *zu* kannst du **in der Regel ein Komma setzen.**

Verpflichtend ist das Komma, wenn die Infinitivgruppe
- mit einem **Signalwort** wie *als, außer, ohne, statt/anstatt* oder *um* eingeleitet wird, z. B.:
  Galileo baute eine schiefe Ebene, um die Fallgesetze zu testen.
- von einem **Nomen/Substantiv** abhängt, z. B.:
  Galileo hatte den Plan, seine Ideen zu beweisen.
- mit einem **hinweisenden Fürwort** wie *daran, darauf, dazu* oder *es* angekündigt wird, z. B.:
  Ihm gelang es, wissenschaftlich Beweise zu erbringen.

Achtung, Fehler!

„Und sie bewegt sich doch“

(1) Galileo Galilei war auch fasziniert von der Beobachtung der Himmelskörper. (2) Er führte überzeugt von der Korrektheit des kopernikanischen Weltbilds mit einem neuentwickelten Teleskop Himmelsbeobachtungen durch. (3) Unablässig forschend konnte er so das heliozentrische Weltbild wissenschaftlich beweisen. (4) Dieses der Bibel widersprechende Weltbild sorgte besonders in katholischen Kreisen für Aufruhr. (5) Vor dem päpstlichen Gericht musste Galilei hin- und hergerissen zwischen dem Festhalten an seiner Lehre und der Angst vor Strafe seiner Überzeugung abschwören. (6) Einer Legende zufolge soll Galilei allerdings seinen wissenschaftlichen Stolz bewahrend mit zusammengebissenen Zähnen gemurmelt haben: „Und sie (die Erde) bewegt sich doch.“ (7) Alle seine zu diesem Thema veröffentlichten Schriften wurden auf die Liste der verbotenen Bücher gesetzt. (8) Unter Hausarrest stehend verbrachte Galilei seine letzten Jahre auf seinem Landgut bei Florenz. (9) Dort verfasste er weitere Schriften, die er heimlich außer Landes schmuggelte. (10) Erst 1992 sollte die katholische Kirche den Prozess gegen Galilei als unrechtmäßig anerkennen.

2 a) Schreibe alle Sätze ab, die Partizipgruppen (→ S. 266 f.) enthalten, und markiere jeweils das Partizip.

b) Unterstreiche die vollständige Partizipgruppe und trenne sie mit Komma(s) ab.

c) Prüfe mithilfe der Informationen aus dem Merkkasten, welche Kommas verpflichtend sind. Kreise die verpflichtenden Kommas ein und setze die freiwilligen in Klammern.

Er führte, überzeugt von der Korrektheit des kopernikanischen Weltbilds, ...

Merke **Das Komma bei Partizipgruppen**

Wie Infinitivgruppen kannst du auch Partizipgruppen immer mit einem Komma abtrennen, z. B.: *Die Wahrheit suchend(,) forschte Galileo unablässig.*

Verpflichtend ist das Komma,

- wenn auf die Partizipgruppe mit einem **hinweisenden Wort** wie *so, also* Bezug genommen wird, z. B.: *Mit einem Fernrohr den Himmel beobachtend, so verbrachte Galileo einen Großteil seiner Zeit.*
- wenn die Partizipgruppe eine **Erläuterung** zu einem Nomen oder Pronomen ist, z. B.: *Sein Landgut, in der Nähe von Florenz gelegen, diente Galileo als Rückzugsort.*

Die Unterscheidung von *das* und *dass* trainieren

Der Blick in den Himmel – Galileo Galileis Fernrohr

___ Fernrohr, ___ Galileo Galilei benutzte, war 1608 in Holland erfunden worden. Galilei baute es nach und stellte dabei fest, ___ sein Nachbau sogar noch besser war als ___ Original, so ___ er sich selbst als Erfinder darstellte. ___ wissenschaftliche Verdienst, ___ Galilei sich mit dem Fernrohr erwarb, besteht darin, ___ er es für gezielte astronomische Beobachtungen einsetzte. ___ er die Mondkrater sehen konnte, ___ er die vier Monde des Jupiters und die Sichelform der Venus entdeckte und ___ er herausfand, ___ die Milchstraße aus zahllosen Sternen besteht, all ___ war der für damalige Verhältnisse sehr fortschrittlichen Technik des Fernrohrs zu verdanken.

1 a) Schreibe den Text ab und entscheide jeweils, ob du *das* oder *dass* einsetzen musst. Achtung: Lass beim Abschreiben immer eine Schreibzeile frei.

b) Begründe die jeweilige Schreibung, indem du die Wortart kennzeichnest: **A** = Artikel, **R** = Relativpronomen, **K**= Konjunktion.

A R
Das Fernrohr, das Galileo Galileo benutzte ...

2 Richtig oder falsch? Entscheide, ob in den folgenden Sätzen *das* bzw. *dass* richtig verwendet wird, und begründe.

A Dass sich Galilei für wissenschaftliche Dinge begeisterte, dass begann schon als Kind.

B Dass Studium der Mathematik war da das Naheliegende für ihn.

C Das er sich schließlich der Astronomie zuwandte, lag daran, das er einen neuen Stern entdeckte und das sein Interesse weckte.

D Seine bahnbrechenden Entdeckungen führten dazu, das Galilei als „Kolumbus des Himmels" bezeichnet wird.

E Das Galilei aber auch falsch liegen konnte, zeigt seine Annahme, das Ebbe und Flut durch die Erdrotation und die Drehung der Erde um die Sonne entstünden.

F Heute ist unbestritten, dass Galilei einer der wichtigsten Wissenschaftler der Geschichte ist.

Die Zeichensetzung bei wörtlicher Rede üben

Das Geheimnis des Kartenmachers *nach Rainer M. Schröder*

Augsburg im Jahre 1490. Der 16-jährige Caspar ist Lehrling des Kupferstechers Bartholo. Dieser hat eine alte Wikingerkarte versteckt, auf der ein unbekanntes großes Land weit im Westen des westlichen Ozeans verzeichnet sein soll. Er weiht Caspar in sein Geheimnis ein …

Und irgendwann sind die Wikinger mit ihren offenen Drachenbooten dann um Afrika herum auch nach Indien gesegelt? fragte Caspar spöttisch. Nein, das wohl nicht sagte Bartholo und drehte die Rolle in seinen Händen. Aber so im neunten Jahrhundert ist ein Wikinger namens Gunnbjörn als erster Nordmann auf der weit im Nordwesten liegenden Insel Grönland gelandet und hat dort eine der ersten Wikingersiedlungen gegründet. Tja, und von da aus sind dann andere tollkühne Wikinger mit ihren Drachenbooten weiter nach Westen gesegelt Caspar zog die Stirn in Falten. Er fragte Nach Westen? Ja, aber … da ist doch nichts als unendliche See? Wirklich fragte Bartholo mit hochgezogenen Augenbrauen und einem Lächeln auf den Lippen. Hast du vergessen, dass die Erde eine Kugel ist? Wenn du mit dem Finger um eine Kugel fährst, wo kommst du dann letztlich wieder hin? Caspar schlug sich mit der flachen Hand vor die Stirn. Er rief aus: Natürlich wieder an den Ausgangspunkt zurück! Jetzt verstehe ich! Während die Portugiesen auf der Südroute um Afrika herum den Seeweg nach Indien suchen, glaubt Ihr, Indien auf der Westroute erreichen zu können! rief er aufgeregt. Ja, das ist eine Theorie, die mich seit vielen Jahren nicht loslässt sagte Bartholo. Ich bin jedoch mehr denn je davon überzeugt, dass der kürzeste Seeweg nach Indien nicht um Afrika herum, sondern nach Westen über den Atlantik führt!

1. Schreibe die unterstrichenen Textpassagen ab und ergänze die korrekten Rede- und Satzzeichen.
   „Und irgendwann sind die Wikinger […] nach Indien gesegelt?“, fragte Caspar spöttisch.

Besondere Satzzeichen verwenden

A Im 15. und 16. Jahrhundert befand sich die Welt im Umbruch; bahnbrechende Neuerungen in Wissenschaft und Technik waren dafür ausschlaggebend.

B Im Jahr 1500 gelang der erste erfolgreiche Kaiserschnitt: Mutter und Kind überlebten.

C Aus dem selben Jahr stammt auch die erste Straßenkarte Mitteleuropas – eine Karte, die allerdings anders ausgerichtet war als heutzutage, nämlich nach Süden; das bedeutet, dass Süden auf dieser Karte oben lag und nicht Norden.

D Bahnbrechende Erfindungen und wissenschaftliche Entdeckungen im 17. Jahrhundert waren: die Entdeckung physikalischer Gesetzmäßigkeiten – wie der Pendel- und Fallgesetze durch Galilei –, die astronomischen Entdeckungen Galileis – unter anderem die Entdeckung der Jupitermonde und des Saturnrings –, und technische Erfindungen, z. B. die des Fernrohrs und der Pendeluhr.

1 Erkläre am Beispiel dieser Sätze und mithilfe des Merkkastens auf Seite 313 die Verwendung von Semikolon, Doppelpunkt und Gedankenstrich.

2 a) Entscheide bei folgendem Text mithilfe des Merkkastens auf Seite 313, welches der vorgeschlagenen Satzzeichen du jeweils verwenden würdest. Oft gibt es mehrere sinnvolle Möglichkeiten.

b) Diskutiert eure Entscheidungen in Kleingruppen und einigt euch auf eine Variante.

Renaissance – Aufbruch in alte und neue Welten

(1) Der Begriff *Renaissance* stammt aus dem Französischen und heißt übersetzt (– / ; / :) *Wiedergeburt.* (2) Gemeint war damit die Anknüpfung an die Errungenschaften der Antike. (3) Zu diesen Errungenschaften gehörten (– / ; / :) die antike Philosophie (, / ;) die antiken Vorstellungen von Schönheit und Kunst und das antike Menschenbild. (4) Gelehrte, Künstler, Baumeister (– / ; / :) (a/A)lle schauten auf die Errungenschaften der Antike. (5) Man wollte sich damit von der vorhergehenden Epoche lösen (– / ; / :) dem als „dunkel“ empfundenen Mittelalter. (6) Diesen Wandel dokumentiert auch heute noch die Renaissance-Kunst (– / ; / :) unter anderem die Malerei. (7) Neu war hier die so genannte Zentralperspektive (– / ; / :)

(d/D)ie Dreidimensionalität wurde damit nun auch künstlerisch abgebil det, indem alle Linien eines Gebäudes auf einen zentralen Fluchtpunkt hinführten. (8) Auch die Anatomie des Menschen wurde (– / ,) man denke an Leonardo da Vinci (– / ,) eingehend erforscht und künstlerisch realistisch dargestellt. (9) In der Architektur besann man sich ebenfalls auf die Antike (– / ; / :) (g/G)eometrische Formen wurden (– / ; / :) in Anlehnung an die Architektur antiker Tempel (– / ; / :) wieder modern. (10) Wiederentdeckt wurden auch die Schriften antiker Philosophen (– / ; / :) darunter Platon und Aristoteles. (11) Kurz (– / :) (i/I)n der Renaissance besann die Welt sich auf ihre lange vergessene Vergangenheit und erfand sich gleichzeitig neu (– / ; / :) Entdeckungen, moderne Wissenschaft und Glaubenskämpfe wären ohne diesen Aufbruch undenkbar gewesen.

Merke **Semikolon, Doppelpunkt und Gedankenstrich**

- Das **Semikolon** kann
  - **gleichrangige Teilsätze oder Wortgruppen** voneinander **abtrennen**, z. B.:
    Die Renaissance bezeichnet eine europäische Kulturepoche; man wollte sich in dieser Epoche vom Mittelalter abgrenzen. (Hier könnte anstelle des Semikolons auch ein Punkt oder ein Komma stehen.)
  - in **Aufzählungen verwandte Begriffe in Gruppen gliedern**, z. B.:
    Neuerungen gab es auf den Gebieten von Kunst und Architektur; von Philosophie und Wissenschaft; von Wirtschaft und Gesellschaft. (Hier könnte anstelle des Semikolons auch ein Komma stehen.)
- Der **Doppelpunkt** wird gesetzt, **wenn etwas angekündigt wird**, z. B. die wörtliche Rede, ein Zitat, eine Aufzählung oder eine Zusammenfassung, z. B.:
  Die kulturellen Neuerungen der Renaissance gingen von Italien aus und verbreiteten sich auch in anderen europäischen Ländern, z. B.: Deutschland, Spanien, Frankreich und Flandern.
- Der **Gedankenstrich** kann etwas **Unerwartetes ankündigen** oder **Zusätze oder Nachträge** vom übrigen Text **abgrenzen**, z. B.:
  Die Renaissance – eine europäische Kulturepoche – erstreckte sich vom 15. bis ins 16. Jahrhundert. (Anstelle des Gedankenstrichs könnte hier auch das Komma gesetzt werden.)

Fehler finden und berichtigen

A Auf unserer Klassenfahrt beginnt mit dem wecken um sechs Uhr Morgens der neue Tag.

B Der strahlendblaue Himmel und die Eis kalten Temperaturen draußen lösen bei mir normaler Weise den Impulls aus sofort nach draußen, zu rennen.

C Allerdings macht mich das hin und her Gerenne im Zimmer so nervös das ich mir lieber wieder die Decke über den Kopf ziehe und im Bett liegenbleibe.

D Max zieht mir die Decke weg und schreit „Aufstehen!“ Ich merke, wie ich langsam schlechte Laune bekomme: „Hau ab! brülle ich zurück. Sonst schütte ich dir heute nacht einen Eimer kaltes Wasser in dein Bett.“

E Mir fällt siedend heiß ein, das ich heute ja zusammen mit Carla ein Refarat über den Mailänder Dom halten muss und hoffe, mich nicht zu blammieren.

F Ich will nämlich für meine Verhältnisse sehr mutigsein und komplett freisprechen.

1 a) Jeder Satz enthält mehrere Fehler. Suche sie und schreibe die Sätze richtig in dein Heft. Lass dabei immer eine Zeile zwischen den Sätzen frei.

b) Markiere die berichtigten Stellen und notiere wie im Beispiel, welche Fehlerart du jeweils berichtigt hast, z. B.:

A: ... mit dem Wecken ... (GK), ...
B: ...

Fehlerart	Abkürzung
- Groß- und Kleinschreibung	GK
- Getrennt- und Zusammenschreibung	GZ
- Fremdwörter	F
- Fehler in der Schreibung von *das/dass*	D
- Zeichensetzung: Komma	K
- Zeichensetzung: wörtliche Rede	W

2 Welche Strategien helfen dir, bei den folgenden Sätzen die richtige Schreibung zu finden? Informiere dich bei Bedarf im Merkkasten auf Seite 315.

A Heute (m/M)orgen fragte ich mich, ob ich wie immer (a/A)bends joggen gehe.

B Für den Schaden müsst ihr gerade stehen / geradestehen!

C Das (a/A)uf und (a/A)b seiner Gefühle machte mich ganz verrückt.

D Ich möchte bald wieder kommen / wiederkommen und dann hier wohnen / hierwohnen.

E Ich finde es toll, das / dass die Ferien bald beginnen!

F Macht dir (Sch/sch)achspielen auch so viel Spaß wie mir?

G Ich möchte gerne für die Party zu sagen / zusagen.

3 a) Der folgende Text enthält zahlreiche Fehler, die drei Fehlerschwerpunkten zugeordnet werden können. Um welche Fehlerschwerpunkte handelt es sich?

b) Schreibe den Text in der richtigen Schreibung in dein Heft.

Achtung, Fehler!

Das Konzert fand Spätabends statt. Das besondere an diesem Konzert war, das die Band in einem alten Supermarkt auftrat der schon drei Jahre lang leer stand. Ich war überrascht und begeistert dass man mit Licht und Dekoration einem Raum auf die schnelle so eine andere Atmosphäre verleihen konnte. Auch Sara war offenbar beeindruckt denn sie schrie mir ins Ohr: „Man merkt gar nicht, das der Raum Tagsüber total heruntergekommen und ungemütlich aussieht." Je länger der Abend dauerte desto begeisterter wurden wir da die Band einfach toll war. Sie spielte alle ihre megahits und der Saal begann zu Toben. Noch Nachts in meinen Träumen begleitete mich dieses Unvergessliche event.

④ Erstelle zwei Übungen, mit denen der Verfasser des Textes aus Aufgabe 3 gezielt zu seinen Fehlerschwerpunkten üben kann.

⑤ a) Untersuche deine letzte Klassenarbeit im Hinblick auf Fehlerschwerpunkte. Übertrage dazu die Übersicht über die Fehlerarten aus Aufgabe 1 (→ S. 314) in Form einer Tabelle in dein Heft und führe eine Strichliste.

b) Entwirf Übungen, die dir helfen, deine beiden häufigsten Fehlerarten zu vermeiden.

Merke **Fehler vermeiden und berichtigen**

Wende bei der **Rechtschreibkontrolle** deiner Texte folgende **Strategien** an:

- **Lies** den Text langsam **Satz für Satz**. Manchmal hilft es, den Text satzweise von hinten zu lesen, damit dich der Inhalt nicht von der richtigen Schreibung ablenkt.
- **Sprich Wörter**, bei deren Schreibung du unsicher bist, **genau.**
- Nutze geeignete **Proben,** um die korrekte Schreibung zu ermitteln, z. B.:
  - die **Artikelprobe,** um zu prüfen, ob es sich um ein Nomen oder eine Nominalisierung handelt und du großschreiben musst (→ S. 357),
  - die **Betonungsprobe, Bedeutungsprobe** oder **Umstellprobe**, um zu entscheiden, ob du getrennt oder zusammenschreiben musst (→ S. 298),
  - die **Ersatzprobe**, um zu prüfen, ob es *das* oder *dass* heißen muss (→ S. 359).
- Wende **Rechtschreibregeln** und **grammatisches Wissen** an, z. B. für:
  - die **Groß- und Kleinschreibung** (→ S. 357),
  - die **Getrennt- und Zusammenschreibung** (→ S. 298),
  - die **Zeichensetzung** (→ S. 359).
- Schlage im **Wörterbuch** nach, wenn du unsicher bist, insbesondere bei **Fremdwörtern** oder bei der **Getrennt- und Zusammenschreibung**.
- Erstelle eine **Merkwortliste** für schwierige Wörter und Fremdwörter, die du häufig verwendest.

2 Kinder zum Casting?

Eine Stoffsammlung anlegen

zu **3** Entscheide, ob es sich bei den folgenden Aussagen um Gründe für oder gegen ein Verbot handelt. Ordne sie stichpunktartig in deine Stoffsammlung ein. ← S. 32

- „Kandidatinnen und Kandidaten von Castingshows sind oft Identifikationsfiguren und spiegeln Sehnsüchte der Jugendlichen wider.“ (Material 1, Z. 5 und Z. 10)
- „Ein Großteil der Zuschauer/-innen von Castingshows geht davon aus, dass die Sendung die Realität zeigt.“ (Material 1, Z. 23 f.)
- „Nur für sehr wenige Kinder und Jugendliche sowie deren Familien ist die Teilnahme eine nachhaltig positive Erfahrung.“ (Material 1, Z. 45 f.)
- „Nicht der Teilnehmer und seine Förderung stehen im Mittelpunkt, sondern der Erfolg der Sendung.“ (Material 1, Z. 49 – 52)

zu **2** Entscheide, ob es sich bei den folgenden Aussagen um Gründe für oder gegen ein Verbot handelt. Ordne sie stichpunktartig in deine Stoffsammlung ein. ← S. 35

- Bei einer Castingshow gibt es mehr Verlierer als Gewinner. (Material 3, Z. 17 – 19.)
- Die Enttäuschung bei einem Misserfolg ist riesig und muss – anders als bei einem Schülerwettbewerb – vor einem Millionenpublikum weggesteckt werden. (Material 3, Z. 19 – 21)
- Die Jury behandelt die Kinder freundlich, tröstet sie bei Misserfolg und gibt ihnen Ratschläge. (Material 3, Z. 31)
- Es gelten strenge Regeln bezüglich der Arbeitszeit von Kindern. (Material 3, Z. 55 – 58)
- Den Betreibern der Show geht es letztlich ums Geld. (Material 2, Z. 53 f.)

zu **3** Suche im Text Beispiele für: ← S. 37

- Fragen,
- Vergleiche mit anderen Situationen,
- indirekte Zitate,
- interessante Schlussfolgerungen.

Informationen aus Diagrammen nutzen

zu **3** Nutze Informationen aus folgenden Diagrammen für die Vervollständigung deiner Argumente. ← S. 39

- **Argumente gegen ein Verbot (kontra):** A = Material 7 B = Material 5
- **Argumente für ein Verbot (pro):** A = Material 8 B = Material 6

Von der Stoffsammlung zur Argumentation

zu **3** Ordne deine Argumente vom weniger überzeugenden Argument bis zum überzeugendsten Argument an. Beachte dabei folgende Tipps: ← S. 40

- Besonders überzeugend sind Argumente, die sich auf allgemein akzeptierte Werte beziehen (normative Argumente), Argumente, die sich auf eine anerkannte Expertin / einen anerkannten Experten beziehen (Autoritätsargumente) oder auf nachprüfbare Zahlen und Fakten (Faktenargumente).
- Achte bei deiner Anordnung der Argumente darauf, dass du deinen Artikel für ein jugendliches Publikum schreibst. Überlege also, welche Argumente deine Mitschüler/-innen besonders überzeugen.

Einen argumentativen Artikel schreiben

zu **1** Überprüfe, welche der folgenden Beschreibungen des Aufbaus zu welcher Einleitung passt. ← S. 42

1 These einiger Wissenschaftler → Einwand als Frage an die Leser/-innen → Überleitung zum eigenen Standpunkt

2 beispielhafte Anmerkungen zum Thema → Frage an die Leser/-innen → These zum Thema

3 Thema als Frage → eigener Standpunkt → Gegenargument

zu **2** b) Du kannst eine der drei folgenden Starthilfen nutzen, um deine Einleitung zu beginnen:

- *Jedes Jahr, wenn eine neue Staffel einer bekannten Castingshow startet, beginnt auch die Diskussion um die Kandidatinnen und Kandidaten ...*
- *Viele, vor allem Jugendliche, mögen der Auffassung sein, dass ..., aber ...*
- *Jeder weiß, dass Castingshows ...*

Den Artikel überarbeiten

zu **2** Du kannst folgende Textbausteine für deinen Lehrerkommentar nutzen. ← S. 45

An deinem Artikel zum Thema ... hat mir gut gefallen, dass ...

Folgende Teile solltest du noch überarbeiten:

- *Die Einleitung ist ...*
- *Bei der Anordnung der Argumente fällt auf, dass ...*
- *Die sprachliche Verknüpfung der Argumente ...*

Allgemein solltest du darauf achten, dass die Sprache deines Textes ...

3 Neu sein

Eine Reportage untersuchen

zu **3** Du kannst deinen Bericht so beginnen: ← S. 64

Geflüchtete trainieren beim FC Wacker

Der FC Wacker lädt seit 2008 Geflüchtete zum Training in den Münchener Traditionsclub ein. Laut dem Vereinsvorsitzenden Marcus Steer ...

zu **4** Ordne die folgenden Merkmale dem Hauptteil und dem Schluss der Reportage zu und ergänze selbst ein weiteres Merkmal, das dir aufgefallen ist.

Pointe • Hintergrundinformationen • Schilderung der Situation vor Ort

Eine Reportage schriftlich analysieren

zu **1** a) Begründe, warum die folgende Einteilung in Einleitung, Hauptteil und Schluss sinnvoll ist. ← S. 68

- Einleitung: Zeile 1 – Zeile 31
- Hauptteil: Zeile 32 – Zeile 137
- Schluss: Zeile 138 – 153

zu **2** b) Überarbeite die folgende Zusammenfassung in deinem Heft, indem du Informationen ergänzt, die für das Verständnis der Reportage wichtig sind. ← S. 69

Die Schülerin Paulina macht einen Schüleraustausch in den USA und ist zunächst verwundert über die politische Einstellung der Menschen dort.
Im Laufe der Zeit merkt sie, dass Amerika einfach eine andere Geschichte als Deutschland hat und deswegen sind auch die Meinungen anders.

zu **4** Übertrage die folgende Aussage in dein Heft und belege die einzelnen Merkmale mit jeweils einem Beispiel.

Das Gefühl des „Dabei-Seins“ wird z. B. durch die Verwendung des Präsens und der wörtlichen Rede, erzeugt. So beginnt die Reportage mit ___, z. B.: ___. Auch die szenischen Schilderungen der Situation, wie ___ gehören zum Charakter der Reportage. Ein weiteres typisches Merkmal der Reportage ist es, dass die Leser/-innen mithilfe von Hintergrundinformationen über das Thema informiert werden, z. B.: ___.

zu **5** b) Ergänze folgende Bewertung der Reportage von Paulina in deinem Heft. Füge ← S. 70

- bei (a) ein Beispiel mit Zeilenangabe ein,
- bei (b) Zeilenangaben für einen Dialog,
- bei (c) ein Beispiel für Hintergrundinformationen und
- bei (d) eine knappe Zusammenfassung von Paulinas Meinung mit entsprechendem Textbeleg.

Ich denke, dass der Autorin die Balance zwischen der Wiedergabe ihres subjektiven Eindrucks und objektiver Information gut gelungen ist. So schildert sie zwar ihre subjektiven Erlebnisse, wie z. B. (a), vermittelt aber auch einen objektiven Eindruck und das Gefühl des „Dabei-Seins", indem sie ganze Dialoge in wörtlicher Rede wiedergibt, z. B.: (b), und auch Hintergrundinformationen, wie z. B.: (c), anführt. Ihre persönliche Haltung bringt sie in der Schlusspointe klar zum Ausdruck, indem sie (d).

Eine Reportage schreiben

zu **7** Achte beim Schreiben des Hauptteils darauf, ← S. 73

- dass du bei den Sachinformationen die Quelle benennst, z. B.:
  laut Aussage von ...; nach einer Statistik von ...; befragt man ..., so erhält man die Auskunft, dass ...; nach Informationen von ...
- dass du bei Zitaten passende Redebegleitverben verwendest, z. B.:
  rief, brüllte, schimpfte, erwiderte lächelnd, stammelte aufgeregt, flüsterte schüchtern, fiel ... ins Wort, diskutierte hitzig mit ..., amüsierte sich ... köstlich
- dass du bei der Schilderung der Situation beschreibst, was man sehen, hören, fühlen und riechen kann. Verwende dazu anschauliche Adjektive und sprechende Verben, z. B.:
  ~~Auf dem Fußballplatz ist sehr viel los und es ist sehr laut.~~ → Auf dem Fußballplatz wimmelt es von kleinen Ronaldos und Neuers, die ausgelassen und ohrenbetäubend kreischend zwischen den Erwachsenen umherwuseln.
  ~~Der Trainer begrüßte die kleinen Sportler.~~ → Mit einem fröhlichen „Give me five!" klatschte Frank jeden kleinen Fußballer einzeln ab.

zu **8** Du kannst folgende Ideen für eine Schlusspointe nutzen:

- eine überraschende Frage an die Leser/-innen,
- ein Zitat, das den Inhalt des Dargestellten noch einmal infrage stellt,
- eine kurze Schilderung einer Situation, die anders ist, als erwartet.

4 Kleine Lügen

Kurzgeschichten lesen und verstehen

zu ❷ b) Du kannst folgende Fragen als Leitfragen nutzen: ← S. 88

- Wie ist die Beziehung zwischen dem Jungen (Jürgen) und dem alten Mann am Anfang der Geschichte?
- Wie versucht der alte Mann, das Vertrauen von Jürgen zu gewinnen und eine Beziehung zu ihm aufzubauen?
- Gelingt es dem alten Mann, das Vertrauen von Jürgen zu gewinnen?

zu ❷ a) Arbeitet mit einer Kopie des Textes und markiert die wörtliche Rede der einzelnen Figuren und die Aussagen des Erzählers mit unterschiedlichen Farben, z. B.: ← S. 90

Ich habe ja so wahnsinnig gelacht, rief Nanni in einer Atempause. Genau wie du ihn beschrieben hast, entsetzlich.
Furchtbar fett für sein Alter, sagte die Mutter. Er sollte vielleicht Diät essen. Übrigens, Rita, weißt du, ob er ganz gesund ist?
Rita setzte sich gerade und hielt sich mit den Händen am Sitz fest. Sie sagte: Ach, ich glaub schon, daß er gesund ist.

zu ❸ Folgende Fragen helfen dir, das Erzählverhalten zu untersuchen: ← S. 91

Frage:	Wenn ja, dann:
- Befindet sich der Erzähler **innerhalb** der erzählten Welt?	→ personales Erzählen
- Befindet sich der Erzähler **außerhalb** der erzählten Welt?	→ auktoriales Erzählen
- **Bewertet** oder **kommentiert** der Erzähler die Ereignisse?	→ auktoriales Erzählen
- Gibt er **Einblicke in die Gedanken oder Gefühle** der Figuren?	→ auktoriales Erzählen
- **Weiß der Erzähler nur so viel**, wie die **beteiligten Figuren**?	→ personales Erzählen

Eine Kurzgeschichte untersuchen

zu **2** Vergleiche z. B. das Verhalten und die Wahrnehmung der Ich-Erzählerin in folgenden Textstellen. ← S. 93

A In der Bahn stehe ich eingequetscht zwischen nass stinkenden Persianermänteln und grauen Anzugmännern. Die Bahn bremst, eine dicke Frau fällt gegen mich, drückt mich an die Fensterscheibe. Die Leute fluchen, beschimpfen den Fahrer. Ich lache. (Z. 6 – 10)

B Das Rattern der vorbeifahrenden Laster, das Kindergeschrei, Hundegebell und das laut aufgedrehte Radio von gegenüber verschwimmen zu einem nervtötenden, Angst einjagenden Einheitsgeräusch, meine Augen nehmen nur noch die gröbsten Umrisse wahr. (Z. 37 – 41)

zu **3** Orientiere dich bei der Untersuchung der Erzählweise an folgenden Fragen:

- Aus welcher Sicht wird die Geschichte erzählt?
- Steht die Erzählerin / der Erzähler innerhalb oder außerhalb der erzählten Welt?
- Handelt es sich um eine/-n auktoriale/-n oder eine/-n personale/-n Erzähler/-in?
- Dominiert der Erzählerbericht oder die Figurenrede?
- Wie verhält sich die Erzählzeit zur erzählten Zeit?

Eine Kurzgeschichte interpretieren

zu **2** b) Achte bei deiner Zusammenfassung auf folgende Punkte: ← S. 94
- Fasse **nur das Wichtigste** kurz und knapp zusammen.
- Schreibe im **Präsens**.
- **Verzichte** auf **wörtliche Rede**.
- Schreibe **sachlich, ohne wertende Formulierungen**.

zu **3** Die Formulierungen im Wortspeicher helfen dir, deine Aussagen zum Text mit Textbelegen zu verknüpfen.

… weckt die Vorstellung, dass … • durch den Vergleich … wird deutlich, dass … • durch die Wiederholung von … wird der Eindruck verstärkt, dass … • mit der Aufzählung wird herausgestellt … • … unterstützt den Eindruck … • … mit dem Gegensatz von … und … wird betont, dass … • was durch … verstärkt wird

5 Von unerhörten Begebenheiten

Den Anfang einer Novelle lesen

zu **2** a) Übertrage die folgende Mindmap in dein Heft und ergänze sie in Stichpunkten. ← S. 107

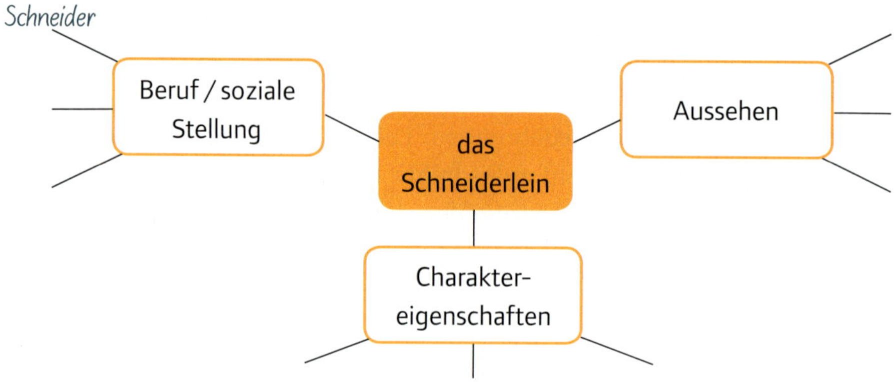

Das Verhalten der Figuren untersuchen

zu **2** Du kannst so beginnen: ← S. 110

Oh Gott, was nun? Fliehen? Bleiben? Hätte ich doch nur …

Die Rolle des Erzählers untersuchen

zu **1** a) Du kannst folgenden Vorschlag für deine Skizze nutzen. Achte bei deinen Notizen besonders auf die Informationen zur Landschaft und zu den Gebäuden, zum Wetter, zu Farben und Gerüchen. ← S. 113

Tor

(zurück nach) **Goldach** ← X → **Feldseite / freie Ferne**

Wenzel

(zurück nach) **Goldach**
- Herrlichkeit der Stadt (alte Türme mit bunten Dächern)
- …

Feldseite / freie Ferne
- Sonnenschein, guter Wanderweg
- …

zu **3** b) Orientiere dich bei der Bestimmung der Erzählweise an diesen Fragen:
- Erfahren wir etwas über die Gedanken und Gefühle, die Wenzel bewegen?
- Bewertet oder kommentiert der Erzähler die Ereignisse, z. B. durch wertende Adjektive?

Merkmale einer Novelle untersuchen

zu ❶ b) Nutze folgende Starthilfe. ← S. 118

Merkmale einer Novelle

- einfache Handlung
- Handlung könnte sich tatsächlich zugetragen haben, trotzdem kein alltägliches Ereignis
- ...

zu ❷ Orientiere dich an den Fragen in der linken Spalte der Tabelle und nutze die Hinweise in der rechten Spalte.

- Inwiefern könnte sich das Erzählte tatsächlich zugetragen haben?	Beziehe eure Diskussionsergebnisse von Seite 104, Aufgabe 2 mit ein.
- Worin besteht die „unerhörte Begebenheit"?	Entscheide, welcher der beiden folgenden Aussagen du zustimmst. Begründe deine Ansicht. A Die „unerhörte Begebenheit" ist, dass Wenzel aufgrund seines Aussehens und seines Verhaltens für einen Grafen gehalten wird. B Die „unerhörte Begebenheit" ist, dass Wenzel sich nicht zu erkennen gibt.
- Worin besteht der zentrale Konflikt?	Welcher der folgenden Aussagen stimmst du zu? Begründe. A Der zentrale Konflikt Wenzels ist die Frage, ob er Nettchen tatsächlich heiraten soll. B Der zentrale Konflikt Wenzels ist die Frage, ob er seine wahre Herkunft verschweigen und weiter das angenehme Leben in Goldach führen soll oder ob er die Wahrheit offenbaren soll und wieder als armer Schneider nach Seldwyla zurückkehrt.
- An welcher Stelle der Handlung befindet sich der Wendepunkt?	Lies noch einmal den Ausschnitt der Novelle auf Seite 114 f. und bestimme den Wendepunkt.

6 Auf der Suche

Die Hauptfiguren kennen lernen

zu **1** Du kannst folgende Vorlage für deinen Figurensteckbrief nutzen. Achte darauf, dass du Platz für weitere Einträge im Laufe des Kapitels lässt. ← S. 131

Figurensteckbrief für Maik

Name: Maik Klingenberg (Z. 2)
Lebensumstände:
- Schüler
- ...
Verhalten/Eigenschaften:
- hat keinen Spitznamen (Z. 1)
- hält sich für langweilig (Z. 15)
- ...
Beziehung zu anderen Figuren:
- ...
- ...
Sonstiges:
- ...

zu **2** Orientiere dich bei deinem Figurensteckbrief für Tschick an dem Steckbrief für Maik. Ergänze zusätzlich noch Informationen zum Aussehen von Tschick. ← S. 133

Die Beziehung der Hauptfiguren untersuchen

zu **2** Lies noch einmal den Abschnitt von Zeile 11 bis zum Schluss des Romanausschnitts. An welchen Textstellen kannst du erkennen, dass Maik und Tschick allmählich ein anderes Bild voneinander bekommen? ← S. 135

zu **6** Vergleiche z. B. die Sprache in den Zeilen 1 – 12 mit der in den Zeilen 13 – 68 und der Sprache in den Zeilen 69 – 75. Nutze passende Begriffe aus dem Wortspeicher für die Beschreibung der Sprache. ← S. 139

Alltagssprache • Jugendsprache • gehobene Sprache • poetische Sprache • Umgangssprache zu **8** Du kannst die Entwicklung der Beziehung zwischen Maik und Tschick z. B. in einem Flussdiagramm darstellen: ← S. 139

Textausschnitt S. 132 f.:
- Maik ist sehr distanziert gegenüber Tschick
- hat einen „extrem unguten Eindruck" (Z. 16) von ihm
- ...

↓

Textausschnitt S. 134 f.:
- ...

↓

- ...

↓

Eine Charakterisierung schreiben

zu **3** Du kannst folgende Formulierungshilfen als „Gerüst" für den Hauptteil deiner Charakterisierung nutzen: ← S. 141

Im ersten Romanausschnitt (S. 130 f.) begegnet uns Maik Klingenberg als ...
In seiner Klasse ist er ...
Seine familiäre Situation scheint schwierig zu sein, denn ...
Als Tschick das erste Mal in Maiks Klasse auftaucht ...
Die anfängliche Abneigung Maiks gegenüber Tschick ...
Auf der gemeinsamen Reise mit dem geklauten Lada in die „Walachei" ...
Als Maik und Tschick im letzten Romanausschnitt vor Gericht stehen, zeigt sich, dass ...

zu **4** Du kannst eine der drei folgenden Möglichkeiten nutzen, den Schluss deiner Charakterisierung einzuleiten:

A *Zusammenfassend lässt sich sagen, dass der anfängliche Eindruck, Maik sei ein Langweiler, ...*
B *Betrachtet man die Entwicklung Maiks im Laufe der Handlung, so wird deutlich, dass ...*
C *Im Laufe der Handlung verändert sich der Eindruck der Leser/-innen von Maik, denn er ...*

7 Von Liebe und Macht

Die Einführung (Exposition) untersuchen

zu 4 Du kannst folgendes Muster für deine Rollenkarte nutzen. ← S. 162

Wilhelm Tell

Titelheld des Dramas „Wilhelm Tell"

Herkunft/Familie:
- stammt aus Bürglen (S. 161, Z. 41)
- ...

Aussehen/äußere Merkmale:
- ...

Verhalten/Eigenschaften:
- hilft anderen in der Not (S. 162, Z. 59 f.)
- ...

Das erregende Moment und die Zuspitzung des Konflikts erkennen

zu 1 a) So könnte das umformulierte Streitgespräch beginnen: ← S. 165

Stauffacher: Wo willst du hin? Bleib doch hier!
Tell: Ich muss nach Hause. Mach's gut.
Stauffacher: Ich muss dringend mit dir reden.
Tell: Reden bringt nichts.
Stauffacher: Aber dem Reden könnten Taten folgen.
...

zu 1 b) Überlege, welche der folgenden Aussagen auf die Ansichten Tells und welche auf Stauffachers Einstellung zutreffen (Z. 27–59).
- will sich aus dem Konflikt heraushalten
- will sich einmischen
- will kämpfen
- will Frieden
- will abwarten

zu **2** Nutze geeignete Begriffe aus den Wortspeichern für die Einschätzung Hedwigs und Tells und begründe deine Aussagen mit Textbelegen. ← S. 167

Gedanken und Gefühle Hedwigs:

Angst · Sorge · Optimismus · Fairness · Vorwurf · Gleichmut · Verzweiflung · Mut · Pessimismus · Arglosigkeit · Zuverlässigkeit

Einschätzung Tells durch Hedwig:

arglos · mutig · unvernünftig · übermütig · besonnen · zuverlässig · hilfsbereit · unberechenbar · treu

Verhaltensweisen und Eigenschaften Tells:

arglos · mutig · unvernünftig · übermütig · besonnen · zuverlässig · hilfsbereit · unberechenbar · treu

Den Wendepunkt des Dramas untersuchen

zu **4** Du kannst folgende Textbausteine für deine Beschreibung nutzen. ← S. 171

In der Exposition in der 1. Szene des 1. Auftritts des Dramas erscheint Tell als sehr hilfsbereit, weil er ... (vgl. S. 162, Z. 59 – 66). Außerdem ...
Während des Dialogs mit Stauffacher in der 3. Szene des 1. Aufzugs macht Tell einen ... Eindruck, was man z. B. daran erkennt, dass ... . Zudem ...
Im Gespräch Tells mit seiner Frau Hedwig entsteht dagegen ein etwas anderer Eindruck von Tell, da ...
Am Wendepunkt des Dramas, in der „Apfelschuss-Szene“, ...

Den Ausgang des Dramas untersuchen

zu **1** Überlege dir, ← S. 175
- ob das Drama anders ausgegangen wäre, wenn Armgard nicht erschienen wäre.
- ob der Auftritt Armgards den Ausgang des Dramas beschleunigt oder verzögert.

8 Von Ort zu Ort

Die Merkmale von Gedichten untersuchen

zu **3** a) Untersuche z. B. folgende Merkmale: ← S. 187

- **Reim:** Untersuche, welche der folgenden Darstellungen des Endreimschemas korrekt ist.
  A a a b b c c
  B a a b c c b
  C a b c d d c
- **Metrum:** Prüfe, ob das Metrum ein Jambus (x x́) oder ein Trochäus (x́ x) ist.
- **Sprachliche Gestaltung:** Das Gedicht enthält zahlreiche Vergleiche, z. B.

„ist der Himmel sozusagen
wie aus blauem Porzellan." (V. 2 f.)

Suche weitere Vergleiche und erkläre ihre Funktion im Gedicht.

Bilder in Gedichten erschließen

zu **3** a) Ordne zu, ob es sich bei den folgenden Zitaten aus dem Gedicht um Vergleiche, Metaphern oder Personifikationen handelt. ← S. 189

- „himmlischen Hauch" (V. 3)
- „mit Herrenblick in die Ferne" (V. 4)
- „des Schicksals Hand" (V. 5)
- „wie trunkene Schmetterlinge" (V. 6)
- „Es rauscht wie Freiheit. Es riecht wie Welt. –" (V. 13)

zu **3** b) Welche der folgenden Aussagen stimmst du zu? Begründe deine Entscheidung.

A Die sprachlichen Bilder machen das Gedicht abwechslungsreicher.
B Die sprachlichen Bilder unterstützen die Aussage des Gedichts, indem sie das Gesagte z.B. durch Metaphern, Vergleiche und Personifikationen veranschaulichen.
C Die sprachlichen Bilder sind für die Aussage des Gedichtes nicht entscheidend.

zu 4 a) Vergleiche das Metrum in den ersten beiden Strophen mit dem in den letzten beiden Strophen des Gedichts.

zu 2 Welche der folgenden Erläuterungen der Überschrift ist deiner Ansicht nach korrekt? Begründe mit dem Text. ← S. 191

Die Eisenbahn / Der Zug ist …
A ein Gleichnis für das Leben oder den Lebenslauf.
B ein Gleichnis für eine lange Reise.
C ein Gleichnis für das Sterben.

zu 3 Übertrage folgende sprachliche Bilder in deine Tabelle und erläutere sie.

- „Wir packen aus. Wir packen ein. / Wir finden keinen Sinn." (V. 11 f.)
- „Ein Kind steigt aus. Die Mutter schreit." (V. 21)
- „Die Toten stehen stumm / am Bahnsteig der Vergangenheit." (V. 22 f.)
- „Der Zug fährt weiter, er jagt durch die Zeit. / Und niemand weiß, warum." (V. 24 f.)
- „Die 1. Klasse ist fast leer." (V. 26)
- „Die Mehrheit sitzt auf Holz." (V. 30)
- „Wir sitzen alle im gleichen Zug / und viele im falschen Coupé." (V. 34 f.)

Ein Gedicht schriftlich interpretieren

zu 4 Erläutere die unterstrichenen sprachlichen Bilder und ihre Wirkung. ← S. 195

Und ich mag mich nicht bewahren!
Weit von euch treibt mich der Wind,
Auf dem Strome will ich fahren,
Von dem Glanze selig blind!
Tausend Stimmen lockend schlagen,
Hoch Aurora flammend weht,
Fahre zu! Ich mag nicht fragen,
Wo die Fahrt zu Ende geht!

zu 8 Du kannst folgende Aussagen zum Gedicht ergänzen und für den Schluss deiner Interpretation nutzen. ← S. 196

- *Der erste Eindruck, dass ___, bestätigt sich nach eingehender Untersuchung.*
- *Die Aufbruchsstimmung des lyrischen Ich deutet sich schon ___ an und steigert sich ___.*
- *Sie gipfelt ___, auch wenn das Ziel ungewiss ist.*

9 Intelligente Technik

Texte und Diagramme mithilfe bekannter Strategien erschließen

zu **2** Du kannst folgende Textbausteine als Hilfestellung nutzen: ← S. 210

- *Bei Material 2 handelt es sich um ein Balkendiagramm. Thema des Diagramms ist ...*
  Die Ergebnisse stammen aus einer Umfrage von PwC Analysis aus dem Jahr 2015.
  Dargestellt werden ...
  Es fällt auf, dass ...
- *Thema von Material 3 ist ...*
- *Bei Material 4 handelt es sich um ein ... Es zeigt ...*
- *Zusammenfassend lässt sich sagen, dass ...*

zu **1** c) Übertrage die folgende Mindmap in dein Heft und ergänze sie in Stichpunkten mit Informationen aus dem Text. ← S. 213

Informationen und Meinungen unterscheiden

zu **2** Nutze die folgenden Informationen als Hilfestellung. ← S. 217

Info: Wertende Textpassagen erkennen

Wertende Textpassagen erkennt man z. B. an Formulierungen wie *ich denke, ich meine, meiner Ansicht nach* oder wertenden Adjektiven wie *sonderbar, angeblich, atemberaubend, einzigartig.*
Eine Wertung erfolgt häufig auch durch den gezielten Einsatz sprachlicher Bilder, z. B.: *mit Engelsgeduld, wie eine Blechlawine, in Windeseile.*

zu **3** Du kannst folgende Stichpunkte als Starthilfe nutzen.

Material 10: Ich habe eine Woche lang mein Leben optimiert ...
- *Autor führt Versuch mit Fitness-App durch*
- *Ziel: Optimierung mithilfe von Apps, Internet und guten Vorsätzen*
- *...*

Materialgestützt informieren: Einen Informationstext für einen Flyer verfassen

zu **2** Du kannst folgende Materialien zu den einzelnen Fragestellungen nutzen. ← S. 218

Arten von Fitness-Apps	Material 6
Funktion	Materialien 6 und 7
Vorteile für den Sportunterricht	Materialien 2
Verbreitung	Material 5

zu **3** Entscheide, welche Reihenfolge sich am ehesten eignet:

A	B	C
1. Arten von Fitness-Apps	1. Vorteile	1. Verbreitung
2. Funktion	2. Verbreitung	2. Funktion
3. Vorteile	3. Funktion	3. Arten von Fitness-Apps
4. Verbreitung	4. Arten von Fitness-Apps	4. Vorteile

zu **5** Du kannst folgende Textbausteine für den Hauptteil deines Informationstextes nutzen. ← S. 219

Fitness-Apps gibt es für unterschiedliche Sportarten, z. B. für ..., von unterschiedlichen Anbietern und sie können auf jedem Smartphone installiert werden. Laut einer Untersuchung von ... werden Fitness-Apps besonders häufig für ... genutzt.
Mithilfe von Fitness-Apps ist es z. B. möglich, ...
Von den meisten Nutzern (65 %) ... (vgl. Studie von ...). Für mehr als die Hälfte der Nutzer (51 %) ... (s. Umfrage von ...).
Für den Sportunterricht können wir uns zunutze machen, dass Fitness-Apps laut einer Umfrage von ... vor allem bei den unter 20-Jährigen sehr beliebt sind. ...

zu **6** Wähle eine der folgenden Starthilfen aus und formuliere einen Schluss für deinen Text.
- *Betrachtet man die Gewohnheiten der Schüler/-innen in ihrer Freizeit und die Vorteile von Fitness-Apps ...*
- *Nach einem Schuljahr werden wir unsere Erfahrungen mit den Fitness-Apps auswerten und ...*

zu **7** Wähle eine der folgenden Überschriften aus und begründe deine Entscheidung.
- *Vorteile von Fitness-Apps im Sportunterricht*
- *Fit-and-fun-Fitness-Apps im Sportunterricht*
- *Einsatz von Fitness-Apps zur Schülermotivation*

Lösungen: Sprache untersuchen

zu **3** ← S. 235

- **Kasus:** Fall (Nominativ, Genitiv, Dativ, Akkusativ)
  Beispiel: *Der Begriff wird … (Z. 1, Nominativ)*
- **Genus:** grammatisches Geschlecht (Maskulinum, Femininum, Neutrum)
  Beispiel: *der Begriff (Z. 1, Maskulinum), die Idee (Z. 1, Femininum), das Produkt (Z. 4, Neutrum)*
- **Numerus:** Zahl (Singular, Plural)
  Beispiel: *der Begriff (Z. 1, Singular), die Ideen (Z. 1, Plural)*
- **Aktiv – Passiv:** Formen des Verbs
  Beispiele: *Der Begriff wird für neue Ideen […] verwendet. (Z. 1 f., Passiv)*
  So beschreibt Thomas Morus in seinem Werk einen idealen Staat (Z. 13 f., Aktiv)
- **Indikativ – Konjunktiv:** Modi des Verbs
  Beispiele: *Begriff entstammt dem Werk des englischen Staatsmannes Thomas Morus (Z. 10 f., Indikativ)*
  in dem jeder Arbeit habe, Bildung erhalte und religiöse Toleranz genieße. (Z. 13 f., Konjunktiv I)
- **Tempus:** Zeitform des Verbs (z. B. Präsens, Präteritum, Futur I)
  Beispiel: *Utopien wurden bereits in der griechisch-römischen Antike formuliert. (Z. 14 f., Passiv, Präteritum)*
- **Attribut:** bestimmt sein Bezugswort genauer und bleibt bei der Umstellprobe immer bei diesem stehen (z. B.: Adjektivattribut, Genitivattribut, Apposition)
  Beispiel: *[…] der zu einer konkreten Neuerung, z. B. einem Produkt oder einer Dienstleistung, führt. (Z. 3 – 5, Apposition)*
- **Satzreihe:** Verbindung von mindestens zwei Hauptsätzen
  Beispiel: *Utopien wurden bereits […] in Filmen. (Z. 14 – 16)*
- **Satzgefüge:** Verbindung von mindestens einem Haupt- und einem Nebensatz
  Beispiel: *Mit Innovation […] führt. (Z. 2 – 5)*
- **Satzglieder:** Wörter/Wortgruppen, die beim Umstellen des Satzes zusammenbleiben
  Beispiel: *Als Trend bezeichnet man eine über einen gewissen Zeitraum andauernde beobachtbare Entwicklungstendenz.*
- **Adverbiale Bestimmung:** Satzglied, das zusätzliche Informationen, z. B. zum Ort, zur Zeit, zur Art und Weise oder zum Grund liefert.
  Beispiel: *So beschreibt Thomas Morus in seinem Werk (Z. 13 f., Adv. Best. d. Ortes)*
- **flektierbare Wortarten:** Wortarten, die bei der Verwendung im Satz ihre Form verändern, indem sie flektiert oder konjugiert werden
  Beispiel: *Der Begriff wird für neue Ideen und Erfindungen (Z. 1 f.)*
- **nicht flektierbare Wortarten:** unveränderliche Wortarten
  Beispiel: *Der Begriff wird für neue Ideen und Erfindungen (Z. 1 f.)*

Lösungen: Rechtschreibregeln und -strategien anwenden

zu 1 Folgende Wörter müssen berichtigt werden: ← S. 284

(1) ~~lebenlang~~ → Leben lang;
~~fest halten~~ → festhalten;
~~das~~ er als Erster […] → dass er als Erster die Kugelgestalt der Erde entdeckte […];
von ~~muslimen~~ versperrt → von Muslimen versperrt

(2) diese ~~annahme~~ → diese Annahme;
Dass die Erde rund ist gehörte damals zum ~~allgemeinwissen.~~ → Dass die Erde rund ist, gehörte damals zum Allgemeinwissen;
~~teoretisch~~ → theoretisch

(3) ~~zurück legen~~ → zurücklegen;
beim ~~rechnen~~ → beim Rechnen;
~~ab rückte~~ obwohl → abrückte, obwohl

zu 1 ← S. 304

(1) Er war das Genie, das die Tür zur Moderne aufstieß. (Satzgefüge)
(2) Ein Interview mit dem Maler, Anatom, Ingenieur und Erfinder Leonardo da Vinci. (Aufzählung)
(3) Guten Tag, Leonardo. (Anrede)
(6) Und wenn du sagst, dass der Spiegel zwar kalt sei, aber dennoch warme Strahlen werfe, so antworte ich darauf, dass der Strahl doch von der Sonne kommt. (Satzgefüge)
(7) Sollten Sie Ihre Zeit nicht besser darauf verwenden, Bilder zu malen? (Infinitivgruppe; Komma zwingend wegen hinweisendem Wort *darauf*)
(8) Er hat das Gemälde im Jahr 1506 bei mir bestellt, und zwar in Florenz. (nachgestellte Erläuterung)
(9) Fertig ist das Bild immer noch nicht, während Ihre Rivalen(,) Michelangelo und Raffael(,) Auftrag um Auftrag abgeräumt haben. (Satzgefüge, Apposition)
(10) Ihr neuer Dienstherr, der Papst, macht sich sogar öffentlich lustig über Ihre wissenschaftlichen Interessen. (Apposition)

zu 2

Nebensatz, Hauptsatz (und) Nebensatz, Hauptsatz, Nebensatz.

Orientierungswissen

Sprechen und Zuhören

Debattieren → S. 46–49

Eine Debatte ist ein **Streitgespräch**, das im Unterschied zu einer Diskussion sehr **klaren Regeln** unterliegt. Im Mittelpunkt der Debatte steht ein **Problem** bzw. eine **Entscheidungsfrage**, zu der es **unterschiedliche Standpunkte** gibt, z. B.:

Sollten Schülerinnen und Schüler ihre Lehrer duzen dürfen?

Ziel jeder Teilnehmerin / jedes Teilnehmers einer Debatte ist es, das Publikum **vom eigenen Standpunkt zu überzeugen**. So gibt es zum Beispiel **politische Debatten** als so genannte TV-Duelle, bei denen die Spitzenkandidaten einer Partei Wähler für sich und die eigene Position zu gewinnen versuchen.

In der Regel hat eine Debatte folgenden **Aufbau**:

1. **Persönliches Statement** der Teilnehmer/-innen zum Problem bzw. zur Entscheidungsfrage
2. **Aussprache/Diskussion** zum Thema
3. **Abschließende Stellungnahme** der Teilnehmer/-innen unter Einbeziehung der Diskussionsergebnisse

Eine Debatte kann auch als **Wettbewerb** stattfinden. Dort wird dann besonders auf die Einhaltung festgelegter Regeln im Ablauf der Debatte geachtet.

Schreiben

Protokollieren → S. 50–51

In einem **Protokoll** werden **knapp und sachlich die wichtigsten Ergebnisse** einer Debatte, einer Diskussion, einer Unterrichtsstunde oder einer Sitzung festgehalten.

Beim Schreiben eines Protokolls kannst du dich an **folgende feste Form** halten:

- Der **Protokollkopf** enthält Angaben zur Bezeichnung der Veranstaltung, zum Ort, zu Datum und Uhrzeit (Beginn und Ende) und zum Teilnehmerkreis, den Namen der Protokollantin / des Protokollanten, das Thema der Veranstaltung oder die Tagesordnungspunkte.
- Im **Hauptteil** werden die wichtigsten Informationen und Ergebnisse kurz, sachlich und übersichtlich wiedergegeben.
- Das **Tempus** ist in der Regel das **Präsens**. Wichtige Beiträge werden in indirekter Rede (→ S. 248) und mit Angabe der Sprecherin / des Sprechers wiedergegeben.
- Der **Schluss** enthält Ort und Datum der Abfassung des Protokolls und die Unterschrift der Protokollantin / des Protokollanten.

Materialgestützt argumentieren → S. 28–59

Beim **materialgestützten Argumentieren** geht es darum, auf der Grundlage von Informationen aus Texten und Diagrammen einen eigenen argumentativen Text zu schreiben.

1. Schritt: Die Argumentation planen

- **Lies die Aufgabe genau** und beantworte für dich folgende Fragen:
  - Wie lautet das **Thema**?
    Sollte an unserer Schule das Fach „Medienkunde" eingeführt werden?
  - Welches **Ziel** verfolgst du mit deiner Argumentation?
    die Schülervertretung von der Wichtigkeit dieses Fachs überzeugen
  - Wer sind die **Adressatinnen/Adressaten** deiner Argumentation?
    Schülervertreter/-innen
  - **Formuliere eine These**, die deine Meinung zu diesem Thema wiedergibt, z. B.:
    An unserer Schule sollte das Fach „Medienkunde" eingeführt werden.
  - **Sammle Informationen zum Thema.** Informiere dich z. B. mithilfe von **Texten und Diagrammen** und erstelle eine Stoffsammlung mit Informationen, die deine These stützen. **Markiere** in deiner Stoffsammlung **Informationen,** die du für deine Argumentation nutzen willst.
  - **Plane die Anordnung deiner Argumente nach Wichtigkeit,** z. B. indem du sie nummerierst. Besonders **überzeugend/stichhaltig** sind Argumente,
    - die sich auf **allgemein akzeptierte Werte** beziehen (**normatives Argument**),
    - die mit **überprüfbaren Fakten** (oft Zahlen oder Statistiken) untermauert werden können (**Faktenargument**),
    - die die **Meinung einer** anerkannten **Expertin / eines** anerkannten **Experten** wiedergeben (**Autoritätsargument**).
- **Veranschauliche** deine Argumente mit **Beispielen/Erläuterungen**.

2. Schritt: Die Argumentation schreiben

- **Überschrift:** Formuliere eine aussagkräftige Überschrift.
- **Einleitung:** Verfasse eine Einleitung, die deine Leser/-innen neugierig auf deine Argumentation macht, und formuliere deine Meinung zum Thema.
- **Hauptteil:**
  - Formuliere deine Argumentation aus. Achte beim Schreiben darauf, dass du nicht den **Zweck** und die **Adressatinnen/Adressaten** aus dem Auge verlierst.
  - Verknüpfe deine Argumente sprachlich korrekt und inhaltlich schlüssig (→ Formulierungshilfen, S. 43).
  - Gehe in deiner Argumentation auch auf mögliche Gegenargumente ein und entkräfte sie.
- **Schluss:** Fasse deine Meinung noch einmal zusammen oder formuliere einen Wunsch, eine Empfehlung oder einen Appell (Aufruf).

3. Schritt: Die Argumentation überprüfen und überarbeiten

Überprüfe deine Argumentation anhand folgender Fragen:

✓ Hast du deine Thesen mit nachvollziehbaren Argumenten und Beispielen/Erläuterungen belegt?
✓ Beziehen sich deine Argumente auf die strittige Frage?
✓ Sind deine Argumente sinnvoll, z. B. nach ihrer Überzeugungskraft, angeordnet und logisch verknüpft?
✓ Hast du mögliche Einwände gegen den Standpunkt entkräftet?
✓ Ist die Argumentation sprachlich abwechslungsreich formuliert?
✓ Knüpft dein Schlussteil noch einmal an die Ausgangsfrage an?
✓ Fasst du zum Schluss noch einmal kurz deine Meinung kurz zusammen und/oder bekräftigst sie?

Eine Inhaltsangabe schreiben → S. 68–70, S. 94

1. Schritt: Die Inhaltsangabe planen

- Verdeutliche dir zunächst den Handlungsverlauf des Textes, z. B. einer Kurzgeschichte oder einer Reportage, zu der du eine Inhaltsangabe schreiben sollst, und notiere Stichpunkte.

2. Schritt: Eine Inhaltsangabe verfassen

- **Einleitung**: Nenne die **Textsorte** (z. B. Kurzgeschichte oder Reportage), den **Titel** des Textes, das **Erscheinungsjahr** (sofern bekannt), den **Namen der Autorin / des Autors**, die **Quelle** (sofern bekannt) und das **Thema des Textes** in einem Satz.
- **Hauptteil**: Stelle die **wichtigsten Handlungsschritte in der richtigen Reihenfolge** dar:
  - Gib den Inhalt **sachlich** und möglichst **mit eigenen Worten** wieder.
  - Verwende **keine direkte Rede**. Gib besonders wichtige Äußerungen in indirekter Rede (→ S. 248) wieder.
  - Schreibe im **Präsens**.

3. Schritt: Die Inhaltsangabe überarbeiten

- Überprüfe deinen Text noch einmal mithilfe der Informationen im 2. Schritt.

Einen Zeitungstext analysieren → S. 60–83, S. 346

1. Schritt: Den Text untersuchen und die Analyse vorbereiten

- Untersuche den Text im Hinblick auf den Aufbau, den Inhalt, die inhaltlichen und sprachlichen Besonderheiten und die besonderen Merkmale der Textsorte.

2. Schritt: Die Textanalyse verfassen

- **Einleitung:**
  - Verfasse zunächst eine Inhaltsangabe (s. o.) des Textes. Nenne einleitend die **Autorin / den Autor**, den **Titel**, die **Textsorte**, die **Quelle** und benenne das **Thema** des Textes in einem Satz.
  - Fasse dann den **Inhalt kurz zusammen**.

- **Hauptteil:**
  - Beschreibe den **Aufbau** des Textes und verknüpfe ihn mit dem Inhalt.
  - Benenne die **besonderen Merkmale der Textsorte** (z. B. Verwendung des Präsens und direkter Rede, Schilderung von Sinneseindrücken, Einbindung von Hintergrundinformationen, bildhafte Sprache) und belege sie mit Textbeispielen.
- **Schluss:** Bewerte den Text abschließend, indem du darstellst, ob es der Autorin / dem Autor gelungen ist, die Anforderungen an die Textsorte (z. B. anschauliche und persönliche Darstellung bei gleichzeitiger objektiver Information der Leser/-innen) gut umzusetzen.

Eine Reportage schreiben → S. 72–73

Die Reportage planen
- Überlege, **welche Person** oder **welche Personengruppe** im Mittelpunkt deiner Reportage stehen könnte und welche „Story" die Grundlage deiner Reportage sein soll.
- **Recherchiere vor Ort**, z. B. in der Schule oder im Sportverein. Mach dir Notizen zur Situation und zur Stimmung vor Ort und interviewe geeignete Personen.
- Entscheide, welche **Sachinformationen** deine Leser/-innen benötigen, um die Reportage zu verstehen. Recherchiere Hintergrundinformationen vor Ort oder z. B. im Internet.

Die Reportage schreiben
- Orientiere dich beim Schreiben am **Aufbau einer Reportage** (→ S. 68). Achte darauf, dass du das Geschehen möglichst lebendig und anschaulich darstellst und zwischen Schilderungen der Situation vor Ort, Zitaten und Hintergrundinformationen abwechselst. Formuliere abschließend eine Schlusspointe, die deine Leser/-innen zum Nachdenken anregt.

Einen Erzähltext interpretieren → S. 84–103, S. 342 f.

1. Schritt: Den Text untersuchen

Bereite deine Interpretation vor, indem du die folgenden Fragen zum Text, z. B. zu einer Kurzgeschichte, in Stichpunkten beantwortest. Notiere zu jeder Antwort die Textstelle mit Zeilenangaben, auf die du dich in deiner Antwort beziehst.
- Was erfährst du über **Ort** und **Zeit** der Handlung?
  Ort: Wohnzimmer von Ramonas Familie (Z. 3); Zeit: an einem Abend (Z. 4)
- **Was passiert** in der Geschichte? **Wie** ist sie **aufgebaut**?
  Heinz und seine Frau wollen Gästen Urlaubsdias aus der Türkei vorführen (Z. 8); ...
- Welche **Stimmungen** werden geschildert?
  zunächst gemütlich, freundlich und offen (Z. 1–5); ...
- Aus **wessen Sicht** wird die Geschichte erzählt?
  Erzähler ist nicht Teil der erzählten Handlung, auktoriales Erzählen
- Was erfährst du über die **Figur(en)**?
  Hauptfiguren: Heinz, seine Frau, seine Tochter Ramona und deren Freund Mehmet; Nebenfiguren: Gäste, u. a. Herr Müller (Z. 39)

- Welche **sprachlichen Besonderheiten** fallen dir auf?
- Welche **Merkmale einer Kurzgeschichte** (→ S. 93) lassen sich nachweisen?

2. Schritt: Die Interpretation schreiben

- **Einleitung:**
  - Schreibe einen einleitenden Satz, in dem du die **Textart**, den **Titel des Textes, die Autorin/den Autor** und **das Erscheinungsjahr** (falls bekannt) und **die Quelle** (falls bekannt) des Textes nennst. Gib dann das Thema des Textes in einem Satz wieder.
  - Fasse den Inhalt des Textes kurz zusammen.
- **Hauptteil:**
  - Formuliere die Antworten auf die Interpretationsfragen (vgl. 1. Schritt) aus. Achte darauf, dass du deine Aussagen mit Textbelegen stützt (→ S. 95 und S. 142). Dabei kannst du so vorgehen:

    Zitat – 2. Erläuterung – 3. Schlussfolgerung, z. B.:

    Die Aussage: „In dem halbdunklen Zimmer konnte niemand sehen, wie Heinz und seine Frau die Gesichtsfarbe wechselten und die Luft anhielten" (Z. 29 f.) zeigt, dass es ihnen sehr unangenehm ist, dass ihre Tochter Ramona ihren türkischen Freund Mehmet mitgebracht hat. Sie haben sich zwar gerade noch lobend über die Menschen in der Türkei geäußert, doch nun wird deutlich, dass sie diese in ihrem eigenen Land nicht so positiv aufnehmen.

    These (Aussage/Behauptung) **– 2. Zitat – 3. Erläuterung,** z. B.:

    Heinz und seine Frau äußern sich zwar lobend über die Menschen in der Türkei, nehmen diese in ihrem eigenen Land jedoch nicht so positiv auf, wie sich in der Aussage „In dem halbdunklen Zimmer konnte niemand sehen, wie Heinz und seine Frau die Gesichtsfarbe wechselten und die Luft anhielten" (Z. 29 f.) zeigt. Durch diese Reaktion auf den türkischen Freund ihrer Tochter Ramona wird deutlich, dass sich Ramonas Eltern zwar positiv für Toleranz aussprechen, in Wirklichkeit jedoch intolerant sind.
- **Schluss:**
  - Fasse deine Interpretationsergebnisse zu einer Gesamtdeutung des Textes zusammen.

Einen inneren Monolog schreiben → S. 110

Mithilfe eines **inneren Monologs** setzt man sich mit der **Gedanken-** und **Gefühlswelt** einer Figur, z. B. in besonders schwierigen, schönen oder aufregenden Situationen, auseinander. Beim **Verfassen eines inneren Monologs** musst du folgende Aspekte beachten:

- Versetze dich in die Figur in dieser besonderen Situation hinein und versuche, ihre **Wahrnehmungen, Gedanken** und **Gefühle** wiederzugeben. Schreibe nur das, was die Figur zu diesem Zeitpunkt und in dieser Situation wissen kann.
- Schreibe in der **Ich-Form** und im **Präsens.** Orientiere dich an der Sprache der Figur bzw. des Textes.

- Da du im inneren Monolog Gedankengänge und keine gesprochene Sprache wiedergibst, darfst du **auch unvollständige Sätze** (Ellipsen) **verwenden**, z. B.:
  Nach Hause … endlich nach Hause … doch was soll ich nur sagen? Wenn ich die Wahrheit verschweige …, aber nein, das kann ich nicht machen.

Eine literarische Figur charakterisieren → S. 128–157

1. Schritt: Die Charakterisierung planen
- Suche Textstellen, die etwas über die Figur aussagen. Manchmal musst du aus dem Genannten auch selbstständig Rückschlüsse ziehen, z. B. auf die Eigenschaft einer Figur.
- Notiere deine Untersuchungsergebnisse z. B. nach folgenden Aspekten:
  - **äußere Merkmale**, z. B.: *13 Jahre alt, groß und dünn, kurze Haare*
  - **Verhalten und Eigenschaften**, z. B.: *bestimmt gerne, genervt von den Fragen zu ihrem Bruder*
  - **Lebensumstände**, z. B.: *Eltern sind getrennt, lebt bei ihrer Mutter, Familie ist in Sorge um Janas Bruder Tom, der*
  - **Beziehung zu anderen Figuren** z. B.: *lernt Louise kennen, bricht mit ihr zu einer kleinen Reise mit dem Auto auf*

2. Schritt: Die Charakterisierung schreiben
- **Einleitung:** Stelle den Roman kurz vor. Nenne **Autor/-in, Titel, Hauptfigur(en), Handlungsorte** und gib allgemeine Informationen zur Figur, z. B. zu ihrer Rolle im Buch oder Text, zu ihrem Alter und zu ihren Lebensumständen sowie zur Handlung.
- **Hauptteil:** Beschreibe die einzelnen Merkmale der Figur, z. B. ihr Aussehen, ihr Verhalten, ihre Eigenschaften und ihre Beziehung zu anderen Figuren. Achte vor allem auch darauf, ob und wie sich das Verhalten oder die Beziehung der Figuren verändert.
- Belege deine Aussagen mit dem Text (→ S. 95 und S. 142).
- **Schluss:** Fasse deine Untersuchungsergebnisse kurz zusammen oder formuliere eine persönliche Einschätzung der Figur.

Schreibe im **Präsens**.

3. Schritt: Die Charakterisierung überarbeiten

Überprüfe deine Charakterisierung anhand folgender Fragen:
✓ Kann man sich nach dem Lesen deiner Charakterisierung die Figur gut vorstellen?
✓ Hast du deine Aussagen mit Textbelegen (direkten oder indirekten Zitaten) gestützt?
✓ Ist dein Text sinnvoll und leserfreundlich, z. B. nach Aspekten (Aussehen, Verhalten etc.) geordnet, aufgebaut?
✓ Hast du die Charakterisierung im Präsens geschrieben?

Eine Dramenszene anhand von Leitfragen interpretieren → S. 172–174; S. 344

1. Schritt: Den Text untersuchen
- Bereite deine Interpretation vor, indem du den Text untersuchst und dir Notizen zur Beantwortung der Leitfrage(n) machst.

2. Schritt: Die Interpretation verfassen
- **Einleitung:**
  - Formuliere einen Einleitungssatz, in dem du **Autor/-in, Titel** und das **Thema des Dramas** benennst.
- **Hauptteil:**
  - Ordne die Szene / den Ausschnitt in das Dramengeschehen ein: Was ist vorher passiert, das zum Verständnis dieser Szene wichtig ist? Was passiert in dieser Szene?
  - Beantworte die Leitfrage(n) der Aufgabenstellung. Denke daran, **wichtige Aussagen mit** direkten oder indirekten **Zitaten** (→ S. 142) zu belegen.
- **Schluss:**
  - Fasse die wichtigsten Ergebnisse in wenigen Sätzen zusammen oder nimm Stellung zu einer in der Aufgabenstellung vorgegebenen Frage.

Ein Gedicht schriftlich interpretieren → S. 184–205, S. 344 f.

1. Schritt: Das Gedicht untersuchen
- Lies das Gedicht mehrmals durch. Arbeite entweder mit einer Kopie oder mit Klebezetteln, sodass du auffällige Passagen markieren und Stichpunkte dazu an den Rand schreiben kannst (→ S. 189). Mach dir sowohl Notizen zum Inhalt des Gedichts als auch zu seiner Form und sprachlichen Gestaltung.

2. Schritt: Die Gedichtinterpretation verfassen
- **Einleitung:** Nenne den **Titel**, die **Autorin** / den **Autor**, das **Entstehungsjahr** und das **Thema** des Gedichts in einem Satz.
- **Hauptteil:** Stelle die wichtigsten Ergebnisse deiner Gedichtuntersuchung dar. Dazu gehören:
  - eine kurze **Zusammenfassung des Inhalts,**
  - die **Darstellung der äußeren Form im Hinblick auf den Inhalt,**
  - die **Beschreibung** der sprachlichen Mittel und die **Erläuterung ihrer Wirkung,**
  - die **Interpretation des Titels.**
- **Schluss:** Fasse die wichtigsten Ergebnisse deiner Interpretation noch einmal kurz zusammen.

3. Schritt: Die Gedichtinterpretation überarbeiten
- Überprüfe, ob deine Gedichtinterpretation alle im 2. Schritt geforderten Teile enthält. Achte besonders darauf, ob du Untersuchungsergebnisse und Deutung auf abwechslungsreiche Weise miteinander verknüpft hast (→ S. 197) und ob du die korrekten Fachbegriffe benutzt hast (z. B. *Paarreim, Trochäus, Neologismus* → S. 204 f.).

Materialgestützt informieren

→ S. 206–233

Beim **materialgestützten Informieren** trägst du aus verschiedenen Materialien Informationen zu einem Thema zusammen und verfasst auf dieser Grundlage einen informierenden Text:

1. Schritt: Den Text vorbereiten und planen

- Lies die Aufgabe/Fragestellung genau und beantworte für dich die folgenden Fragen:
  - Welche **Art von Text** sollst du schreiben?
  - Wie lautet das **Thema**?
  - Gibt es einen bestimmten **Grund** oder **Anlass** für deinen Text?
  - Wer sind die **Leser/-innen (Adressatinnen/Adressaten)** deines Textes?
- Sammle Informationen:
  - Formuliere **Leitfragen**, die du mit deinem Text beantworten willst.
  - Wähle **geeignete Materialien** aus, die Antworten auf deine Fragen geben; werte sie im Hinblick auf deine Leitfragen aus und **notiere Stichpunkte**.
  - **Ordne deine Stichpunkte** so an, wie du sie in deinem Text darstellen willst.

2. Schritt: Den Text formulieren

- **Einleitung:** Wecke mit der Einleitung das Interesse deiner Leser/-innen.
- **Hauptteil:** Gliedere den Hauptteil deines Textes anhand deiner Leitfragen.
- **Schluss:** Beende deinen Text mit einer persönlichen Bewertung, einem Fazit (Schlussfolgerung) oder einem Ausblick.
- Formuliere eine **passende Überschrift**.

3. Schritt: Den Text überarbeiten

- Überprüfe die Verständlichkeit und die sprachliche Richtigkeit deines Textes.

Mit Texten und Medien umgehen

Literarische Texte und Medien untersuchen

Erzähltexte untersuchen → S. 84–103, S. 104–127, S. 128–157, S. 337 f.

Zu Erzähltexten gehören sowohl **kurze Erzählungen**, wie z. B. Kalendergeschichten oder **Kurzgeschichten** (→ S. 84–103) als auch umfangreichere Texte, wie **Novellen** (→ S. 104–127) oder **Romane** (→ S. 128–157).
Wichtigstes Merkmal eines **Erzähltextes** ist, dass er von einer **Erzählerin** / einem **Erzähler** erzählt wird. Diese/-r darf nicht mit der Autorin / dem Autor verwechselt werden.

Achte bei der Untersuchung eines Erzähltextes auf folgende Punkte:

1. Was wird erzählt?
- **Wann** und **wo** spielt die Handlung?
- Welche **Figuren** treten auf?
- **Was geschieht?**

2. Wie wird erzählt?
- Auf **welche Weise** wird die Handlung den Leserinnen und Lesern vermittelt?
  Man unterscheidet z. B.:
  - **auktoriales Erzählen:** Der Erzähler steht außerhalb der erzählten Welt, hat einen Überblick über den Handlungsverlauf und Einblick in die Gefühls- und Gedankenwelt der Figuren. Man erkennt ihn z. B. an Vorausdeutungen, Kommentaren oder an der direkten Ansprache der Leser/-innen.
  - **personales Erzählen:** Der Erzähler ist Teil der erzählten Welt. Er erzählt aus der Sicht einer oder mehrerer beteiligter Figuren und weiß nur so viel, wie die entsprechende Figur zu diesem Zeitpunkt weiß. Er kommentiert das Erzählte nicht.

  Man unterscheidet außerdem zwischen:
  - **Erzählerbericht:** Der Erzähler behält das Wort.
  - **Figurenrede:** Die Figuren kommen in direkter oder indirekter Rede selbst zu Wort.

  Eine wichtige Rolle spielt auch die **Zeitgestaltung**. Man unterscheidet zwischen:
  - **Zeitdeckung**: Die Erzählzeit und die erzählte Zeit sind annähernd gleich.
  - **Zeitdehnung:** Die Erzählzeit ist länger als die erzählte Zeit („Zeitlupe“).
  - **Zeitraffung:** Die Erzählzeit ist kürzer als die erzählte Zeit („Zeitraffer“).
- Gibt es Auffälligkeiten in der **sprachlichen Gestaltung** des Textes, z. B. Alltagssprache, Umgangssprache, unvollständige Sätze (Ellipsen) oder auffällige sprachliche Bilder (Personifikationen, Metaphern, Vergleiche etc.)?

Eine Kurzgeschichte untersuchen

→ S. 84–103

Eine **Kurzgeschichte** ist eine **kurze moderne Erzählung**, die meist einen **kleinen Ausschnitt aus dem Alltagsleben einer oder mehrerer Figuren** zeigt, der für die Figur(en) eine **besondere Bedeutung** hat.

Weitere Merkmale einer Kurzgeschichte können sein:

- **unmittelbarer Einstieg** in das Geschehen,
- **wenige Figuren,**
- Konzentration auf **einen Handlungsort,**
- **zielstrebiger Verlauf der Handlung auf** einen **Höhe-** bzw. **Wendepunkt** hin,
- Gebrauch von **Alltagssprache,**
- **offenes Ende.**

Eine Novelle untersuchen

→ S. 104–127

Eine **Novelle** (ital. *novella* = Neuigkeit) ist eine **kürzere Erzählung**, deren Ausgangspunkt eine „unerhörte Begebenheit" ist. Im Unterschied zum Roman (s. u.) konzentriert sie sich auf nur einen Handlungsstrang. **Weitere Merkmale** einer Novelle sind:

- **Figuren**: Im Mittelpunkt stehen meist nur sehr wenige Figuren oder eine Hauptfigur.
- **Handlung**: Die Handlungsführung ist ähnlich aufgebaut wie beim Drama (→ S. 162):
  - Der zentrale Konflikt der Hauptfigur wird dabei von der „unerhörten Begebenheit" ausgelöst.
  - Der Handlungsverlauf führt geradlinig, in der Regel ohne Nebenhandlungen, auf den Höhepunkt/Wendepunkt zu.
  - Am Ende steht die Lösung des Konflikts oder die Katastrophe.
- **Sonstige Merkmale:**
  - Viele Novellen sind in eine Rahmenerzählung/Rahmenhandlung eingebettet (→ „Die Falkennovelle", S. 120–126).
  - Novellen enthalten häufig ein so genanntes Dingsymbol, das im Handlungsverlauf eine zentrale Rolle spielt und an entscheidenden Stellen der Handlung auftritt (z. B. der Falke in der „Falkennovelle", → S. 120–126).

Einen Roman untersuchen

→ S. 128–157

Typisch für einen Roman sind der große Umfang und die komplexe Handlung mit zahlreichen Figuren und Haupt- und Nebenhandlungen. Man unterscheidet verschiedene Romantypen, die sich zum Teil auch überschneiden, z. B. Entwicklungsromane (Romane, die die Entwicklungen, Erfahrungen und Erlebnisse der Hauptfigur zum Thema haben, z. B. „Tschick"), Kriminalromane, Science-Fiction-Romane oder Reiseromane, zu denen auch die so genannte „Road Novel" (z. B. „Tschick") gehört.

Bei der Untersuchung eines Romans kannst du dich an den Fragen im Abschnitt „Erzähltexte untersuchen" (→ S. 342) orientieren.

Ein Drama untersuchen

→ S. 158–183

Im Mittelpunkt einer **Dramenhandlung** steht immer ein **Konflikt** zwischen den Figuren. Anders als bei einem Erzähltext wird das Geschehen nicht von einer Erzählerin / einem Erzähler dargestellt, sondern den Zuschauerinnen und Zuschauern durch **direkte Figurenrede** vermittelt. Wichtige **Fachbegriffe** für die Untersuchung und Beschreibung eines Dramas sind:

- **der Akt / der Aufzug:** größerer Handlungsabschnitt eines Dramas, der in einzelne Szenen unterteilt ist. Am Ende eines Aktes/Aufzugs fällt oft der Vorhang.
- **die Szene / der Auftritt / das Bild:** kleinster Handlungsabschnitt eines Dramas, der häufig durch Auftritt oder Abgang einer oder mehrerer Figuren gekennzeichnet ist.
- **der Monolog:** Im Monolog teilt eine Dramenfigur ihre Gedanken und Gefühle in Form eines Selbstgesprächs mit.
- **der Dialog:** Im Dialog sprechen zwei oder mehrere Figuren miteinander.
- **die Regieanweisungen:** Mithilfe der Regieanweisungen macht die Autorin / der Autor Angaben zur Bühnengestaltung, zu Gestik, Mimik oder der Sprechweise der Figuren. Meist wird auch das Auf- und Abtreten einzelner Figuren vermerkt.

Den **Aufbau des klassischen Dramas** bezeichnet man mit folgenden **Fachbegriffen:**

- **die Exposition:** Ausgangssituation des Dramas mit Vorstellung von Ort und Zeit der Handlung und der Einführung der Hauptfigur(en). Zudem wird die Situation dargestellt, in der der Konflikt entsteht.
- **das erregende Moment:** Teil der Exposition mit einem Ereignis, das den Konflikt auslöst oder beschleunigt.
- **der Wendepunkt:** Abschnitt des Dramas, in dem sich der Konflikt und das Geschehen bzw. das Schicksal der Heldin / des Helden wendet. Der Wendepunkt befindet sich ungefähr in der Mitte der Handlung, also am Ende des dritten Aktes/Aufzugs.
- **das retardierende Moment:** Als retardierendes (verlangsamendes) Moment bezeichnet man den „Moment der letzten Spannung", an dem sich die Handlung kurzfristig umzukehren scheint.
- **die Katastrophe:** Die Katastrophe bildet den Abschluss des Dramas mit der Lösung des dramatischen Konflikts. Anders als das Wort vermuten lässt, muss die Lösung nicht tragisch sein, sondern kann auch in einem „Happy End" bestehen.

Gedichte untersuchen

→ S. 184–205

Das Besondere an Gedichten ist ihre **Versform**. Häufig sind Gedichte zudem in **Strophen** unterteilt. Weitere Kennzeichen eines Gedichts können bestimmte **Reimformen**, ein **regelmäßiges Metrum** sowie eine besonders **bildhafte Sprache** sein.
Der Inhalt eines Gedichts wird durch ein **lyrisches Ich** zum Ausdruck gebracht. Dieses darf nicht mit dem Dichter verwechselt werden. Es kann entweder als *Ich* oder als *Wir* in Erscheinung treten oder sich ganz im Hintergrund halten.

Orientiere dich bei der **Untersuchung** eines Gedichts an **folgenden Aspekten/Leitfragen:**

Inhalt:
- Worum geht es in dem Gedicht?
- Wird eine **Handlung** dargestellt? Gibt es einen **Höhepunkt**?
- Welche **Gedanken** und **Stimmungen** werden dargestellt?

Sprecherin/Sprecher:
- Tritt ein lyrisches Ich als Sprecherin/Sprecher in Erscheinung?

Form:
- Wie viele **Strophen** und **Verse** gibt es?
- Gibt es einen Endreim mit einem bestimmten **Reimschema**, z. B.: Paarreim (aa bb), Kreuzreim (ab ab) oder umarmenden Reim (ab ba)?
- Sind **weitere Reimformen** zu erkennen, z. B. **Alliterationen** (aufeinanderfolgende Wörter beginnen mit demselben Laut) oder **Binnenreime** (Gleichklänge innerhalb eines Verses)?
- Ist ein **regelmäßiges Metrum** erkennbar, z. B.: Jambus (x x́ x x́ x x́), Trochäus (x́ x x́ x x́ x) oder Daktylus (x́ x x x́ x x x́ x x)?

Sprache:
- Treten **bestimmte Wortarten** gehäuft auf, z. B. positive/negative Adjektive oder Verben?
- Entsprechen die Sätze dem normalen **Satzbau** oder gibt es Auffälligkeiten, z. B. unvollständige Sätze (**Ellipsen**)?
- Werden besondere **sprachliche Mittel** verwendet (→ S. 204 f.)?

Eine Verfilmung untersuchen → S. 144–149

Bei einer Verfilmung kommt der Kameraführung eine wichtige Rolle zu. Um die Kameraführung zu beschreiben, helfen dir folgende Fachbegriffe:

Einstellungsgrößen:
- Die **Panoramaeinstellung** vermittelt einen Überblick über das gesamte Geschehen.
- Die **Totale** zeigt eine Person oder Gruppe in ihrer Umgebung und ermöglicht den Zuschauerinnen und Zuschauern einen Überblick über den Schauplatz.
- Die **Halbtotale** konzentriert sich auf die Figuren. Die Umgebung ist eher unwichtig.
- Die **Nahaufnahme** zeigt nur das Gesicht oder den Oberkörper einer Figur.
- Als **Detailaufnahme** bezeichnet man die vergrößerte Aufnahme eines Ausschnitts eines Gegenstands oder von Teilen einer Figur, z. B. einer Hand.

Kameraperspektiven:
- Zu den Kameraperspektiven gehören die **Froschperspektive** (Sicht von unten), die **Vogelperspektive** (Sicht von oben) und die **Normalsicht** (Sicht auf Augenhöhe der handelnden Figuren).

Kameraschwenk (→ S. 149)**:**
- Mit Kameraschwenk bezeichnet man die Nachzeichnung der Blickbewegung mit der Kamera. Man unterscheidet zwischen **horizontalem** und den **vertikalem Kameraschwenk**.

Sachtexte untersuchen und Diagramme auswerten

Zeitungstexte untersuchen → S. 60–83

Zeitungstexte (journalistische Texte) gehören zu den **Sachtexten**. Man findet sie z. B. in Zeitschriften, Zeitungen oder im Internet. Man unterscheidet unter anderem:

- **Die Nachricht:** Die Nachricht gehört zu den tatsachenorientierten Texten. Eine Nachricht beantwortet die W-Fragen *Was?*, *Wann?*, *Wer?*, *Wo?*, *Wie?* und *Warum?* kurz und sachlich. Die wichtigste Information steht am Beginn der Nachricht.
- **Der Bericht:** Der Bericht gehört ebenfalls zu den tatsachenorientierten Texten. Er beantwortet die W-Fragen etwas ausführlicher als die Nachricht und enthält oft auch Zusatzinformationen oder Erläuterungen.
- **Der Kommentar:** In einem Kommentar stellt die Verfasserin / der Verfasser ihre/seine persönliche Meinung zu einem Ereignis oder einer Situation dar und begründet diese mit passenden Argumenten und Beispielen.
- **Die Reportage:** Ziel einer Reportage ist es, die Leser/-innen zu informieren und gleichzeitig ein Gefühl des „Dabei-Seins" zu erzeugen. Im Mittelpunkt einer Reportage steht in der Regel eine Person oder eine Personengruppe, deren Geschichte (Story) anschaulich dargestellt wird. Anders als in der Nachricht oder im Bericht werden sowohl objektive Informationen als auch subjektive Eindrücke des Reporters dargestellt.

Eine Reportage untersuchen → S. 60–83

Merkmale einer Reportage sind:

1. Der **Einstieg** erfolgt unmittelbar, z. B. mit einer **packenden, neugierig machenden Schilderung** einer Begebenheit während der Recherche, einer Momentaufnahme einer Situation oder eines Ortes oder einem wörtlichen Zitat.
2. Der **Hauptteil** enthält die eigentliche Geschichte (Story), die mithilfe von atmosphärischen Schilderungen, Zitaten und Hintergrundinformationen anschaulich dargestellt wird.
3. Den **Schluss** bildet häufig eine Schlusspointe, welche die Leser/-innen zum weiteren Nachdenken anregen soll.

Als Zeitform wird meist das **Präsens** verwendet. Die Zeitform kann aber auch wechseln.

Diagramme lesen und auswerten → S. 206–219

Man unterscheidet verschiedene **Arten von Diagrammen**, z. B.:

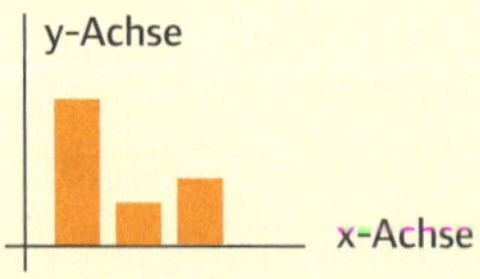

Säulendiagramm

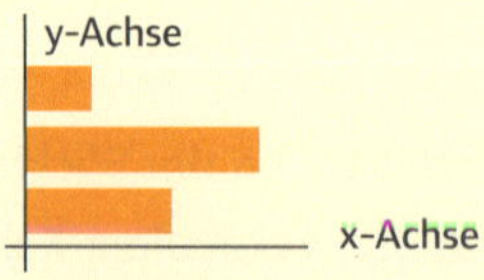

Balkendiagramm

Kreisdiagramm

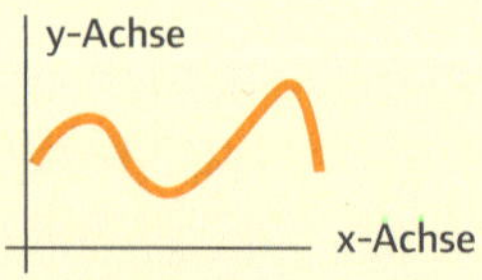

Kurvendiagramm

1. Schritt: Verschaffe dir einen Überblick.
- Lies die Überschrift oder die Unterschrift, benenne das Thema und kläre, woher die Informationen stammen.

2. Schritt: Untersuche die Angaben genauer.
- Benenne die Art des Diagramms.
- Kläre die Maßeinheiten und untersuche, was auf der x-Achse und der y-Achse oder in den einzelnen Kreissegmenten des Diagramms dargestellt wird.
- Achte darauf, ob es eine so genannte Legende mit zusätzlichen Erklärungen gibt.

3. Schritt: Beschreibe die einzelnen Angaben und werte sie aus.
- Welches ist der höchste / der niedrigste Wert? Welche Entwicklungen kannst du ablesen?
- Was ist besonders auffällig? Was überrascht dich?

4. Schritt: Fasse die Ergebnisse in eigenen Worten zusammen.

5. Schritt: Stelle weitere Überlegungen zu deinen Ergebnissen an.
- Kannst du Ursachen für Einzelergebnisse angeben?
- Gibt es Ergebnisse, die du nicht nachvollziehen kannst?
- Lassen sich Schlussfolgerungen aus den Ergebnissen ableiten?

Sachtexte erschließen → S. 206–233

Strategie: Leitfragen formulieren
- Überlege, welche Ziele du mit der Lektüre des Textes verfolgst. Formuliere Leitfragen.

Strategie: Sich einen Überblick verschaffen
- Lies den Text zügig durch. Zu welchem Themenbereich liefert er Fakten? Welche Fragen beantwortet er? Beachte auch die Überschrift und die Abbildungen im Text.

Strategie: Einen Text gliedern
- Kläre, ob der Text bereits gegliedert ist. Unterteile ihn bei Bedarf in Sinnabschnitte.
- Formuliere zu jedem Absatz/Abschnitt eine Frage oder Zwischenüberschrift.

Strategie: Informationen in Texten markieren
- Markiere entscheidende Begriffe oder Texttelle farbig.

Strategie: Schwierige und unbekannte Begriffe klären
- Versuche, schwierige und unbekannte Begriffe aus dem Zusammenhang zu erschließen.
- Schlage in einem Lexikon nach oder informiere dich im Internet, wenn du unsicher bist.

Strategie: Informationen aus verschiedenen Texten und Bildern verknüpfen
- Trage die Informationen aus allen vorliegenden Materialien zusammen.

Strategie: Texte erweitern
- Ergänze Anmerkungen oder zusätzliche Erläuterungen, wenn die Informationen im Text schwer verständlich oder zu ungenau sind.

Strategie: Textinhalte in einer anderen Form wiedergeben
- Übertrage die Informationen aus dem Text in eine andere geeignete Form, z. B. in eine Mindmap, eine Tabelle oder in einen Zeitstrahl.

Nachdenken über Sprache

Wortarten und Formen des Verbs

Flektierbare und nicht flektierbare Wortarten → S. 236–239

Man kann die Wortarten in **flektierbare**, also veränderliche, und **nicht flektierbare**, also unveränderliche, Wortarten unterteilen. Man unterscheidet folgende Flexionsarten:

- **Genus** (grammatisches Geschlecht: Maskulinum, Femininum, Neutrum),
- **Numerus** (Anzahl: Singular, Plural),
- **Kasus** (Fall: Nominativ, Genitiv, Dativ, Akkusativ),
- **Person** (1., 2., 3. Person),
- **Tempus** (Zeitform: Präsens, Perfekt, Präteritum, Plusquamperfekt, Futur I und Futur II → S. 349),
- **Modus** (Indikativ, Konjunktiv, Imperativ → S. 350) und
- **Aktiv und Passiv** (→ S. 349).

Nicht flektierbare Wortarten sind:

- **Adverbien**: Temporaladverbien (z.B.: *heute, morgen)*, Lokaladverbien, (z.B.: *hier, dort, überall*) Modaladverbien, (z.B.: *gern, irgendwie)*, Kausaladverb (z.B.: *darum, deshalb*)
- **Präpositionen** (z. B.: *aus, bei, mit, nach, seit, von, zu, durch, für, gegen, ohne, zu*)
- **Konjunktionen** (z. B.: *und, oder, denn, aber*) und **Subjunktionen** (z. B.: *weil, (so)dass, obwohl, nachdem, als*)

Flektierbare Wortarten sind:

- **Nomen/Substantive**: Sie sind flektierbar nach **Numerus** und **Kasus**, z. B.: *Die Segel* (Plural, Nominativ) *des Schiffes* (Singular, Genitiv) *sind weiß.*
- **Artikel:** Sie werden als Begleiter des Nomens/Substantivs nach dessen **Genus, Numerus** und **Kasus** flektiert. Man unterscheidet **bestimmte Artikel** (*der, die, das*) und **unbestimmte Artikel** (*ein, eine*), z. B.: *Ein Matrose setzt das Segel.*
- **Adjektive:** Adjektive werden als Begleiter des Nomens/Substantivs nach dessen **Genus, Numerus** und **Kasus** flektiert, z. B.: *Ich lese ein neues Buch* (Neutrum, Akkusativ, Singular) *mit spannenden Geschichten* (Femininum, Dativ, Plural). Zudem lassen sie sich steigern: 1. Positiv (*schnell*), 2. Komparativ (*schneller*), 3. Superlativ (*am schnellsten*).
- **Pronomen:** Sie werden als Stellvertreter von Nomen wie diese nach **Genus, Numerus** und **Kasus** flektiert. Man unterscheidet **Personalpronomen** (z. B. *er, sie), **Possessivpronomen** (z. B. *mein, dein),* **Demonstrativpronomen** (z. B. *dieser, jene)* und **Relativpronomen** (*der/die/das, welcher/welche/welches),* z. B.: *Morgen treffe ich Sabine. Wir wollen diese neue Serie gucken, die mir meine Cousine empfohlen hat.*
- **Verben:** Sie sind flektierbar nach **Person, Numerus, Tempus, Modus, Aktiv** und **Passiv**, z. B.: *Ich habe auf dich gewartet* (1. Ps. Sing. Perfekt, Indikativ, Aktiv).

Die Tempusformen des Verbs → S. 241

Verben können folgende Zeitformen bilden:
- Das **Präsens** verwendet man u. a. für Aussagen über etwas, was in der Gegenwart geschieht oder was allgemein gilt, z. B.: *Ich sehe das nicht so. Schlafen ist wichtig.*
- Das **Perfekt** verwendet man vor allem beim mündlichen Erzählen oder Berichten über Vergangenes, z. B.: *Jan hat gestern verschlafen. Lara ist am schnellsten gerannt.*
- Das **Präteritum** wird vor allem beim schriftlichen Erzählen und Berichten verwendet, z. B.:
  Er lief in Riesenschritten auf die Burg zu. Sie sang mit ihrer schönsten Stimme.
- Mit dem **Plusquamperfekt** macht man deutlich, dass etwas vor dem passiert ist, was im Präteritum erzählt wird, z. B.: *Er hatte seinen Koffer gepackt, bevor er losfuhr.*
- Mit dem **Futur I** drückt man aus, dass etwas in der Zukunft geschieht, z. B.:
  Ich werde morgen kommen.
- Das **Futur II** drückt aus, dass etwas in Zukunft abgeschlossen sein wird, z. B.:
  Morgen werden wir schon bis zum Meer gekommen sein.

Partizip I und II → S. 266

Die **Partizipien** gehören neben dem Infinitiv zu den **infiniten Verbformen**, wohingegen die nach Person und Numerus konjugierten Verbformen als **finite Verbformen** bezeichnet werden. Es gibt zwei Partizipien: das **Partizip I** und das **Partizip II.**
- Das **Partizip I** hat die Endung *-end* bzw. *-nd*, z. B.: *spielend, singend, träumend, trauernd.*
- Das **Partizip II** wird häufig mit dem Präfix *ge-* gebildet, es sei denn, der Infinitiv des Verbs besitzt schon ein Präfix (*be-, ge-* oder *ver-*). Es endet entweder mit *-et* oder *-n*, z. B.:
  lachen → gelacht, lernen → gelernt, aber *beginnen → begonnen, verlieren → verloren.*

Bei starken Verben ändert sich zudem der Stammvokal, z. B.:
singen → gesungen, trinken → getrunken.

Aktiv und Passiv → S. 240–241

Viele Verben können sowohl eine aktive als auch eine passive Form bilden:
- In einem **Aktivsatz** liegt die Betonung auf der/dem Handelnden, z. B.:
  Mein Lehrer lobt mich.
- In einem **Passivsatz** liegt die Betonung auf der Handlung, z. B.:
  Ich werde von meinem Lehrer gelobt.
  In der Regel wird der Handelnde weggelassen, weil er unwichtig oder unbekannt ist. Dann spricht man vom **täterlosen Passiv**, z. B.: *Das Konzert wird im Radio übertragen.*

Auch das **Passiv kann verschiedene Tempusformen** bilden. Die Bildung erfolgt mit den konjugierten Formen von ***werden* in der entsprechenden Tempusform** und dem **Partizip II** des Verbs, z. B.: es *wird geputzt* (Präsens), *es wurde geputzt* (Präteritum), *es ist geputzt worden* (Perfekt), *es war geputzt worden* (Plusquamperfekt), *es wird geputzt werden* (Futur I), *es wird geputzt worden sein* (Futur II).

Modalität (Indikativ, Konjunktiv, Imperativ)

→ S. 242–255

Ein Verb steht immer in einem bestimmten **Modus** (Aussageweise; Plural: **die Modi**).
Durch den **Modus** lässt sich ausdrücken, wie die Sprecherin / der Sprecher bzw. die Verfasserin / der Verfasser eines Textes etwas sieht oder wie eine Aussage aufgefasst werden soll.
Zu den unterschiedlichen Modi eines Verbs gehören der **Indikativ**, der **Konjunktiv I**, der **Konjunktiv II** sowie der **Imperativ**:

- Der **Indikativ** stellt eine Aussage als **wirklich** oder **tatsächlich (real)** dar, z. B.:
  Ich freue mich auf meine Geburtstagsparty.
- Der **Konjunktiv I** wird hauptsächlich in der **indirekten Rede** verwendet. Durch ihn macht man deutlich, dass man die Meinung oder Ansicht einer/eines anderen wiedergibt, z. B.:
  Amina sagt, der Unterricht sei gestern ausgefallen.
- Der **Konjunktiv II** stellt eine Aussage als **wünschenswert** oder **unwirklich (irreal)** dar, z. B.:
  Ich wünschte, ich hätte nicht nur einmal im Jahr Geburtstag.
- Der **Imperativ** drückt eine Bitte, eine direkte Aufforderung oder einen Befehl aus, z. B.:
  Gib mir bitte meine Jacke! Bleibt noch sitzen! Steh auf!

Der Konjunktiv I

→ S. 244–251

Der **Konjunktiv I** ist ein **Modus des Verbs** (s. o.) und wird für die **Wiedergabe der direkten Rede** verwendet, z. B.:
Er behauptet, er habe den Einbrecher gesehen.
Er wird mit dem **Präsensstamm des Verbs** und den **Personalendungen für den Konjunktiv** (-e, *-est, -e, -en, -et, -en*) gebildet:

Infinitiv		schreib|en	hab|en	sei|n
Singular	1. Pers.	*ich schreib|**e***	*ich hab|**e***	*ich sei*
	2. Pers.	*du schreib|**est***	*du hab|**est***	*du sei|est*
	3. Pers.	*er/sie/es schreib|**e***	*er/sie/es hab|**e***	*er/sie/es sei*
Plural	1. Pers.	*wir schreib|**en***	*wir hab|**en***	*wir sei|**en***
	2. Pers.	*ihr schreib|**et***	*ihr hab|**et***	*ihr sei|**et***
	3. Pers.	*sie schreib|**en***	*sie hab|**en***	*sie sei|**en***

Der Konjunktiv II

→ S. 242–251

Der **Konjunktiv II** wird zum **Ausdruck von Wünschen und Vorstellungen** verwendet, z. B.:
Es wäre schön, wenn du morgen mitkämest.
Er wird mit dem **Wortstamm des Präteritums** und der **Personalendung für den Konjunktiv** (*-e, -est, -e, -en, -et, -en*) gebildet. Dafür baut man eine **„Brücke" über die 1. Person Präteritum im Indikativ**, z. B.: *schreiben → ich schrieb → ich schrieb|e, du schrieb|est …*

Steht im Wortstamm der Präteritumform eines starken Verbs ein **a**, **e** oder **u**, so bilden diese im Konjunktiv II einen **Umlaut**, z. B. *haben → ich hatte → ich hätt|e, du hätt|est, er hätt|e …*

		ich schrieb (1.Per. Sing. Prät.)	**ich hatt|e** (1.Per. Sing. Prät.)	**ich war** (1.Per. Sing. Prät.)
Singular	1. Pers.	*ich schrieb|**e***	*ich hätt|**e***	*ich wär|**e***
	2. Pers.	*du schrieb|**est***	*du hätt|**est***	*du wär|**est***
	3. Pers.	*er/sie/es schrieb|**e***	*er/sie/es hätt|e*	*er/sie/es wär|**e***
Plural	1. Pers.	*wir schrieb|**en***	*wir hätt**en***	*wir wär|**en***
	2. Pers.	*ihr schrieb|**et***	*ihr hätt|**et***	*ihr wär|**et***
	3. Pers.	*sie schrieb|**en***	*sie hätt|**en***	*sie wär|**en***

Die Wiedergabe der direkten Rede

→ S. 244–251

Die direkte Rede kann **auf unterschiedliche** Weise wiedergegeben werden.

- In der Regel wird der **Konjunktiv I** (mit und ohne Einleitungssatz) verwendet, z. B.:
  - **direkte Rede:** *Dario: „Ich habe gestern meinen alten Mathelehrer getroffen. Er sieht jetzt ganz anders aus."*
  - **indirekte Rede:** *Dario erzählt, er habe gestern seinen alten Mathelehrer getroffen. Dieser sehe jetzt ganz anders aus.*

- **Unterscheidet** sich der **Konjunktiv I nicht vom Indikativ,** wird in der Regel **der Konjunktiv II verwendet,** z. B.:
  - **direkte Rede,** z. B.: *Lotta: „Wir bekommen die Klassenarbeit heute nicht zurück."*
  - **indirekte Rede mit** Gebrauch des **Konjunktivs I (nicht eindeutig),** z. B.:
    Lotta behauptet, wir bekommen die Klassenarbeit heute nicht zurück.
  - **indirekte Rede mit** Gebrauch des **Konjunktivs II (eindeutig),** z. B.:
    Lotta behauptet, wir bekämen die Klassenarbeit heute nicht zuruck.

- Außerdem kann die direkte Rede folgendermaßen wiedergegeben werden:
  - mit einer **einleitenden Formulierung**, die deutlich macht, dass die Aussage oder Meinung eines anderen wiedergegeben wird, z. B.:
    nach ihrer Ansicht, in seinen Augen, seiner Aussage nach
    Hier kann **sowohl der Konjunktiv als auch der Indikativ** stehen.
  - mit einem **Satz**, der durch ***dass, ob*** oder durch ein **Fragewort eingeleitet** wird, z. B.:
    Er findet, dass viele Dinge überflüssig sind/seien.
    Sie fragt, ob wir morgen auch kommen/kämen.
    Hier kann ebenfalls **sowohl der Konjunktiv als auch der Indikativ** stehen.

Modalverben

→ S. 252–255

Mithilfe von **Modalverben** kann die Sprecherin / der Sprecher bzw. die Verfasserin / der Verfasser die eigene Haltung zu einer Aussage zum Ausdruck bringen. Zu den Modalverben gehören *dürfen, können, mögen / ich möchte, müssen, sollen* und *wollen*. Sie drücken in der Regel Folgendes aus:

- ***dürfen*** → Erlaubnis, z. B.: *Darf ich nach dem Fußballspiel bei Sirin übernachten?*
- ***können*** → Fähigkeit/Möglichkeit, z. B.: *Lea kann alle unregelmäßigen Verben aufsagen.*
- ***sollen*** → Empfehlung/Regel, z. B.: *Ich soll die Schuhe draußen ausziehen.*
- ***müssen*** → Gebot, z. B.: *Ich muss nach der Schule mit unserem Hund Gassi gehen.*
- ***wollen*** → Absicht/Bereitschaft, z. B.: *Wir wollen nach der Schule an den See fahren.*
- ***mögen*** → Wunsch/Möglichkeit, z. B.: *Ich möchte weiterhin neben Simon sitzen.*

Steht ein Modalverb im **Konjunktiv II**, kann seine Aussage oft auch durch **Umschreibungen** wie *mit großer Wahrscheinlichkeit / wahrscheinlich / wohl / mit einiger Wahrscheinlichkeit / vermutlich / möglicherweise / vielleicht / unter der Bedingung, dass …* wiedergegeben werden, z. B.:

Das müsste funktionieren. → *Das funktioniert wahrscheinlich.*
In Zukunft dürften die Menschen neue Reiseziele entdecken. → *In Zukunft werden die Menschen vermutlich neue Reiseziele entdecken.*

Sätze, Satzglieder und Satzgliedteile

Der Satz und seine Gliederung

→ S. 256–257

Sätze kann man in **Felder** unterteilen: ein **Vorfeld**, ein **Mittelfeld** und ein **Nachfeld**. Das **mehrteilige Prädikat** rahmt das Mittelfeld ein und bildet die **Satzklammer**. Ist das Prädikat nur einteilig, bleibt die rechte Satzklammer leer, z. B.:

Satzklammer

Vorfeld	**Linke Satzklammer: finiter Prädikatsteil**	**Mittelfeld**	**Rechte Satzklammer: 2. Teil des Prädikats**	**Nachfeld**
Schon früh	*haben*	*die Menschen vom Fliegen*	*geträumt.*	–
Sie	*träumten*	*bereits in der Antike davon.*	–	–

Nach der Stellung der finiten Verbform im Satz unterscheidet man z. B. so genannte **Verb-Erstsätze** und **Verb-Zweitsätze**, z. B.:

Verb-Erstsatz: *Hast du das Deutschbuch dabei?*
Verb-Zweitsatz: *Ich fand die letzte Mathearbeit richtig leicht.*
Wie fandest du sie?
Wann ist die nächste Mathearbeit?

Die Satzglieder → S. 258–259

Subjekt, Objekt und **adverbiale Bestimmung** sind **Satzglieder**. Dabei handelt es sich um Wörter oder Wortgruppen, die beim Umstellen des Satzes (**Umstellprobe**) immer zusammenbleiben und im **Vorfeld des Satzes** stehen können. Um welches Satzglied es sich jeweils handelt, kannst du mithilfe der **Frageprobe** bestimmen, z. B.:

Vorfeld		Satzklammer	**Mittelfeld**	Satzklammer
Wir	(*Wer?* → Subjekt)	*wollen*	*morgen an die Ostsee*	*fahren.*
Morgen	(*Wann?* → Adv. Best. d. Zeit)	*wollen*	*wir an die Ostsee*	*fahren.*
An die Ostsee	(*Wohin?* → Adv. Best. d. Ortes)	*wollen*	*wir morgen*	*fahren.*

Man unterscheidet folgende **Satzglieder**:
- **das Subjekt** (Frage: *Wer? Was?),*
- **das Objekt: Akkusativobjekt** (Frage: *Wen? Was?*), **Dativobjekt** (Frage: *Wem?*), **Genitivobjekt** (Frage: *Wessen?*) und **Präpositionalobjekt** (Frage: *Wovon? Worüber? Wodurch? Woran?*),
- **die adverbialen Bestimmungen: adverbiale Bestimmung des Ortes** (Frage: *Wo? Wohin?*), der **Zeit** (Frage: *Wann? Wie lange?*), des **Grundes** (Frage: *Warum? Weshalb?*) und der **Art und Weise** (Frage: *Wie? Womit?*).

Das Attribut → S. 259

Das **Attribut** ist kein Satzglied, sondern ein so genanntes **Satzgliedteil**. Es bestimmt ein Bezugswort (meist ein Nomen) genauer und bleibt bei der Umstellprobe immer bei diesem stehen.
Attribute können sowohl **vor** als auch **nach dem Bezugswort** stehen, z. B.:

Vor dem Bezugswort stehen

- das **Pronominalattribut**, z. B.:
  diese Pflanze, mein Balkon
- das **Adjektivattribut** /
  das **Partizip als Attribut**, z. B.:
  die gelbe Paprika
  der gekochte Reis

In der Regel nach dem Bezugswort stehen

- das **Genitivattribut**, z. B.:
  die Blüte der Pflanze
- das **präpositionale Attribut**, z. B.:
  der Blick zum Himmel
- die **Apposition** (nachgestellte Erläuterung im selben Kasus, z. B.: *diese Blume, eine Rose, duftet herrlich*

Eine besondere Form des Attributs ist der **Attributsatz / Relativsatz** (→ S. 355).

Haupt- und Nebensätze

→ S. 260 f.

Einen **Hauptsatz** erkennst du daran, dass die **finite Verbform** an **zweiter Satzgliedstelle** (= linke Satzklammer) steht.
In einem **Nebensatz** steht **in der linken Satzklammer** häufig eine **unterordnende Konjunktion,** z. B. *weil, dass, damit,* und **alle Verbformen** befinden sich in der **rechten Satzklammer**. Diese so genannten Konjunktionalsätze gehören damit zu den sogenannten **Verb-Letztsätzen.**

Die Satzreihe

→ S. 260 f.

Eine **Satzreihe** besteht aus **mindestens zwei Hauptsätzen.** Sie werden häufig durch **nebenordnende Konjunktionen** wie *aber, sondern, doch, denn, und, oder* verknüpft und werden durch **Kommas** voneinander getrennt, außer wenn sie durch *und/oder* verbunden sind, z. B.:

Ich wollte etwas essen, aber der Kühlschrank war leer.

Aber: *Ich springe gerne Seil und er hüpft gerne auf dem Trampolin.*

Das Satzgefüge: Hauptsatz und Nebensatz

→ S. 260 f.

Ein **Satzgefüge** besteht aus **mindestens einem Hauptsatz** und **mindestens einem Nebensatz.** Der **Nebensatz steht** im Satzgefüge **im Vorfeld** oder **im Nachfeld** des Hauptsatzes; ein Adverbialsatz kann auch **im Mittelfeld** stehen. Einen Nebensatz erkennt man z. B. daran, dass er mit der **finiten Prädikatsform** endet und oft durch eine **unterordnende Konjunktion (Subjunktion)** wie *weil, da, dass, obwohl, nachdem, bevor, als, wenn* mit dem Hauptsatz verknüpft ist.
Haupt- und Nebensätze werden durch Kommas voneinander getrennt.

Vorfeld	Linke Satzklammer	Mittelfeld	Rechte Satzklammer	Nachfeld
Wir	*hofften*	*auf besseres Wetter,*	-	*obwohl der Wetterbericht Regen voraussagte.*
Obwohl der Wetterbericht Regen voraussagte,	*hofften*	*wir auf besseres Wetter.*	-	-
Wir	*hofften,*	*obwohl der Wetterbericht Regen voraussagte, auf besseres Wetter.*	-	-

Attributsätze/Relativsätze

Attributsätze/Relativsätze sind Nebensätze, die ein vorangehendes Bezugswort (Nomen oder Pronomen) näher beschreiben oder erklären. Sie nehmen die Stelle eines Attributs ein. Relativsätze werden immer mit einem **Relativpronomen** eingeleitet, z. B.: *der, die, das* oder *welcher, welche, welches,* und durch **Kommas vom Hauptsatz abgetrennt**, z. B.:

Ich bringe dir morgen das Buch mit, das ich gerade gelesen habe.

Das Buch, das ich gerade gelesen habe, möchte ich euch vorstellen.

Adverbialsätze

→ S. 262 f.

Die **Rolle der adverbialen Bestimmung (Adverbiale)** (→ S. 353) im Satz können nicht nur Wörter oder Wortgruppen übernehmen, sondern auch Nebensätze (Gliedsätze). Man bezeichnet sie als **adverbiale Gliedsätze** oder **Adverbialsätze**.

Wie die anderen adverbialen Bestimmungen auch, liefern sie Zusatzinformationen
- zum **Ort** (lokal), z. B.: …, *wohin wir uns vor dem Regen flüchteten.*
- zur **Zeit** (temporal), z. B.: …, *nachdem ich nach Hause gekommen war.*
- zum **Grund** (kausal), z. B.: …, *weil ich schlechte Laune habe.*
- zur **Bedingung** (konditional), z. B.: …, *wenn ich genug Taschengeld gespart habe.*
- zur **Folge** (konsekutiv), z. B.: …, *sodass ich morgens nicht immer so müde bin.*
- zur **Absicht** (final), z. B.: …, *damit wir pünktlich aufbrechen können.*
- zur **Art und Weise** (modal), z. B.: …, *indem er mich durchdringend ansah.*
- zu einer **Einschränkung** (konzessiv), z. B.: … , *obwohl ich mich sehr darauf gefreut hatte.*

Subjekt- und Objektsätze

→ S. 264 f.

Nebensätze, welche die **Rolle des Subjekts** oder **des Objekts** im Satzgefüge einnehmen, bezeichnet man als **Subjektsätze** beziehungsweise als **Objektsätze. Subjekt- und Objektsätze** treten meist als **indirekte Fragesätze** oder als ***dass*-Sätze** auf, z. B.:

Satzform	Subjektsätze *(Wer oder was?)*	Objektsätze *(Wen oder was?)*
dass-Satz	– *Es war allen klar, dass er log.* *(Wer oder was war allen klar?)*	– *Ich weiß, dass er das sonst nie tut.* *(Wen oder was weiß ich?)*
indirekter Fragesatz	– *Wer das übersehen hat, war sehr unaufmerksam.* *(Wer oder was war sehr unaufmerksam?)*	– *Ob er sich das gut überlegt habe, fragte sie ihn.* *(Wen oder was fragten sie ihn?)*

Objektsätze verwendet man häufig bei der indirekten Redewiedergabe.

Partizipgruppen in Sätzen → S. 266 f.

Partizipien (→ S. 349) können den Kern einer **Partizipgruppe** bilden, die die Aufgabe eines Nebensatzes übernehmen kann. Man nennt sie daher auch **satzwertige Partizipgruppen** oder **Partizipsätze**, z. B.:

Die Künstler wollten(,) ihrer Fantasie freien Lauf lassend(,) auf ganz neue Ideen kommen.

Manchmal ist es sinnvoll, Partizipsätze in Relativ- oder Adverbialsätze umzuwandeln, um einen Text verständlicher zu formulieren, z. B:

Ihrer Fantasie freien Lauf lassend(,) wollten die Künstler auf ganz neue Ideen kommen.
→ *Indem sie ihrer Fantasie freien Lauf ließen, wollten die Künstler auf ganz neue Ideen kommen.* (Adverbialsatz)

Partizipsätze **darf** man **immer** durch ein **Komma** vom Hauptsatz trennen. Nur in wenigen Fällen **muss** das Komma stehen (→ Seite 359).

Infinitivgruppen in Sätzen → S. 268 – 269

Infinitivgruppen bestehen aus einem **Infinitiv mit *zu*** und **mindestens einem weiteren Wort**. Sie können durch weitere Satzglieder beliebig erweitert werden, z. B.:

Meine Oma bat mich, ihr zu helfen.
Meine Oma bat mich, ihr beim Aufbau eines neuen Schranks zu helfen.

Durch die Verwendung von Infinitivgruppen kann oft eine Häufung von Substantiven (Nominalstil) vermieden werden, z. B.:

Viele Kinder lernen das Aufsagen des Alphabets schon vor der Einschulung.
→ *Viele Kinder lernen schon vor der Schule, das Alphabet aufzusagen.*

Obwohl Infinitivgruppen kein Verb in der Personalform enthalten, können sie die **Funktion von Nebensätzen** übernehmen.

Infinitivgruppen **darf** man **immer** durch ein **Komma** vom Hauptsatz trennen. In einigen wenigen Fällen ist das Komma verpflichtend (→ Seite 359).

Rechtschreibregeln und -strategien

Groß- und Kleinschreibung → S. 286–291

Groß schreibt man

- **Nomen** (z. B.: *das Segel, die Entdeckung*),
- **Nominalisierungen/Substantivierungen** von anderen Wortarten, z. B. Adjektiven und Verben, die an die Stelle eines Nomens treten (z. B.: *etwas Neues, das Fliegen*).

Nomen und nominalisierte Wörter erkennt man z. B. an vorausgehenden **Begleitwörtern,** wie Artikeln (z. B.: *das Singen*), Adjektiven (z. B.: *lustiges Singen*), Pronomen (z. B.: *sein Singen*), unbestimmten Zahlwörtern (z. B.: *viel Singen*) und Präpositionen (z. B.: *vom (= von dem) Singen*). Achtung: Präposition und Artikel sind häufig verschmolzen (z. B.: *beim Segeln = bei dem Segeln*). Manchmal muss man auch in Gedanken ein Begleitwort ergänzen, z. B.:

Ihm macht (das) Singen im Chor (großen) Spaß.

Groß- und Kleinschreibung von Zeitangaben → S. 288

- **Großgeschrieben** werden **Zeitangaben,** wenn sie **als Nomen** verwendet werden, z. B.: *am Montag, jeden Dienstag, der Abend; am Mittwochmorgen.*
- **Kleingeschrieben** werden **Zeitangaben,** wenn sie **als Adverbien** verwendet werden, z. B.: *heute, übermorgen; montags.*

Groß- und Kleinschreibung von Zahlwörtern (Numeralien) → S. 289

- Zahlwörter werden **großgeschrieben**, wenn sie im Satz **als Nomen** auftreten, z. B.: *Ich habe keine Fünf im Zeugnis.*
- **Alle anderen bestimmten** und **unbestimmten Zahlwörter** schreibt man **klein,** z. B.: *Der alte Weltrekord wurde um drei hundertstel Sekunden übertroffen.*

Groß- und Kleinschreibung von Eigennamen und Herkunftsbezeichnungen → S. 290 f.

- **Eigennamen** schreibt man **groß**. Das gilt auch bei **mehrteiligen Namen**. Hier schreibt man das erste Wort und alle Bestandteile außer Artikeln, Präpositionen und Konjunktionen groß, z. B.: *Laura, Kolumbus, Madonna, Ludwig der Große, Am Neuen Markt, Schiefer Turm von Pisa.*
- **Herkunftsbezeichnungen** mit dem Suffix *-er* werden **immer großgeschrieben** , z. B.: *Spreewälder Gurken, Frankfurter Würstchen*).
- **Herkunftsbezeichnungen mit dem Suffix** *-isch* sind Adjektive und werden **kleingeschrieben,** sofern sie kein Bestandteil eines Eigennamens sind, z. B.: *schwedische Haferkekse,* aber: *die Tschechische Republik.*

Getrennt- und Zusammenschreibung

→ S. 292–299

- **Grundsätzlich getrennt geschrieben werden**
  - **Nomen + Verb,** z. B.: *Auto fahren, Unheil anrichten, Eis essen.*
  - **Verb + Verb,** z. B.: *spazieren gehen, schweigen müssen, sitzen bleiben.*
    Bei Verbindungen mit *lassen* oder *bleiben* mit übertragener Bedeutung ist die Zusammenschreibung möglich, aber nicht zwingend, z. B.:
    eine Idee fallen lassen / fallenlassen = aufgeben.
  - **Verbindungen mit *sein*,** z. B.: *froh sein, dabei sein, mutig sein.*

- **Immer zusammengeschrieben werden:**
  - **Präposition + Verb,** z. B.: *aufnehmen, zulassen, hintergehen, übersehen.*

Besonderheiten bei Verbindungen mit einem Verb als zweitem Wortbestandteil:
Um zu überprüfen, ob du bei Verbindungen mit einem Verb **im Einzelfall zusammenschreiben musst**, helfen dir folgende **Proben**:
- **Artikelprobe:** Fügungen aus **Nomen + Verb** und **Verb + Verb** werden zusammen- und großgeschrieben, wenn sie nominalisiert werden, z. B.: *Das Autofahren ist nicht erlaubt.*
- **Umstellprobe:** Mit der Umstellprobe kannst du prüfen, ob sich der erste Bestandteil der Verbindung getrennt vom Verb im Satz umstellen lässt. Ist das nicht der Fall, musst du zusammenschreiben, z. B.: *Was schluss?folgerst du daraus?* → falsch: ~~*Was folgerst du daraus Schluss*~~*?* → Zusammenschreibung.
- **Bedeutungsprobe:** Mit der Bedeutungsprobe kannst du prüfen, ob eine Fügung aus **Adverb + Verb** oder **Adjektiv + Verb** eine neue, **übertragene Bedeutung** hat und **zusammengeschrieben werden** muss:
  - **Adverb + Verb,** z. B.: *zusammenschreiben (als ein Wort schreiben),*
    aber *zusammen schreiben (gemeinsam etwas schreiben).*
  - **Adjektiv + Verb,** z. B.: *blaumachen (schwänzen),* aber *blau machen (blau anmalen).*
- **Betonungsprobe**: Wird das **erste Wort** des zusammengesetzten Wortes betont, wird **zusammengeschrieben**. Liegt die Betonung auf dem **zweiten Wort** oder auf **beiden Wörtern**, musst du **getrennt** schreiben, z. B.:
  Dieses Mal wird er nicht mehr davonkommen.
  Aber: *Das kann davon kommen, dass du gestern zu lange draußen warst.*

Verbindungen mit Adjektiven und Partizipien:
Zusammengeschrieben werden
- aus **mehreren Adjektiven zusammengesetzte Adjektive,** z. B.: *bitterböse, dunkelgrün.*
- **zusammengesetzte Adjektive**, die aus einer **verkürzten Wortgruppe** von **Nomen + Adjektiv** oder **Nomen + Partizip** bestehen, z. B.: *haushoch (hoch wie ein Haus), mondbeschienen (vom Mond beschienen).*
- **Wortgruppen aus Nomen + Partizip** oder **Nomen + Adjektiv,** wenn beide Wortteile durch ein **Fugen-s** verbunden sind, z. B.: *spannungsreich, erholungssuchend.*

Regeln der Kommasetzung

→ S. 304–309

Das Komma

- kennzeichnet **Unterbrechungen** im Satz wie **Anreden, Appositionen oder nachgestellte Erläuterungen,** z. B.:

  Kannst du, Filiz, mir das erklären, am besten noch vor der nächsten Klassenarbeit?

  Leonardo da Vinci, der geniale Erfinder, lebte im 15. Jahrhundert.
- trennt die Bestandteile einer **Aufzählung**, z. B.:

  Oft wurden geniale Erfinder zu Lebzeiten verspottet, verfolgt, geächtet.
- trennt **die Bestandteile einer Satzreihe oder eines Satzgefüges**, z. B.:

  Ich will heute Nacht die Sterne beobachten, es sollen kaum Wolken am Himmel sein.

  Da ich die Sterne beobachten will, wünsche ich mir zum Geburtstag ein Teleskop.
- steht vor einer **Infinitivgruppe** mit *zu* (→ S. 356), wenn diese
  - mit *als, außer, ohne statt/anstatt* oder *um* eingeleitet wird, z. B.:

    Man braucht ein Teleskop, um den Sternenhimmel zu beobachten.
  - von einem Nomen/Substantiv abhängt, z. B.:

    Wir haben die Absicht, im Urlaub den Schiefen Turm von Pisa zu besichtigen.
  - durch ein hinweisendes Fürwort wie *daran, darauf, dazu* und *es* angekündigt wird, z. B.:

    Es kann doch nicht so schwierig sein, das zu verstehen!
- steht vor einer **Partizipgruppe** (→ S. 356),
  - wenn ein hinweisendes Wort wie *so* oder *also* auf diese Bezug nimmt, z. B.:

    Meine letzten Kräfte aufbringend, so schleppte ich mich nach Hause.
  - wenn sie eine Erläuterung zu einem Nomen oder Pronomen ist, z. B.:

    Mein Vater, fröhlich winkend, stand schon an der Tür.
- trennt **Redebegleitsätze** von der **wörtlichen Rede** ab (→ S. 311), z. B.:

  „Kannst du morgen früh mit dem Hund rausgehen?", fragte mich meine Mutter.

das oder *dass?*

→ S. 310

Mit Doppel-s schreibst du nur die **Konjunktion *dass***. Wird das Wort mit nur einem s geschrieben, kann es **Artikel** oder **Relativpronomen** sein.

Mithilfe der **Ersatzprobe** kannst du herausfinden, ob du *das* oder *dass* schreiben musst:

- Die **Konjunktion *dass*** kannst du **nicht** durch *ein/dieses* oder *welches* **ersetzen,**
- den **Artikel *das*** kannst du **durch *ein/dieses* ersetzen,**
- **das Relativpronomen *das*** kannst du **durch** *welches* **ersetzen.**

  Ich habe gelesen, dass (-) das (ein/dieses) Fernrohr, das (welches) Galileo Galilei benutzte, aus Holland stammt.

Arbeitstechniken und Methoden

Im Internet recherchieren → S. 222–223

Bei der Recherche im Internet, z. B. für ein Vortragsthema, kannst du so vorgehen:

1. Schritt: Fragestellungen formulieren

Kläre, zu welchen (Unter-)Themen du recherchieren willst. Notiere entsprechende **Leitfragen** für deine Recherche, z. B.:

Wie kann intelligente Kleidung beim Sport eingesetzt werden?

2. Schritt: Gezielt suchen

Leite aus deinen Fragestellungen geeignete **Suchbegriffe** ab, z. B:

- **Frage:** *Wie kann intelligente Kleidung beim Sport eingesetzt werden?*

→ **Suchbegriffe:** *„intelligente Kleidung", „intelligente Kleidung Sport", „Einsatz intelligente Kleidung Sport"*

Beachte dabei:

- Gibst du zwei oder mehr Begriffe in das Suchfeld ein, wird dies bei den Suchmaschinen als Verknüpfung erkannt und du erhältst Suchergebnisse, in denen all diese Begriffe vorkommen.
- Setzt du ein bestimmtes Wort oder eine Wortgruppe in Anführungszeichen, werden dir nur Seiten angezeigt, die genau diese Wortkombination enthalten.

3. Schritt: Die Ergebnisse überprüfen und Informationen auswählen

Im Internet kann vieles unkontrolliert veröffentlicht werden, deswegen muss jeder Treffer vor seiner Verwendung auf seine **Zuverlässigkeit geprüft werden.**

Finde über die Internetseite oder das Impressum der Seite heraus, wer für die Seite verantwortlich ist. Zuverlässige Quellen sind in der Regel:

- Seiten öffentlicher Einrichtungen wie Universitäten oder Ministerien,
- Online-Angebote von öffentlich-rechtlichen Nachrichtensendern, bekannten Tageszeitungen oder Zeitschriften,
- Online-Lexika, z. B. Wikipedia.

4. Schritt: Informationen auswerten

- Erschließe Texte und Diagramme mithilfe geeigneter Strategien und notiere wichtige Informationen zu deinen Leitfragen in Stichpunkten.
- Fasse deine Recherche-Ergebnisse in eigenen Worten zusammen.

5. Schritt: Quellen angeben

Bei jeder Übernahme von Texten aus dem Internet musst du die Quelle wie folgt angeben:

Autorname: Titel (des Textes). Online unter: Internetadresse [Abrufdatum], z. B.:

Gunnar Ebmeyer: Intelligente Kleidung – Das Shirt wird zum Coach. Online unter: http://www.fitforfun.de/sport/weitere-sportarten/intelligente-kleidung-das-shirt-wird-zum-coach_aid_14271.html [29.05.2017]

Präsentieren: Eine Bildschirmpräsentation vorbereiten und halten → S. 224–227

Mit einer Bildschirmpräsentation kannst du einen mündlichen Vortrag oder eine mündliche Präsentation unterstützen. Bei der Erstellung solltest du folgende Schritte beachten:

1. Schritt: Die Präsentation planen
- Kläre **Thema, Zweck** und **Adressatinnen/Adressaten** deiner Präsentation.
- Setze dich inhaltlich mit dem Thema auseinander und **sammle** entsprechende **Informationen** (→ S. 360).
- **Notiere und ordne die Informationen**, z. B. mithilfe von Karteikarten oder einer Mindmap.
- **Lege die Reihenfolge fest**, in der du die Unterthemen präsentieren willst.

2. Schritt: Informationen mit einer Bildschirmpräsentation veranschaulichen
- Entscheide, welche Informationen du deinen Zuhörerinnen/Zuhörern **mündlich präsentieren** willst und welche du **mithilfe einer Bildschirmpräsentation veranschaulichen** möchtest.
- Wähle **geeignete Zusatzmaterialien** aus, wie z. B. Bilder oder Diagramme, mit denen du deine mündliche Präsentation veranschaulichen kannst.
- Gestalte deine **Folien**. Berücksichtige dabei:
  - Eine Folie sollte nur **wenige, aussagekräftige Informationen** enthalten (in der Regel nicht mehr als sechs Sätze).
  - Pro Folie sollten **nur ein bis zwei Bilder** oder **ein Diagramm** verwendet werden. Diese müssen gut erkennbar sein.
  - Nutze einen **gut lesbaren Schrifttyp** mit einer **Schriftgröße** von **mindestens 16 Punkt (pt)**.
  - Wähle **einfarbige Hintergründe** und verzichte auf Spezialeffekte wie ClipArts, auffällige Animationen oder Soundeffekte, da sie die Zuhörerinnen/Zuhörer ablenken.
- Notiere **zusätzliche Informationen**, die du für deine Präsentation benötigst, im gesonderten **Notizfeld** der Bildschirmpräsentation oder auf **Karteikarten**.

3. Schritt: Präsentieren
- Nutze die **Bildschirmpräsentation als „roten Faden"** für deinen Vortrag.
- **Übe deine Präsentation** vorab mehrmals.
- Lies die Folien nicht vor, sondern erläutere deinen Zuhörerinnen/Zuhörern das dort **Dargestellte** und **ergänze weitere Informationen** mithilfe deiner zusätzlichen Notizen.
- Sprich **frei** und halte **Blickkontakt** mit deinen Zuhörerinnen/Zuhörern. Kläre im Vorfeld, ob **Fragen** direkt während der Präsentation oder im Nachhinein gestellt werden können.

4. Schritt: Feedback einholen

Lass dir zum Schluss ein Feedback von deinen Zuhörerinnen/Zuhörern geben:
- Was ist besonders gut gelungen?
- Was solltest du bei weiteren Vorträgen bedenken?

Textquellen

14 Grönemeyer, Herbert: Zieh deinen Weg. In: *http://www.letzte-version.de/songbuch/12/zieh-deinen-weg/* (gekürzt) [12.07.2017]. **16 ff.** Ottenschläger, Madlen: In: Zehn Jahre Abitur – Wie ging es weiter? In: ZEIT Nr. 40/2015. Unter: *http://www.zeit.de/2015/40/abitur-zehn-jahre-traeume-wirklichkeit* [12.07.2017]. **22 f.** Schulz, Alexandra: Traumberuf Tiertrainer. In: Dein Spiegel 02/2016. Hamburg: Spiegel Verlag Rudolf Augstein GmbH und Co. KG, S. 40 f. **28 f.** Zitate aus: Götz, Maya, Christine Bulla, Caroline Mendel: Sprungbrett oder Krise? Das Erlebnis Castingshow-Teilnahme. LfM-Dokumentation 48. Bd. Düsseldorf: LfM 2013, S. 52. Unter: *http://www.lfm-nrw.de/fileadmin/lfm-nrw/Publikationen-Download/LfM_Doku48_Web.pdf* [12.07.2017]. **30 ff.** „Geschichten treffen eigene Sehnsüchte". In: SCHAU HIN! Interview mit Dr. Maya Götz vom 06.05.2013. Unter: *https://www.schau-hin.info/news/artikel/geschichten-treffen-eigene-sehnsuechte.html* [12.07.2017]. **33** Hubrich, Sarah: Warum DSDS Kids ebenso überflüssig wie falsch ist. In: WR Rundschau vom 29.03.2012. Unter: *https://www.wr.de/kultur/fernsehen/warum-dsds-kids-ebenso-ueberfluessig-wie-falsch-ist-id6510269.html* [12.07.2017]. **34 f.** Halter, Andrea: Schminken, singen, zittern. In: ZEIT Nr. 11/2016. Unter: *http://www.zeit.de/2016/11/kinderzeit-the-voice-kids/komplettansicht?print* [12.07.2017]. **36 f.** Broder, Henryk M.: Früher im Fußballverein – heute bei Bohlen. In: Spiegel Online vom 13.04.2008. Unter: *http://www.spiegel.de/kultur/gesellschaft/casting-shows-frueher-im-fussballverein-heute-bei-bohlen-a-547063.html* [12.07.2017].
41 Bär, Dorothee: Macht das Internet dumm? (Ausschnitt). In: Dein Spiegel Nr. 3/2013. Hamburg: SPIEGEL-Verlag Rudolf Augstein 2013, S. 47. **46 f.** Das bessere Argument gewinnt. Interview von Hanna Lucassen mit Carlotta Schramm. In: Chrismon vom 14.11.2011. Unter: *https://chrismon.evangelisch.de/artikel/2011/das-bessere-argument-gewinnt-13029* [12.07.2017]. **49** Aufbau und Ablauf einer Debatte. Nach: Jugend debattiert: Gute Debatten. Unter: *https://www.jugend-debattiert.de/schueler/gute-debatten/* [12.07.2017]. **52 ff.** Harder, Janina: Viele Jugendliche sind süchtig nach virtueller Welt. In: WeltN24 vom 11.06.2012. Unter: *https://www.welt.de/regionales/hamburg/article106494934/Viele-Jugendliche-sind-suechtig-nach-virtueller-Welt.html* [12.07.2017]. **55 f.** Bleuel, Nataly: Pling, Pling, Doppel-Pling. Süddeutsche Zeitung vom 01.10.2016. Unter: *http://www.sueddeutsche.de/leben/smartphone-nutzung-pling-pling-doppel-pling-1.3183372?reduced=true* [12.07.2017]. **57 f.** Nach: Sollten Handys an Schulen verboten werden? In: RP-Online vom 31.31.2017. Unter: *http://www.rp-online.de/panorama/deutschland/sollten-handys-an-schulen-verboten-werden-aid-1.6572666* [12.07.2017]. **60** Aus: Abbas, Rasha: Eis brechen. Deutsch von Sandra Hetzl. wearedoingit e.V. Unter: http://wirmachendas.jetzt/eis-brechen/ [12.07.2017] (Auszug).
62 ff. Gerards, Christopher: Anpfiff in der neuen Heimat. In: Süddeutsche Zeitung vom 15.09.2015. Unter: *http://www.sueddeutsche.de/sport/fluechtlinge-im-fussball-anpfiff-in-der-neuen-heimat-1.2647653* [12.07.2017] (gekürzt).
65 ff. Unfried, Paulina: Glaubst du etwa an die Evolution? – Ein Austauschjahr in der US-Provinz. In: die tageszeitung (taz) vom 14.10.2016. Unter: *http://www.taz.de/!5344159/* [12.07.2017] (gekürzt). **76 o.** Mallorca führt umstrittene Touristensteuer ein. dpa-Meldung vom 30.06.2016. Unter: *http://www.t-online.de/nachrichten/id_78283016/mallorca-fuehrt-umstrittene-touristensteuer-ein.html* [12.07.2017]. **76 u.** Nach: Brey, Andreas: Es reicht! Kommentar zum Tourismus auf Mallorca. Unter: *http://www.presseportal.de/pm/62544/3422976.* [12.07.2017]. **77** Mallorca leidet unter zu vielen Touristen. Nach: *http://www.rp-online.de/leben/reisen/news/mallorca-leidet-unter-zu-vielen-touristen-aid-1.6298151* [12.07.2017]. **78 f.** Rampas, Martina: Kinder total global. Nach: Babyspeck und Bonusmeilen. Spiegel Online vom 11.08.2004. Unter: *http://www.spiegel.de/lebenundlernen/uni/kinder-total-global-babyspeck-und-bonusmeilen-a-312705.html* [12.07.2017]. **80 ff.** Krogmann, Karsten: Spätaussiedler im Kreis Cloppenburg. Nach: Wenn Fremde Flüchtlingen helfen. NWZ Online vom 02.10.2015. Unter: *https://www.nwzonline.de/politik/niedersachsen/als-die-vielen-fremden-kamen-wenn-fremde-fluechtlingen-helfen_a_30,1,2192998842.html* [12.07.2017] (gekürzt).
84 Malerba, Luigi: Das nachdenkliche Mafia-Huhn. Aus dem Italienischen von Elke Wehr. In: Malerba, Luigi: Die nachdenklichen Hühner. Berlin: © 1984 by Verlag Klaus Wagenbach. **85** Meimberg, Florian: Auf die Länge kommt es an: Tiny Tales. Sehr kurze Geschichten. Frankfurt am Main: S. Fischer Verlag 2011, S. 21 und S. 118. **86 ff.** Borchert, Wolfgang: Nachts schlafen die Ratten doch. In: Das Gesamtwerk. Reinbek bei Hamburg: Rowohlt Verlag 1991, S. 216 ff. **89 f.** Wohmann, Gabriele: Ein netter Kerl. In: Habgier. Erzählungen. Reinbek bei Hamburg: Rowohlt Verlag 1978, S. 68 ff. **92 f.** Zimmermann, Tanja: Sommerschnee. Aus: Bolte, Marion (Hrsg.): Total verknallt. Ein Liebeslesebuch. Reinbek bei Hamburg: Rowohlt Verlag 1984, S. 48–50. **96 f.** Kling, Marc-Uwe: Perspektivische Verzerrungen. In: Die Känguru-Chroniken. 34. Aufl. Berlin: Ullstein 2015, S. 64 ff. **98 f.** Berg, Sibylle: Nacht. Aus: Das Unerfreuliche zuerst. Herrengeschichten. Köln: Kiepenheuer & Witsch 2001, S. 115 f. **100 f.** Schami, Rafik: Mehmet. In: Die Sehnsucht fährt schwarz. Geschichten aus der Fremde. München: dtv 1988, S. 47 f. **102** Meimberg, Florian: Auf die Länge kommt es an: Tiny Tales. Sehr kurze Geschichten. Frankfurt am Main: S. Fischer Verlag 2011, S. 25, S. 79, S. 94, S. 95, S. 134, S. 135, S. 11. **106 f.** Keller, Gottfried: Kleider machen Leute. Hrsg. von: Radvan, Florian und Steiner, Anne: Literathek. Berlin: Cornelsen Verlag, 2013, S. 13 f. **108 ff.** Ebd., S. 15–20. **112 f.** Ebd., S. 32 f. **114 f.** Ebd., S. 41–43. **116 f.** Ebd., S. 49, 51 f., 56. **120 ff.** Boccaccio, Giovanni: Die Falkennovelle: Neunte Geschichte des fünften Tages. In: Das Dekameron. Übertragen von Karl Witte, durchgesehen von Helmut Bode. Düsseldorf u. Zürich: Artemis & Winkler 1999, S. 454–461. **128 o.** Klappentext: Herrndorf, Wolfgang: Tschick. 53. Aufl. Reinbek bei Hamburg: Rowohlt Verlag 2016 (gekürzt). **128 u.** Wann hat es „Tschick" gemacht? Interview von Kathrin Passig mit Wolfgang Herrndorf. FAZ vom 31.01.2011. Unter: *http://www.faz.net/aktuell/feuilleton/buecher/autoren/im-gespraech-wolfgang-herrndorf-wann-hat-es-tschick-gemacht-herr-herrndorf-1576165.html [12.07.2017]* (Auszug).
129 Klappentext: Bach, Tamara: Was vom Sommer übrig ist. Hamburg: Carlsen Verlag 2012 (gekürzt). **130 f.** Herrndorf, Wolfgang: Tschick. 53. Aufl. Reinbek bei Hamburg: Rowohlt Verlag 2016, S. 21–32 (gekürzt). **132 f.** Ebd., S. 42–48 (gekürzt). **134 f.** Ebd., S. 81–88 (gekürzt). **136 f.** Ebd., S. 101–105 (gekürzt). **137 ff.** Ebd., S. 119–122 (gekürzt). **140** Ebd., S. 132–135 (gekürzt). **144** Ebd., S. 71 f.
145 Hubrich, Lars: Tschick – Das Drehbuch. Reinbek bei

Hamburg: Rowohlt Verlag, 2016. **146 f.** Ebd. **147:** Zitat: Fast sklavisch hält sich der Film [...]. Aus: *https://www.visionkino.de/fileadmin/user_upload/publikationen/filmhefte/Filmheft-TSCHICK.pdf* [07.07.2017]. **150** Sandmann, Philipp: Die Augen auf und bloß nichts verpassen (Auszug). FAZ vom 27.07.2012. Unter: *http://www.faz.net/aktuell/feuilleton/buecher/rezensionen/kinderbuch/was-vom-sommer-uebrig-ist-von-tamara-bach-die-augen-auf-und-bloss-nichts-verpassen-11834386.html* [12.07.2017]. **151 f.** Bach, Tamara: familie. zu hause. In: Was vom Sommer übrig ist. Hamburg: Carlsen 2012, S. 9 ff. **152 f.** und am fünften. In: Ebd., S. 22 ff. (gekürzt). **153 f.** das mit tom. In: Ebd., S. 36 ff. (gekürzt). **154 ff.** wirklich. In: Ebd., S. 102 ff. (Auszug). **156** kein zurück, kein weiter. In: Ebd., S. 144 (Auszug). **160 ff.** Schiller, Friedrich: Wilhelm Tell. In: Radvan, Florian & Anne Steiner (Hrsg.): Literathek. Berlin: Cornelsen 2013, S. 16–22 (gekürzt). **163 ff.** Ebd., S. 29–33 (gekürzt). **165 ff.** Ebd., S. 69–73 (gekürzt). **168 ff.** Ebd., S. 83–92 (gekürzt). **172 f** Ebd., S. 109–111 (Auszug). **175 o.** Ebd., S. 130. **175 u.** Ebd., S. 137 f. **176** Shakespeare, William: Romeo und Julia. Unter: *http://gutenberg.spiegel.de/buch/romeo-und-julia-2188/1* [11.07.2017]. **178 ff.** Shakespeare, William: Romeo und Julia. In: Radvan, Florian & Anne Steiner (Hrsg.): Literathek. Berlin: Cornelsen 2015, S 44–49 (gekürzt). **184** Goethe, Johann Wolfgang: Glückliche Fahrt. In: Karl Eibl (Hrsg.): Sämtliche Werke. Band 2: Die Gedichte 1800–1832. Frankfurt am Main: Deutscher Klassiker Verlag 1988, S. 44. **185** Brecht, Bertolt: Der Radwechsel. In: Werner Hecht u. a. (Hrsg.): Werke. Große kommentierte Berliner und Frankfurter Ausgabe. Band 11. Gedichte I. Bearbeitet von Jan Knopf und Gabriele Knopf. Frankfurt am Main: Suhrkamp 1988, S. 310. **186 f.** Kästner, Erich: Im Auto über Land. In: Doktor Kästners lyrische Hausapotheke. Zürich: Atrium 2000, S.174 f. **188** Ringelnatz, Joachim: Segelschiffe. In: Das große Jubiläumsalbum. Die schönsten Gedichte: Mein Leben bis zum Kriege (Die Autobiographie). Lempertz: Königswinter 2008, S. 76. **190 f.** Kästner, Erich: Das Eisenbahngleichnis. In: Doktor Kästners lyrische Hausapotheke. Zürich: Atrium 2000, S. 19 f. **192** Müller, Wilhelm: Gute Nacht. In: Lieder und Gedichte. Dessau: Dessau-Information 1987, S. 18 f. **193** Fried, Erich: Rückfahrt nach Bremen. In: Kaukoreit, Volker & Klaus Wagenbach (Hrsg.): Gesammelte Werke: Gedichte. 3. Bd. Frankfurt am Main & Wien: Büchergilde Gutenberg 1993, S. 18 f. **194** Eichendorff, Joseph von: Frische Fahrt. In: Wolfgang Frühwald, Brigitte Schillbach & Hartwig Schultz (Hrsg.): Werke. Bd. 1. Frankfurt am Main: Deutscher Klassiker Verlag 1987, S. 119 f. **198** Kaléko, Mascha: Ein Post Scriptum. In: Jutta Rosenkranz (Hrsg.): Sämtliche Werke und Briefe in vier Bänden. Band 1: Werke. München: dtv 2012, S. 639. **199** Brecht, Bertolt: Fahrend in einem bequemen Wagen. In: Die Gedichte. Zusammengestellt von Jan Knopf. Frankfurt am Main: Suhrkamp 2000, S. 871. **200 f.** Wise Guys: Deutsche Bahn. Musik und Text von Daniel Dickopf 2012. Unter: *http://wiseguys.de/songtexte/details/deutsche_bahn/* [09.03.2017]. **202 f.** Engelmann, Julia: Dieses Alter. Aus: Wir können alles sein, Baby. München: Wilhelm Goldmann Verlag 2015, S. 50–54. **206** Schüler bringen selbst programmierte Roboter zum Tanzen. Aus: Die Welt vom 29.04.2016. Unter: *https://www.welt.de/regionales/sachsen-anhalt/article154864353/Schueler-bringen-selbst-programmierte-Roboter-zum-Tanzen.html/* [24.01.2017]. **208 f.** Wearables – Schönes Spielzeug oder Technologie der Zukunft? Aus: Süddeutsche Zeitung vom 23.03.2015. Unter: *http://www.sueddeutsche.de/news/gesundheit/gesundheit-wearables-schoenes-spielzeug-oder-technologie-der-zukunft-dpa.urn-newsml-dpa-com-20090101-150323-99-07128/* [12.07.2017]. **212 f.** Gruber, Angela: Wenn der Pullover Daten sammelt. Interview mit Katharina Bredies. Aus: Süddeutsche Zeitung vom 2.12.2015. Unter: *http://www.sueddeutsche.de/digital/2.220/intelligente-kleidung-deine-jacke-denkt-an-dich-1.2757252/* [12.07.2017]. **214 f.** Schmundt, Hilmar: Intimität auf der Strecke. Aus: Der Spiegel Wissen 2/2015. S. 106–108. **216 f.** Schrader, Hannes: Ich habe eine Woche lang mein Leben optimiert. Glücklicher gemacht hat es mich nicht. Aus: Tagesspiegel vom 28.01.2015. Unter: *http://www.tagesspiegel.de/berlin/jugendblog/quantified-self-ich-habe-eine-woche-lang-mein-leben-optimiert-gluecklicher-gemacht-hat-es-mich-nicht-/11290458.html/* [12.07.2017]. **228 ff.** Lill, Felix: Der bessere Lehrer. Aus: Zeit Online vom 24.09.2015. Unter: *http://www.zeit.de/2015/37/roboter-lehrer-schulen-japan/* [12.07.2017]. **230 f.** Auf dem Weg zur menschlichen Maschine. Aus: Lohrmann, Julia; Johannes Eberhorn; Wiebke Ziegler: Roboter. Planet Wissen vom 02.11.2016. Unter: *http://www.planet-wissen.de/technik/computer_und_roboter/roboter_mechanische_helfer/* [12.07.2017]. **232** Gadgets – So sieht die Zukunft aus. Süddeutsche Zeitung vom 02.01.2017. Unter: *http://www.sueddeutsche.de/digital/gadgets-so-sieht-die-zukunft-aus-1.2792627-3; http://www.sueddeutsche.de/digital/gadgets-so-sieht-die-zukunft-aus-1.2792627-7; http://www.sueddeutsche.de/digital/gadgets-so-sieht-die-zukunft-aus-1.2792627-19* [12.07.2017]. **236** Ziegenstall statt Playstation. Nach: Spiegel Online vom 15.10.2011. Unter: *http://www.spiegel.de/deinspiegel/a-787658.html* [12.07.2017]. **238** Retro oder future? Nach: Froebe, Lola: Trend: Retro vs. Future Sneaker. ONYGO. Unter: *http://www.onygo.com/blog/trend-retro-vs-future-sneakers/* [29.03.2017]. **242** Sick, Bastian: Ode an den Konjunktiv. In: Ders.: Der Dativ ist dem Genitiv sein Tod – Folge 6. Köln: Kiepenheuer & Witsch, 2015 (gekürzt). **244 f.** Nach: Kühn, Oliver: „Zurück in die Zukunft" – Wie viel Zukunft ist wahr geworden? FAZ vom 21.10.2015. Unter: *http://www.faz.net/aktuell/gesellschaft/zurueck-in-die-zukunft-wie-viel-ist-2015-wahr-geworden-13864997.html* [12.07.2017]. **246 f.** Torcasso, David: „Männer warten, bis jeder mit der gleichen Hose herumläuft". Zeit Online vom 01.02.2013. Unter: *http://www.zeit.de/lebenart/2013-01/Trendforscher-Christopher-Sanderson* [12.07.2017] (gekürzt). **248** Essen wir bald nur Gemüse? Peter Wippermann im Interview mit Sina Kedenburg. MOPO vom 11.06.2015. Unter: *http://www.mopo.de/787154* [12.07.2017]. **249** „Retro ist ein Fluchtreflex auf zu viel Neues" – Interview mit dem Marketingexperten Sascha Friesike. Nach: Zeit Online vom 01.08.2016. Unter: *http://www.zeit.de/news/2016-08/01/unternehmen-experte-retro-ist-ein-fluchtreflex-auf-zu-viel-neues-01105405* [12.07.2017]. **250** Nach: Herwig, Oliver: Gefühl von Freiheit und Jugend. Süddeutsche Zeitung vom 24.03.2012. Unter: *http://www.sueddeutsche.de/stil/retro-trend-gefuehl-von-freiheit-und-jugend-1.1316371* [12.07.2017]. **251** „Retro ist ein Fluchtreflex auf zu viel Neues" – Interview mit dem Marketingexperten Sascha Friesike. Nach: Zeit Online vom 01.08.2016. Unter: *http://www.zeit.de/news/2016-08/01/unternehmen-experte-retro-ist-ein-fluchtreflex-auf-zu-viel-neues-01105405* [12.07.2017].

252 Film und Realität. Nach: Filmrequisit wird Realität: Selbst gebautes Laserschwert bringt Dinge zum Brennen. Eintrag vom 30.05.2013. Unter: *http://www.foerderland.de/technik/tipps/artikel/laserschwert/* [12.07.2017]. **254** Ott, Ursula: Dürfen. Chrismon Kolumne vom 13.02.2016. Unter: *https://chrismon.evangelisch.de/blog/erledigt/32018/ursula-ott-ueber-den-umgang-mit-modalverben* [12.07.2017] (Auszug). **255** Nach: Illinger, Patrick: Spielplatz Weltraum. Süddeutsche Zeitung vom 20.12.2015. Unter: *http://www.sueddeutsche.de/wissen/star-wars-und-wissenschaft-spielplatz-weltraum-1.2788601* [12.07.2017]. **260** Nach: Heinrichs, Heike: Die Kreaturen der Zukunft. Geo. Unter: *http://www.geo.de/geolino/natur-und-umwelt/10621-rtkl-die-kreaturen-der-zukunft* [12.07.2017]. **264** Nach: Przybilla, Steve: Die Zukunft ist längst Gegenwart. Süddeutsche Zeitung vom 17.07.2016. Unter: *http://www.sueddeutsche.de/wissen/2.220/raumschiff-enterprise-die-zukunft-ist-laengst-gegenwart-1.3081385* [12.07.2017]. **265** Nach: Zitt, Hubert: 3D und Flatscreen: Heute Realität. CHIP vom 17.04.2014. Unter: *http://www.chip.de/artikel/Raumschiff-Enterprise-im-Reality-Check-5_69209009.html* [12.07.2017]. **270** Tourismus im Jahr 2050. Nach: Friedrich, Michael: Wie wir 2050 Reisen. Geo-Interview mit Ian Yeoman vom 19.11.2014. Unter: *http://www.geo.de/reisen/reisewissen/1445-rtkl-interview-wie-wir-2050-reisen* [12.07.2017]. **271** Das Hotel der Zukunft. Nach: Schilling, Bianca: Hotels der Zukunft. Geo vom: *http://www.geo.de/reisen/reise-inspiration/12015-bstr-hotels-der-zukunft/130593-img-* [12.07.2017]. **272** von Aue, Hartmann: Maniger grüezet mich alsô. In: Kunz, Heinrich: Geschichte der deutschen Literatur. Mit ausgewählten Stücken aus den Werken der vorzüglichsten Schriftsteller. Band. 1, 3. Auflage. Leipzig: Teubner Verlag 1861, S. 43. **273** Die Minne im Mittelalter. Nach: Klaas, Katharina: „Dû bist mîn, ich bin dîn“: Die Minne – Hohe Kunst und niedere Triebe. Terra-X vom 10.07.2011. Unter: *https://www.zdf.de/dokumentation/terra-x/du-bist-min-ich-bin-din-100.html* [12.07.2017]. **275** Die Geschichte des Wortes *brav*. Nach: Bär, Dr. Jochen A.: Das Jahr der Wörter – Folge 23. Unter: *http://www.baer-linguistik.de/beitraege/jdw/brav.htm* [12.07.2017]. **276 f.** Bruckner, Johanna: Die deutsche Sprache stößt Teile der verkrusteten Grammatik ab – Interview. Süddeutsche Zeitung vom 07.10.2016. Unter: *http://www.sueddeutsche.de/kultur/deutsche-sprache-die-deutsche-sprache-stoesst-teile-der-verkrusteten-grammatik-ab-1.3193295* [12.07.2017] (gekürzt). **280 l.** Nach: Wowereit ist Sprachpanscher 2008. Eintrag vom 29.08.2008. Unter: *http://vds-ev.de/wp-content/uploads/2015/10/sprachpanscher_2008.pdf* [12.07.2017]. **280 m.** Nach: Zweifelhafte Ehre für die Deutsche Telekom. Eintrag vom 26.08.2011. Unter: *http://vds-ev.de/wp-content/uploads/2015/10/sprachpanscher_2011.pdf* [12.07.2017]. **280 r.** Nach: „Deutsch zu hölzern“: ZDF ist Sprachpanscher des Jahres. Eintrag vom 26.08.2016. Unter: *http://vds-ev.de/wp-content/uploads/2015/10/sprachpanscher_2016.pdf* [12.07.2017]. **281** Schön reden bringt Segen. Focus vom 13.07.2006. Unter: *http://www.focus.de/wissen/mensch/sprache/euphemismen/euphemismus_aid_22909.html* [12.07.2017]. **282 f.** Wie wir reisen werden. Nach: Gottwalt, Christian: Willkommen in der Zukunft: Wie wir 2040 reisen werden. Unter: *https://www.allianzdeutschland.de/mobilitaet-wie-sieht-die-fortbewegung-der-zukunft-aus-/id_73300366/index* [12.07.2017]. **284** Nach: Drösser, Christoph: Irrtum des Kolumbus. DIE ZEIT 04.01.2005 Nr. 2. Unter: *http://www.zeit.de/2005/02/Stimmts_02_2f05* [12.07.2017]. **286** Nach: Columbus, Christoph: Das Bordbuch der ersten Fahrt. MaYa-Ebooks 2002. Unter: *http://www.fiks.de/ebooks/bordbuch.pdf* [12.07.2017]. **292** 292 Ein neues Weltbild entsteht. Nach: Hürter, Tobias und Rauner, Max: Das hat er nicht gewollt. In: ZEIT 06/2001. Unter: http://www.zeit.de/2001/06/200106_stimmts_luther.xml [12.07.2017]. **297 u.** Nach: Drösser, Martin: Stimmt's? Anrüchiges Zitat. DIE ZEIT 06/2001. Unter: *http://www.zeit.de/2001/06/200106_stimmts_luther.xml* [12.07.2017]. **301** Fernsehen – einfach kompliziert. Nach: Martin-Jung, Helmut: Wie Fernseher-Hersteller ihre Kunden überfordern. Süddeutsche Zeitung Nr. 251, 29./30. Oktober 2016. Unter: *http://www.sueddeutsche.de/digital/fernsehen-einfach-kompliziert-1.3226436* [12.07.2017] [verändert]. **303** Fußballer-Zitate A–F. Nach: Missbrauchte Fremdwörter – lächerlich, lustig oder einfach nur peinlich? lingoking vom 26.08.2013. Unter: *https://blog.lingoking.com/sprache/fremdwoerter-missbraucht-laecherlich-lustig-oder-einfach-nur-peinlich* [12.07.2017]. **304** Nach: Klein, Stefan: Ein Treffen mit Leonardo da Vinci. DIE ZEIT, 09.10.2008 Nr. 42. Unter: *http://www.zeit.de/2008/42/Leonardo-42* [12.07.2017]. **311** Nach: Schröder, Rainer M.: Das Geheimnis des Kartenmachers. Würzburg: Arena 2002, S. 327 f. **320** Wohmann, Gabriele: Ein netter Kerl. In: Habgier. Erzählungen. Reinbek bei Hamburg: Rowohlt Verlag 1978, S. 68 ff. (Ausschnitt) **321** Zimmermann, Tanja: Sommerschnee. Aus: Bolte, Marion (Hrsg.): Total verknallt. Ein Liebeslesebuch. Reinbek bei Hamburg: Rowohlt Verlag 1984, S. 48–50 (Ausschnitte).

Bildquellen

4 u. Fotolia/Robert Przybysz **5** Fotolia/nenetus **9** Fotolia/LMpruduction **10** Shutterstock/ESB Professional **14** © Giorgio Magini 2014 **15** Fotolia/Love the wind **16** Fotolia/efetova **20** Fotolia/DW Labs Incorporated **22** Fotolia/K. Thalhofer **24, 26** Fotolia/Markus Bormann **28** Fotolia/ipopba **29** Fotolia/biker3 **30** Fotolia/pressmaster **32** Fotolia/Sergey Nivens **34** Fotolia/Robert Przybysz **46** Jugend debattiert/Roosen photography **52** dieKLEINERT **54** Fotolia/Epibrate Images **60** Fotolia/nenetus **61** Fotolia/oneinchpunch **62** Fotolia/Smileus **63** Fotolia/Alain Vermeulen **65** Shutterstock/vectorfusion-art **66** Shutterstock/melis **74 o.** © DIZ/Süddeutsche Zeitung **74 u.** © B. Z. Ullstein Verlag **78** Fotolia/Justin **79** Fotolia/Lassedesignen **80** F1online **81** Fotolia/Wolfgang Filser **104, 105** © Herlinde Koelbl **128** Rowohlt Verlag, Reinbek 2012 **129** © 2012, 2015 Carlsen Verlag GmbH, Hamburg **146** Rowohlt Verlag, Reinbek 2012 Lars Hubrich: Tschick. Das Drehbuch. Nach dem Roman von Wolfgang Herrndorf. Mit einem Beitrag von Fatih Akin. Rowohlt Rotation im Rowohlt Verlag GmbH, Reinbek **148** © 2016 Lago Film GmbH, Studiocanal Film GmbH **158** dpa Picture-Alliance/Zucchi Uwe **176, 178** dpa Picture-Alliance/Maurizio Gambarini **180, 181** imago/Martin Müller **182** imago/DRAMA-Berlin.de **184** Fotolia/Martin Schütz **185** Claude Monet: Railway Bridge at Argenteuil (1873) / Bridgeman Art Library **202** © Marta Urbanelis **206** Fotolia/Africa Studio **207** Glow Images/Cultura **208** LMproduction **214** dpa Picture-Alliance/Ian Ehm **224** Science Photo Library/akg-images **225, 226** Science Photo Library/akg-images (Ausschnitt) **228** imago/Hollandse Hoogte **234** Fotolia/Thomas Reimer **235** Shutterstock/ESB Professional **236** Fotolia/lagom **240** Fotolia/fotofund **241 o.** Shutterstock/Claudio Divizia **241 u.** Fotolia/WoGi **256** Fotolia/alphaspirit **258 o.** Shutterstock/sezer66 **258 u.** Shutterstock/OHishiapply **266** All Mauritius Images/Jean-Marc Coté **271** action press/Poseidon Resorts **273** bpk/Kunstbibliothek, SMB/Knud Petersen **284** Santa Maria von Kolumbus, Spanische Schule 19. Jh. Bridgeman Art Library **285** Galileo Galilei zeigt dem Dogen von Venedig sein Teleskop. akg-images/Pictures From History

Sachregister

A

Adjektiv 348
Adjektiv-Verb-Verbindung **298**, 358
Adverb 348
Adverbiale → Adverbiale Bestimmung
Adverbiale Bestimmung 259, **355**
Adverbialsätze **262 f.**, **355**
Adverb-Verb-Verbindung **298**, 358
Akkusativ(-objekt) **259**, 348, **353**
Akt/Aufzug **183**, **344**
Aktiv 240 f., **349**
Alliteration 189, 195 f., **204**, **345**
Apposition 304, **353**, 359
Arbeitstechniken 20 f., 30–37, 38 f., 40, 45, 71, 72 f., 143, 157, 188 f., 209 f., 213, 218, 220, 222 f., 224–227, 233, 278, 346, **360 f.**
- Arbeitsergebnisse präsentieren (Bildschirmvortrag) 224–**227**, **361**
- Cluster 72, 222, 278
- Diagramme auswerten 38 f., 209–211., 213, **346 f.**
- Ein Interview führen 20 f.
- Informationen sammeln und ordnen (Mindmap) 20, 72, 218, 224
- Lese- und Erschließungsstrategien 157, 188 f., 233
- Mindmap 20, 72, 218, 224, 227
- Recherchieren 222 f., **360**
- Stoffsammlung **30–37**, 40, 59, 335
- Texte überarbeiten 45, 71, 143, 220
Argument 40
Argumentieren 28–59, **335 f.**
- Einen argumentativen Artikel schreiben **42–45**, 59, 335 f.
Argument-Typen **59**
Artikel- oder Erweiterungsprobe 289, **298**, **315**, **357**
Attribut 257, **259**, **353**
Auktoriales Erzählen **91**, **342**

B

Bedeutungs- und Betonungsprobe 294, 296, **298**, **315**, **358**
Bericht **64**, **77**, **346**
Bewerbung 24–27
Bezugswort 259, **353**

C

Charakterisierung 141–143, **157**, **339**
Cluster 72, 222, 278

D

Daktylus **204**, **345**
das/dass 310, **359**
Dativ(-objekt) **259**, 348, **353**
Debattieren 46–**49**, **334**
Denotation 278 f.
Diagramme/Grafiken 38 f., 209–211, 213, **346 f.**
Dialog **183**, 344
Direkte Rede 248, **249–251**, **351**
- Zeichensetzung 311
Direktes Zitat **142**
Drama 158–183, 340, **344**
- Erregendes Moment **162**, 163–167, **344**
- Exposition 162, **183**, **344**
Drehbuch 145–147

E

Ersatzprobe 310, **315**, **359**
Erzähler **91**, **342**
- auktoriales Erzählen **91**, 342
- neutrales Erzählen **91**, 342
- personales Erzählen **91**, 342
Erzählerbericht **91**, **342**
Erzählweise → Erzähler
Euphemismus 281

F

Fehlerschwerpunkte 314 f.
Feldermodell 257, 259, 261, **352–354**
Figurenrede **91**, 183, **342**
Film → Romanverfilmung
Finite Verbstellung 257, **352**
Flektierbare Wortarten 238 f., **348**
Frageprobe 264 f., **353**
Fremdwörter **300–303**, 314 f.
Futur 349

G

Gedicht 184–205, **340**, **344 f.**
- Bilder in Gedichten erschließen 188–191
- Ein Gedicht interpretieren 194–197, **204 f.**, **340**
- Ein Gedicht untersuchen 186 f., **344 f.**
- Gleichnis **191**
- Lyrisches Ich 192 f., **344 f.**
- Merkmale von Gedichten 186 f., **204 f.**, **344 f.**
Genitivattribut **353**
Genitiv(-objekt) **259**, **353**
Gestaltend interpretieren 127
Getrenntschreibung 292–299, **358**

Gleichnis **191**
Grafiken → Diagramme
Großschreibung **286–291**, **357**

H

Hauptsatz 256 f., **260 f.**, 264, 267, 269, **354**
Herkunftsbezeichnungen 290 f., **357**
Hyperbel → Übertreibung

I

Ich-Perspektive 192
Indikativ **243**, 248, 250, 348, **350 f.**
Indirekte Rede **244–248**, **350 f.**
Indirektes Zitat **142**, 173
Infinitivgruppe 268 f., **308**, **356**
Informierende Texte erschließen 206–233, **346 f.**
Inhaltsangabe 70, **83**, 94, 103, **336**
Innerer Monolog **110 f.**, 127, **338 f.**
Inszenierung 176
Internet **222 f.**, **360**
Interview 20 f.

J

Jambus **204**, **345**
Jugendroman 128–157, **342**
- Charakterisierung 141–143, **157**, **339**
Jugendsprache 276 f., 280

K

Kameraführung **149, 345**
- Einstellungsgrößen **149, 345**
- Kamerabewegung **149, 345**
- Kameraperspektive **149, 345**
Klassische Form des Dramas 162
Kleinschreibung **286–291**, **357**
Komma **304–309**, 359
Konjunktion 260–263, 271, **348**, **354**, **359**
Konjunktiv I **244–248**, **350**
Konjunktiv II 242 f., **248**, **350 f.**
Konnotation 278 f.
Kurzgeschichte 84–103, 337 f., **343**
- Eine Kurzgeschichte interpretieren 94 f., **103**, 337 f.
- Merkmale einer Kurzgeschichte **93**, **343**

L

Lebenslauf **26**
Lese- und Erschließungsstrategien 157, 188 f., 233
Lyrik → Gedicht
Lyrisches Ich 192 f., **344 f.**

M

Materialgestützt argumentieren 28–45, **59**, **335 f.**
Materialgestützt informieren 206–221, **233**, **341**
Metapher 188–191, 197, **205**
Metrum 186 f., 189, 197, **204 f.**, **344 f.**
Mindmap 20, 72, 218, 224, 227
Mittelfeld 257, **261**, **352–354**
Modalverben **252–255**, **352**
Monolog 172–174, **183**, **338 f.**

N

Nachfeld **261**, **352**, **354**
Nebensatz **260–269**, **354–356**
Neologismus 193, **205**, 340
Nicht flektierbare Wortarten 238 f., **348**
Nomen/Substantiv 348
Nominalisierung 287, **357**
Novelle 104–127, **343**
- Eine Novelle untersuchen **127**, **343**
- Merkmale einer Novelle 118, **343**
Numeralien → Zahlwörter

O

Objekt 257, **259**, 353
Objektsatz 264 f., **355**

P

Partizip I/II **267**, **349**
Partizipgruppe 266 f., **309**, **356**
Passiv 240 f., **349**
Perfekt 349
Personales Erzählen **91**, **342**
Personifikation 188–191, 197, **205**, 342
Plusquamperfekt 349
Präposition 287, 295, **348**
Präpositionalobjekt 257, **259**, **353**
Präsens 349
Präsentieren 224–**227**, **361**
Präteritum 349
Proben 259, 264 f., 289, 293, 294, 296, **298**, 310, **315**, **353**, **357 f.**, **359**
- Artikel- oder Erweiterungsprobe 289, **298**, **357**
- Bedeutungs- und Betonungsprobe 294, 296, **298, 357 f.**
- Ersatzprobe 310, **315**, 359
- Frageprobe 264 f., 352 f.
- Umstellprobe 259, 293, **298**, 315, **352 f.**, **357**
Pronomen 237 f., **348**
Protokollieren 50 f., 334

R

Radiofeature 22 f.
Recherchieren 222 f., **360**
Rechtschreibstrategien **284–315**, 357–359
Regieanweisung 162, 182, **183**, **344**
Reim(-form/-schema) **204**, **344 f.**
Reportage 62–73, 337, 346
- Eine Reportage analysieren 68–71
- Eine Reportage schreiben **72–73**, **337**
- Eine Reportage untersuchen **62–67**, 346
Rollenkarte 162, 165, 167, 171
Roman → Jugendroman
Romanverfilmung 144–149, **345**
- Aufbau eines Drehbuchs 145–147
- Kameraführung 149, 345

S

Sachtexte 206–233, **346 f.**
- Diagramme auswerten **210**, **346 f.**
- Informationen und Meinungen unterscheiden 216 f.
- Materialgestützt informieren 218–221, **341**
- Sachtexte erschließen 208–215, **233**, **347**
Satzbau 256–271, **352–356**
Satzfelder 257, **261**, **352–354**
- Mittelfeld 257, **261**, 352–354
- Nachfeld **261**, 352, 354
- Vorfeld 257, **261**, 352–354
Satzgefüge 260 f., **354**
Satzglieder **258 f.**, **353**
- Adverbiale Bestimmung 259, **353**
- Objekt 257, **259**, 353
Satzklammer 257, **261**, 352–354
Satzreihe 260 f., **354**
Spannungskurve 126
Sprachliche Mittel 188–191, 197, **204 f.**, 342, 345
Sprachwandel 272–277
Sprechabsichten 282 f.
Standbild 119
Stoffsammlung **30–37**, 40, 59, 335
Strophe 197, **204**, **344 f.**
Subjektsatz 264 f., **355**
Substantivierung → Nominalisierung
Szene **183**, **344**
Szenisches Interpretieren 171

T

Tempusform/Tempus 239, 241, **349**
- Futur I 349
- Futur II 349
- Perfekt 349
- Plusquamperfekt 349
- Präsens 349
- Präteritum 349
Textfunktion 282 f.
Theater → Drama
Trochäus **204**, **345**

U

Übertreibung (Hyperbel) 205
Umstellprobe 259, 293, **298**, 315, **352 f.**, **357**

V

Verb 236–255, **348–352**
- Verbindungen mit Adjektiven **299**, **358**
- Verbindungen mit einem Verb 292–**298**, **358**
- Verbindungen mit Partizipien **299**, **358**
Verb-Erststatz 257, **352**
Verb-Zweitsatz 257, **352**
Vergleich 188–191, 197, **205**, **342**
Vers 197, **204**, **344 f.**
Vorfeld 257, **261**, **352–354**
Vorstellungsgespräch **27**

W

W-Fragen 64, 83, 346
Wortarten 236–239, 348
Wörterbuch 274, 278 f.
Wörtliche Rede → Direkte Rede
Wortneuschöpfung → Neologismus

Z

Zahlwörter (Numeralien) **289**, **357**
Zeichensetzung 304–309, 311, 312 f., 314 f., **359**
- Komma 304–309, 314 f., **359**
- Semikolon, Doppelpunkt, Gedankenstrich 312 f.
- Wörtliche Rede 311, 314 f., 359
Zeitangaben 288, **357**
Zeitform → Tempusform/Tempus
Zeitgestaltung **91**, **342**
Zeitungstexte 60–83, 336 f., 346
- Journalistische Textsorten unterscheiden **77**, 346
- Reportagen untersuchen 62–73, 346
- Zeitungen untersuchen 74–77
- Zeitungstexte untersuchen 76 f., **83**, **336 f.**, 346
Zusammenschreibung 292–299, **358**

Knifflige Verben im Überblick

Infinitiv	Präsens	Präteritum	Perfekt
befehlen	du befiehlst	er befahl	er hat befohlen
beginnen	du beginnst	sie begann	sie hat begonnen
beißen	du beißt	er biss	er hat gebissen
bieten	du bietest	er bot	er hat geboten
bitten	du bittest	sie bat	sie hat gebeten
blasen	du bläst	er blies	er hat geblasen
bleiben	du bleibst	sie blieb	sie ist geblieben
brechen	du brichst	sie brach	sie hat gebrochen
brennen	du brennst	es brannte	es hat gebrannt
bringen	du bringst	sie brachte	sie hat gebracht
dürfen	du darfst	er durfte	er hat gedurft
einladen	du lädst ein	sie lud ein	sie hat eingeladen
erschrecken	du erschrickst	er erschrak	er ist erschrocken
essen	du isst	er aß	er hat gegessen
fahren	du fährst	sie fuhr	sie ist gefahren
fallen	du fällst	er fiel	er ist gefallen
fangen	du fängst	sie fing	sie hat gefangen
fliehen	du fliehst	er floh	er ist geflohen
fließen	du fließt	es floss	es ist geflossen
frieren	du frierst	er fror	er hat gefroren
gelingen	es gelingt	es gelang	es ist gelungen
genießen	du genießt	sie genoss	sie hat genossen
geschehen	es geschieht	es geschah	es ist geschehen
greifen	du greifst	sie griff	sie hat gegriffen
halten	du hältst	sie hielt	sie hat gehalten
heben	du hebst	er hob	er hat gehoben
heißen	du heißt	sie hieß	sie hat geheißen
helfen	du hilfst	er half	er hat geholfen
kennen	du kennst	sie kannte	sie hat gekannt
können	du kannst	er konnte	er hat gekonnt
kommen	du kommst	sie kam	sie ist gekommen
lassen	du lässt	sie ließ	sie hat gelassen
laufen	du läufst	er lief	er ist gelaufen
leiden	du leidest	sie litt	sie hat gelitten
lesen	du liest	er las	er hat gelesen
liegen	du liegst	er lag	er hat gelegen